臺灣客家研究論文選輯 5

客家、認同政治與社會運動

許維德——主編

張維安——總主編

編者及作者介紹

主編

許維德

國立臺灣大學社會學系法學士（1991），美國雪城大學（Syracuse University）社會學系哲學博士（2005），現任國立交通大學人文社會學系副教授（2013-）。曾任北美洲臺灣研究學會（North America Taiwan Studies Association）會長（1998-1999）、中央研究院民族學研究所博士後研究（2006-2007）、國立臺北大學社會學系兼任助理教授（2006-2007）、交大人文社會學系助理教授（2007-2013）、《全球客家研究》執行編輯（2013-2015）、交大客家社會與文化碩士在職專班主任（2015-2018）、以及美國加州大學柏克萊分校族群研究學系（Dept. of Ethnic Studies, University of California, Berkeley）訪問學者（2018）等職務。研究領域包括認同研究、族群關係、國族主義與社會運動等。曾以和「臺灣國族主義」相關的論文獲得美國社會學會政治社會學組的「研究生最佳論文獎」。專書《族群與國族認同的形成：臺灣客家、原住民與臺美人的研究》（中壢：中央大學出版中心／臺北：遠流出版社，2013，433 頁）則是以族群研究中的「社會建構論」為主要理論取向，具體的分析議題包括「生命史」中所呈現的客家認同、以「原住民起源」探究國族主義和學術研究的糾葛、以及以「人口普查」當作觀察場域來理解「臺美人（Taiwanese American）認同」的內涵等。論文發表於 Berkeley Journal of Sociology、Maxwell Review、《思與言》、《臺灣史料研究》、《臺灣國際研究季刊》以及《國家發展研究》等刊物。

作者群

李廣均　美國德州大學奧斯汀校區社會學博士，目前擔任國立中央大學法律與政府研究所暨通識中心副教授；開授課程包括社會學的想像、多元文化、移民與社會：1949 專題、社會科學研究方法，近年研究興趣主要關注眷村保存、1949 移民等相關議題。

陳麗華　現任國立清華大學通識教育中心暨歷史學研究所助理教授。曾在國立清華大學、國立臺灣大學、中央研究院從事研究工作，學術專長為臺灣社會史、客家族群史及歷史人類學，著有《族群與國家：六堆客家認同的形成（1683-1973）》一書。

林福岳　國立政治大學新聞系博士，曾任中華傳播學會理事、媒體觀察基金會董事等，現任中國文化大學大眾傳播學系副教授。專長領域為原住民傳播、社區傳播、族群傳播、傳播理論、新聞採訪與寫作、媒體素養教育等。

宋學文　美國匹茲堡大學公共與國際事務學博士，曾任國立中正大學政治學系教授、戰略暨國際事務研究所所長、人文社會研究中心執行長等職。現任國立中正大學戰略暨國際事務研究所教授兼社會科學院院長兼國家安全研究中心主任。學術專長為國際關係理論、兩岸關係與大陸政策、決策過程、全球化與全球治理。

黎寶文　臺灣苗栗客家人，北京話說得比客家話好，對爺爺的思念是客家認同的原動力。美國喬治亞州立大學政治學博士，研究興趣為國際關係、政策分析、威權政體、民主轉型。

大俠・道卡斯（薛雲峰）　臺大哲學系畢，臺大新聞所碩士，臺大國發所博士。曾任自由時報新竹特派員、國立臺灣大學國家發展研究所兼任助理教授、中央研究院社會學研究所博士後研究，現任民視論壇中心網路編輯／記者。著作有：《椪風茶》、《快讀臺灣客家》。

李威霆　法國巴黎第五大學人口社會學博士，曾任輔仁大學社會學系兼任助理教授、玄奘大學通識教育中心專任助理教授等職，現任國立聯合大學文化創意與數位行銷學系副教授兼系主任。研究專長為社會網絡分析、資訊社會學、文化創意產業、當代社會理論。

林錫霞　25 年資深媒體人，99 年畢業於國立聯合大學經濟與社會學系，100年獲臺北縣客屬文化協會全國碩博士客家論文獎第一名，陸續與國內客家學者張維安、胡愈寧、李威霆等教授出版過《客家映臺灣》、《閱讀山城女書》、《客家產經對話》等論文集。2018 年首部客家詩集《用詩之名－行讀苗栗》入選苗栗縣政府 107 年苗栗縣文學家作品集，現為國立聯合大學客家研究學院講師兼苗栗客家詩人。

黃衍明　國立成功大學建築研究所工學碩士（MS）、美國 University of Washington 建築碩士（M. Arch）。現任國立雲林科技大學建築與室內設計系副教授兼客家研究中心主任。專長領域為建築設計、開放建築、建築類型學、聚落研究、設計理論與方法、詔安客研究。

王俐容　英國華威大學（University of Warwick）文化政策研究博士，現任國立中央大學客家語文暨社會科學學系特聘教授。學術專長為客家研究、泰國研究、跨國社群與認同、文化政策與文化研究、文化經濟與消費社會、多元文化與公民權。

楊蕙嘉　父親是一名音樂老師，從小在父親的薰陶以及耳濡目染之下，對音樂也產生極大的興趣。在高中時期便以進入音樂系為目標，花了很多時間學習音樂相關的知識，爾後順利考取新竹師範學院音樂教育系。2006 年於元智大學資訊社會學研究所深造，並且在王俐容教授的細心指導及搭配我的專長，完成論文〈當代客家流行音樂的族群再現與文化認同〉。2002 年迄今擔任桃園市中壢區元生國民小學音樂教師。

學術研究與客家發展：
《臺灣客家研究論文選輯》主題叢書序

張維安

　　客家族群的發展，打從其浮現初期就和客家族群的論述有密切的關係。特別是從「自在的客家」發展到「自為的客家」過程中，客家族群意識的凝聚與確定，顯示出客家族群相關論述扮演了重要的角色，尤其是立足於客家研究而來的客家族群論述所帶來的影響。有客語語言家族的「客觀」存在（自在的客家），還不能說客家族群已經誕生，也就是說客家族群還未主觀的、有意識的存在（自為的客家）。兩者之間的差異與轉換，主要是族群意識與族群論述。

　　族群意識的誕生，可能來自客語語言家族經過與他族的接觸經驗、人群界線的劃分，以及漫長的族群形塑過程。不過人群分類的「科學」根據和「歷史」解釋，卻需要綿密的客家族群論述為基礎。從客家族群形成的過程來看，客家研究扮演了非常關鍵的角色，甚至可以說「沒有客家研究就沒有客家族群」。

　　歷史上，羅香林的《客家源流考》（1950）、《客家研究導論》（1933）和《客家史料彙編》（1965）為客家選定作為中原漢族的身分，提供了安身立命的論述基礎。更早的時期，徐旭曾的〈豐湖雜記〉（1808）、林達泉的〈客說〉（1866）、賴際熙的《[民國]赤溪縣志》（1867）、溫仲和所纂的《廣東省嘉應州志》（1868），以及黃釗的《石窟一徵》（1870）等，提供了羅香林論述的基礎觀察。當然還有一些外國傳教士之論述也發揮很大的作用，例如

Ernest John Eitel（1873）的 *An Outline History of the Hakkas*。關於西方傳教士的客家論述與華南客家族群的浮現方面，施添福與林正慧等已有精彩的研究。客家研究奠定了客家族群存在的樣貌。

　　客家研究與客家族群的浮現與發展關係，是多層次的。從民間學者到學院教授，從族譜記載到生物基因，從文化圖騰到語言發音，豐富了客家族群文化的內涵，增進了客家族群的意識與認同。其中語言學家對南方漢語中客語分類的認定與命名，使得客語人群的身影逐漸清晰。近年來臺灣客家研究的興起對臺灣、東南亞或中國客家文化的發展與認同都有清楚的影響。

　　基於客家相關的學術研究對客家發展的重要性，客家委員會從設立以來便相當重視客家知識體系的發展，設立客家學術發展委員會指導推動客家學術研究與發展之業務，厚植客家研究的基礎。客家研究如果要成為一門學問，不只是要有研究計畫，必需有課程規劃、教科書、專業期刊、客家研究學會、學術研討會、嚴格審查的專書、有主題的叢書與論文集彙編。《臺灣客家研究論文選輯》主題叢書的出版計畫，具有此一脈絡的意義。

　　《臺灣客家研究論文選輯》主題叢書的出版構想，源於客家委員會的客家學術發展委員會，目標是將分散於各學術期刊的優質論文，依主題性質加以挑選、整理、編輯，重新編印出版，嘉惠對客家議題有興趣的讀者，深化客家議題的討論，增益客家社會建構的能量。論文來源以學術期刊論文為主，作者無限制，中英文皆可，主要是論文議題要與「臺灣客家」相關，跨區域比較也可。以主題或次領域為臺灣客家研究系列叢書編輯的原則，能讓國內外客家研究學者乃至一般讀者，迅速掌握過去學術界對該主題的研究累積，通過認識臺灣「客家研究」的各種面向，理解臺灣客家社會文化的諸多特質，作為國家與客家族群發展知識基礎。叢書，除了彙整臺灣客家研究的各主題（特色），也望能促進學、政雙方，乃至臺灣民間社會共同省思臺灣客家的未來。

　　由於各篇論文原來所刊登的期刊，各有其所要求的格式。為了尊重原期刊的特性，本叢書各輯的論文仍保留原有的格式性質，例如註解的方式各篇並未一致，又因版面重新編輯，原有的頁數已經有所改變，這是需要跟讀者特別說明的。

　　《臺灣客家研究論文選輯》主題叢書之問世，特別要感謝客家委員會李永得主任委員的支持，客家學術發展委員會召集人蕭新煌教授的指導，各分冊主編的教授師長，一次又一次的來交通大學開會，從書本的命名到封面的討論，看見大家的投入和付出，非常感激。交通大學國際客家研究中心博士後研究員劉瑞超博士、交通大學出版社程惠芳小姐和專任助理陳韻婷協助規劃與執行，克服重重困難，誠摯表示感謝。

張維安

于國立交通學客家文化學院人文社會學系

2018-6-7

目錄

《客家、認同政治與社會運動》導論

許維德

我們相信，最深遠同時也可能是最基進的政治，就直接來自於我們自己的認同……（We believe that the most profound and potentially most radical politics come directly out of our own identity……）

　　——〈康比河聯盟宣言（Combahee River Collective Statement）〉[1]

寧賣祖宗田，不忘祖宗言；寧賣祖宗坑，不忘祖宗聲。

　　　　　　　　　　　　　　　　　　——客家諺語[2]

一、前言：「認同政治」在臺灣島內外

　　本書的主題為「客家認同政治」。在書寫本篇導論的當下，筆者正在美國加州大學柏克萊分校（University of California, Berkeley）擔任訪問學者。由於學校附近的房價過高，便租住在離學校四個捷運站、一個名稱為 Richmond 的

---

1 出處是 Combahee River Collective（1983：212）。「康比河聯盟」（Combahee River Collective）是一個倡議黑人女性主義與女同性戀權益的組織，由一群非裔女性學者於 1970 年代中期在波士頓所成立。這一組織的名稱，係來自 100 多年前倡議廢奴的黑人女性 Harriet Tubman 於南卡羅來納州康比河畔所領導的一場解放黑奴行動。〈康比河聯盟宣言〉（Combahee River Collective Statement）則是此一聯盟於 1970 年代末期發表的一篇重要文獻，通常被認為是運動參與者和理論家們正式使用「認同政治」這一概念的濫觴（Hayward and Watson 2010: 9; Wikipedia 2018）。

2 出處是教育部客家語（nd）。

小鎮，社區內有不少族裔身分為非洲裔和拉丁裔的少數族群人口。嚴格來講，這個小鎮無論是離臺灣、還是離客家都頗遙遠，似乎沒有太多可以和認同政治有所連結的素材。不過，就在這幾天，忙著翻看和認同政治有關之學術文獻的筆者卻突然發覺，車上的廣播也好，網路上的新聞也好，認同政治似乎都還是一個各方人馬激烈爭辯的熱門新聞議題，雖然是處在這樣的一個小鎮當中。

　　事情當然是和美國總統川普（Donald John Trump）有關。川普政府下的司法部在今年（2018）4 月開始，以備忘錄方式宣布將執行「零容忍」（zero tolerance）的移民政策，透過強制分開孩童與父母的行政作業方式，來遏止美國南方邊界非法移民的入境問題。由於 Richmond 當地有一個和「美國移民及海關執法局」（U.S. Immigration and Customs Enforcement）簽有合約的郡屬監獄，收容等待法庭審理程序的無證件移民，因此，一些人權團體就於 6 月 26 日在該監獄前舉行了一整天的抗議活動，大聲疾呼灣區民眾要站出來反對川普的移民政策。也是在同一天，Richmond 所屬的康特拉科斯塔郡（Contra Costa County）通過決議，宣布該郡為「移民和難民的『歡迎之郡』」（"Welcoming County" for immigrants and refugees），和川普打擂台的意味濃厚（Davis 2018；de Guzman and Costley 2018）。移民，無論是對哪一個國家而言，都是「認同政治」要思考的重要議題之一。

　　事實上，自從川普在一年多以前當選美國總統以來，「認同政治」就一直是個高度熱門的議題。無論是他的當選，還是希拉蕊（Hillary Clinton）的落選，都有論者試著用認同政治的視角來加以詮釋。[3] 而川普這一年多以來的總

---

3 比如說，在剛出版的新書《認同危機：2016 總統大選與美國意義的爭奪戰》（*Identity Crisis: The 2016 Presidential Campaign and the Battle for the Meaning of America*）（Sides, Tesler, and Vavreck 2018）中，三位背景為政治學的美國學者就指出，在白人共和黨員中，白人認同（white identity）的強度和對川普的支持程度有明顯的相關性。如果把時間再拉得長遠一點，川普效應顯然和過去 8 年歐巴馬執政下的「種族

統任期，接二連三的一些頭條新聞——比如說他在 2017 年 1 月一上任後就針
對 7 個穆斯林國家所簽署的旅遊禁令，限制其公民進入美國；或者說他對同年
8 月發生於維吉尼亞州夏洛蒂鎮（Charlottesville）之白人至上主義者集會事件
所發表的評論；再比如說他在同年 10 月以總統身分參加反同性戀保守派團體
「家庭研究會」（Family Research Council）之聚會並發表演說的行為（Stanage
2017；Gambino 2017）——都再再讓認同政治的話題登上浪峰。

在臺灣島內，認同政治的聲浪似乎也沒有停息過。早川普 8 個月、於
2016 年 5 月上任的蔡英文總統，這兩年多來躍上媒體版面的重要政策——姑
且不論雜音最多的《勞基法》修正案和年金改革這兩個議題（這其實也都涉及
廣義的「認同政治」），包括所謂轉型正義、同志婚姻、代表國家向原住民族
道歉、承認平埔族、乃至國家語言發展法草案等——無一不與「認同政治」有
密切的關係。國立成功大學人文社會科學中心於 2017 年出版了一本和臺灣認
同政治相關的書籍，名稱為《邊緣主體：性別與身分認同政治》（見楊芳枝
2017a）。在該書的導論中，編者楊芳枝（2017b：1）這樣寫道：

> 在上台後，蔡 [英文] 代表臺灣向原住民道歉，承認平埔族，將新
> 住民語納入本土語言教育，並著手同婚合法化。然而，反諷的是，

化政治」（racialized politics）傾向——美國白人的種族態度和政黨偏好開始有越來
越強的連結——有關（Edsall 2017）。另一方面，也已經有太多論者指出，希拉蕊
（Hillary Clinton）的失敗，正是由於民主黨過於向「認同政治」靠攏，欠缺宏觀的
總體綱領。在其於 2017 年所出版的書籍《過去的和未來的自由派：在認同政治之後》
（*The Once and Future Liberal: After Identity Politics*）中，美國哥倫比亞大學思想史教
授 Mark Lilla（2017：12）就故意用戲謔的口吻寫道：「在民主黨網站主頁，……如
果走到頁底，你會發現題為『人民（people）』的一組連結。每個連結把你帶到一個
特地裁剪好、以配合一個特定認同群體的網頁：婦女、西班牙裔、『族裔美國人』
（"ethnic-Americans"）、LGBT[男女同性戀] 社群、美國原住民、非裔美國人、亞裔
美國人及太平洋島嶼居民等。一共有 17 個連結，以及 17 種不同的訴求。你可能會想，
你誤入了黎巴嫩政府的網站，而不是一個對美國未來有願景之政黨的網站」。

蔡政府以專法來承認平埔族，結果卻是保障了既有的原住民所拿到的資源不受到這新承認的族群的「搶奪」，讓平埔族恢復語言文化的努力空洞化。另外，將新住民語言納入本土語言教育卻是讓臺灣已經面臨絕種的本土弱勢語言彼此競爭稀有的上課資源，讓本土語言的處境更加困頓。但是，中國話作為殖民者的語言卻仍維持著國語的優勢位階，完全不受到挑戰。在同婚議題上更是激發了一股以身分認同政治為主的反撲力量。

顯然，在追求正義的漫漫長路上，即使高舉出「認同政治」的大旗，我們還是有諸多要反思的重要議題。

如果我們將焦點再調整一下，聚焦到本書的主角──臺灣客家──上面，我們也立刻可以察覺到，和客家相關的種種議題，也幾乎都和認同政治脫離不了關係。由於客語在形塑客家認同時所扮演的特殊角色，有很多議題就直接和語言有關。比如說，為了「加速推動客語為公事語言，並提升公教人員的客語能力」，考試院所主導之國家考試的客家事務行政類科，從 2016 年起開始加考客語口試這一項目（客家委員會 2015）。再比如說，立法院也於 2017 年年底通過《客家基本法》的修訂案，明訂「客語為國家語言之一，與各族群語言平等」，同時也規定「客家人口達二分之一以上者，應以客語為主要通行語」（全國法規資料庫 2018）。自此之後，至少就國家法律層次而言，臺灣獨尊華語[4]為所謂「國語」的語言霸權時代，終告結束。

---

4 這裡的「華語」是指在臺灣所講的「北京語」，也有學者稱之為「臺灣華語」（鄭良偉 1992）、或者是「臺灣國語」（曹逢甫 2000）。由於國家機器的介入和操弄，在日常生活中我們常常就以「國語」這樣的標籤來指稱這個語言。就理論而言，從多元文化主義的角度出發，筆者無法同意將「國語」（國家語言，national language）這個語彙保留給某特定語言而排除其他本土語言的這種使用方式。因此，本文將以「華

　　本書正希望能夠回答一些和認同政治或客家認同政治相關的基本發問，比如說：

——什麼是認同政治？

——我們該用什麼樣的方式來證成此一概念的正當性？這一概念在論述和實踐上又有著什麼樣的難題與困境？

——臺灣的認同政治是如何出現的？又是在什麼時候出現的？

——在「前認同政治」時期的臺灣，我們該用什麼樣的方式來理解當時的人群分類方式？這些不同歷史脈絡下的人群分類方式，和當今之「認同政治」有什麼樣的差別？又有著什麼樣的共通性？

——如果我們考慮到臺灣客家之認同政治的崛起，為什麼1988年的「還我母語運動」扮演著一定程度的關鍵性角色呢？

——那麼，其他不是以「挽救客家語言文化」為主軸、但主要參與者卻都是客家人的社會運動，又可以被放在「客家認同政治」的脈絡下來理解嗎？

——臺灣客家的認同政治在從社會運動走向公共政策之後，到底發生了什麼樣的後果？

——除了上述比較屬於「爭議政治」性質的認同政治，在相對軟性的「文化政治」場域，我們又可以怎麼讀出客家認同政治的蹤影和痕跡呢？

　　上述這些發問正是本書所選之不同論文所試圖要回答的問題。這篇導論在結構上可以分成兩大部分，前半部的主軸在於「認同政治」這一概念，後半部則進入客家認同政治這一議題中（以介紹本書所選之8篇論文為重點）。如果不將本節計入，前半部可以再分成三小節，第二節試著對認同政治和社會運動

語」這個標籤來指稱北京話。但是，在引用其他人之文字時，則保留原來用法而不加以更改。

等本書基本概念進行釐清；第三節則探究承認政治和文化多元主義這兩種支持認同政治的思考進路；第四節則會對認同政治概念提出本質主義、集體權、女性主義視角、和對結構性困境的忽略等面向的批評。

後半部將從抽象理論轉到「客家」這一經驗世界。第五節以概念篇、歷史篇、當代客家社會文化運動篇以及當代客家認同政治篇這樣的順序來介紹本書所選的8篇論文；第六節則談未被本書收入的其他客家認同政治研究重要議題，包括「政治哲學視角下的客家認同政治」、「歷史視野下的臺灣族群關係」、「還我母語運動及其遺產」、「客家認同與其他類型之認同的糾葛」以及「當代客家認同政治的其他場域」；最後一節以一些筆者的感謝聊充結語。

二、基本概念的釐清

（一）認同政治：邊緣群體的政治鬥爭

「認同政治」到底是什麼呢？[5]《華盛頓考察報》（*Washington Examiner*）的專欄作家 Emily Jashinsky（2018）指出，這是一個「一直被討論、但又甚少被定義清楚」的概念。她並質疑，難道只要把焦點放在少數族群或邊緣社群，而不是更巨觀之經濟、健康保險或其他政策問題，就是在談「認同政治」嗎？還是說，只要某些群體認為自己是受害者、全世界都在找她的麻煩，就是「認同政治」？筆者在翻找了 10 個以上關於認同政治之定義（e.g., Mohanty 2011；Whittier 2017；Walters 2018；Merriam-Webster Inc. 2018）以後，十分同意她的說法，多數文獻對認同政治的定義方式，雖然多所重疊，但似乎都嫌

---

5 要回答這個問題，一個無可迴避的基本問題就是「認同」這一語彙的意義。關於這個概念的基本定義方式，筆者曾經在之前出版的專書《族群與國族認同的形成：臺灣客家、原住民與臺美人的研究》中爬梳過，見許維德（2013：20-4）。

鬆散，很難稱得上是嚴謹的學術定義。

　　不過，任教於紐約州立大學水牛城分校的人類學者 Vasiliki P. Neofotistos，在其替《牛津書目》（*Oxford Bibliographies*）所寫的〈認同政治〉條目中，倒是對這一語彙提供了一個相對明晰的定義。她這樣寫道：

> 認同政治（identity politics），通常也被稱之為認同的政治（the politics of identity）或認同根基政治（identity-based politics），是個在社會科學和人文學中被廣泛使用的詞彙。[此一詞彙] 是用來描述在不平等或不正義的大脈絡下，以認同類別的運用（the deployment of the category of identity）當成工具來表達其政治宣稱、倡議其意識形態、或者去激發引導社會和政治行動，[最終] 目標為主張其群體獨特性和歸屬感，[並] 獲得權力和承認。　　（Neofotistos 2013）

上述定義雖然相對完整，但卻略嫌拗口，或許可以再簡化為「不正義脈絡下邊緣群體尋求承認的政治鬥爭」這一陳述。此一陳述同時涵蓋「認同」、「行動」、「脈絡」以及「目標」等四個要素，這也是筆者認為的認同政治基本要素。以下分別討論：

　　1. 認同：認同政治的基礎當然是「認同」，或者說「抱持某特定認同的集合體」。Neofotistos（2013）則是用「認同類別的運用」這樣的語句來形容這一要素。這裡所說的「特定認同」，「可以基於很多不同元素而形成，這些元素包括但不限於種族、階級、宗教、性別、民族、意識形態、國家、性取向、文化等等」（閻小駿 2016：241）。「認同」這一要素可以被理解為認同政治的行動主體。

　　2. 行動：既然認同政治是某種形式的「政治」，上述行動主體就必須要

有所行動，包括「表達其政治宣稱、倡議其意識形態、或者去激發引導社會和政治行動」（Neofotistos 2013）。《史丹佛哲學百科全書》（*Stanford Encyclopedia of Philosophy*）〈認同政治〉條目的作者 Cressida Heyes（2016）則認為，認同政治是指「共享不正義經驗之特定社會群體成員所展現的各種各樣政治行動和理論化 [舉措]（a wide range of political activity and theorizing founded in the shared experiences of injustice of members of certain social groups）」。顯然，這一定義的主詞，是由「各種各樣政治行動和理論化 [舉措]」所擔任，意味著「政治行動」這一要素的重要性。

3. 脈絡：行動主體也好，政治行動也好，這些都必須處於「不平等或不正義的大脈絡」（Neofotistos 2013）下，才可以被理解為認同政治。Hayward 和 Watson 就直接指出，認同政治正是「始於以認同為基礎的壓迫經驗——人們由於具備特定認同群體成員身分而遭受到的、在資源和機會上的不平等經驗」（2010：9；重點是原作者的）。這個「不平等的壓迫經驗」，正是認同政治之所以產生的重要脈絡。

4. 目標：即使是處在「不平等脈絡」下，此一展現政治行動的集合體如果沒有一個相對清楚的「目標」——「主張其群體獨特性和歸屬感，[並] 獲得權力和承認」（Neofotistos 2013），也無法被稱之為「認同政治」。Heyes（2016）也指出，「[認同政治] 並不是僅僅以價值體系、綱領性宣言或者是政黨歸屬為組織基礎，認同的政治形成，通常都是以某大脈絡下被邊緣化之特定群體確保政治自由的目標（aim to secure the political freedom of a specific constituency marginalized within its larger context）為準」。

（二）認同政治與社會運動：新社會運動的崛起

依循上述對認同政治的定義方式——「不正義脈絡下邊緣群體尋求承認的政治鬥爭」，或者說「『認同承載者』＋『政治行動』＋『不正義脈絡』＋『尋

求承認的目標』」，某種和「社會運動」相關的圖像（比如說街頭抗議），很自然地會浮現在我們的腦海中。是的，筆者必須承認，這本書最早的規劃，的確是一本和「客家社會運動」有關的論文選輯。[6] 後來由於種種原因，筆者向本叢書主編張維安教授提出建議，要求將本書主題加以擴充，變成目前的「客家、認同政治與社會運動」。這個主題上的變化，反映的並不僅僅是在論文選擇時的技術性問題，[7] 而是有其思想理路。

在某種意義上，「認同政治」和「社會運動」的確有相當程度的密切關係，特別是 1970 年以降的所謂「新社會運動」（new social movement，以下簡稱 NSM）。什麼是 NSM 呢？簡單地說，NSM 在經驗上的指涉對象，是歐洲自 1960 年代末期以來一連串以和平、環境、青年、反核以及各種以身分（status）相關議題（比如說婦女、族群、性取向等）為核心關懷的社會運動。對 NSM 的研究者而言，上述運動最重要的特質，就是它們和歐洲過去以「階級」為核心的運動——特別是勞工運動和社會主義運動——在性質或訴求上的差異（Melucci 1985, 1989）。

對 NSM 的倡議者而言，這類運動之所以為「新」，是由於現代化過程中巨觀社會結構的變化（Melucci 1989），特別是西方國家「後工業社會」（postindustrial society, Touraine 1981）的浮現。而這種巨觀結構的變化，又帶動了所謂「後物質主義價值」（post-materialist value）的產生，讓人們對所謂「民主」的關切，超越了對經濟生存的考量（Inglehart 1990）。由於國家在各個面向上的控制力道都越來越強，NSM 就被視為要從國家手中奪回人們的決

---

6 「社會運動」是筆者博士資格考所選擇的領域，也是筆者在交大固定會開的幾門課之一。因此，長久以來，筆者一直自許為一個「社會運動」的研究者。

7 簡單講，由於多數和客家社會運動有關學術文獻，都是以專書篇章或學位論文的形式發表的，屬於期刊論文形式的文獻（這是本叢書選擇論文的形式判準）絕對數量不足，很難獨立編成一本論文選輯。

策權，要反抗日常生活世界的殖民化，以及要對公民社會進行轉型（Habermas
1984；Melucci 1989）。

值得注意的是，NSM 這種對「後物質主義價值」的訴求，似乎和「認
同政治」要求「承認」的目標，頗有異曲同工之妙。如果用 Cerulo（1997：
393）的話來說，NSM 的主要目標在於「為擴展自由──而非達成她──而鬥
爭（fight to expand freedom, not to achieve it）；為選擇──而非解放──而動
員（they mobilize for choice rather than emancipation）」，因此會把焦點放在表
述其認同上面。或者用 Polletta 和 Jasper 的話來說，NSM 主要是要尋求「新的
認同與生活方式之承認」（recognition for new identities and lifestyles）（Polletta
and Jasper 2001：286）。

三、支持「認同政治」概念的思考進路：以 Taylor 和 Kymlicka 為例

那麼，我們該如何證成認同政治的正當性呢？或許，我們該先從「認同政
治」這一概念的主要對話對象──傳統意義下之自由主義──談起。對傳統的
自由主義者而言，[8]「個人自由」──個體追求並自由選擇其所認知之良善生
活的權利──是所有論證的最重要前提。也因此，他們會強調個人權利的重要
性（甚至是絕對性），並認為個人自由的優位性應該要先於群體生活（Song
2016）。此外，在面對少數族群的不同生活習慣和不同理念時，這些自由主義
哲學家則倡議我們必須要「容忍」（tolerance），並要求國家對「何謂公共領域」
劃出一條清楚的界線。換言之，任何不屬於公共領域的事務（比如說宗教或習
慣），國家都不應該插手介入（Hayward and Watson 2010：11）。

---

8 最有代表性的人物，堪稱洛克（John Locke）和彌爾（John Stuart Mill）。

　　不同的認同政治理論家，正以不盡相同的方式回應了上述自由主義哲學家所倡議的「個人自由」和「容忍」概念，而推導出他們自己的認同政治理論。以下介紹這一領域最具代表性的兩種觀點——Charles Taylor 的「承認政治」，以及 Will Kymlicka 的「多元文化主義」。

（一）承認政治：社群主義的立場

　　加拿大的政治哲學家 Charles Taylor 認為，個人（或個人權利）在倫理上不應該優於社群，而社會財的價值，也不應該被化約為對個人福祉的貢獻。簡單講，這是一種所謂「社群主義」（communitarian）的立場，承認集體財（collective good）「不可化約地社會性」（irreducibly social）和本真價值（Taylor 1995）。

　　在〈承認的政治〉（The Politics of Recognition）這篇已經被太多人引用過的論文中，[9]Taylor 首先指出，「當今政治的某些面向，已經 [清楚] 轉向對承認（recognition）的需要（need）——有時候 [甚至] 是一種要求（demand）」（1994：25）。他認為這種轉向和女性主義、族群運動以及多元文化主義所主導的種種政治行動有著密切的關係。作為一個「認同」的研究者，[10]Taylor 進

---

9 該篇文章最早的形式為 Taylor 在 1990 年於普林斯頓大學人類價值中心（University Center for Human Values, Princeton University）揭幕時的演講稿（Gutmann 1994: xiii），後來被收在普林斯頓大學出版社於 1992 年發行的《多元文化主義與「承認政治」》（Multiculturalism and "The Politics of Recognition"）一書中。該書於 1994 年再發行擴充版《多元文化主義：檢視承認政治》（Multiculturalism: Examining the Politics of Recognition）。本文所引用的為本書的 1994 年版。Google 學術搜尋（2018）顯示，此文章被引用的次數已經超過 8,500 次。不過，也有論者表示，此篇文章在篇幅上過於短小，並未構成一個完整的「承認理論」，其主要貢獻在於「啟動了關於承認理念的一般性興趣」（McQueen nd）。該文有中譯版（i.e., Taylor 1997, 1998），不過譯文不夠順暢，不算好讀。

10 Taylor 曾經於 1989 年出版過《自我的來源：現代認同的形成》（Sources of the Self: The Making of the Modern Identity）一書（見 Taylor 1989）。該書有中譯本，見 Taylor（2001）。

一步論證，「承認」的概念之所以重要，和「認同」——「一個人對於他是誰、以及他之所以為人之根本性特質（their fundamental characteristics as a human being）的理解」（1994：25）——有著千絲萬縷的關聯。我們無法自外於他人而單獨定義自己的認同。事實上，「我們總是在和某種東西的對話——有時候是與其鬥爭——中定義我們自己的認同，而這種東西 [卻又是] 我們的重要他者希望在我們身上看到的（the things our significant others want to see in us）」（1994：32-3）。由於認同會受到他人之承認或不承認的影響，「得不到他人的承認（nonrecognition）或是只得到扭曲的承認（misrecognition），都會對人造成傷害，[甚至] 成為一種壓迫形式，把人囚禁在虛假的、扭曲的和被貶損的存有方式中（a false, distorted, and reduced mode of being）」（1994：25）。因此，承認在本質上並非我們賜予其他人的恩惠，「它是一種絕對重要的人類需要（a vital human need）」（1994：26）。

　　Taylor 認為，人類在近兩百年來所遭遇的兩個結構性轉變，讓「承認」成為當今社會無法忽略的重大議題。首先是「等級（hierarchies）式社會」——一個將榮譽（honor）只賜予位於社會階梯頂端之某些人——這種社會結構的崩解，以及隨之而來之「尊嚴（dignity）社會」——在普遍主義和平等主義的意義上強調人人都享有尊嚴——的出現。很明顯地，「尊嚴」概念也是當代民主理念的核心，而「榮譽」概念則很難和民主制度相結合（1994：26-7）。除了上述「從『榮譽／等級』轉向『尊嚴』」的結構性變化，當代社會的第二個變化則是「『個人化認同』（individualized identity）和『本真性理念』（the ideal of authenticity）的出現」。由於「尊嚴」理念的出現，當代社會開始出現所謂「個人化認同」，強調每一個個體的獨特性，用 Taylor 自己的話來說，就是「我自己特有的、我在自身之內發現的（one that is particular to me, and that I discover in myself）」（1994：28），或者說「忠於我自己、也忠於我自己

之特定存在方式的（being true to myself and my own particular way of being）」
（1994：28）這種認同。

　　以上述洞見為基礎，Taylor 開始從概念上論證「承認政治」的正當性。
對他而言，當今社會的平等承認展現在兩種不同形式上，一種是「平等尊
嚴的政治」（politics of equal dignity），另一種是「差異的政治」（politics
of difference）。前者是指一種普遍主義式的政治，是以權利和權益的平等
分配為目標。在這種政治形式下，所有的個體──透過對其共同公民權的承
認──都應該被一視同仁地對待。後者則強調對每一個個體或群體都有其獨
特性的認同。簡單講，「平等尊嚴政治」是「無視於差異的（inhospitable
to difference），因為（a）在界定 [基本] 權利時，它堅持規則的一體適用
（uniform application of the rules），沒有任何例外；（b）它懷疑集體目標
（collective goals）」（1994：60）。與「平等尊嚴政治」相反，「差異政治」
則立基於「什麼能構成一個良善生活的判斷（judgments about what makes a
good life），而文化整全性（the integrity of cultures）又在這一判斷中占有重
要地位」（1994：61）。

　　作為一個居住在蒙特婁的加拿大人，[11]Taylor 以魁北克的法語政策（主要
是以 1987 年〈密契湖協議〉（Meech Lake Accord）關於「獨特社會」（distinct
society）條款的討論）當成例子來進行思索。當時擬議的〈密契湖協議〉如果
順利通過的話，魁北克所實施的某些「在某程度上限制個人自由選擇權利」的
語言政策，將會獲得確立和保障。這些政策包括法語家庭一定要將孩童送到法
語學校讀書、超過 50 人的企業必須以法語為公司運作語言，以及所有商業招
牌都必須以法語標示（Taylor 1994：52-3；Hayward and Watson 2010：13）。

---

11 蒙特婁位於加拿大魁北克省的西南部。

乍看之下，上述政策似乎違反了 1982 年通過之〈加拿大權利與自由憲章〉（Canadian Charter of Rights and Freedoms）（為〈加拿大憲法〉（Canada Act 1982）的一部分）中關於個人自由的保障。不過，Taylor 認為，在上述「尊嚴政治 vs. 差異政治」的二分架構下，我們可以對兩種權利進行區別，一種是 Hayward and Watson（2010：14）稱為「根本權利」（fundamental rights）的權利，包括「生命、自由、正當的程序、言論自由、宗教自由等權利」（rights to life, liberty, due process, free speech, free practice of religion, and so on）（Taylor 1994：59）；另一種則是 Hayward and Watson（2010：14）稱為「相對不重要之基本自由」（less basic liberties）的權利，這些自由雖然也很重要，不過，為了完成「差異政治」所倡議的平等對待，國家有時候可以對這些權利進行限制（Taylor 1994：59）。

Taylor 認為，國家應該要平等對待其所有公民，而為了這樣的「平等對待」，有時候就必須在不同程度上限制其公民的自由。在魁北克的案例中，加拿大必須盡全力讓魁北克的民族文化得以存續，即使這些政策是以教育上的「個人選擇權」為代價，或者是以商業經營上的相對困難為代價，都只能視之為是對「相對不重要之基本自由」的損害，而非對「根本權利」的損害。

（二）文化多元主義：自由主義式的平等主義

接下來談 Will Kymlicka 的「文化多元主義」。如果說 Taylor 是以「社群主義」的立場來回應傳統自由主義對「自由」的討論，Kymlicka 則是緊扣「自由主義」的思想脈絡，一方面回應「社群主義」對「自由主義」的批判，另一方面則從「個人自主」（personal autonomy）和「平等」等自由主義的核心理念出發，並將之與他對「文化身分」（cultural membership）的討論相結合。對 Kymlicka 而言，自由主義和文化多元主義在本質上並沒有不相容的問題，也因此，他所倡議的文化多元主義，就可以被視為某種改良版的自由主

義。以下分別從文化身分和個人自主的關係、以及文化身分和平等的關係論述 Kymlicka 之文化多元主義的基本論證。

　　首先談文化身分和個人自主的關係。Kymlicka 論證的核心，在於他對「文化」這一概念的特殊理解方式。對 Taylor 的「承認政治」而言，作為一種集體財或集體目標，文化的價值就存在於其自身，這似乎是不證自明的辯論前提。但 Kymlicka 卻從一種比較工具性的視角出發來論證文化——或者說「社會性文化」（societal culture）——的價值。所謂社會性文化，就是「一種提供其成員在所有人類活動領域——包括社會、教育、宗教、休閒和經濟生活——有意義之生活方式的文化，同時涵蓋公共和私人領域」（Kymlicka 1995a：76）。一方面，社會性文化可以讓屬於它的個體「從內在」（from the inside）（Kymlicka 1995a：81）活著，因為它提供了個體「何謂有意義之生活方式」的參考架構。另一方面（有可能是更重要地），它也和「個人的自主」息息相關。Kymlicka（2003：439）引用以色列哲學家 Joseph Raz 和 Avishai Margalit 的觀點論道，「個人的自主——個人在不同優良生活中進行擇優選擇的能力——與下述因素緊緊相關，包括：享有自己的文化、自己文化的繁榮、他人對自己文化的尊重」。簡單講，透過「選擇之脈絡」（context of choice）的提供，「社會性文化」給了所屬成員有意義的選項和腳本，讓其能夠理解、修正並追求其目標，同時也提供了讓個體得以「自主」的必要養分（Kymlicka 1995a：89）。

　　那麼，文化身分和平等的關係又該如何證成呢？首先，所有的國家——即使是奉行自由主義的所謂民主國家——也都曾致力於發展某種共同的民族語言與文化，因此從來都不是「中立」的。對 Kymlicka 而言，政府所做的多數決策——官方語言的決定、教育核心課程的設計、乃至獲取公民資格之條件的制定——都不可避免地會去提倡某種版本的文化認同。因此，那些不屬於國家

所倡議之某種特定文化的人們，就必然會處於相對不利的位置。換句話說，他們處在一個不平等的結構中。Kymlicka 進一步指出，這種將同樣權利賦予不同異質團體的統一性法律，其實是對這些處於不利位置之人們的不平等對待（Kymlicka 2003：445-50）。以國定節日為例，將聖誕節、復活節、耶穌受難節（Good Friday）當成是公共節日，反映的是此一社會中之基督徒成員的需求，但對非基督徒而言，這樣的安排當然是不公平的。Kymlicka 建議，我們可以「保留其中一個基督教節日（比如說聖誕節），但以穆斯林和尤太人的節日來取代復活節與感恩節」（Kymlicka 1995a：223）。簡單講，如果要平等對待不同之文化團體的話，則國家就需要賦予不同的權利給不同的團體。

第二，如果說社會性文化是所有個體都必須擁有之「基本權」的話，那麼，國家就不能只提倡某種版本的民族語言與文化，而必須提供各種不同的文化，讓其成員有更多選項來進行抉擇。只有保證所有的文化群體都有機會維持一個不同的文化，這樣才可以保證所有成員之文化身分都能受到平等的保障（Kymlicka 1995a：113）。

四、對「認同政治」概念的批判

就像學界任何理論一樣，認同政治這個概念當然也會面對來自不同（有時是同一）陣營的挑戰。以下討論四點，分別涉及「本質主義」傾向、「集體權」概念、「女性主義視角」的批判，以及忽略「結構性難題」。

（一）本質主義的文化觀

認同政治最常被批判的一點，就是其對「文化」或「認同」等重要概念的理解方式，有很強的本質主義傾向（張建成 2007；Phillips 2007；Shidmehr 2012）。教育學者張建成別出心裁地使用了「獨石論」——「一座巍然聳立的

奇岩，質純料實，形神獨具」（2007：108）──這樣的比喻來描摹某些多元文化主義者所認知的「文化」。張建成認為：

> 獨石論的「多元文化主義」，<u>假定族群的構成是原生性的，有其先</u>
> <u>驗的本質</u>。也就是說，一個族群的全體成員，如鄒族人，擁有與生
> 俱來的共同血緣與文化，一輩子都很難（或不容）改變。這樣的論
> 調，如果推向極端，很有可能過度執迷於族群的原生本質、群體權
> 利與固有文化，而不利族群的永續發展。
>
> （張建成 2007：109；重點是筆者加上的）

　　無獨有偶，倫敦政經學院的政治理論家 Anne Phillips 也在其於 2007 年出版的書籍《沒有文化的多元文化主義》（*Multiculturalism without Culture*）中，對「多元文化主義」提出了這樣的批判：「[多元文化主義] 誇大了文化的內在統一性、將當下更具流動性的差異加以固化、並讓來自其他文化的人們，看起來比他們真實的自我還要具異國情調與特殊性」（2007：14）。[12]

　　已經有太多的論述和實例告訴我們，文化並不是一個有著清楚界線、能夠完全自給自足的整體，特別是在這樣一個全球化的年代。事實上，人類過往的歷史已經清楚地顯示，透過戰爭、殖民、帝國主義、貿易以及遷移等形式，不同文化的人們就一直在彼此進行互動，同時也在各個面向上相互影響。加州大學柏克萊分校的政治理論家 Sarah Song（2016）就這樣寫道，「[或許，] 人們需要的，並不是對特定文化結構的近用（access to a particular cultural

---

12 在出版該書之後，Phillips 又於 2010 年發表了一篇標題為〈本質主義到底有什麼問題？〉（What's Wrong with Essentialism?）的論文（i.e., Phillips 2010），更有系統地對「本質主義」的思考傾向進行批判。

structure），而是文化素材（cultural materials）[本身]」。她舉例說明，聖經也好，羅馬神話故事也好，或者是格林童話也好，這些都對美國文化有著深刻的影響。但是，這些文化資源並無法被視為是某特定「社會性文化」（借用 Kymlicka 的語彙）的一部分，也就遑論宣稱要對其進行「保護」，如同某些認同政治倡議者所要求的那樣。

（二）「集體權」概念的再斟酌

「集體權」（collective rights）這一概念，應該是多數認同政治倡議者念茲在茲想要證成的重要論述。特別是 Kymlicka 有不少著作都直接或間接涉及這個議題（e.g., Kymlicka 1995a, 1995b; Shapiro and Kymlicka 1997; Kymlicka and Marin 1999）。[13] 反對者關於此一概念的批評，約略集中在兩大議題中，一個涉及本體論的問題，對「集合體作為權利承載者」這一宣稱提出質疑；另一個則考量到將權利賦予集合體的實際後果。

首先，就本體論而言，有論者從本體和倫理個體主義（ontological and ethical individualism）的立場出發，堅稱我們所需要的，從來就不是對於群體的特殊保護，而是每一個個體能夠自主地加入和離開某一社群的權利（the individual's right to form and leave associations）（Song 2016）。倫敦政經學院的政治理論家 Chandran Kukathas（1992, 2003）便認為，沒有所謂的團體權，只有個人權。國家如果賦予文化團體特殊之保護和權利的話，國家就僭越了她確保公民權的應然角色，也威脅到個體「自由結社」的基本權利。加拿大政治哲學家 Jan Narveson（1991： 334）亦論道：「只有個體才能夠做決定，能夠

---

13 有趣的是，Kymlicka 在概念使用上反而不常直接採取「集體權」這個語彙，而是使用「少數權」（minority rights）（e.g., Kymlicka 1995a, 2002；Kymlicka and Marin 1999）和「團體權」（group rights）（e.g., Shapiro and Kymlicka 1997）這兩個概念。

名副其實地擁有價值，能夠名副其實地進行推理和深思熟慮。」

再者，批評者也指出，就實際後果而言，集體權也常常會威脅到個人的基本權利。張建成（2007：111）指出：「群體特權的行使，往往要求內部成員放棄某種程度的個人自由，向集體生活輸誠，因而不免侵蝕或壓制民主社會早已賦予個人的權利。……，當文化群體以維護傳統文化之名，對內部成員……進行約束之時，我們該如何在族群文化權與個人公民權之間做一取捨？」這個批評最重要的視角是來自於女性主義，我們在下一點繼續討論。

（三）女性主義觀點的批判

理論上，認同政治要追求的是所有「弱勢群體」的解放，應該要同時涵蓋族群、性別、階級、性取向等不同的面向，但是，如果這些不同面向間有某種程度之衝突存在的時候，我們到底該如何取捨呢？已經過世的女性主義政治哲學家 Susan M. Okin 就曾經直接以〈多元文化主義對女性是壞的嗎？〉（Is Multiculturalism Bad for Women?）一文，來探詢這個問題的可能答案。對 Okin（1999）而言，如果我們宣稱所有的文化都有權獲得平等尊重的話，這一觀點與保障婦女權益之間，就有可能會發生衝突。簡單講，多元文化主義的目標是要保護不同文化的社會，但實際上的情況卻是有很多社會不但不能接受「所有人都擁有平等權利」的這項理念，還會在實際上用不公平的方式對待社會中的某些群體，特別是婦女。基於所謂文化、傳統或宗教等不同理由，女性經常會受到不平等的對待：被迫擁有比較低的健康標準、被迫接受不平等的財產繼承方式、被迫承認不公平的參政權，以及被迫面對更稀少的教育機會等。Okin甚至這樣宣稱：

> 事實上，如果她們出生時所屬的文化瀕臨滅絕（所以其成員變得更
> 加融入性別歧視較少的文化），她們或許可以有更好的生活。或者，

　　她們最好能受鼓勵而去改變它 [這些文化]，從而加強婦女的平等，

　　至少也要達到與主流文化（majority culture）所擁有之價值觀一致的

　　程度。　　　　　　　　　　　　　　　　（1999：22-3；重點是原作者的）

　　依循著女性主義者上述批評的邏輯，我們可以繼續引申，而宣稱多元文化主義在支持少數族群權利的同時，在理論上有可能會造成群體內所有弱勢成員——不限於婦女——之權益的損害，有論者將之稱為「內部少數」（internal minorities）或「少數中之少數」（minorities within minorities）的難題（Eisenberg and Spinner-Halev 2005; Green 1994; Weinstock 2007）。這是因為，當國家在努力讓少數族群免於受到主流族群之壓迫的同時，該群體內握有權勢的成員，也經常會破壞社群內弱勢成員——比如說宗教異議分子、非異性戀者、女性以及兒童等——的基本自由和機會。根據 Song（2016）的說法，學者已經分析過之這類涉及「內部少數」的具體案例，包括在法國公立學校中穆斯林女性的頭巾佩戴禁令、刑法中「文化答辯」（cultural defense）的使用、將宗教或習慣法納入支配性法律體系之中，以及土著社群的自治權利對社群內女性之不平等地位的強化等。

（四）對當代社會結構性難題的忽略

　　對抱持更基進立場的批評者而言，認同政治的倡議並無法解決更基本的社會結構性難題，特別是所謂「再分配」的問題。借用美國新社會研究學院（New School for Social Research）左翼女性主義者 Nancy Fraser（1995）著名的二元架構，或許我們的確可以在分析層次上分辨「承認政治」（politics of recognition）和「再分配政治」（politics of redistribution）這兩種不同的政治形式。前者是以「地位不平等」為挑戰對象，而其目標則在於「尋求文化和象徵上的改變」，比如說爭取同性婚姻的同志運動；後者是以「經濟不平等和剝

削」為挑戰對象，目標在於「尋求經濟的再結構化」，比如說要求所得再分配的勞工階級運動。不過，誠如 Fraser 自己所指出的，

> 我們應該堅定地反對將再分配與承認視爲彼此互斥之選項的這種操作。反而，[我們的]目標應該是去發展出一個能夠[同時]含括（encompass）和協調（harmonize）社會正義之這兩個面向的整合途徑。　　　　　　　　　　　　　　　　　（Fraser 2003：26）

　　換句話說，對 Fraser 而言，在現實上所有的社會問題都同時夾雜著「地位不平等」和「經濟不平等」這兩個面向，當認同政治的倡議者只把焦點放在「承認」問題的時候，其實是下錯了解方，無助於當代社會結構性問題的解決。

　　張建成（2007：119-20）則以所謂「階級問題」的字眼來指陳認同政治論述的這項缺失。他認為，自 20 世紀末葉以來，由於種種原因和機制，認同政治的要求已有取代階級鬥爭而成為當代主要政治議題的趨勢。然而，「階級真的消失了嗎？左派人士的批評指出，多元文化主義過於強調文化面向的壓迫，忽視了所處的政治經濟脈絡，有人甚至抨擊多元文化政策只是籠絡、安撫弱勢族群的糖衣毒藥，未能真正改善族群之間的資源與權力失衡問題」（張建成2007：119）。

五、本書所選論文簡介

　　本書總共選了 8 篇論文，依論文性質分成概念篇、歷史篇、當代客家文化社會運動篇，以及當代客家認同政治篇等四個部分，以下分別討論。

（一）概念篇

　　談客家認同政治，自然無法不討論到族群或族群政治等相關基本概念。李廣均的〈文化團體 vs. 政治社群：試論當代臺灣的兩種族群政治觀點〉，正是一篇以「『族群／族群政治』在性質上為何」這一發問當成核心問題的論文。作者從 1990 年代後逐漸成形的四大族群論述開始談起，並進一步指出，如果以 1996 年以後的四次總統大選當成觀察場域，「我們沒有看到『四大族群』推出各自的候選人，反而看到一種糾結省籍、族群、政黨、藍綠、統獨的二元對立（binary opposition）」（頁 67）。因此，作者宣稱要在本文對以下問題進行探究：

　　　　爲何「四大族群」會隱沒在二元對立的政治衝突之中？<u>我們該如何看待「四大族群」此一說法，以「四大族群」的概念和架構來解析族群對立與衝突是否恰當，可以幫助我們釐清當代臺灣族群政治的本質和面貌嗎？「四大族群」此一分析工具是否也需要被分析，還是我們必須另闢蹊徑？</u>　　　　　（頁 67；重點是原作者的）

　　面對上述發問，作者認為當代臺灣社會存在著兩種不盡相同的「族群／族群政治」觀點。第一種觀點將族群詮釋為「文化團體」，認為族群是一種「不連續、有著清楚範圍、以文化內容為主、可以延續傳承的『團體』」，而族群政治則是一種探究「不同族群間團體差異」的比較研究（頁 67、68）。第二種觀點則是將族群理解為一種「政治社群」，認為「族群不只是一般的文化團體，而是具有政治任務的文化團體」（頁 68），強調研究者必須透過歷史背景和政治脈絡的掌握來理解「文化差異」的再現與影響，「例如是誰在決定『文化差異』、以何種方式呈現，又達成了何種政治任務」（頁 68）？

　　作者進一步指出，第一種觀點「容易具體化（reify）族群，將族群衝突理解為一種集團式的人群對立」（頁68），因此，本文倡議要以第二種觀點來理解族群和族群政治。簡單講，族群並不僅僅是文化團體，她還是一種政治社群，是具有政治任務的文化團體，也因此，族群差異是一種選擇性——具有複雜歷史性格和特定政治任務——的文化差異，「我們必須思考，『文化差異（語言、飲食、服飾、信仰、建築、歷史記憶等）』是如何在政治考量下被選擇性強調或忽略，如何透過強化認知來提高族群『團體性』，藉以產生凝聚自己人和排除他人的社會效果」（頁92）。

　　雖然本文並未直接討論到「認同政治」這一概念，不過，本文對於族群和族群政治的理解方式，其實正是「（族群）認同政治」這一概念的基本前提。

（二）歷史篇

　　無論是在族群研究的領域，或者是在認同政治的領域，關於「『族群』與『認同政治』——這兩個領域之核心概念——是在什麼時候出現的」這一發問，一直都是多方學者高度爭辯的重要議題。在族群研究的領域，有所謂「原生論vs. 工具論／環境論／建構論」的爭議，前者認為族群有一定程度的歷史根源，後者則將族群視為相對晚近的人為發明。在認同政治的領域，固然多數研究者都認為此一概念的崛起與1960年代美國民權運動有相當程度的關聯，但也有研究者認為，大致上在18世紀末的歐洲與美國，和認同（特別是種族認同與性別認同）有關的概念，就已經以各種各樣不盡相同的生物、文化和心理分析本質主義樣貌悄悄登場（Nicholson 2008）。在客家研究的領域，當然也有不少研究者追問「客家（認同）起源於何時何地」的這一重要發問，陳麗華的這篇〈談泛臺灣客家認同：1860-1980年代臺灣「客家」族群的塑造〉，正可以放在這個脈絡下來解讀和詮釋。

　　作者以王甫昌在《當代臺灣社會的族群想像》一書中關於客家認同的討論

為對話對象，透過對臺灣客家歷史材料的重新解讀，希望「能夠追溯『客家』觀念進入臺灣社會並傳播開來的歷史過程，以及近代以來國家建構過程中的關鍵變化，對於塑造臺灣地方人士身分認同的影響，……」（頁102）。簡單講，對王甫昌而言，「『客家』族群認同是一種現代性的『想像』，是1980年代後期開始的客家社會運動動員的結果，他將之稱為『泛臺灣客家認同』。這種認同想像所預設的人群之間的關係，是以現代國家的公民權利為前提」（頁100）。換言之，這種觀點強調的是當代客家認同的「現代性」，以及此一認同與歷史上之其他相關客家認同間的「斷裂性」。但是對陳麗華而言，從更廣闊的歷史視角來看，「『客家』族群觀念在臺灣社會並不完全是新興的，從19世紀下半葉開始，西方、日本以及中國的知識階層們便試圖認知和想像他們，臺灣的知識階層受到影響，對於這一觀念也並不陌生」（頁143）。

然而，本文的核心關懷畢竟是比較一般性的「客家認同」，而非性質上更特定的「客家認同政治」。換句話說，在解嚴前的漫漫歷史長流中，無論是清領時期也好，日治時期也好，戰後威權統治時期也好，到底這些不同的歷史脈絡中存在著什麼樣的「人群分類方式」？而客家又在這些分類方式中扮演著什麼樣的角色？是否能夠被理解為某種意義下的「認同政治」呢？這些發問，都還有待未來的研究者繼續探詢。

（三）當代客家文化社會運動篇

本篇的主角是「客家運動」，或者借用范振乾（2007：418-9）的說法，可以稱之為「客家文化社會運動」。多數研究者都同意，這個運動的濫觴，可以追溯到1988年12月的「還我母語運動」（黃子堯 2006：65-82；張鎮坤 2003）。筆者完全同意「還我母語運動」在當代客家運動中所扮演的關鍵性角色，不過，由於多數直接和此一運動相關的既有文獻都不是以期刊論文形式發表的，不適合被收錄在本書中，因此，本篇選了兩篇和更廣義之客家運動

相關之論文，一篇是以美濃反水庫運動為主角，另一篇則是以政策科學的視角來探究客家運動由社會運動演變為客家政策其背後的決策過程。我們先談第一篇——林福岳的〈認同建構為傳播基礎概念之初探：以美濃反水庫運動為例〉。

作為一名傳播學者，林福岳在這篇文章想要處理的理論發問——我們該透過什麼樣的研究取徑來「觀察、陳述、詮釋以及論證傳播學門的正當性」（頁151），或許和客家研究並沒什麼直接的關聯。不過，為了要回答上述問題，本文所選擇的實作方式——「將社區視為研究場域，藉此探索傳播的本質和運作方式」（頁152），由於所選擇的「社區」碰巧是屬於客家庄的「美濃」，讓本文和客家研究產生了可能的聯繫。

本文是以始於1992年的美濃反水庫運動為主要探究對象。事實上，在這一運動崛起前的30多年，美濃各級地方公職人員在競選時的主要政見，都是以爭取中央興建水庫為主軸，希望藉此繁榮地方。有趣的是，當這一運動在1992年出現的時候，似乎很快就翻轉了過去支持興建水庫的觀點，並讓反水庫成為當時的主流民意。因此，在經驗現象上，作者想要追問「為什麼原本一面倒贊成興建水庫的聲音，會因為一個運動的發起，在短時間內使反水庫轉而成為強勢的主流意見？為什麼運動者的訴求，可以迅速得到多數鎮民的認同」（頁153）？更進一步講，這個從表面上可以被歸類為環境保護或生態保育的社會運動，到底和客家有否有關，「其間客家族群特有的文化意涵以及居民既有的認同，對運動的形成以及在傳播過程中，扮演什麼角色並起了什麼作用」（頁153）？

本文發現，如果就運動的訴求而言，美濃反水庫運動在一開始是以一個「維護利益、對抗不義的自我利益訴求性質運動」（頁199）形式登場的，但是，各種各樣和「愛鄉土」、「族群命脈」、「客家精神」有關的「族群」論述，很快地就在運動的進展過程中成為論述的主軸，「這當然是有意識的

運作,讓族群認同成為論述的基調,不斷反覆地召喚所謂的『鄉親』支持反水庫運動,將支持反水庫和保鄉愛土進行符號的連結」(頁177)。簡單講,「讓『客家人』成為運動的主體,不是一時一地的突發之作,而是因為美濃這個社區本身既有的族群特質,讓動員者得以迅速而有效地動員居民的共識」(頁177)。

我們可以說,反水庫運動所訴求之「愛鄉土/愛美濃」這樣的地方意識,在後解嚴時期客家意識逐漸成形的1990年代,很快就和「客家族群意識」產生了一體兩面的密切關係,而成為我們在理解這一「環保運動」時不可或缺的參照點。「因為對運動發起者而言,維護族群的生存和文化命脈,是超越實質利益的高層次訴求,沒有族群意識做為運動的精神基礎,就無法建構對於水庫的詮釋方式,更無以召喚家鄉族人的認同」(頁199)。

至於宋學文和黎寶文的長文〈臺灣客家運動之政策分析〉,其論述對象雖然始於客家運動,但涉及議題卻已經遠超過單純之客家運動的描述或分析,而開始進入此一運動之「結果」或「影響」的探究。作為廣義的政治學者,兩位作者認為,「目前臺灣的客家研究……大多數仍集中於語言、風俗或客家源流史之研究,尚未反映當代客家研究的新趨勢:強調跨學科跨區域的整合研究」(頁206),因此,本文企圖帶入政策科學的視角,透過綜合系統理論和國際關係論著(i.e., Easton 1965; Goldstein and Keohane 1993)所發展出來的所謂「3i模型」(i.e., 理念(idea)、利益(interest)和制度化(institutionalization)),建構一套動態的分析架構,用以說明臺灣1988年迄今的客家政策形成過程。

更具體地講,此一動態模型的第一個階段為「理念」,談的是決策者的「個人理念」(頁209)。而決策者若欲推動上述理念,一定會面臨各種各樣不同的意見或阻力,因此就必須在第二階段「以利益整合各方不同之意見」(頁209)。接下來,「當理念透過第一與第二階段成為政策,並且得以解決各項

問題之後，便開始漸漸地往正式的行政組織中內化成為制度」（頁 210），這就是第三階段的組織與制度化。

在實際的經驗材料上，就第一階段的「理念」而言，在當前「全球地方化」（glocalization）的「多語環境」氛圍下，客家運動者所面對的最基本困境就是客家文化——特別是客家語言——的逐漸消亡。在這種情況下，「說客家話就是客家認同」的理念，便成為客家運動者最重要的政策理念與核心價值（頁 219）。

至於第二階段的「利益」，作者則提出以下幾個重要的觀察點。首先，就當前臺灣政治與社會發展的具體脈絡而言，「閩客情結」和「民主體制」是客家政策發展最重要的制約因素。「任何客家運動的訴求，皆必須順應上述的環境加以發展」（頁 234）。再者，就相關行動者而言，《客家風雲》雜誌以及臺灣客家公共事務協會等由知識分子組成的社團，似乎在客家運動中扮演著最關鍵性的重要角色，其所提出之「解決客家話與文化流失之困境」的論述，也是眾多相關論述中最具影響力的觀點（頁 234）。第三，作為當前臺灣社會的少數族群，客家的人口比例雖然不高，卻也足以在歷次選舉中扮演著關鍵少數的角色，成為各黨各派的拉攏對象，「也使得 [上述] 這些由知識分子組成之客家社團，得以採取與政黨結盟之方式，影響其客家政策的產出」（頁 234）。最後，就上述論述的後續影響而言，自從「新客家助選團」於 1995 年的〈客家說帖〉提出 11 項客家政策之後，「其後的各黨派所提出的客家政策範圍，事實上皆不超出新客家助選團的範圍……成為客家運動論述十餘年來的集合」（頁 234）。更進一步講，「經過客家運動者多年的努力後，使近年重要的公職選舉，候選人皆須提出客家政策接受公評」（頁 234）。

最後談第三階段的「制度化」。兩位作者認為，目前的客家政策至少已經在母語教學、語言平等政策、客語傳播、客家研究以及客家文化全球交流等面

向進入制度化的階段，「臺灣客協長期以來要求客家文化的制度化保障，已經大部分由國家政策加以落實」（頁 243）。

（四）當代客家認同政治篇

　　如果說前一篇的主題是相對「硬性」的「爭議性政治」（contentious politics）議題，本篇的四篇文章，所處理的則是相對「軟性」的「文化政治」（cultural politics）議題，分別涉及歷史詮釋、文化節慶活動、博物館和流行音樂。

　　首先談薛雲峰的〈「義民史觀」之建構：析論臺灣 1895 年（乙未）抗日戰爭中之義民軍統領丘逢甲與吳湯興〉，一篇以 1895 年乙未戰爭為材料切入臺灣客家「歷史詮釋」的論文。根據作者的說法，這場戰爭不但是臺灣本島有史以來最大規模的陸上戰役，而且和臺灣客家也有著超乎尋常的密切關係。一方面，當時為了對抗日軍而成立的臺灣民主國，其三巨頭唐景崧、丘逢甲和劉永福都是客家人；另一方面，在常民層次，於桃竹苗力拒日軍南下的胡阿錦、吳湯興、徐驤以及姜紹祖等人也都是客家人（頁 249）。因此，作者提出了以下的問題意識：「是什麼樣的動機使這些客家人命都不要地誓與日軍周旋？又是什麼緣故使得大多數有關『乙未抗日』或『臺灣民主國』的論述都甚少提及『客家』」（頁 249-50）？前一個發問比較屬於經驗層次的問題，後一個發問就涉及歷史詮釋或史觀的問題。

　　更進一步講，作者認為，多數既有文獻在處理上述發問時，不是落入「大中國史觀」的圈套，認為臺灣乙未戰爭是甲午戰爭的延續，並將這些義民軍的抗日行動描摹為基於國家民族大義的舉措；就是以「臺灣史觀」來詮釋這場戰爭，標舉這是一場「獨立運動戰爭」，但由於也是從政治的角度來解讀此一事件，其論域的相對客體仍是「大中國」（頁 252）。作者進一步指出，如果借用法國年鑑學派健將 Fernand Braudel 的視角，上述兩種史觀都只涉及短時段

的「事件史」分析或中時段的「變動趨勢」描述，欠缺長時段的「深層結構」分析，無法「從根本上把握歷史的總體」（頁 254）。

透過對丘逢甲和吳湯興這兩個個案的分析，作者提出所謂的「義民史觀」──「以貫穿清領臺灣期間普遍成為社會常態的『義民』組織及其意義，來解讀臺灣史上發生的事件」（頁 284）──來取代上述兩種史觀，並據以回答本文的兩個發問。從這種角度來看，參與乙未戰爭的這些領袖和群眾們，他們所延續的，其實是臺灣清領時期「三年一小反，五年一大亂」這一「民變」傳統下、全臺各地幾乎都有的「非常態性的自衛性武力，即義民組織」（頁 277）。由於其核心關懷為「鄉梓情懷」（頁 284），所以會反抗「任何可能讓現狀產生劇烈變動的外力入侵」（頁 284）。更進一步講，這些參與者「一般都不會否認自身是『文化上的漢人』，但也未必忠誠地想當『政治上的中國人』」（頁 284）。

李威霆和林錫霞的〈客家桐花祭的族群意象與消費認同：以勝興國際桐花村的發展為例〉，則是一篇從「族群意象」（ethnic image）和「消費認同」（consumptive identity）概念出發，以苗栗縣勝興國際桐花村為研究對象的論文。已經有太多的文獻告訴我們，節慶在認同建構的過程中扮演著關鍵性的重要角色（e.g., 周俊宇 2012；沈思 2008；Kurashige 2002；Eder, Staggenborg, and Sudderth 1995），當然是觀察認同政治之展現的極佳場域。而在眾多所謂的客家節慶當中，桐花祭無疑是最具代表性的一個。本文主要的問題意識，正在於這一新打造之客家意象──特別是其消費化傾向──的適切性，或者用作者自己的話來說，桐花「是否能為客家聚落注入新的族群想像與認同動力」（頁 290）呢？更細緻地講，作者這樣寫道：

但桐花識別系統是否有助傳統客庄現代化、使客家族群找到新的

認同與凝聚？抑或只是作為客家意象「商業標記化」（commercial tokenization）的工具？托生在商業框架下的當代客家族群的想像根基是否穩固？一旦桐花退燒或觀光人潮不再，客家是否會隨桐花凋零而面臨新的文化認同危機？……更根本的問題是：<u>以消費為基礎的「識別／認同系統」是否可能作為一種有效的族群建構手段？</u>

（頁291；重點是筆者加上的）

為了回答上述問題，作者選擇了苗栗縣三義鄉的勝興村當成研究對象，一方面爬梳該村自1994年起至2009年和客家或桐花有關的176則新聞報導，[14] 另一方面也針對9名相關人士（包括5名當地意見領袖和4名外部人士）進行深度訪談。身為臺鐵西部高度最高的車站，位於勝興村的勝興站一直是舊山線的一個重要景點，[15] 因此，在舊山線於1998年停駛後，「[由於]勝興當地大多數業者原先並未對客家有任何想像」（頁341），「鐵道／火車／懷舊意象」這組符號系統，就成了當地文化建構的一組重要符碼。但隨著2004年開始之桐花祭的成功，「投資客家」成了業者的共識，「客家／桐花／現代意象」又成了當地另一套文化建構的符碼。也因此，「勝興獨特的消費空間，就在『客

---

14 關於這176則新聞所涵蓋的時間點，該文在不同段落有不盡相同的描述。「研究方法」第二小節說這些新聞的涵蓋時間為10年，自1998年9月23日（臺鐵舊山線停駛日）至2008年9月23日為止（頁305）。然而，在「研究發現」第一節的表2和表3，卻都顯示這些新聞的涵蓋時間為1994年至2009年（頁308-9）。不過，1998年以前的新聞則數並不多，只有3則；而2009年的新聞則數則是6則。換句話說，1998年至2008年的新聞則數應該是167則，而非該文「研究方法」部分所陳述的176則。

15 作者的說法，除了是臺鐵西部最高的車站，勝興車站在短短的16公里內，還囊括臺灣鐵道史上的其他七最，包括「折返線最奇[、]……十六份坡道為全臺最大的彎道、一號隧道為全臺最陡的鐵道（坡度千分之廿六）、二號隧道為臺鐵海拔最高的隧道、六號隧道為臺鐵最長的隧道、大安溪鐵橋為臺灣最長的花梁鋼橋、[以及]龍騰斷橋為臺鐵最高的橋」（頁332）。

家／桐花／現代意象』與『鐵道／火車／懷舊意象』這兩組符號系統間夾縫求
生」（頁341）。

　　更具體地講，影響勝興地區發展的關鍵事件有三個，分別是1996年「勝
興客棧」（當地一家餐廳）的成立、2004年客委會於當地首度舉辦「桐花祭」、
以及2006年「勝興國際桐花村產業發展協會」（以下簡稱「桐花協會」）開
始接管勝興火車站（頁315）。因此，作者就將勝興客棧成立後以迄第一次桐
花祭舉辦的這段期間（1997年至2004年），理解為勝興客家發展的第一期；
並將首次桐花祭和桐花協會接管勝興車站的這段時期（2004年至2006年），
理解為該地發展的第二期；最後則是2006年以後的第三期。

　　更進一步講，就與勝興有關的客家議題而言，不同時期的媒體曝光程度並
不相同，而且報導取材的方向也不盡相同。就曝光程度而言，「媒體大篇幅報
導勝興客家的次數是隨著時間發展而遞減的，且遞減幅度相當大（第一期30
則、第二期20則、第三期12則）」（頁318）。就報導內容而言，在桐花祭
舉辦以前的第一期，媒體報導的焦點在於客家美食，特別是和勝興客棧有關的
各種點點滴滴；到了第二期，「[媒體]版面分配的情況轉為美食、桐花與客
家聚落三分天下的情況」（頁318）；最後，在2006年以後的第三期，「以
客家聚落為主的議題成為新的書寫重心（4則），桐花祭仍維持3則，美食已
降為0」（頁318）。簡單講，「美食→桐花→客家聚落」約略就是這三期之
媒體報導重點的更迭。

　　回到這篇文章最原初的發問——桐花這一符碼是否為建構客家認同的有
效手段，作者約略有幾點觀察。首先，桐花這一組符號可以被理解為「在商
業利益、媒體宣傳與政府介入的眾多利基之上所建構起來的消費利益網絡」
（頁341）。再就實際上的情況而言，由於「客家只是作為指引性的文化理
念，實際起作用的是物質利益」（頁341），因此從勝興業者的角度，「桐花

圖騰最終的『在地認同』既非客家也非鐵道，而是指向文化消費的邏輯」（頁341）。換句話說，這個屬於消費認同性質的桐花符碼，其「消費」面向，似乎遠大於「認同」面向（頁342）。因此，本文作者認為，桐花這一標記「對於客家族群而言仍缺乏人文意義上的關聯，恐怕不足以作為凝聚客家認同的基礎」（頁343）。

　　除了節慶，「博物館」也是另一個學者在討論認同政治時經常會拿來當成分析對象的場域（e.g., 國立歷史博物館編輯委員會 2011；陳叔倬 2012；Aronsson 2011；Macdonald 2003）。黃衍明的〈詔安客的自我描繪與建構：詔安客家文化生態博物館的萌生與實踐〉，正可以放在這樣的脈絡來閱讀。這篇文章的主角是居住在雲林的「詔安客」──「定居或祖籍為 [中國] 福建省漳州府詔安縣客語地區的客家人」（頁347），特別是和這一群人相關的「詔安客家文化生態博物館」。[16] 循著上述兩條高度相關（但不等同）的軸線，作者一方面關切臺灣詔安客的背景與認同問題，另一方面則探究「詔安客家文化園區」（「詔安客家文化生態博物館」為此一園區在規劃時的副產品）自實體博物館到生態博物館的發展過程。[17]

　　就第一個軸線而言，作者認為，主要分布在雲林縣西螺鎮、二崙鄉、崙背鄉三鄉鎮南邊的詔安客，在認同上面臨著三種危機。首先，由於多數詔安客已經不會使用客語（目前在雲林使用詔安客語的人數已不及萬人），因此並未意識到自己的客家背景，遑論會有客家認同（頁352），「當詔安客語流失

---

16 後來於雲林崙背正式成案的博物館，名稱為「詔安客家文化館」，而非該文標題所顯示的「詔安客家文化生態博物館」（詔安客家文化館 2016）。該館的硬體從 2011 年破土開始興建，前後歷時 6 年，已經於 2016 年正式開館（客家電視台 2011；廖素貞 2016）。

17 不過，如同上一個註腳所顯示的，後來實際執行的規劃案又轉向實體博物館，而非該文所討論的生態博物館。

時，詔安客家認同也面臨極大的挑戰」（頁 352）。再者，從地理上來看，雲林詔安客自古即被周邊的福佬人所包圍，長期以來一直受到福佬族群的歧視，「詔安客語與文化也受到相對較強勢的福佬話與文化之蠶食」（頁 353）。第三，詔安客所使用的詔安腔客語為閩系客語，和一般臺灣所熟悉的四縣腔、海陸腔等粵系客語甚為不同，甚至無法互通。此外，詔安客「也沒有北部客家常見的擂茶、桐花、義民爺，也不見南部六堆客的粄條、菸樓和油紙傘」（頁 353）。因此，「語言與文化表徵上的差異使得臺灣的多數客家族群也不甚認同詔安客為道地的客家人」（頁 353-4）。

　　由於作者本身就是「詔安客家文化園區／詔安客家文化生態博物館」這一發想的重要實踐者，本文對第二個軸線（i.e., 博物館）的描述就格外生動有趣。這一計畫在 2004 年時最早的名稱為「雲林縣詔安客家文化館」。後來在 2007 年做第二次規劃時，名稱則改為「詔安客家文化園區」（以下簡稱「客園區」）。身為第二次規劃案的主要執行者，本文作者也「順道」在這次規劃中提出「詔安客家文化生態博物館」（以下簡稱「客生館」）的想法。之後，由於社會氛圍對過多閒置公共空間的疑慮，政府將「客園區」計畫擱置了兩年。結果在這段期間，「客生館」的想法反而得到中央與地方政府的青睞，成為這一博物館計畫的主軸（頁 361-2）。然而，弔詭的是，當地的詔安客們，似乎對這一「客生館」的想法沒有太大的興趣。作者這樣寫道：

　　　在博物館學的理論上，詔安客園區這種實體博物館應該是個「虛構的」、「異質的」、「疏離的」文化場景，然而對引領期盼建立客家館舍的詔安客族群而言，它反而是「具體的」、「真實的」、「有向心力」的客家認同象徵；反之，「詔安客生態博物館」這個在博物館學理上是「真實的」、「實踐的」、「認同的」文化場景，反

而成爲詔安客族群難以理解的抽象構圖。

（頁 364；重點是筆者加上的）

　　證諸後來的發展，當地詔安客對實體館舍的殷殷期盼，似乎戰勝了學理，讓實體博物館成為最終的結果。可惜的是，這篇發表於 2012 年的論文，就無法再幫我們敘述這段「最新戰況」了。

　　本篇最後一篇論文是王俐容和楊蕙嘉的〈當代臺灣客家流行音樂的族群再現與文化認同〉，在性質上則可以被歸為以流行音樂為分析場域的「認同政治」研究。誠如標題所顯示的，這篇文章的主要分析對象，正是當代（1990 年代末期到今日）臺灣客家流行音樂，在經驗材料上包括這些音樂的相關文本（歌詞、旋律、封面包裝等）以及相關人士（創作者、節目製作人、音樂製作人等）的深度訪談（頁 372）。更進一步講，本文要追問和此一經驗對象相關的兩組問題。一個涉及「族群再現」，或者說「當代客家流行音樂傳達出怎樣的『客家經驗』、如何描繪客家文化」（頁 371）、客家流行音樂如何再現客家的族群意象與生活經驗（頁 371）這些發問。另一個則和「文化認同」有關，主要處理的是「音樂創作者……如何傳達與展示自己的文化認同」（頁 371）、「從音樂的文本之中思索族群音樂的邊界與自我定義」（頁 372）等發問，最終希望能夠釐清「族群音樂中複雜的文化認同問題」（頁 372）。

　　就「族群再現」這組發問而言，本文在經驗材料中發現四個元素：保守、熱情好客、過去生活的緬懷以及農耕生活的客家經驗。前兩者被作者歸為所謂「客家族群特質的再現」，後兩者則可以被理解為某種意義下之「客家鄉愁的經驗」（頁 381-91）。

　　至於「文化認同」這組發問，作者的回答就相對複雜，並非只涉及「文化認同的有無」問題。一方面，作者在經驗材料中發現到，「客家流行音樂的確

扮演著客家創作者對於自身的歷史記憶、文化傳承、土地鄉愁重要展示的過程」（頁 398），因此，客家流行音樂的創作在效果上「對於族群認同的提升有重要的影響，包括提供自我定義的對話的基地，以強化自我認同的可能」（頁391）。但另一方面，本文也指出，上述這一客家認同的內涵有其複雜性和矛盾性。首先，由於傳統客家莊逐漸被現代科技滲透而一點一滴地消逝，很多創作者會在訪談中明白指出「當代客家認同在<u>傳統</u>與<u>現在</u>之間定位的矛盾性」（頁 392；重點是筆者加上的）。再者，不同世代的客家人，其所想像的客家文化內涵並不一致，「社會大眾認為客家文化不外乎是薑絲炒大腸、山歌小調、天公落水，這些或許讓很多中老年人感覺到懷念，但不見得獲得年輕一代的認同」（頁 394）。第三，在這個國家和族群邊界流動頻繁的全球化年代，文化的混雜或多元，或許已經成為所有文化都無可避免的一項特質，講大埔腔的東勢歌手劉劭希曾表示：「東勢的飲食習慣受到外省人的影響，發展出和其他客家庄不太一樣的地方……我們那邊好吃的都是外省兵留下來的，像『牛肉』，後來傳一傳也變成客家菜」（頁 396）。

　　總結來講，兩位作者認為，「但客家流行音樂是否就是目前客家族群所認可『自己的音樂』……，或是代表客家的風格與族群的特殊性，顯然還是有很大的問題。介於傳統與現代、介於不同世代之間對於客家音樂的定位與定義，幾乎還沒有共識出現」（頁 398）。

六、其他未被本書收入的重要議題

　　嚴格來講，本書所選的這 8 篇文章，距離我們要完整回答和「客家認同政治」相關的種種發問，顯然還有一段不小的距離。一方面，這是由於本叢書只收錄以期刊論文形式所發表的論文，讓某些以其他形式出版的論文（主要是專書或專書篇章）成為遺珠之憾；另一方面，這也是因為臺灣的客家研究，雖然

已經鋪下了一定程度的基礎，但在與各個相關學科進行對話這一點上，卻還有不小的改進空間。以下列出幾個筆者覺得重要、但卻未被本書收入的「客家認同政治」相關議題，供讀者參考。

（一）政治哲學觀點下的客家認同政治

事實上，如果要認真從理論或概念的觀點來探究「客家認同政治」這一議題，我們大概無法不從政治哲學的視角來切入（前文所提的 Taylor 和 Kymlicka 都是政治哲學家）。可以被歸類為這一議題的文獻不算太多，張錦華（1997）這篇論文可能是最早將多元文化主義概念應用在廣播政策上、同時也順帶提到客家的文獻。施正鋒（2004，2006）的這兩篇論文則可以算是正式將多元文化主義概念應用在客家研究的濫觴。[18] 此外，彭鳳貞（2012）的博士論文《臺灣客家族群政策建構研究：國際視野下之發展策略》，其主軸雖然是比較族群政策研究（對象包括比利時、西班牙和中國），但是在理論背景上則參酌了 Taylor、Kymlicka、和 Iris Young 等「認同政治」重要作者的概念。不過，三位作者的背景都不是嚴格定義下的政治哲學，這是比較可惜的地方。[19]

（二）歷史視野下的臺灣族群關係

本書的第二篇只選了一篇論文，無論是在議題的廣度和深度上，都還不足以涵蓋「歷史上的臺灣族群關係」這一重要研究題目。更直接地講，這一線文

---

18 第一篇論文最早發表於 2002 年由客家委員會和國立清華大學社會學研究所共同主辦的「客家公共政策研討會」，第二篇論文最早則發表於 2004 年由財團法人臺北市客家文化基金會所主辦的「客家電視台研討會」。

19 不過，如果不特別將「客家」納入考量，臺灣學界關於認同政治和多元文化主義等議題的耕耘，倒是累積了些許文獻。比較一般性的文獻，可以參考張茂桂（2002，2008）和蔡英文（1997）。至於以廣義之族群或原住民為對話對象的這類文獻，可以參考張茂桂（2006）、林火旺（1998）、張錦華（2014）以及涂予尹（2012，2014，2015）。

獻要處理的核心問題為，到底臺灣史上曾經出現過的各種不同之「人群分類方式」，可不可以被理解為「族群現象」，又可不可以被理解為某種形式的「認同政治」？

如果純粹就經驗現象而言，筆者的專書論文〈國家政策與「人群分類範疇」的形成：從「客」、「義民」、「粵人」、「廣東族」、「廣東祖籍」到「客家」〉（許維德 2015）為不同歷史時期之客家分類方式和形成機制，提供了一個相對完整的鳥瞰。此外，無論是臺灣清領時期（e.g., 李文良 2007，2008，2011；林正慧 2005，2006，2015：第三章；羅烈師 2006，2011），或者是臺灣日治時期（e.g., 林正慧 2015：第四章，2017；鄭政誠 2005），我們也都已經累積一定程度的基本文獻。不過，由於上列文獻似乎都未直接論及族群或認同政治的議題，這一研究題目顯然還有再開展的空間。

一篇比較值得注意的新文獻，出自王甫昌（2018）甫出版的專書論文〈由文化、地域到族群：再論當代臺灣客家族群意識的現代性〉。這篇論文的主要問題意識，在於處理臺灣歷史（以後解嚴時期出現的「客家文化運動」為轉捩點）上「客家認同內容及性質的轉變，是否構成人群分類概念重要斷裂」（頁243）這個發問。作者認為，就臺灣社會的客家認同內涵而言，我們可以發現由「（語言）文化認同」、「地域認同」、一直到「族群認同」的這種轉變。更具體地講，「1680年代以後到1860年代之間臺灣客家人的『閩粵分類意識』中，客家身分 [sic] 意識主要是基於語言相通的『文化』身分。1860年代以後漢人社會土著化，加上日治時期現代化政治制度下，臺灣客家人逐漸發展出宗族及地域的認同。客家人『閩粵分類意識』開始有明顯的地域差異；到日治後期，臺灣各地客家人的『地域認同』許多狀況下甚至超越了共同語言的文化認同。1980年代中期以後浮現的『客家族群意識』，試圖凝聚臺灣各地區客家人，建構超越原先地域意識分歧的團結與向心力」（頁282）。雖然這篇論文並未

直接涉及「認同政治」的問題，不過，透過「文化→地域→族群」這一三階段論式的描述，作者的確提供了一個可供切入此一議題的可能視角，值得多加注意。

（三）還我母語運動及其遺產

第三個題目是「還我母語運動及其遺產」，包括此一運動的形成原因、發展過程以及相關影響。關於這一議題最具參考價值的學術文獻，可以見諸張維安、徐正光、羅烈師（2008）所編的《多元族群與客家：臺灣客家運動20年》這本專書。本專書一共收錄了15篇論文，分成發展與趨勢、實踐與影響以及回顧與前瞻三大部分，是這一議題的扛鼎之作。此外，也有幾篇論文以不盡相同的視角涉入此一議題，包括應用社會運動研究中的「政治過程模型」（political process model）來分析戰後的客家運動（曾金玉 2000；徐智德 2004；陳康宏 2009）、使用傳播研究中的「語藝批評」方法來分析客家母語運動（謝文華 2002）、以所謂「客家論述」的內容或認同敘事來分析客家文化運動（林詩偉 2005；林吉洋 2007）、以及把焦點放在此一運動在政策或民間社會層次所造成的相關影響（e.g., 蕭新煌、黃世明 2008；Hsu 2009）[20] 等。

不過，如果從更系統性之「社會運動研究」的視角出發，我們卻可以發現，作為啟動新一波客家認同政治的關鍵行動者，後解嚴時期的「客家文化社會運動」（包括「還我母語運動及後續的各種客家運動」），其實還有很多尚待處理的重要議題，沒有被學術文獻認真探究過。美國加州大學戴維斯分校（University of California, Davis）社會系的榮退教授 John Lofland，曾經於1996年出版一本對社會運動領域十分有用的研究工具書《社會運動組織：

---

20 此外，本書所選的〈臺灣客家運動之政策分析〉也可以視為是這線的文獻。

研究反抗現實的導引》（*Social Movement Organizations: Guide to Research on Insurgent Realities*）。Lofland 在書中提供了一個理解社會運動研究「基本發問」的架構。他認為，社會運動（組織）研究涉及以下七組基本發問：（1）該運動的信念（belief）；（2）該運動（組織）的組織形式（organizational form）.；（3）產生該運動的原因（causes of social movement）；（4）運動參與者加入該運動的原因（causes of joining）；（5）該運動所選擇的策略（strategies）；（6）其他相關行動者（包括同一類型之社會運動的其他組織、其他類型之社會運動的組織、反運動組織、媒體、國家機器等）對此一運動的反應（reactions）；以及（7）社會運動所造成的結果（effects）（Lofland 1996：49）。

　　我們目前所累積的客家運動文獻，雖然有些研究涉及了上述發問中的（1）信念（e.g., 謝文華 2002；林詩偉 2005，林吉洋 2007）、（3）運動產生原因（e.g., 曾金玉 2000；徐智德 2004）和（7）結果（e.g., 蕭新煌、黃世明 2008；Hsu 2009）。但是，相對而言，上述發問中的（2）組織形式、（4）參與原因、（5）策略以及（6）反應，則還是尚待耕耘的處女地。

（四）客家認同與其他類型之認同的糾葛

　　無論是認同研究或認同政治研究，一個相當受晚近研究者青睞的議題，就是某特定認同與其他類型之認同間的複雜糾葛關係，客家認同政治的研究，當然也不例外。比如說，「客家認同」和「（臺灣）國族認同」的關係（e.g., 楊長鎮 1997，2006；張俊龍 1995），「客家認同」和「階級認同」的關係（e.g., 楊長鎮 1991；藍博洲 2003，2004），「客家認同」和「政黨認同」的關係（e.g., 沈延論 2006；林賢奇 2013；曾士軒 2014；陳婕如 2017），「客家認同」與「性別認同」的關係（e.g., Constable 2000；蔡芬芳 2016；余亭巧 2004）），乃至「客家認同」與「性傾向認同」間的關係（e.g., 林純德 2016）等，應該都是「客

家認同政治」研究中的重要議題。

　　不過，由於技術和篇幅上面的考量，本選輯未收入和此一議題有關的論文，殊為可惜。

（五）當代客家認同政治的其他場域

　　最後一個議題——當代客家認同政治——也正是本書第四篇的主題。本書雖然已經選了這一議題中和「歷史詮釋」、「文化節慶活動」、「博物館」以及「流行音樂」等四個場域相關的文章（占了本書所選論文的一半），不過，面對和這一議題有關之琳瑯滿目的文獻，還是有不少遺珠之憾。首先，以「文學文本」為材料進行認同政治分析的文獻（e.g., 蔣淑貞 2006；張惠珍 2007；黃信洋 2009），在絕對數量上就不少。[21] 再者，「文學文本」以外的電影（e.g., 黃儀冠 2007，2007）和繪畫（e.g., 徐意欣 2006），也都可以找到以認同政治為核心關懷的文獻。

　　第三，由於客家飲食在客家文化和觀光中所扮演的特殊角色，也有一些文獻是以這一現象來切入認同政治之討論的（e.g., 林開忠、蕭新煌 2008；羅秀美 2010）。最後，傳播研究其實也是認同政治分析的重要場域，無論是電視（e.g., 李信漢 2008；蔡珮 2011）、廣播（e.g., 林彥亨 2003）、報紙（e.g., 李美華、劉恩綺 2008；黃玉美 2013）、雜誌（e.g., 李美華 2011；鍾志正 2015；陳明裕 2011）、甚至是網際網路（e.g., 王雯君 2005），我們都可以看到一些文獻的累積。

---

21 本套客家論文選輯另外收有和「客家文學」相關的專書（彭瑞金教授主編）。

七、代結語：一些感謝

　　本書能夠完成，最該感謝的是交大客家文化學院前院長、本叢書主編張維安教授對我的厚愛，將這麼重大的任務交給我這個在學術耕耘上還沒有太多成績的後生晚輩。也要感謝本叢書助理陳韻婷小姐在各種大小事務上面的幫忙，以及對我極為緩慢之工作效率的容忍。

　　這篇導論從今年 5 月底我人還在柏克萊訪問的時候開始動筆，前後竟然拖了將近 5 個月，實在汗顏。不過，由於我們全家在 7 月初開始，在美國不同的國家公園駕車露營遊歷近 40 日，本文的很多部分，都完成於這些風景優美的所在。我記得很清楚，有好幾個晚上，在拉森火山國家公園（Lassen Volcanic National Park）、在紅木國家公園（Redwood National Park）、在黃石國家公園（Yellowstone National Park）等地的營區，我在凌晨兩點爬離睡袋和帳棚，在滿天星斗的伴隨下，就著微弱的營燈，一字一句地在野餐桌的手提電腦上打下這篇導論。我也要謝謝家人對我的陪伴，我愛你們。

參考文獻

王甫昌，2018，〈由文化、地域到族群：再論當代臺灣客家族群意識的現代性〉。頁 234-300，收錄於莊英章、黃宣衛編，《客家移民與在地發展》。臺北：中央研究院民族學研究所。

王雯君，2005，〈從網際網路看客家想像社群的建構〉。《資訊社會研究》9：155-84。

全國法規資料庫，2018，〈客家基本法〉。《全國法規資料庫》，1 月 31 日。http://law.moj.gov.tw/LawClass/LawAll.aspx?PCode=D0140005，取用日期：2018 年 6 月 1 日。

余亭巧，2004，《客家女性的族群認同經驗：五位女性客家文化工作者的生命歷程》。國立花蓮師範學院多元文化研究所碩士論文。

李文良，2007，〈從「客仔」到「義民」：清初南臺灣的移民開發和社會動亂（1680-1740）〉。《歷史人類學學刊》5（2）：1-37。

_____，2008，〈學額、祖籍認同與地方社會：乾隆初年臺灣粵籍生員增額錄取案〉。《臺灣文獻》59（3）：1-38。

_____，2011，《清代南臺灣的移墾與「客家」社會（1680-1790）》。臺北：國立臺灣大學出版中心。

李信漢，2008，《客家電視台族群政治分析》。國立政治大學新聞研究所碩士論文。

李美華，2011，〈《客家雜誌》之媒介框架分析〉。《客家公共事務學報》4：89-118。

李美華、劉恩綺，2008，〈臺灣報紙如何再現客家形象與客家新聞：1995-2007〉。《客家研究》2（2）：31-81。

沈延諭，2006，《族群政治：臺灣客家族群的政治文化與投票行為》。東海大學政治學系碩士論文。

沈　思，2008，〈端午節的文化政治〉。《文化研究 @ 嶺南》9。http://commons.ln.edu.hk/mcsln/vol9/iss1/3/。

周俊宇，2008，《塑造黨國之民：中華民國國定節日的歷史考察》。國立屏東教育大學社會發展學系碩士論文。

林火旺，1998，〈族群差異與社會正義〉。《國立臺灣大學哲學論評》21：249-70。

林正慧，2005，〈閩粵？福客？清代臺灣漢人族群關係新探：以屏東平原為起點〉。《國史館學術集刊》6：1-60。

_____，2006，〈從客家族群之形塑看清代臺灣史志中之「客」：「客」之書寫與「客家」關係之探究〉。《國史館學術集刊》10：1-61。

_____，2015，《臺灣客家的形塑歷程：清代至戰後的追索》。臺北：國立臺灣大學出版中心。

_____，2017，〈日治臺灣的福客關係〉。《民族學界》39：7-74。

林吉洋，2007，《敘事與行動：臺灣客家認同的形成》。國立清華大學社會學研究所碩士論文。

林彥亨，2003，《客家意象之形塑：臺灣客家廣播的文化再現》。國立清華大學人類學研究所碩士論文。

林純德，2016，〈客家「村姑」要進城：臺灣客家男同志的認同型塑及其性／別、族群與城鄉的交織展演與政略〉。《臺灣社會研究季刊》105：1-60。

林開忠、蕭新煌，2008，〈家庭、食物與客家認同：以馬來西亞客家後生人為例〉。論文發表於臺灣的東南亞區域研究年度研討會，4月25-6日，臺中縣霧峰鄉。。

林詩偉，2005，《集體認同的建構：當代臺灣客家論述的內容與脈絡分析（1987-2003）》。國立臺灣大學國家發展研究所碩士論文。

林賢奇，2013，《從2008、2012年政黨投票看客家族群政黨傾向：以客家文化重點發展區為例》。國立中央大學客家研究碩士在職專班碩士論文。

客家委員會，2015，〈高普考試客家事務行政類科加考客語口試〉。《客家委員會》，12月3日。http://www.hakka.gov.tw/Content/Content?NodeID=34&PageID=25071，取用日期：2018年7月3日。

客家電視台，2011，〈耗資7千萬 崁背打造「詔安客文館」〉。《國立中央大學客家學院電子報》147。http://hakka.ncu.edu.tw/hakka/modules/tinycontent/content/paper/paper147/01_24.htmlpaper125/01_28.html，取用日期：2018年6月21日。

施正鋒，2004，〈客家族群與國家：多元文化主義的觀點〉。頁89-108，收錄於施正鋒《臺灣客家族群政治與政策》。臺中：新新臺灣文教基金會。

_____，2006，〈從多元文化主義看客家電台〉。頁 61-78，收錄於施正鋒《臺灣族群政治與政策》。臺中：新新臺灣文化教育基金會。

范振乾，2007，〈文化社會運動篇〉。頁 417-47，收錄於徐正光編《臺灣客家研究概論》。臺北：行政院客家委員會、臺灣客家研究學會。

徐智德，2004，《從政治過程論的觀點探討臺灣客家運動》。佛光人文社會學院政治學研究所碩士論文。

徐意欣，2006，《離散文化的視覺思考：藝術家謝鴻均繪畫中的客家與女性認同》。國立交通大學社會與文化研究所碩士論文。

涂予尹，2012，〈我國原住民學生升學優待措施的評析：從 Kymlicka 的自由多元文化主義觀點出發〉。《中研院法學期刊》10：301-54。

_____，2014，《論多元文化主義下種族優惠性差別待遇的法正當性基礎：以臺灣原住民學生高等教育升學優待措施為中心》。國立臺灣大學法律學研究所博士論文。

_____，2015，《論多元文化主義下種族優惠性差別待遇的法正當性基礎：以臺灣原住民學生高等教育升學優待措施為中心》。臺北：元照。

國立歷史博物館編輯委員會主編，2011，《「認同建構：國家博物館與認同政治」大會手冊》。臺北：國立歷史博物館。

張俊龍，1995，《客家人的政治態度與行為》。東吳大學政治學研究所碩士論文。

張建成，2007，〈獨石與巨傘：多元文化主義的過與不及〉。《教育研究集刊》53（2）：103-27。

張茂桂，2002，〈多元主義、多元文化論述在臺灣的形成與難題〉。頁 223-73，收錄於薛天棟編，《臺灣的未來》。臺南：國立成功大學社會科學院。

_____，2006，〈族群多元新典範的浮現：從認同的歷史形成到「後多元文化主義」的催生〉。頁 90-135，收錄於蕭新煌等編撰，《臺灣新典範》。臺北：群策會李登輝學校。

_____，2008，〈多元文化主義在臺灣與其困境〉。頁 308-25，收錄於沈憲欽、劉端翼、曲家琪編，《知識分子的省思與對話》。臺北：時報文化。

張惠珍，2007，〈紀實與虛構：吳濁流、鍾理和的中國之旅與原鄉認同〉。《臺北大學中文學報》3：29-65。

張維安、徐正光、羅烈師編，2008，《多元族群與客家：臺灣客家運動 20 年》。新竹：臺灣客家研究學會。

張錦華，1997，〈多元文化主義與我國廣播政策：以臺灣原住民與客家族群為例〉。《廣播與電視（政大）》3（1）：1-23。

＿＿＿＿＿，2014，《多元文化主義與族群傳播權：以原住民族為例》。臺北：黎明文化。

張鎮坤，2003，〈從一九八八客家運動到二零零三全球客家文化會議〉。《客家》162=185：75-77。

教育部客家語，nd，〈寧賣祖宗田，不忘祖宗言；寧賣祖宗坑，不忘祖宗聲〉。《教育百科》。http://pedia.cloud.edu.tw/Entry/Detail/?title=%E5%AF%A7%E8%B3%A3%E7%A5%96%E5%AE%97%E7%94%B0%EF%BC%8C%E4%B8%8D%E5%BF%98%E7%A5%96%E5%AE%97%E8%A8%80%EF%BC%9B%E5%AF%A7%E8%B3%A3%E7%A5%96%E5%AE%97%E5%9D%91%EF%BC%8C%E4%B8%8D%E5%BF%98%E7%A5%96%E5%AE%97%E8%81%B2，取用日期：2018 年 7 月 2 日。

曹逢甫，2000，〈臺式日語與臺灣國語：百年來在臺灣發生的兩個語言接觸實例〉。《漢學研究》18（特刊）：273-97。

許維德，2013，《族群與國族認同的形成：臺灣客家、原住民與臺美人的研究》。中壢：中央大學出版中心／臺北：遠流出版社。

＿＿＿＿＿，2015，〈國家政策與「人群分類範疇」的形成：從「客」、「義民」、「粵人」、「廣東族」、「廣東祖籍」到「客家」〉。頁 23-68，收錄於張維安等，《客家族群與國家政策：清領至民國九○年代》。南投：國史館灣文獻館／新北：客家委員會。

陳叔倬，2012，〈科學博物館、生物學知識與國族意識〉。《博物館學季刊》26（3）：21-35。

陳明裕，2011，《臺灣客家認同之研究：以《客家風雲雜誌》和《客家雜誌》為探討中心》。國立中央大學客家社會文化研究所碩士論文。

陳康宏，2009，《戰後臺灣客家運動之研究：以《客家風雲雜誌》與《客家雜誌》為中心》。國立臺灣大學國家發展研究所碩士論文。

陳婕如，2017，〈客家族群政黨傾向之變化：2012、2014、2016 桃園市選舉之分析〉。《中國地方自治》70（5）：39-59。

彭鳳貞，2012，《臺灣客家族群政策建構研究：國際視野下之發展策略》。中國文化大學中山與中國大陸研究所中山學術組博士論文。

曾士軒，2014，《臺灣客家族群政治態度跨時序分析》。國立中央大學客家社
　　會文化研究所碩士論文。

曾金玉，2000，《臺灣客家運動之研究（1987-2000）》。國立臺灣師範大學
　　公民訓育研究所博士論文。

詔安客家文化館，2016，〈本館介紹〉。《詔安客家文化館》。http://www.
　　zhaoanka.org.tw/page/about/index.aspx?kind=1，取用日期：2018 年 6 月 21 日。

黃子堯，2006，《臺灣客家運動：文化、權力與族群菁英》。臺北：客家臺灣
　　文史工作室。

黃玉美，2013，《客家新聞報導之媒體議題建構：以全國客家日為例》。國立
　　交通大學客家文化學院客家社會與文化學程碩士論文。

黃信洋，2009，〈多重認同與臺灣人意識：吳濁流《亞細亞的孤兒》的一種解
　　讀〉。《客家研究》3（2）：137-63。

黃儀冠，2007，〈臺灣電影中的客家族群與文化意象〉。頁 185-214，收錄於
　　丘昌泰、蕭新煌編，《客家族群與在地社會：臺灣與全球的經驗》。臺北：
　　智勝文化。

_____，2007，〈母性鄉音與客家影像敘事：臺灣電影中的客家族群與文化意
　　象〉。《客家研究》2（1）：59-96。

楊芳枝編，2017a，《邊緣主體：性別與身分認同政治》。臺南：國立成功大
　　學人文社會科學中心。

_____，2017b，〈導論〉。頁 1-20，收錄於楊芳枝編，《邊緣主體：性別與
　　身分認同政治》。臺南：國立成功大學人文社會科學中心。

楊長鎮，1991，〈社會運動與客家人文化身分意識之甦醒〉。頁 184-97，收
　　錄於徐正光編，《徘徊於族群與現實之間：客家社會與文化》。臺北：正
　　中書局。

_____，1997，〈民族工程學中的客家論述〉。頁 17-35，收錄於施正鋒編，《族
　　群政治與政策》。臺北：前衛。

_____，2006，〈認同的辯證：從客家運動的兩條路線談起〉。頁 705-44，
　　收錄於施正鋒編，《國家認同之文化論述》。臺北：臺灣國際研究學會。

廖素貞，2016，〈全臺唯一的詔安客家文化館 正式開館〉。《大紀元》，9 月
　　11 日。http://www.epochtimes.com/b5/16/9/11/n8288391.htm，取用日期：
　　2018 年 6 月 21 日。

蔣淑貞，2006，〈反抗與忍從：鍾理和與龍瑛宗的「客家情結」之比較〉。《客家研究》1（2）：1-41。

蔡芬芳，2016，〈性別、族群與客家研究〉。《女學學誌：婦女與性別研究》39：165-203。

蔡英文，1997，〈認同與政治：一種理論性的反省〉。《政治科學論叢》8：51-83。

蔡　珮，2011，〈客家電視台與臺北都會客家閱聽人族群認同建構之關聯性初探〉。《中華傳播學刊》19：189-231。

鄭良偉，1992，〈從臺灣當代小說看臺灣華語語法演變〉。《臺灣風物》42（3）：151-94。

鄭政誠，2005，《日治時期臺灣地方志中的客家論述：以桃竹苗地區為例》。臺北：行政院客家委員會獎助客家學術研究計畫。

蕭新煌、黃世明，2008，〈臺灣政治轉型下的客家運動及其對地方社會的影響〉。頁157-82，收錄於張維安、徐正光、羅烈師編，《多元族群與客家：臺灣客家運動20年》。新竹：臺灣客家研究學會。

閻小駿，2016，《當代政治學十講》。香港：香港中文大學出版社。

謝文華，2002，《客家母語運動的語藝歷程（1987-2001）》。輔仁大學大眾傳播學研究所碩士論文。

鍾志正，2015，《「客家中原論述」在臺灣的建構：以《中原》雜誌為核心的探索》。國立交通大學客家文化學院客家社會與文化學程碩士論文。

藍博洲，2003，《紅色客家人：一九四○・五○年代臺灣客家人的社會運動》。臺中：晨星出版。

＿＿＿＿＿，2004，《紅色客家庄：大河底的政治風暴》。臺北：印刻出版有限公司。

羅秀美，2010，〈飲食記憶與族群身分：試論線帶客家飲食文學系譜建構的可能性〉。頁110-141，收錄於焦桐編，《飯碗中的雷聲：客家飲食文學與文化國際學術研討會論文集》。臺北：二魚文化。

羅烈師，2006，《臺灣客家之形成：以竹塹地區為核心的觀察》。國立清華大學人類學研究所博士論文。

＿＿＿＿＿，2011，〈十九世紀南桃園漳粵認同的消長：平鎮東勢西勢公廟兩立現象的詮釋〉。《客家研究》4（2）：1-42。

Aronsson, Peter, 2011, "Identity Politics and Uses of the Past with European National Museums". *Nordisk Museologi: The Journal of Nordic Museology* 1(S): 117-24.

Cerulo, Karen A, 1997, "Identity Construction: New Issues, New Directions". *Annual Review of Sociology* 23: 385-409.

Combahee River Collective, 1983, "A Black Feminist Statement". pp. 210-218 in *This Bridge Called My Back: Writings by Radical Women of Color*, 2nd ed., edited by Cherrie Moraga and Gloria Anzaldua. New York: Kitchen Table-Women of Color Press.

Constable, Nicole，2000，〈Ethnicity and Gender in Hakka Studies〉。頁 365-96，收錄於徐正光編，《第四屆國際客家學研討會論文集：聚落，宗族與族群關係》。臺北：中央研究院民族學研究所。

Davis, Aaron, 2018, "Activists March in Full-day Protest at Richmond Jail over ICE Detentions, Concord Camp, Travel ban". In *East Bay Times*, 26 June. https://www.eastbaytimes.com/2018/06/26/activists-march-in-full-day-protest-at-richmond-jail-over-ice-detentions-concord-camp-travel-ban/ (Date visited: July 2, 2018).

de Guzman, Dianne and Costley, Drew, 2018, "Immigration Rights Activists Protest at Richmond Detention Center". In *San Francisco Chronicle/SFGate.com*, 26 June. https://www.sfgate.com/bayarea/article/ICE-detention-facility-protest-policy-Richmond-13028218.php (Date visited: July 2, 2018).

Easton, David, 1965, *A Systems Analysis of Political Life*. New York: McGraw-Hill, Inc.

Eder, Donna, Suzanne Staggenborg, and Lori Sudderth, 1995, "The National Women's Music Festival: Collective Identity and Diversity in a Lesbian-Feminist Community". *Journal of Contemporary Ethnography* 23(4): 485-515.

Edsall, Thomas B., 2017, "Donald Trump's Identity Politics". In *New York Times*, 24 August. https://www.nytimes.com/2017/08/24/opinion/donald-trump-identity-politics.html (Date visited: July 2, 2018).

Eisenberg, Avigail and Jeff Spinner-Halev, eds., 2005, *Minorities within Minorities: Equality, Rights, and Diversity*. Cambridge: Cambridge University Press.

Fraser, Nancy, 1995, "From Redistribution to Recognition? Dilemmas of Justice in a 'Post-Socialist' Age". *New Left Review I* 212: 68-93.

_____, 2003, "Social Justice in the Age of Identity Politics: Redistribution, Recognition, and Participation". pp. 7-109 in *Redistribution or Recognition?: A Political-philosophical Exchange*, Nancy Fraser and Axel Honneth, translated by Joel Golb, James Ingram, and Christiane Wilke. New York: Verso.

Gambino, Lauren, 2017, "'We Tried Nice Guys': Conservative Hardliners Stay in a Trance for Trump". In *The Guardian*, 15 October. https://www.theguardian.com/us-news/2017/oct/15/donald-trump-values-voter-summit-conservatives (Date visited: July 3, 2018).

Goldstein, Judith, and Robert Owen Keohane, 1993, "Ideas and Foreign Policy: An Analytical Framework". pp. 3-30 in *Ideas and Foreign Policy: Beliefs, Institutions, and Political Change*, edited by Judith Goldstein and Robert Owen Keohane. Ithaca, N.Y.: Cornell University Press.

Green, Leslie, 1994, "Internal Minorities and Their Rights". pp. 101-17 in *Group Rights*, edited by Judith Baker. Toronto: University of Toronto Press.

Gutmann, Amy, 1994, "Preface and Acknowledgments". pp. xiii-xv in *Multiculturalism: Examining the Politics of Recognition*, Charles Taylor et al., edited and introduced by Amy Gutmann. Princeton: Princeton University Press.

Habermas, Jurgen, translated by Thomas McCarthy, 1984, *The Theory of Communicative Action, Volume One: Reason and the Rationalization of Society*. Boston: Beacon Press.

Hayward, Clarissa Rile, and Ron Watson, 2010 , "Identity and Political Theory". *Washington University Journal of Law and Policy* 33: 9-41.

Heyes, Cressida, 2016, "Identity Politics". In *Stanford Encyclopedia of Philosophy*, 23 March. https://plato.stanford.edu/entries/identity-politics/ (Date visited: February 5, 2018).

Hsu, Minna, 2009, "Forming a Basis for Recognition: The Construction of a Taiwanese Hakka Identity through Government Policy Since 2000". *Taiwan International Studies Quarterly* 6(2): 165-93.

Inglehart, Ronald, 1990, *Cultural Shift in Advanced Industrial Society*. Princeton: Princeton University Press.

Jashinsky, Emily, 2018, "Defining 'Identity Politics'". In *Washington Examiner*, 16 February. https://www.washingtonexaminer.com/defining-identity-politics (Date visited: June 12, 2018).

Kukathas, Chandran, 1992, "Are There Any Cultural Rights?" *Political Theory* 20(1): 105-39.

_____, 2003, *The Liberal Archipelago: A Theory of Diversity and Freedom.* Oxford: Oxford University Press.

Kurashige, Lon, 2002, *Japanese American Celebration and Conflict: A History of Ethnic Identity and Festival, 1934-1990.* Los Angeles and Berkeley: University of California Press.

Kymlicka, Will, 1995a, *Multicultural Citizenship: A Liberal Theory of Minority Rights.* Oxford: Claredon Press.

_____, ed., 1995b, *The Rights of Minority Cultures.* Oxford: Oxford University Press.

_____, 2002, "Multiculturalism and Minority Rights: West and East". *Journal on Ethnopolitics and Minority Issues in Europe* 4: 1-26.

_____（威爾・金里卡）著、劉莘譯，2003，《當代政治哲學導論》。臺北：聯經。

Kymlicka, Will, and Ruth Rubio Marin, 1999, "Liberalism and Minority Rights: An Interview". *Ratio.Juris* 12(2): 133-52.

Lilla, Mark, 2017, *The Once and Future Liberal: After Identity Politics.* New York: Harper.

Lofland, John, 1996, *Social Movement Organizations: Guide to Research on Insurgent Realities.* New York: Aldine de Gruyter.

Macdonald, Sharon J., 2003, "Museums, National, Postnational and Transcultural Identities". *Museum and Society* 1(1): 1-16.

McQueen, Paddy, nd., "Social and Political Recognition". In *The Internet Encyclopedia of Philosophy.* https://www.iep.utm.edu/recog_sp/ (Date visited: June 11, 2018).

Melucci, Alberto, 1985, "The Symbolic Challenge of Contemporary Movements". *Social Research* 52(4): 789-816.

_____, edited by John Keane and Paul Mier, 1989, *Nomads of the Present: Social Movements and Individual Needs in Contemporary Society*. Philadelphia: Temple University Press.

Merriam-Webster Inc., 2018, "Identity Politics". In *Merriam-Webster Inc.*, 1 June. https://www.merriam-webster.com/dictionary/identity%20politics (Date visited: June 12, 2018).

Mohanty, Satya P., 2011, "Identity Politics". pp.1126-30 in *The Encyclopedia of Literary and Cultural Theory, V. 3.: Cultural Theory*, edited by Michael Ryan et al. Malden, Mass.: Wiley-Blackwell.

Narveson, Jan, 1991, "Collective Rights?" *Canadian Journal of Law and Jurisprudence* 4(2): 329–345.

Neofotistos, Vasiliki P., 2013, "Identity Politics". In *Oxford Bibliographies*, 29 October. http://www.oxfordbibliographies.com/view/document/obo-9780199766567/obo-9780199766567-0106.xml (Date visited: May 20, 2018).

Nicholson, Linda J., 2008, *Identity before Identity Politics*. Cambridge: Cambridge University Press.

Okin, Susan Moller, 1999, "Is Multiculturalism Bad for Women?" pp.8-24 in *Is Multiculturalism Bad for Women?*, Susan Moller Okin et al., edited by Joshua Cohen, Matthew Howard, and Martha C. Nussbaum. Princeton: Princeton University Press.

Phillips, Anne, 2007, *Multiculturalism without Culture*. Princeton: Princeton University Press.

_____, 2010, "What's Wrong with Essentialism?" *Distinktion: Scandinavian Journal of Social Theory* 11(1): 46-60 .

Polletta, Francesca, and James M Jasper, 2001, "Collective Identity and Social Movements". *Annual Review of Sociology* 27: 283-305.

Shapiro, Ian and Will Kymlicka, eds., 1997, *Ethnicity and Group Rights*. New York : New York University Press.

Shidmehr, Nilofar, 2012, "Towards a New Politics of Recognition: Multiculturalism and Assemblage of Iranian-Canadian Identities". pp. 83-102 in *Precarious International Multicultural Education: Hegemony, Dissent and Rising Alternatives*, edited by Handel Kashope Wright, Michael Singh, and Richard Race. Rotterdam, Netherlands: Sense Publishers.

Sides, John, Michael Tesler, and Lynn Vavreck, 2018, *Identity Crisis: The 2016 Presidential Campaign and the Battle for the Meaning of America*. Princeton: Princeton University Press.

Song, Sarah, 2016, "Multiculturalism". In *Stanford Encyclopedia of Philosophy*, 12 August. https://plato.stanford.edu/entries/multiculturalism/ (Date visited: December 5, 2017).

Stanage, Niall, 2017, "The Memo: The Top 10 Trump Controversies of 2017". In *The Hill*, 24 December. http://thehill.com/homenews/campaign/366336-the-memo-the-top-10-trump-controversies-of-2017 (Date visited: July 3, 2018).

Taylor, Charles, 1989, *Sources of the Self: The Making of the Modern Identity*. Cambridge, Mass.: Harvard University Press.

_____, 1994, "The Politics of Recognition". pp. 25-73 in *Multiculturalism: Examining the Politics of Recognition*, Charles Taylor et al., edited and introduced by Amy Gutmann. Princeton: Princeton University Press.

_____, 1995, "Irreducibly Social Goods". pp. 127-45 in *Philosophical Arguments*, Charles Taylor. Cambridge, Mass.: Harvard University Press.

_____ 著，董之林、陳燕谷譯，1997，〈承認的政治（上）〉。《天涯》6：49-58。

_____ 著，董之林、陳燕谷譯，1998，〈承認的政治（下）〉。《天涯》1：148-560。

_____ 著、韓震等譯，2001，《自我的根源：現代認同的形成》。南京：譯林出版社。

Touraine, Alain, 1981, *The Voice and the Eye: An Analysis of Social Movements*. Cambridge: Cambridge University Press.

Walters, Suzanna Danuta, 2018, "In Defense of Identity Politics". *Signs: Journal of Women in Culture and Society* 43(2): 473-88.

Weinstock, Daniel, 2007, "Liberalism, Multiculturalism and the Problem of Internal Minorities". pp. 244-64 in *Multiculturalism and Political Theory*, edited by Anthony Simon Laden and David Owen. Cambridge: Cambridge University Press.

Whittier, Nancy, 2017, "Identity Politics, Consciousness-Raising, and Visibility Politics". pp. 376-97 in *The Oxford Handbook of U.S. Women's Social Movement Activism*, edited by Holly J. McCammon et al. New York: Oxford University Press.

Wikipedia, 2018, "Combahee River Collective". In *Wikipedia, the Free Encyclopedia*, 28 July. https://en.wikipedia.org/wiki/Combahee_River_Collective (Date visited: September 26, 2018).

文化團體 vs. 政治社群：

試論當代臺灣的兩種族群政治觀點 *

李廣均

Ethnicity, race, and nationhood are fundamentally ways of perceiving, interpreting, and representing the social world. They are not things in the world, but perspectives on the world. These include ethnicized ways of seeing (and ignoring), of construing (and misconstruing), of inferring (and misinferring), of remembering (and forgetting).[1]

Rogers Brubaker, 2004：17

一、1994 年的「手掌、樹幹和平行線」

1994 年 9 月 12 日，民進黨臺北市長候選人陳水扁公布文宣識別系統，提出「快樂希望」的競選主軸，以「交相緊握的四隻手掌」代表臺灣的四大族群，

---

* 本文原刊登於《臺灣社會研究季刊》，2010，77 期，頁 177-211。因收錄於本專書，略做增刪，謹此說明。作者李廣均現任國立中央大學法律與政府研究所副教授。

1 本段譯文：族群、種族、民族根本上是理解、詮釋和再現社會世界的幾種方式，他們不是這個世界的具體事物，而是對於這個世界的觀點。這些觀點包括各種被族群化的注視（和忽視）、解釋（和誤解）、推論（和誤判）、記憶（和遺忘）。

期盼四大族群心手相連、共同參與臺北市的各項建設;一個半月後,代表新黨參選臺北市長的趙少康,也在文宣識別符號中以「向下紮根的四根樹幹」來代表「外省人、河洛人、客家人及原住民」,呼籲四大族群應該團結一致,才能在這塊土地上繁盛永續。[2]

當年,標舉「四大族群」作為選舉文宣的不只有陳水扁和趙少康。參選第一屆臺灣省長的候選人吳梓,在其設計的「臺灣人民聯合黨」的黨旗中以「四條平行線」代表四大族群,另外一位候選人陳定南則是以「四大族群」為主題來籌辦民主之夜的表演活動。[3]此外,不論是臺灣人民制憲會議投票選出的新國旗、縣市政府推動鄉土教學和語言教學,乃至年終賀歲節目的安排,「四大族群」也都沒有缺席。[4]

1990 年代以來,「四大族群」逐漸在公共討論中出現,成為我們理解、分析臺灣社會人口組成的一個重要概念。不過,起初臺灣社會對於「四大族群」的內涵和使用方式並不一致。時任屏東縣長的蘇貞昌就曾經以「四大族群」來指稱屏東縣內的「河洛、客家、排灣、魯凱」等族群。[5]一直要到 1994 年,經過多項重要選舉活動與公開討論,[6]「四大族群」此一說法的內涵才算確定下來。之後,不論是平面媒體的民意調查、政治人物的選舉文宣、觀光導覽手冊、

---

2 見〈民進黨公布臺北市長競選文宣〉,郭淑媛,中時晚報 1994 年 09 月 12 日;〈新黨市長候選人趙少康公布競選文宣〉,唐玉麟,中時晚報 1994 年 10 月 29 日。

3 見〈省長競選鳴槍造勢〉,范清宏,中時晚報 1994 年 11 月 08 日;〈省長候選人吳梓在苗栗舉行第四場公辦政見會〉,陳慶居,中時晚報 1994 年 11 月 12 日。

4 見〈第二次臺灣人民制憲會議於臺大體育館召開〉,樊嘉傑,中國時報 1994 年 06 月 25 日;〈朝野立委發起原住民、客家人、福佬人、外省人四大族群融合運動〉,黃毓基,中時晚報 1994 年 12 月 31 日;〈賀歲節目也打族群融合牌〉,粘嫦鈺,聯合報 1994 年 12 月 17 日。

5 見〈蘇貞昌擔心母語斷文化滅〉,陳碧華,聯合報 1993 年 07 月 07 日。

6 1994 年共舉行了第一屆臺灣省長、第十屆臺灣省議員、第一屆臺北市長、第七屆臺北市議員、第一屆高雄市長、第四屆高雄市議員等多項選舉活動。

總統府前民俗表演、景觀雕塑取材、教科書編纂、學術資料分析、飲食文化介紹等，我們都可以看到臺灣社會是由「四大族群」組成的說法，代表著四種不同的人群與文化。

可是回顧 1994 年的選舉，雖然眾多競選總部都以「四大族群」為主要文宣概念，但在選戰操作上，我們仍然可以聽到「中華民國保衛戰」、「本省人選本省人／臺灣人選臺灣人」的訴求和耳語，選舉戰況激烈，對立氛圍升高。選舉結束後，許多有心之士紛紛出面呼籲，不管先來後到，大家都應相互包容，盡快弭平選戰帶來的撕裂與不信任。我們不禁困惑，為何選舉文宣與實戰操作會出現落差，何者才是反映臺灣的社會現實？

1994 年之後，「四大族群」儼然成為我們瞭解臺灣社會人口組成的主要說法，可是時而引起輿論關心的「族群對立」並不是沿著「四大族群」的界線展開，「四大族群」之間也沒有發生「族群衝突」；我們經常看到媒體和學界調查、比較「四大族群」對於重大政策、政黨、候選人的支持度和滿意度，卻看不到「四大族群」對於上述問題發表各自的立場和看法。以 1996 年以來的四次總統大選而言，我們沒有看到「四大族群」推出各自的候選人，反而看到一種糾結省籍、族群、政黨、藍綠、統獨的二元對立（binary opposition）？為何「四大族群」會隱沒在二元對立的政治衝突之中？**我們該如何看待「四大族群」此一說法，以「四大族群」的概念和架構來解析族群對立與衝突是否恰當，可以幫助我們釐清當代臺灣族群政治的本質和面貌嗎？「四大族群」此一分析工具是否也需要被分析，還是我們必須另闢蹊徑？**

筆者認為，回答上述諸多問題的關鍵在於如何理解「族群」與「族群政治」。本文主旨在於反思當代臺灣社會的族群現象，比較兩種不同的「族群政治」觀點，探討兩種觀點在概念內涵、理論預設、實證分析、知識責任、現實關照等面向的差異。第一種觀點將族群理解為「文化團體（cultural group）」

（以下簡稱文化團體觀點），認為族群是一種「不連續、有著清楚範圍、以文化內容為主、可以延續傳承」的「團體」，族群政治則是一種探究不同族群之間「團體差異」的比較研究。本文將討論此一觀點如何影響我們對於族群現象（如族群衝突、族群關係）與族群政治的看法，並思考當代臺灣社會中由「文化團體」觀點衍生的一些相關現象。

本文提出的第二種觀點是將族群理解為一種「政治社群（political community）」（以下簡稱政治社群觀點），主要是從「文化」與「團體」這兩個面向來修正文化團體觀點對於族群現象與族群政治的看法。政治社群觀點認為，族群不只是一般的文化團體，而是具有政治任務的文化團體（cultural group with a political mission），這並不是說文化不重要，而是要強調掌握歷史背景和政治脈絡來理解「文化差異」的再現與影響，例如是誰在決定「文化差異」、以何種方式呈現，又達成了何種政治任務？就團體面向而言，我們也會指出，將族群（ethnic group）視為一種變項，以團體性（groupness）的角度來理解族群，有助於拓展我們對於族群政治的認識與分析視野，才可以試著從組織、事件、活動、框架、密碼、認知等角度來理解「文化」的政治作用與「團體性」的起伏消長，進而理解族群政治的歷史成因、實際操作與政治影響（Brubaker 2004）。

具體而言，文化團體觀點以「清楚明確」的角度來看待族群身分與族群界線，將族群視為因果解釋上的自變項，以「百分比、平均數、眾數」等研究工具來繪測不同族群之間的團體差異，例如語言使用習慣、收入、教育成就、政策立場、選舉行為、政黨支持、國家認同等（黃宣範 1993；林忠正、林鶴玲 1993；財訊雜誌 1996；王甫昌 1997；駱明慶 2001；吳乃德 2002；施正鋒 2007），但也因此容易具體化（reify）族群，將族群衝突理解為一種集團式的人群對立。本文認為，族群衝突不應被視為族群「團體」之間的衝突（ethnic conflict is not equal to ethnic groups in conflict），更不能被簡化為「文化團體」之間的衝突（neither to be reduced to cultural groups in conflict）。如果不能超越「文化」與「團體」這兩個思考限制，我們很容易以文化差異來理解社會關係與政治衝突，將政治不信任與社會不信任劃上等號，將族群政治理解為「文化團體」之間的競爭，族群關係則是被理解為差異之間是否可以相互對話、包容的問題。[7]

　　相較之下，政治社群觀點試圖將族群理解為一種團體性，將分析重點放在下列因素對於族群團體性（ethnic groupness）的影響：組織和主其事者——族群政治企業家（ethno-political entrepreneurs）[8]——的動機與角色，事件與活動的源起、發展與影響，詮釋框架的爭奪與修辭密碼的選用，認知強化與行動參與的社會建構。本文也將以近年來臺灣社會中的若干案例來說明，為何將族群理解為一種可以發展或消退的「政治社群」，可以幫助我們理解族群政治是在何種條件與情況下成為當代臺灣的一個重要政治社會現象。

　　我們也要指出，本文的討論與分析並不是要簡化我們對於族群衝突的理解，而是希望說明臺灣社會中族群衝突的複雜成因與政治影響。事實上，族群衝突的發生與延續有其遠因與近因，我們除了分析政治人物的動機與角色，更應思考族群衝突的歷史成因與現實糾葛，如果局限於橫切面的比較與政治效益分析，我們會誤以為族群衝突是由政治人物「無中生有」地操弄而來，因而忽略面對族群議題時該有的歷史反省與制度改革，反而會讓「族群政治企業家」更有機會進行政治操作。本文認為，掌握歷史縱深才能認識族群衝突的歷史起

---

7 政治不信任是否一定會引發社會不信任？例如，政治立場不同的兩人是否會擔心對方併吞社區管理基金？值得觀察的是，社會信任（不擔心社區管理基金的託管）不一定可以帶來政治信任，但政治不信任的蔓延擴大，則有可能侵蝕社會信任的基礎。

8 見本文註 18 的說明。

源與現實政治之間的複雜關係，也才能注意族群對立與衝突是透過何種方式被複製下去，那些沒有得到妥善處理的怨恨與不滿又是如何成為政治人物搧風點火、操弄對立的素材，這正是臺灣社會一再上演族群政治戲碼的深層原因。就此而言，族群政治就是一種歷史政治、記憶政治，也是有關情緒與情感的動員政治。面對此一困局，我們希望超越文化團體觀點對於族群政治的看法，進而思考族群政治與歷史、文化的複雜關係。

必須說明的是，不論將族群視為「文化團體」還是「政治社群」，背後都有其特定而須審慎解讀的政治意涵。[9] 本文稍後也會說明，「四大族群」正是當代臺灣國族認同競爭下的一種知識產物。相較於本文提出的政治社群觀點，文化團體觀點以一種政治真空的方式來看待族群和相關議題，這看似是一種文化主張，更是一種政治主張，也滿足了某些政治目的。我們認為，釐清隱藏在「文化團體」觀點背後的歷史背景與政治條件，可以幫助我們診析此一觀點的限制與危險，本文也提出將族群視為「政治社群」的觀點互為參照，期能增進我們對於當代臺灣族群現象與族群政治的認識與分析。

二、族群作為一種「文化團體」

什麼是族群？長期以來，許多教科書都將族群視為一種文化團體（凱弘恩等 2002：258），將族群理解為一種「有著清楚範圍、以文化內容為主、可以延續傳承」的團體，個人的族群身分則是決定於某些具有區辨性的外顯文化特徵，如語言、飲食、服飾、宗教信仰、生活習慣、集體記憶等，這些文化特徵之間則是存在一種線性關係（correlated in a linear way）。[10] 進一步來看，不

---

9 感謝審查人 A 對於此點說明的建議與修改意見。
10 特定語言使用者將會發展出屬於自己族群特色的飲食、服飾、信仰、生活習慣等。

同族群之間應該存在一些可以觀察的文化界線，「族群研究」的目標則是去尋找、記錄各個族群的「文化內容」，一旦確定了各個族群的文化內容，族群界線（boundary）就可清楚呈現。簡言之，文化界線就是族群界線。此一觀點深受自然科學知識發展的影響，人類學家對於「族群」進行田野紀錄的重要性就像是自然科學家尋找化學元素、訂定元素表一樣重要而合理。可是，文化團體觀點是否有其盲點，又會如何限制我們對於族群現象的理解與分析？

　　首先，文化團體觀點容易忽略族群關係背後的歷史脈絡與政治宰制。當我們認為族群是一個範圍清楚、定義明確、可以延續的文化團體時，我們容易將族群理解為「在沒有相互影響下、依循各自歷史軌跡而發展文化特色」的人群，將族群關係簡化為人與人之間是否可以相互包容、尊重差異的問題，因而忽略族群關係背後的歷史脈絡與政治宰制，淡化族群衝突的歷史根源與制度結構的不合理性。事實上，族群衝突的發生常常涉及政治秩序重組、資源競爭、經濟結構轉型等問題，族群關係的趨勢和變化也必須放在這些脈絡下來理解才有意義。本文稍後也將指出，臺灣社會在「不同歷史階段發生的各種族群衝突和政治積怨」，並沒有因為「四大族群」此一說法的提出而消解，反而經常在後續政治鬥爭中成為各方力量爭奪詮釋框架的架構材料與檢選修辭密碼的詞庫來源，文化團體觀點對此並無法提出合理解析，這是我們必須進行反思的原因之一。

　　第二，文化團體觀點容易忽略內在文化差異的排除與噤聲。文化團體觀點容易將既有的文化特質與內容視為理所當然，因而忽略族群文化再現過程中可能涉及的選擇與排除。研究指出，文化共識常常是在壓抑內部文化差異下得到的結果，「文化特質」不應被視為一種人類學的考古發現，而是一種政治選擇的結果（Guillory 1993）。當我們以「四大族群」來理解臺灣社會的人口組成與文化特徵，應該注意此一說法是否排除了那些內在文化差異，是否又會將文

化適應與變遷簡化在線性思考模式之下。如果不能反省上述可能，我們將因此合理化「四大族群」此一人口共識也是文化與政治共識背後的權力關係和政治過程，這是我們必須反思文化團體觀點的原因之二。

　　第三，文化團體觀點容易窄化人權與社會正義的實踐視野。就人權與社會正義的實踐而言，強調文化差異之間的平等與肯認（recognition）固然是近代民主發展的重要突破（Young 1990；Taylor 1994），可是當我們以「文化」之名爭取族群正義時，必須審慎面對「文化內部」的壓迫經驗（Okin 1999）。例如，我們要如何看待那些鞏固父權體制的文化價值與傳統，回教婦女是否應該（或有權選擇）在公共生活中穿戴頭巾來維持宗教信仰，非洲移民父母可否為未成年少女執行陰蒂切除手術？這些問題的思考與回應都是文化團體觀點必須面臨的挑戰。又，族群差異會不會只是社會深層結構的表象或掩飾，除了族群文化之外，是否還有更為根本的社會分析面向？隨著全球化、資本主義的深化發展，「多元文化」反倒像是一種維護現存生產體制的文化配套與行銷措施，讓我們以一種去政治脈絡的方式來消費「文化差異」，因而忽略全球經濟重組（economic restructuring）的社會影響（趙剛 2006）。本文嘗試指出，「四大族群」的提出容易讓我們忽略其他更為根本的社會議題，窄化人權與社會正義的實踐視野，這是我們必須反思文化團體觀點的原因之三。[11]

　　第四，就實證分析而言，文化團體觀點在研究方法的選擇上有著特定的依賴與親近性。一旦我們認為族群之間存在明確清楚的文化界線，就會將族群視為一種具體存在的事物，也就容易以「百分比、平均數、眾數」等測量工具來驗證不同「族群」之間的團體差異（特別是關於社會文化面向），比較不同「族群」對於政策、政黨和候選人的滿意度和支持度，這些「發現」又會再

---

11 感謝審查人 B 對於此點說明的提醒與修改意見。

次複製我們對於不同族群的文化認識和刻板印象。可是，這些以「比較團體差異」為前提的問題意識與研究工具將會影響我們的提問角度和理論解釋，限制我們對於當代臺灣族群現象和族群政治的認識與分析，這是我們必須反思文化團體觀點的原因之四。

　　接下來，本文將針對當代臺灣社會中與「文化團體」觀點有關的現象提出討論，特別是對於「四大族群」的說法，藉此瞭解「文化團體」觀點如何影響、限制了我們對於族群現象與族群政治的認識與分析。

三、當代臺灣的「四大族群」現象

　　「四大族群」是當代臺灣對於社會人口組成的主要理解方式，也體現了「文化團體」觀點的思維。本文認為，「四大族群」的產生有其特定的時空背景與政治條件，此一知識特性產生了一些分析上的盲點，模糊了一些重要問題，也衍生了一些值得深思的現象。

（一）一些分析上的盲點

　　作為理解臺灣社會人口組成的一種主要說法，「四大族群」的分類標準並不統一，無法在人口與社會分析上取得一致性，因而容易產生一些分析上的盲點與混淆。[12] 本文認為，「四大族群」的並列至少涉及「原鄉、語言、時間、行政區分」等幾種面向。例如，河洛與客家是以「原鄉／語言」來區別，但這樣的區分標準並不適用於原住民與外省人。因為「原住民」的概念是對照於漢人來臺「時間」而來，「外省人」原先只是一種人口管理的「行政概念（因為

---

12 分類標準的一致性是為了進行有意義的討論。以研討會在場人士為例，我們可以根據會議角色區分在場人士為主持人、發表人、與談人、聽眾等，但不會以主持人（會議角色）、搭捷運來的人（交通方式）、沒有吃早餐的人（飲食習慣）來指涉在場人士。

任何省分都有外省人）」，後來才成為一種代表社會地位與機會結構差異的人群分類方式（Gates 1982）。

　　若就語言而言，根據「四大族群」的說法，每一個人都應該擁有一個明確的族群身分，也會有固定的語言使用習慣。可是事實上，現實生活中的身分表述和語言使用方式並沒有必然關係。許多時候，身分表述是根據歷史經驗與集體記憶，有時候則是策略的、即興的，也因此可能是多重的。例如，1949 年前後來臺的「外省人」有很多是來自廣東地區的客家人，就語言使用而言，他們應該被歸類為「客家人」，但他們的身分認同卻是「外省人」（陳康宏 2003）。又，隨著族群通婚的日漸普遍，通婚家庭的子女常擁有兩種以上的語言能力，他們的族群身分又該如何被看待？此外，相較河洛人、客家人各有自己的語言，外省人並沒有單一共同的母語。事實上，「外省人」來自中國各個省分地區，內部語言差異並不小於河洛話與客家話的差別，但是「外省人」的語言差異並沒有反映在「四大族群」之上，我們又該如何解釋這樣的「選擇性忽略」？

　　乍看之下，「四大族群」是以語言差異來區分人群，實際上此一分類是以語言作為理解社會差異的根據，進而提供自然化（naturalizing）政治秩序的文化基礎，如此一來，主導此一人群區分的政治宰制就會被自然化，政治秩序也因此獲得正當性（江士林 1997）。換言之，是先有某種政治衝突的出現，語言差異才會被用來理解人群分類，並為政治秩序提供文化基礎與正當性。由此觀之，我們不能只將「四大族群」當作語言團體來比較，而是應該解釋「四大族群」得以出現的歷史背景和政治條件。我們必須回到當時的歷史時空和政治環境來瞭解「四大族群」的產生原因。

　　本文認為，國家認同之爭是 90 年代臺灣社會的政治衝突主軸，影響了我們對於人群分類與社會差異的理解。對照當時的政治局勢，「四大族群」其實

是一種反對論述，主要是為了對抗「我們都是炎黃子孫、龍的傳人」的中華國族論述（或稱中華民族主義）。隨著本土化與民主化潮流的高漲，臺灣國族論述催生了「四大族群」的人群分類，既是為了凸顯臺灣在社會文化與歷史經驗的差異性，也希望將既有的社會人口差異整合到一個新的政治共同體——臺灣共和國。就此而言，「四大族群」的出現是一種「創造」，不是「傳統」人群差異的「恢復」（張茂桂 1997）。[13]

　　我們可以如此理解，「四大族群」並不是一種對於語言文化和人口組成的現狀描述，而是政治現實下的分類結果。**「四大族群」看似是一種文化差異，實是一種選擇性的文化差異，其中的「語言差異」不是語言學上的發現，而是賦有政治任務的語言建構，由此得到的「人群區分」是一種政治判斷，不是文化描述。**對照當代臺灣的政治變遷與民主發展，「四大族群」此一說法的提出在當時有其重要性與進步意義，代表一種對於黨國威權體制與國族神話的挑戰，顛覆了「中華民族」的文化論述與單一史觀。可是我們必須指出，此一根據 90 年代政治現實得到的「語言差異」和「人群分類」，限制了我們對於社會文化差異的認識，也模糊了有關族群關係與族群政治的一些重要問題。

（二）一些被模糊的問題

　　第一，「四大族群」的並列方式至少壓縮了當代臺灣三種不同的族群關係，忽略不同族群關係背後的歷史與政治面向，也混淆了弱勢族群對於社會正義的不同訴求。以族群關係而言，重點不只在於統計文化團體或語言的數目，更在於解析族群關係的歷史脈絡與政治衝突。從歷史脈絡來看，我們至少可以從三種角度來思考臺灣社會中族群關係的二元對立性（我們 vs. 他們）：1. 漢人與

---

13 至於為何是「四大」族群？有關「四大族群」得以出現的歷史背景與政治條件，讀者可見張茂桂（1997：60-65）。

原住民、2. 客家人與河洛人、3. 本省人與外省人。**可是「四大族群」將不同的「他們」並列起來，以一種去歷史脈絡的方式來理解族群關係，因而模糊了不同性質的壓迫經驗。**例如，對於原住民而言，如何將漢人區分為河洛人、客家人或外省人並不重要，重要的是如何對抗長期以來漢人施加的壓迫體制；對於客家人而言，不論是國語、河洛話或是英語，他們都是客語爭取發聲和傳承文化必須面對的強勢語言。

「四大族群」此一說法將各個族群等同看待，因此容易忽略不同族群議題的歷史特殊性，例如省籍情結和國家認同、兩岸關係有著諸多牽連，「外省人」每每成為近年負面選舉文宣的主角，原住民和客家人則沒有類似問題。本文不是也無意否認「原住民」、「客家人」等社運議題的重要性，而是希望指出，「四大族群」此一論述不但無法幫助，反而會模糊我們對於族群議題特殊性的認識。原住民運動與客家運動的推展可以發展出自己的主體性，此一主體性的建立並不需要立基於「四大族群」此一論述，甚至應該有所切割。

第二，「四大族群」以文化特性認定個人身分，隱含本質化和同質化傾向，容易忽略「族群內部」的社會經濟差異，簡化我們對於族群議題與族群關係的認識。例如，在強調「四大族群」作為理解臺灣社會人口組成的說法下，諸如「本省泛藍 vs. 本省泛綠」的社會人口組成等問題並沒有得到足夠的重視與分析。[14] 若要解釋「本省泛藍」或是「本省泛綠」的社會基礎，我們必須採取有別於「族群」的問題意識與理論取向（如社會流動）。又，外省人的內部差異並沒有得到足夠的重視與瞭解，處於社會邊緣與弱勢位置的「老兵」經常與瘋子被歸為一類（吳明季 2001）；另一方面，「臺生」世代的身分經驗則是被

---

14 一般推估，「外省人」約占臺灣人口的15%，泛藍支持者則不會低於50%，也就是說，「本省籍」的泛藍支持者至少占全臺人口的35%。

模糊在國家認同的對抗之下，臺灣社會經常是透過眷村[15] 或是少數幾位作家（如朱天心）來認識「外省人」（吳忻怡 2008）。

（三）一些衍生現象

1990 年代以來，「四大族群」主導了我們對於「社會文化差異」的認識，助長「文化團體」思維模式，卻也引發一種狹隘的地域觀念和地方主義。在「四大族群」的示範效果下，人們以為只要可以界定形式上的「文化差異」，自我宣稱為一個「文化團體」，就可以為政治發聲和資源競爭取得正當性。「臺南縣人應該入閣」就是一個將縣市行政單位視為文化團體的政治文化現象。

報載，2008 年 4 月底，吳清基與詹啟賢未能如預期進入新內閣，國民黨臺南縣黨部主委李全教與多位黨籍公職、民代群起反彈，召開「聲援臺南縣子弟大會」，炮轟準閣揆劉兆玄排擠吳、詹等臺南子弟，欺人太甚，讓縣民有被騙的感覺。兩個月後，還是沒有任何臺南縣人被延攬入閣或提名為考試委員、監察委員，地方人士再度召開記者會表達不滿與抗議，揚言如果馬總統一再漠視臺南縣，他們不排除動員遊覽車北上抗議，也將考慮退出明年（2009）縣長選舉的輔選行列。[16]

近年來，為了消弭爭議，政治人物在達成重大決定時多會考量地域、性別、省籍的比例和平衡，可是狹隘到必須以縣市行政單位來計較閣員組成與代表性，這還是第一遭。其實，新內閣中的青輔會主委王昱婷正是臺南市選出的立法委員，難道「臺南市人就不是臺南人」嗎？若真要強調地域平衡，內閣成員是否一定要平均來自全國廿五縣市？另外一個值得注意的現象是，近年來以

---

15 事實上，眷村並不足以代表「外省人」的生活經驗。據統計，全臺共有 888 個眷村，共約十萬八千戶，以每戶平均 4.74 人來算，全部住戶約有 51 萬人左右，此一數目至多不會超過「外省籍」人口的五分之一（黃宣範 1993；郭冠麟 2005）。

16 見〈南縣人轟準閣揆：子弟被排擠〉，林諭林，中國時報 2008 年 04 月 26 日。

縣市行政單位為主題而舉辦的學術研討會有逐漸增加的趨勢，如「桃園學研討會」、「嘉義研究學術研討會」、「彰化學研討會」、「花蓮學研討會」「高雄市文學學術研討會」等。這些研討會多是由縣市政府的文化相關局處舉辦，強調以地方特色為會議主題。問題在於，以桃園縣作為研究對象的學術意義為何，研討會的活動定位是政治性、社會性還是學術性？我們不難想像，不久之後可能會有「中壢市學術研討會」、「觀音鄉學術研討會」的舉辦，如此衍生下來，這些以行政單位為主題的「研討會現象」真能幫助我們認識地方文化嗎？

　　本文認為，上述現象可以被視為「文化團體」觀點的地方版本，意謂任何人只要可以自我定位為某種形式的文化團體，就可以為自我發聲與政治行動找到正當性。這也就不奇怪，國民黨臺南縣黨部召開的是「聲援臺南縣『子弟』大會」，不是「聲援臺南縣『公職民代』大會」，如此才能彰顯為「**鄉親**」打拚、為「地方」爭取尊嚴的基調。從「文化團體」觀點來看，「臺南縣」是一種形式完整的「文化團體」，她有著明確清楚的「縣界／界線」，也有需要相挺傳承的「臺南縣子弟」；為了爭取「臺南縣人」的尊嚴和利益，「國民黨臺南縣黨部」以代言人的姿態向馬政府和劉內閣嗆聲，希望他們不要漠視「臺南縣鄉親」的尊嚴和利益。「臺南縣人沒有入閣」的抗議事件，體現了「文化團體」觀點對於人群分類與族群政治的觀察和期待。

　　如此一來我們將很難阻擋「文化團體」的增殖。就邏輯而言，只要有人對於「文化內容」不表同意，就會另外發起一個「新興的」文化團體，強調不同的「文化內容／差異／界線」，引發一種來往於「共識」與「異議」之間的假性辯證，結果是出現許多看似強調「文化差異」、實是為了爭取資源分配的「文化團體」。本文認為，這樣的文化再現（representation）恐怕只會帶來一種零散的文化增殖和異化現象，不一定可以帶來文化差異之間的相互承認（recognition）。

　　進一步而言，我們是否可以將文化團體的代言人等同於族群或是文化團體本身？我們質疑，許多為「文化團體／族群」代言的組織和主其事者，往往有著相對獨立的利益與目的考量，其本質更接近於利益團體。簡言之，代言人或代言組織與文化團體之間的利益是否一致？我們是否應該區分組織、代言人和文化團體（也包括族群）之間的差別呢？這又會如何影響我們對於族群現象與族群政治的觀察和分析？

（四）小結

　　本文認為，文化團體觀點限制了我們對於人群差異與族群現象的認識與分析，模糊了弱勢族群對於社會正義的訴求，簡化「文化內部」的社會經濟差異，也衍生了一些狹隘的地域觀念。如今，這種將族群衝突理解為「文化團體」之間的衝突、以「百分比、平均數、眾數」來比較族群／團體差異的做法、以「對話包容」化解族群對立與衝突的觀念，儼然已經成為臺灣社會的基本常識，這正是我們需要省思的對象。研究指出，屬於一般常識的社會分類容易帶來本質化和自然化的影響（Bourdieu and Wacquant 1992；Bourdieu 2001），這些常識不僅不適合作為分析工具，更應該接受批判與檢驗。

　　必須說明的是，對於族群關係而言，本文並不反對「族群」之間的對話與尊重，而是要提醒我們注意，族群對立與衝突的發生並不全然是起因於文化差異，文化差異也不一定就會引起衝突，更不是因為缺乏對話或不尊重文化差異，而是另有原因，這才是族群政治應該著力分析之處。本文試圖指出，族群衝突的起源、發展和持續有其複雜的遠、近原因與社會過程，如果不能予以正視，我們很容易將族群衝突誤認為是「文化團體」之間的衝突，因而泥陷在團體差異的比較，族群對立與衝突的陰影仍是揮之不去。至於要如何釐清族群衝突與族群政治的本質與面貌呢？本文認為，我們有必要超越文化團體的思維模式，對於族群政治提出一種新的分析觀點，此一觀點至少將包含以下四個面向：

組織、事件、框架與密碼、認知。

四、族群作為一種「政治社群」

　　本文嘗試提出政治社群的觀點來討論族群現象與族群政治，主要是延續 Weber（1978），Barth（1969），Jenkins（1997），Brubaker（2004）等人的觀察。文化團體觀點將族群理解為具有明確文化界線的人群團體，以外顯文化特徵判定個人的族群身分，將族群關係理解為「是否可以對話包容、尊重差異」的問題。可是文化團體觀點無法解釋，為何平日可以相安無事，一起求學、工作、通婚、居住這麼久，但只要選舉一到，民眾感受對立氛圍的比例就會升高（聯合報 2007）？為何平日「相安無事」的「四大族群」，到了選舉期間就會隱沒在二元對立的政治衝突之中？為何政治動員不是沿著「四大族群」的界線展開，而是跨越「族群」界線而發動？為了回答上述問題，本文提出政治社群觀點進行討論。首先，讓我們重溫韋伯的看法：

> We shall call 'ethnic groups' those human groups that entertain a subjective belief in their common descent because of similarities of physical type or of customs or both, or because of memories of colonization and migration. ...... On the other hand, it is primarily the **political community**, no matter how artificially organized, that inspires the belief in common ethnicity.[17]
>
> Weber（1978：389）

---

17 本段譯文：我們對於「族群」的看法是，因為體型、生活習慣的相似或是因為殖民

　　相較於「文化決定團體」的說法，韋伯認為，是先有「政治社群」的出現，然後才促發人群團體的形成以及對於此一團體的文化認知和族群信念。但是政治社群如何出現，又是如何發展成為具有族群的文化內容和組織形式？這是因為成員之間「早已存在」的血緣和文化傳統，還是因為成員在何種條件與情況下，「選擇」相信彼此之間的血緣、歷史和文化親近性？我們可以將政治社群理解為一群試圖爭取自主性的人群，他們或是經歷某些苦難（grievances）而處於相似的社會位置，為了對抗不合理待遇而必須團結起來、推舉領導人物、建立組織。至於要如何團結，如何定義「族群成員」並組織起來？他們的凝聚和動員方式為何可以稱之為「族群」而不是階級或政黨？這些都是族群研究的核心問題，也是了解族群政治的重要面向。

　　早期人類學界認為族群研究的重點在於發現、記錄族群的文化特徵與內容（Tylor 1871），F. Barth 則是指出，研究重點應該放在族群界線的維持機制（Barth 1969：15）。當然，Barth 並不是認為文化內容不重要，而是要將文化內容的選擇與表現放在社會過程（一種可以同時進行排除和包含的過程）之中來理解。也就是說，族群界線並不是決定於任何一種或多種看似「明確、清楚」的文化特徵（如語言、服飾、食物）而已，而是在於人員接觸過程中顯現出來的社會界線（不同於文化界線），此一界線是以文化特質為內容、以「我們 vs. 他們」為形式表現出來。換言之，就族群關係的觀察而言，我們除了注意外顯文化特徵之外，更應該注意這些文化特徵與內容是如何被行動者選擇性和策略性地使用出來，以達到區分人群（我們 vs. 他們）的社會效果。如果僅就表面或形式上的文化差異來解析族群關係，我們容易掉入見樹不見林的盲點。

　　與移民經驗的共同記憶，因而對於共同起源產生某種主觀信念而發展出來的人群團體……從另外一個角度來看，不論有多少人為操作的痕跡，基本上是先有政治社群的出現，才激發了成員們對於同屬一個族群的信念。

　　除了社會過程之外，我們也應注意政治鬥爭與相關活動（如選舉）如何影響族群界線與族群關係，這是族群政治的重要提問。Richard Jenkins（1994；2008）提醒我們注意團體（group）與類屬（category）之間的差別。相較於團體作為一種「強調文化同質性、可以相互溝通、具有高度共識與行動協調性」的自發性人群集合（文化團體觀點），Jenkins 指出，許多時候人群集合的出現是一種類屬的產生，不是文化差異的自然呈現。在政治鬥爭和權力落差下，許多人是被迫、不得不使用某一身分，他們的文化差異是被選擇出來，此種身分往往是一種標籤或污名。因此，研究身分標籤和文化污名的提出、論述、傳布、強加、制度化、反抗、閃躲、掩飾，都是探討族群政治的重要問題。進一步來看，理解人群分類的關鍵不只在於被分類的人群或是他們的文化特徵，更在於釐清誰是擁有權力的分類者以及分類者看待自己的方式與目的（Jenkins 1994：207）。

　　相較之下，Brubaker（2004）試圖超越族群「團體」，提出「沒有團體的族群（ethnicity without group）」此一分析概念，以社會建構與認知過程來解釋「族群」、「團體性（group-ness）」的發展生成與政治敏感性。Brubaker 指出，族群衝突和族群政治的主要角色常常是「組織」，不是族群；他更強調，族群並不是一個實然存在的事物（thing-in-the-world），我們應該掌握團體性的認知角度來理解「族群」的特性與變化。此外，我們也應掌握組織、事件、活動、框架、密碼、認知等面向來解釋「團體性」的起伏消長與「族群認知」的生成變化，如此才能注意「族群」被策略性建構、維持起來的方法與過程，以及後續產生的社會與政治影響。

　　為了反思以「文化團體」思維模式為基底的族群政治觀點，釐清臺灣社會中「將族群理解為文化團體」的迷思，我們認為有必要提出一種新的族群政治觀點。此一觀點認為，族群不是一種界線清楚、內容穩定的文化團體，而是有

著複雜歷史成因、會隨著政治脈絡變化而出現起伏消長的一種「團體性」；族群政治不應只是「文化團體」之間的比較研究，族群衝突也不應被理解為「文化團體」之間的衝突。我們將說明，「組織」和「族群政治企業家」才是族群政治的主角，我們應該掌握歷史縱深和政治脈絡，從詮釋框架和修辭密碼的選用來理解「族群」意義的產生與再現，不是根據當事人的身分類屬或文化特質，如此才能掌握社會建構與認知觀點來解析族群政治的成因與影響。

（一）組織和族群政治企業家

　　許多歷史經驗顯示，族群衝突與族群政治的主角往往不是「團體」，而是各種不同的組織和主其事者（Brubaker 稱為 ethno-political entrepreneurs）[18]。他們包括：行政部會機關、軍警執法單位、政黨、選舉總部、後援會、強調各種主題的辦公室和工作室、協會、基金會、教堂、報社、廣播電台、電視台、準軍事組織、幫派等（Brubaker 2004：15）。這或許可以解釋、也提醒我們注意，召開各種抗議記者會的不是一般民眾而是各種「地方黨部或辦公室」；舉辦造勢大會的不是選民而是競選總部和後援會；引發報導不公和抹黑爭議的是立場鮮明的報社和電視台，不是讀者或觀眾。

　　組織之所以可以代表族群或文化團體，並不是因為他們等於族群，而是因為他們作為一個組織，可以募集、整合、分配、利用某些條件和資源，也因此可以策劃、主導、傳播、記錄一連串有計畫的集體行動，才會成為族群衝突和族群政治中的主要角色。諷刺的是，文化團體觀點認為族群有著「清楚明確範圍、可以延續傳承」等特性，但我們很難否認，上述這些特性其實更符合有關「組織」的描述。

---

18 本文譯為「族群政治企業家」。

　　組織是否可以反映被代言人群或文化團體的利益呢？要釐清兩者之間的關係並不容易，但至少我們可以問題化一個事實，那就是「組織」和「被代言人群」之間的利益並不見得一致。事實上，組織和主其事者的行動邏輯往往是依循自己的利益與考量，召開記者會的目的看似是為了爭取「族群」或「地方」利益，實際上是為了維持「組織」的能見度和「主其事者」的政治舞台。不同組織（例如立委辦公室、地方黨部、競選總部、後援會、基金會、社團法人）競相爭取代表特定族群或地方的事實就有助於說明，組織和族群之間並不一定能劃上等號，也沒有一對一的政治函數關係。

　　如果不能認清「組織」和主其事者的角色與動機，我們很容易將組織與組織之間（例如立委辦公室之間、競選總部之間、後援會之間）的衝突視為族群衝突，甚至因此將族群政治理解為文化團體之間的集體對抗。實際上，各種不同組織（還有主其事者）之間的競爭、對抗才是族群政治的焦點，這是我們採取政治社群觀點時應該注意的焦點之一。稍後本文也會說明，這並不表示組織和族群政治企業家可以「製造」族群衝突，他們只是透過詮釋框架和修辭密碼來「再現」族群衝突的歷史經驗與政治氛圍。

（二）事件

　　採取事件分析的角度可以提醒我們注意，組織和主其事者如何透過各種有計畫的發言、行動、活動、衝突、框架、修辭來維持人們「族群認知」的熱度和「團體性」的高檔狀態。如此一來，族群不再是一個明確清楚的「團體」或「身分」，而是一個「發展中的團體性／事件」。回顧臺灣近年來的政治活動可以發現，每逢選舉前夕（包括黨內提名初選階段），許多組織和主其事者就會透過各種精心安排的事件和活動，一方面是為了製造話題吸引媒體報導，另一方面則是為了凝聚支持者和潛在成員。就操作而言，組織和主其事者會製造事件、設定活動流程與時間表，例如每次記者會只透露部分訊息（如暗示副手

人選的性別、省籍或是洩漏對手疑涉緋聞、弊案的部分證據），主要目的就是為了引起話題和媒體注意，透過輿論報導累積動員能量，讓「團體性／事件」有時間可以發酵，進而達到凝聚人群與提高族群認知的效果。

可以引起媒體報導和輿論關注的事件和活動很多，例如靜坐、遊行、徒步苦行、守夜、絕食、連署、串連、會師、圍堵、募款餐會、宣布副手人選、脫黨、人身攻擊、負面文宣、肢體暴力、按鈴提告、每日一問、公開辯論、公投、重大案件重啟調查、歷史事件週年紀念、人物追思、入監惜別會、造勢大會、升旗典禮、發表認同商品等。這也就不奇怪，我們經常聽到有關「發酵、加溫、保溫、試水溫、動員、遍地開花、白熱化、搏版面、危機處理、擠牙膏、切香腸、支持者回籠」等用語，大多是用於描述、說明「發展中的事件」。製造「發展中的事件」是為了搶佔媒體版面和人們的注意力，藉以強化認知來凝聚族群團體性，這是一種團體結晶化（group crystallization）的過程，就如同 Bourdieu（1989）所指出，會讓原本只是要形容或指涉的結果成為一種具體存在的事物。

就族群政治的觀察而言，我們要做的是去解釋在何種條件和氛圍之下，那些事件和活動的操作方式可以對內產生凝聚「自己人（us）」、對外帶來區分「非我族類（them）」的效果，這是族群關係的政治建構，目的是為了確立一種人群區分與政治判斷。回顧近十幾年來臺灣的選舉過程，以製造事件與安排活動為主軸的選戰操作可說比比皆是，包括民主聖火環島長跑（1987）、李登輝康乃爾之行（1995）、興票案（2000）、正副人選之爭、徒步環島苦行（2000）、防禦性公投（2004）、二二八牽手護臺灣（2004）、入聯聖火傳遞（2007）、正名運動（2006-2008）、綠卡風波（2007-2008）等。評估這些事件的啟動、延續、發展和影響，特別是有關人群區分的政治效果，可以幫助我們認識族群政治的本質與面貌。

近幾年頻頻引起媒體報導和社會爭議的正名事件就是一個有關族群政治的

明顯案例。[19] 我們認為，正名與空間解嚴的確有其重要的民主意義，但是作為一連串極具選擇性的正名動作，[20] 其背後動機就不全然是要建立臺灣主體性或實踐轉型正義，而是希望透過此一事件的爭議性來提高社會對立和族群認知，主其事者（族群政治企業家）才能從中得到某些政治利益。表面看來，一連串的正名決策看似是一種因為缺乏討論與共識而產生混亂的粗暴動作，但弔詭的是，這是一種經過計算安排的「粗暴」。推動者正是希望以快速粗糙的方式來進行，藉以引起正反雙方的對抗，反對聲浪愈是強烈，愈能升高族群認知與「團體性」，進而讓族群成為一種具體存在的事物。

　　由於臺灣的特殊歷史經驗，人群之間存在許多差異（語言、生命經驗、集體記憶、國家認同），這些與文化和歷史經驗有關的差異常常成為政治操作的材料，希望藉此引起情感迴響與社會對立。面對此種情形，我們固然需要認清族群政治的操作手法，也要致力於歷史反省和制度改革，才不會讓族群政治企業家有機可乘。可是長期以來，文化團體觀點下的族群政治分析主要是以「四大族群」作為自變項，然後進行若干依變項的比較，例如贊不贊成正名。本文認為，這樣的比較方式無助於我們認識族群政治與歷史衝突、政治脈絡之間的複雜關係，族群對立的陰影仍會如影隨形。我們認為，唯有掌握歷史縱深才

---

19 根據筆者統計，近兩年與正名有關的主要爭議事件有「中正機場改名桃園機場（2006年9月）」、「中華郵政改名臺灣郵政（2007年2月）」、「中正紀念堂改名臺灣民主紀念館（2007年3月）」、「大中至正」拆牌事件（2007年12月）」、「『廢五正－街道、學校、軍備、建築、公家單位』運動（2007年12月）」。90年代初期，相關正名爭議則有「臺北市『光復節／終戰事件』（1995年10月）」、「高雄縣澄清湖正名大貝湖、中正湖正名美濃湖（1996年2月）」、「宜蘭市中山路改名渭水路（2003年8月）」等。

20 若真要建立臺灣主體性，正名對象豈會只有「中正」？除了凱達格蘭大道之外，臺灣還有許多山川、河流、地名需要正名／回復傳統名字。新臺幣千元大鈔上的「帝雉」（發現於1906年）其實是為了紀念日本天皇而命名，那「帝雉」是否也需要正名？世界各地被葡萄牙人以福爾摩沙命名的島嶼約有十幾個，我們是否還要稱呼國道三號為福爾摩沙高速公路呢？

能瞭解族群議題的爭議性與政治能量，也才可以看清組織和族群政治企業家的動機與言行、事件安排的用意與效果，進而認識到歷史反省與制度改革的必要性，這是我們採取政治社群觀點時應該注意的焦點之二。

（三）詮釋框架和修辭密碼

如果族群政治不該被理解為「文化團體」之間的比較研究，也不能根據對立雙方當事人的「族群身分」來理解，那到底什麼樣的事件或衝突才算是「族群政治」？我們如何可以確定，又要從什麼角度來判定何種事件可以稱之為「族群」政治，這是討論族群政治的關鍵問題，否則無法與其他分析（如階級政治或性別政治）有所區別。**我們認為，「族群」政治的認定關鍵並不在於被研究者或衝突雙方當事人是否符合「族群身分」的定義（且不論「族群身分」的定義與分類如何產生），而是根據事件或衝突本身如何被詮釋、又被設定在何種框架（framing）之中、可以被何種密碼啟動。**

換言之，「族群」意義的產生並不是根據參與者的「族群身分」或內在文化特質，而是透過詮釋框架的設定和修辭密碼的選用，而且是經由組織和族群政治企業家來發動。因為，衝突之所以被稱之為「族群」衝突，主要是透過參與者、受害者、旁觀者、警方、官員、記者、媒體報導、政論 call-in 節目、名嘴、教授、閱聽人、讀者投書、學術報告、教科書等，還有許多其他重要關係人（如當事人的家屬、親友）對事件本身賦予的意義和說法（Brubaker 2004：16-17）。**更重要的是，詮釋框架與修辭密碼的內容多是取材於歷史衝突和政治鬥爭的沉澱，這些材料往往反映了深層的集體記憶與歷史情感（包括榮耀與悲情），可以輕易地喚起或再現當時的歷史經驗與政治氛圍。**

我們可以將詮釋框架的設定和修辭密碼的使用視為一種可以把許多人、事、物、地點「綁在一起」的神奇魔術，藉此召喚出特定的歷史情感與集體記憶：例如「抗戰、光復、龍的傳人、東亞病夫、老兵、國旗、二二八、禁歌、

黑名單、戒嚴、臺客、美麗島、本土、壓不扁的玫瑰、亞細亞的孤兒、鄭南榕、母語、殖民、臺灣人、蔣中正、千島湖、飛彈、毒奶粉、祖靈、部落、傳統領域、豐年祭、硬頸、義民、藍布衫」等。詮釋框架和修辭密碼的選用非常重要也極具爭議性，一組強而有力的框架和密碼可以產生加乘效果，形塑我們日後面對族群關係的態度和解決族群衝突的方法。

本文認為，我們無法以「四大族群」的分類架構來理解「族群」的意義，而是必須回到各種族群關係的歷史脈絡，才能理解詮釋框架和修辭密碼的作用與能量。如此我們才能理解，為何當事人自認出於「善意」的「**我把你『當人看』**」會讓原住民有被施恩屈從的羞辱感受，[21] 因為這勾起了他們長期被稱為「番仔」的非人化經驗；民意代表之所以選擇「**臺灣人不如『中國豬』**」的說法來抗議中國毒奶的「入侵」，[22] 是希望喚起支持者對於省籍情結和兩岸衝突的集體記憶；身陷弊案泥沼的政治人物以「**『外省人』吃米、『臺灣人』吃屎**」來訴求政治支持，[23] 就是希望「再現」黨國威權統治的歷史經驗；延燒超過半年的「綠卡」風波則是希望凸顯戰後臺灣歷史中，省籍矛盾、階級差異與人性衝突的相互糾葛。

詮釋框架的爭奪是一種鬥爭，也是衝突本身的一部分，Donald Horowitz 稱之為「如何解釋衝突的衝突」（Horowitz 1991）。因此我們應該注意的不只是事件或活動本身，也應包括因此引發的詮釋鬥爭。常見的是，當衝突一方試圖設定詮釋框架，另一方則會試著提出另類框架，或是想讓詮釋框架變得混亂而「『花』起來」，各種「學者、記者、名嘴、政論節目、民眾……」也紛紛上陣。弔詭的是，當有人試圖設定詮釋框架來影響族群認知和動員群眾，反而

---

21 見〈謝批「把你當人看」馬：勿歪曲〉，曾意蘋，中國時報 2007 年 12 月 27 日。
22 見〈政策反覆 綠委：臺灣人不如中國豬？〉，林河名，聯合報 2008 年 9 月 26 日。
23 見〈阿扁主場：陳水扁的復辟大典〉，社論，聯合報 2008 年 10 月 26 日。

會受到競爭對手的歡迎（即使表面上會予以譴責），因為這正好可以被用來進行反動員，激起另一方群眾的情緒與支持。

　　歷史經驗顯示，族群動員是一種雙面刃，族群衝突總是以二元對立的方式呈現，動員與反動員會以一種互為因果的螺旋方式升高對立。在臺灣，我們經常聽到政治人物表示，過度動員容易造成對手的危機感，反而提高對方支持者的投票率，其中涉及的就是一種焦慮與對立的累積，這是族群政治的特有現象，反而不易出現在階級或性別政治之中。這或許可以解釋，藍綠雙方的代言組織和族群政治企業家都喜愛「中國豬」。一方面，有人可以「中國豬」來訴求支持者的族群偏見，藉以激發集體情緒和選舉動能，另一方面對手又何嘗不樂見對方使用「中國豬」，如此也才能激起己方支持者的危機意識。

　　族群政治的核心在於爭奪詮釋框架和選用修辭密碼，主要就是為了「再現」族群衝突的歷史經驗與集體情感。只有當詮釋框架和修辭密碼到位之後，我們才可以感受到歷史的不可承受之重與隨時蓄勢待發的政治動能。我們或許無法親臨歷史現場（如二二八事件、美麗島事件），但是詮釋框架和修辭密碼卻有再現歷史的魔力。如此看來，組織和族群政治企業家最能瞭解要設定何種框架、啟動何種密碼，才能召喚歷史、凝聚群眾，帶來一種族群政治特有的想像的對立，這是我們採取政治社群觀點時應該注意的焦點之三。

（四）認知和團體性

　　自我身分的認知關鍵在於回答「我是誰？」。「我是誰？」沒有固定的標準答案，而是決定於對象、情境和氛圍，相較於許多社會身分，族群身分只是諸多可能選擇之一。就族群政治而言，最重要的工作在於產生一種族群顯著程度（ethnic saliency），亦即相對於其他社會身分如性別、階級、年齡等因素，得以讓人們意識到自己的族群身分，並超越其他身分而成為主導人們思考與行動、理解政治社會組織原則的主要身分指涉。如果人們普遍認為，不論就資源

與權力的分配或是社會網絡的形成，族群身分都是主要因素時，族群顯著程度即為很高。相反的，如果族群顯著程度不高，個人的身分指涉將會以非族群身分（non-ethnic identity）為主，也就「不該也不會」出現族群衝突。

我們必須指出，組織和族群政治企業家之所以設計事件和活動、設定框架和啟動密碼，就是希望可以引起媒體報導和輿論討論，提高族群顯著程度，進而影響人們的族群認知和族群團體性。一旦人們選擇以族群框架（二元對立的形式與歷史文化的內容）來認識這個世界以及相關事物，就會在行動層次上產生真實的影響，如參加造勢大會、連署、示威遊行、抗爭、靜坐、募款餐會、投票等，族群也因此成為一種實然存在的事物。因此 Brubaker（2004：17）認為：

> 族群、種族、民族根本上是理解、詮釋和再現社會世界的幾種方式，他們不是這個世界的具體事物，而是對於這個世界的觀點。這些觀點包括各種被族群化的注視（和忽視）、解釋（和誤解）、推論（和誤判）、記憶（和遺忘）。他們包括以族群為導向的框架、圖樣、敘事、情境暗示（不只是媒體上的而已），這些都足以啟動上述觀點和認知。

在既有的歷史經驗與政治現實的影響下，組織和族群政治企業家發動各種力量的目標就是希望能帶來認知觀點的「甦醒」或改變，讓人們開始以「族群」身分來認識自己、理解他人，然後付諸行動。因此，族群政治的分析焦點在於解釋組織和族群政治企業家如何啟動族群認知以召喚支持者與潛在成員。如此我們才可以解釋，為何有人要在選舉造勢大會上演唱臺語禁歌（可以再現歷史經驗的政治動作），民意代表為何要以「新版二二八事件」來評論時事（可以喚起集體記憶的詮釋框架），政治人物為何要推動機關、組織與建築物的正名

（社會對立得以逐步升高的事件安排），競選總部為何要在二二八當天籌辦「百萬人牽手護臺灣」（可以凝聚人氣的造勢活動），候選人為何要穿著傳統服飾和使用傳統姓名來登記參選等，這些都代表詮釋框架和修辭密碼的啟動，可以在人們心中產生認知變化，然後轉化成為具體的社會與政治行動。

　　我們也應該注意，如何解釋族群認知的強化和減弱（族群團體性的上升和下降）是一樣重要。事實上，族群認知和族群團體性的高檔狀態並不容易也不必然可以持續下去，一旦組織和族群政治企業家無法吸引媒體注意，人們的注意力和認知結構很快就會被日常瑣事和其他新聞占據，族群認知和團體性也會跟著下降，這是為何組織和族群政治企業家必須不斷透過製造事件和舉辦活動來維持「族群熱度」的原因。進一步來看，如果精心安排的事件沒有產生預期效果，如果暴力衝突不能引發爭議，如果詮釋框架和修辭密碼無法啟動集體認知，族群認知和團體性就會冷卻下來，人們的行為也會跟著改變。這是我們採取政治社群觀點時應該注意的焦點之四。

　　整體而言，認知改變和行動參與是族群政治的最終目標，這主要是依靠詮釋框架和修辭密碼的啟動，才可以讓人們「感受」到族群衝突的歷史經驗與政治氛圍，這又有賴於組織和族群政治企業家的策劃與推動，這正是族群政治的本質與面貌。面對族群政治，重點不只在於討論是否應該或會不會發生族群政治，更在於如何解釋族群政治的出現。我們固然可以呼籲組織和族群政治企業家不要操作族群政治，更應該嘗試解釋族群政治的歷史成因、現實操作與政治影響。本文認為，族群政治的分析重點即在於解釋組織和族群政治企業家如何從既存的歷史衝突與政治現實中選用詮釋框架和修辭密碼，透過精心設計的事件和活動來吸引媒體報導和輿論討論，然後帶來支持者的認知改變和行動參與。由此觀之，族群政治就是一種歷史政治和記憶政治，也是有關認知、情緒與情感的動員政治。

五、結論

關心臺灣民主政治發展的人們經常會問：為何每次選舉一到，整體社會氛圍就會變得不太一樣，平常相安無事的朋友、同事、家人也會戒慎起來，唯恐一個不小心講錯話就會引起不悅與對立？面對這樣的顧慮和疑惑，我們可以歸咎是因為選舉次數太多，媒體「唯恐天下不亂」的本質，還是政治人物喜歡「無中生有」地製造是非呢？本文嘗試針對此一現象提出觀察與反思，比較兩種不同的「族群政治」觀點，探討兩種觀點在概念內涵、理論預設、實證分析、知識責任、現實關照等面向的差異。

根據文化團體觀點，「族群」各有自己的文化特質與內容，「族群」之間存在著明確清楚的「文化差異／界線」，族群政治則是著眼在不同文化團體之間的競爭和比較，族群衝突則是文化團體間的一種集團式對立，解決族群衝突的關鍵則是在於對話、理解和尊重「文化／族群差異」。可是，文化團體觀點容易將族群本質化和具體化，淡化歷史反省與制度改革的必要性，帶來一種模糊歷史脈絡、窄化社會正義實踐視野的保守影響，進而鼓勵臺灣社會以文化團體思維模式來理解人群差異與政治參與。

本文認為，族群不只是文化團體，更是一種政治社群。族群是具有政治任務的「文化團體」，族群差異則是一種選擇性的文化差異，是具有複雜歷史性格和特定政治任務的文化差異。我們必須思考，「文化差異（語言、飲食、服飾、信仰、建築、歷史記憶等）」是如何在政治考量下被選擇性強調或忽略，如何透過強化認知來提高族群「團體性」，藉以產生凝聚自己人和排除他人的社會效果。具體言之，我們必須掌握歷史縱深與政治脈絡來理解詮釋框架和修辭密碼的意義與作用，從事件、過程的角度來思考組織和主其事者的發言與行為，如此才能理解族群政治的運作與影響。

進一步來看，探究族群衝突的關鍵並不在於如何確認是否真有衝突發生，

也不是去比對涉及衝突的當事人是否具有正確的「族群身分」或「文化特徵」，這些都是「將族群視為一種文化團體／四大族群」才會提出的問題。事實上，我們不難發現，不同「族群身分」者不一定就會發生衝突，「外省人」也有可能與「河洛人」、「客家人」、「原住民」一起參與「百萬人牽手護臺灣」或「正名」遊行，同一「族群身分」的人也可能因為政治立場不同而大打出手。[24]

　　我們認為，族群政治的分析視野應該超越「文化團體／族群身分」的比較，基本分析單位應該是「一種因為政治脈絡而可能出現起伏消長的團體性」，不是具有外顯文化特徵的「事物」。只有如此，我們才能理解為何到了選舉期間，平日相安無事的人際關係就會變得緊張對立，因為許多政治人物的發言啟動了人們內心深處的集體記憶（包括榮耀與悲情）與政治情感，許多活動的安排可以讓歷史事件與人物紛紛復活，成為我們判斷政治情勢（是否要重啟調查重大案件或是推動兩岸經貿交流）和投票選擇候選人的重要參考。

　　值得注意的是，族群政治不只會發生在選舉期間，也會發生在非選舉期間。就族群政治企業家而言，只要可以獲取政治利益，不論是否有選舉活動，他們隨時可以操弄族群差異與社會對立。這也就不奇怪，即使沒有選舉接近，我們依然可以聽到政治人物在抗議毒奶入侵時使用「臺灣人不如『中國豬』」的說法，使用「『外省人』吃米、『臺灣人』吃屎」來訴求群眾的政治支持。不過本文也要強調，將責任推給「政治人物」並無法幫助我們理解族群衝突與族群政治之間的複雜關係，雖然這不表示我們可以容許政治人物的操弄企圖。

　　本文認為，如果一個社會曾經發生族群衝突，這些衝突又沒有獲得適當處理，族群對立的陰影就會在現實政治中如影隨形，整個社會也必須面對可能再

---

24 林正杰與金恆煒曾經在電視談話節目上大打出手，兩人都具有「外省人」的族群身分。

次發生族群衝突的焦慮與壓力，過去十多年來臺灣的民主發展就是最好的例子。[25] 我們需要一個具有歷史縱深的分析視野來看待政治人物的動機和言行，因為族群衝突的發生與延續有其歷史根源與政治脈絡，政治人物是在追求自身利益下，順勢成為搧風點火的「族群政治企業家」。如果我們只將族群衝突解釋成是政治人物操弄差異的結果，將會忽略族群政治背後的嚴肅意義。正因為我們沒有好好認識、處理二二八事件、白色恐怖、社會公平、轉型正義等問題（處理這些問題也的確沒有立竿見影的作法），才會讓某些組織和族群政治企業家有操弄對立的政治空間。我們當然需要譴責政治人物的操弄言行，卻也應該看到歷史反省與制度改革的必要性。

面對族群衝突，許多工作有待推動，包括立法規範（如訂定反歧視法）、選制改良（如單一選區兩票制）、道德勸說（如宗教領袖的呼籲）、新價值的提倡（如多元文化）等等。本文嘗試指出，一個重要的工作在於超越文化團體的思維模式，採取政治社群觀點來解析當代臺灣的族群現象與族群政治。如此我們才可以理解，為何選舉期間和非選舉期間都會出現這麼多承載著「歷史重量與政治能量」的公開發言和精心設計的造勢活動，這主要是為了召喚支持者的族群認知和集體情感，整個社會的對立氛圍也因此升高。此一現象之所以可以不斷地被操作複製下去，正是因為臺灣有著特殊的歷史衝突經驗與社會人口差異，短期之內這些衝突與差異並不會輕易消散，反而會像是潛伏在我們身體內的病毒一樣，隨時可能在族群政治的操作之下被誘發出來，臺灣民主政治的發展也勢必要繼續面對族群政治的衝擊與考驗。

---

25 族群問題不只會受到過去歷史衝突的影響，也會受到未來政治趨勢的干擾。例如，兩岸關係的發展勢必會牽動國內族群關係與族群政治的變化。

參考文獻

王甫昌，1997，〈族群意識、民族主義與政黨支持：一九九零年代臺灣的族群政治〉。《臺灣社會學研究》2：1-45。

江士林，1997，〈將宰制「自然」化：從跨文化比較與歷史觀照的角度論語言及其他建制的「國族」化〉。《臺灣社會研究季刊》28：79-120。

林忠正、林鶴玲，1993，〈臺灣地區各族群的經濟差異〉。頁 101-160，收錄於張茂桂編，《族群關係與國家認同》。臺北：業強出版社。

林諭林，2008，〈南縣人轟準閣揆：子弟被排擠〉，《中國時報》，2008/4/26。

林河名，2008，〈政策反覆 綠委：臺灣人不如中國豬？〉，《聯合報》，2008/9/26。

吳明季，2001，《失落的話語：花蓮外省老兵的流亡處境及其論述》。國立東華大學族群關係與文化研究所碩士論文。

吳乃德，2002，〈認同衝突與政治信任：現階段臺灣族群政治的核心難題〉。《臺灣社會學》4：75-118。

吳忻怡，2008，〈成為認同參照的「他者」：朱天心及其相關研究的社會學考察〉。《臺灣社會學刊》41：1-58。

范清宏，1994，〈省長競選鳴槍造勢〉，《中時晚報》，1994/11/08。

施正鋒，2007，〈臺灣民主化過程中的族群政治〉。《臺灣民主季刊》4（4）：1-26。

唐玉麟，1994，〈新黨市長候選人趙少康公布競選文宣〉，《中時晚報》，1994/10/29。

財　訊，1996，〈四大族群浮生錄〉。第 168 期。

陳碧華，1993，〈蘇貞昌擔心母語斷文化滅〉，《聯合報》，1993/07/07。

陳慶居，1994，〈省長候選人吳梓在苗栗舉行第四場公辦政見會〉，《中時晚報》，1994/11/12。

陳康宏，2003，〈被遺忘的客家人：臺灣外省客家人及其社團〉。《客家雜誌》155：24-26。

粘嫦鈺，1994，〈賀歲節目也打族群融合牌〉，《聯合報》，1994/12/17。

黃宣範，1993，《語言、社會與族群意識：臺灣語言社會學的研究》。臺北：
　　文鶴出版社。

黃毓基，1994，〈朝野立委發起原住民、客家人、福佬人、外省人四大族群融
　　合運動〉，《中時晚報》，1994/12/31。

郭淑媛，1994，〈民進黨公布臺北市長競選文宣〉，《中時晚報》，1994/09/12。

郭冠麟，2005，《從竹籬笆到高樓大廈的故事：國軍眷村發展史》。臺北：國
　　防部史政編譯室。

曾意蘋，2007，〈謝批「把你當人看」馬：勿歪曲〉，《中國時報》，2007/12/27。

張茂桂，1997，〈臺灣的政治轉型與政治的「族群化」過程〉。頁 37-71，收
　　錄於施正鋒編，《族群政治與政策》。臺北：前衛出版社。

凱弘恩等（Craig Calhoun, Donald Light and Suzanne Keller），2002，《社會學》
　　（Understanding Sociology），林瑞穗譯。臺北：雙葉書廊。

趙　剛，2006，〈「多元文化」的修辭、政治和理論〉。《臺灣社會研究季刊》
　　62：147-189。

樊嘉傑，1994，〈第二次臺灣人民制憲會議於臺大體育館召開〉，《中國時報》，
　　1994/06/25。

駱明慶，2001，〈教育成就的省籍與性別差異〉。《經濟論文叢刊》29（2）：
　　117-152。

聯合報系民意調查中心，2007，〈逾五成：族群對立惡化——政治人物操弄省
　　籍讓 228 傷痛揮之不去〉，《聯合報》，2007/2/26。

聯合報，2008，〈社論——阿扁主場：陳水扁的復辟大典〉，《聯合報》，
　　2008/10/26。

Barth, Fredrik, 1969, "Introduction", in Barth, F. (ed.), *Ethnic Groups and Boundaries: The Social Organization of Cultural Difference*, Oslo: Universitetsforlaget, 9-38.

Bourdieu, Pierre, 1989, "Social Space and Symbolic Power", *Sociological Theory*, 7(1), 14-25.

Bourdieu, Pierre, 2001, *Masculine Domination*, UK:Polity Press.

_____, and Loïc Wacquant, 1992, *An Invitation to Reflexive Sociology*, Chicago: The University of Chicago Press.

Brubaker, Rogers, 2004, *Ethnicity without Groups*, Cambridge, MA: Harvard University Press.

Gates, Hill, 1982, "Ethnicity and Social Class", in Ahren, E. M. and H. Gates (eds.), *The Anthropology of Taiwanese Society*, Stanford: Stanford University Press.

Guillory, John, 1993, *Cultural Capital: The Problem of Literary Canon Formation,* Chicago: University of Chicago Press.

Horowitz, Donald L., 1985, *Ethnic Groups in Conflict*, Berkeley: University of California Press.

_____, 1991, *A Democratic South Africa? Constitutional Engineering in a Divided Society*, Berkeley: University of California Press.

Jenkins, Richard, 1994, "Rethinking Ethnicity: Identity, Categorization and Power", *Ethnic and Racial Studies*, 17, 197-223.

_____, 2008, *Rethinking Ethnicity*, London: Sage Publications.

Okin, Susan Moller, 1999, *Is Multiculturalism Bad for Woman?*, New Jersey: Princeton University Press.

Tylor, Edward Burnett, 1871, *Primitive Culture*, New York: Harper.

Taylor, Charles, 1994, "The Politics of Recognition", in Gutmann, A. (ed.), *Multiculturalism: Examining the Politics of Recognition*, Princeton, NJ: Princeton University Press, 25-74.

Weber, Max, 1978, *Economy and Society,* Roth, G. and C. Wittich (eds.), Berkeley: University of California Press.

Young, Iris M., 1990, *Justice and the Politics of Difference*, Princeton: Princeton University Press.

談泛臺灣客家認同：
1860-1980 年代臺灣「客家」族群的塑造[*]

陳麗華

一、前言

　　十幾年前，筆者曾有幸在臺灣北部桃竹苗和南部六堆兩大客家聚居中，切身感受到客家族群意識的高漲。2005 年，我參加了新竹新埔鎮義民廟的祭典活動，這一活動清末以來便以隆重盛大著稱。主祭當日，舉著黑令旗的各地信眾，連同四面八方湧來的觀光客，如潮水般湧入廟中，碩大的神豬、神羊在場內一字排開，廟內外氣氛熱烈到了極點。2006 年，我也參與了六堆地區忠義祠舉辦的秋祭及繞境活動。載有六堆忠勇公牌位的神轎、各鄉鎮的花車以及信眾的私家車，浩浩蕩蕩穿梭在各鄉鎮間，不只地方政府、學校學生都被動員起來，地方民眾也擺起香案拈香拜祭。這一時期，正是臺灣社會客家族群運動進行得如火如荼的時候，所到之處，均會聽到當地人很自然地談起「我們客家人」，顯示在當下的臺灣社會，「客家」族群認同已經具有廣泛的基礎。

　　對於臺灣社會客家族群意識的興起，社會學家王甫昌已經作了頗為精彩的解釋。他認為「客家」族群認同是一種現代性的「想像」，是 1980 年代後期

* 本文原刊登於《臺大歷史學報》，2011，48 期，頁 1-49。因收錄於本專書，略做增刪，
　謹此說明。作者陳麗華現任國立清華大學通識教育中心暨歷史研究所助理教授。

開始的客家社會運動動員的結果，他將之稱為「泛臺灣客家認同」。這種認同
想像所預設的人群之間的關係，是以現代國家的公民權利為前提，而一些客家
文化運動的訴求背後，其實隱藏著臺灣走向民主化與本土化之後，來自強勢閩
南文化的壓力。[1] 不過，他並沒有否認在此之前，客家認同已經建立某種程度
的歷史基礎：

> 所謂的「泛臺灣客家認同」，是三百年前左右移入臺灣的客家人之
> 後代，在臺灣社會中的歷史經驗（經過清朝、日本殖民統治時期），
> 以及當代的特殊需求與壓力之下，發展出來的新的族群想像，它不
> 僅與現在中國大陸原鄉的客家人的認同不同，也和戰後由大陸各省
> 移入臺灣的「大陸客家人」不同。[2]

為了賦予這一概念實質的意義，王甫昌以義民信仰為例，探討它成為臺灣
客家認同中重要符號的原因。在他看來，由於清代臺灣社會的閩客之分涇渭分
明，義民成為雙方對立情緒下客家人強調的對象，閩人則刻意將之遺忘。

王甫昌的論述，強調客家人在臺灣獨特的歷史經驗，深具啟發意義。然
而，筆者認為有幾點必須進一步推敲和商榷。首先，臺灣社會是否一直以來都
有所謂「客家人」呢？如果我們回到清代，便會發現當時的歷史名詞和這一具
有本質論傾向的族稱之間，差異頗大。我們知道，清政府沿用的是明代以來里
甲式編戶齊民的管理辦法，以籍貫區分人群，由於臺灣移民主要來自地理位置
相近的閩粵兩省，臺灣的漢人遂被區分為兩大類──「閩人」和「粵人」。清

---

1 王甫昌，《當代臺灣社會的族群想像》（臺北：群學出版有限公司，2003），頁 133-
　145。
2 王甫昌，《當代臺灣社會的族群想像》，頁 121-122。

代閩人常指粵人為客，因為涉及土地拓墾及參加科舉考試的權利，至於閩粵雙方講什麼語言，風俗習慣有何不同，政府很少關心。[3] 不過，孔邁隆（Myron L. Cohen）的研究提醒我們，語言差異對於華南地方社會組織方式的影響也非常重要。[4] 在臺灣南部，講閩南話的群體便常自稱「土人」，而講客家話的群體被稱為「客人」，由於省籍和語群的邊界不一致，使得歷史上人群指稱實質上有很大的不確定性。而就「客家」一詞本身而言，它根本不是臺灣社會閩南話環境中習用的詞彙，而是廣東地區以本地人自居的廣府人對外來者歧視性的稱呼。這個「泛臺灣客家認同」的重要標籤進入臺灣社會的歷史過程，還有待進一步釐清。

其次，「泛臺灣客家認同」作為一種分析概念，也隱含被囊括進這一標籤的人群內部具有均質性。雖然客家人早在清初便已經入墾臺灣，並在南北均形成以義民祭祀的廟宇為核心的兩大聚居區，但將這兩個具有不同內涵的社區塑造為同樣的「客家」族群，同樣需要解釋其機制。今日臺灣南部的客家聚居區六堆，在清代實際上是講客語方言群體的聯盟組織；而北部桃竹苗地區，卻能以幾座義民廟為中心，形成粵籍聯盟，其形成的時間比南部晚，語言分布格局也較南部六堆地區複雜得多。[5] 它們之間的連接機制，並非到了 1980 年代寺廟串聯活動才發生的，因此有必要重新回到歷史尋找其淵源。

---

3 能否參加科舉考試，和是否有「籍」關係密切。在科舉學額的爭奪上，乾隆年間，臺灣便制定「粵籍」學額的規則，並於道光年間設立「粵籍」舉額。這不僅讓粵人在閩籍占多數的環境中擁有保障名額，也杜絕閩人攻擊粵人占額的藉口。正如李文良對學額制定過程之研究，強調粵民必須通過強調祖籍認同，才能在閩省所轄的臺灣府參加粵籍的科舉考試。參見李文良，《清代南臺灣的移墾與「客家」社會（1680-1790）》（臺北：國立臺灣大學出版中心，2011），頁 229-269。

4 Myron L. Cohen, "The Hakka or 'Guest People': Dialect as a Sociocultural Variable in Southeastern China," *Ethnohistory* 15:3 (1968, Durham), pp. 237-292.

5 吳中杰，〈義民信仰與北臺灣客語分佈格局的形成〉，收入賴澤涵、傅寶玉主編，《義民信仰與客家社會》（臺北：南天書局，2006），頁 229-244。

　　由此引發的第三個問題是，談到「泛臺灣客家認同」的歷史基礎，是否會將近代以後逐步趨於同質性的群體想象，亦投射到歷史上呢？這個概念排除了原鄉和戰後湧入人士的影響，劃定了臺灣的族群邊界，而這個邊界深刻影響地方人士的認同觀念，是近代臺灣進入日治時期（1895-1945）以後才明顯呈現。[6]關於日本政府對殖民地人民種族文化塑造的深遠影響，學者們的關注還遠遠不足。另一方面，臺灣客家認同的衍生，並不意味著閉門造車，相反的，種種證據表明，中國大陸伴隨民族主義發展起來的客家意識，以及日本帝國之下臺灣客家族群意識形態的改變，亦隨著外部政治環境的變化，影響和牽動臺灣社會的族群想像。

　　因此，在王甫昌研究的啟發下，本文希望能夠追溯「客家」觀念進入臺灣社會並傳播開來的歷史過程，以及近代以來國家建構過程中的關鍵變化，對於塑造臺灣地方人士身分認同的影響，特別是對扮演關鍵角色且具不同背景的知識階層。筆者相信唯有如此，才能釐清「泛臺灣客家認同」的歷史淵源，為客家族群認同研究建立更為牢固的基礎。

二、「客家」種族觀念的傳入

　　清代的臺灣歷史上，到底有沒有「客家人」呢？或者說，今天我們稱為「客家人」群體的祖先們，是否已經有了族群意識呢？這一問題曾經吸引不少學者的注意。儘管清政府延續的是明代以來里甲編戶的辦法，以閩、粵的籍貫來區分臺灣漢人，在臺灣社會官方和民間留下的文獻中，有關「客」的記載其實不少。李文良對清初歷史變化的研究已經提醒我們，「客民」、「客人」、「客

---

6 吳密察，〈臺灣史的成立及其課題〉，《當代》第 100 期（1994，臺北），頁 83-85。

仔」等詞彙，有其獨特的歷史背景與意涵，將之直接理解為語言、文化上同質的客家人，是以今度古的危險做法。[7]

如果我們把視野拉近到臺灣南北兩大客家聚居區的地方社會，也會發現「客」所指稱的群體存在差異。在南部，康熙末年的朱一貴事變之後，不同語言群體的區分變得明顯起來。閩南及粵東潮州一帶講福佬話的群體自認為是「土著」，而閩西、粵東乃至贛南的客語群體則是「客民」，「六堆」便是大量來自廣東梅縣、蕉嶺等地客家話群體組成的地域聯盟組織，位於中堆竹田鄉境內、拜祭義民的忠義亭是其信仰中心，同省的福佬話群體實際上並未囊括在內。這種區隔在官方的記載中，常被簡化成「閩粵分類」。[8]而開發較晚的北部桃竹苗地區，移民來源較南部更為複雜，來自潮州、惠州府的非客語群體也不少，是各種客家話次方言交錯並用的區域。經過清代長期的地域社會建構，形成了以幾座義民廟為中心的三大祭祀範圍，內部逐漸形成統一的客語次方言，19 世紀中期後形成一個以「粵人」為認同的社會。在這一社會中，省籍差別便常常成為土客區分的標準了。[9]

可以看出，儘管臺灣南北地區各自形成小範圍的我群認同，彼此之間卻缺乏聯結的平臺。他們表達認同的詞彙，往往回到官方常用的籍貫上，無論在官員、士紳留下的文獻中，還是在福佬話環境的語言中，都找不到「客家」的說法。「客家」一詞，是明清以降中國大陸廣東地區廣府話群體對於外來客語群

---

7 李文良，《清代南臺灣的移墾與「客家」社會（1680-1790）》，頁 137-142。

8 李文良，《清代南臺灣的移墾與「客家」社會（1680-1790）》，頁 168-170；林正慧，《六堆客家與清代屏東平原》（臺北：曹永和文教基金會、遠流出版事業股份有限公司，2008），頁 166-167。

9 羅烈師，〈臺灣客家之形成：以竹塹地區為核心的觀察〉（新竹：清華大學人類學研究所博士論文，2005），頁 223-279。吳中杰，〈義民信仰與北臺灣客語分佈格局的形成〉，收入賴澤涵、傅寶玉主編，《義民信仰與客家社會》，頁 229-244。

體的稱呼,也含有方言群體區分的意味。實際上,這一詞彙進入臺灣社會的過程,19 世紀以來帶有種族觀念的西方和日本殖民者扮演了關鍵的媒介角色。

　　19 世紀上半葉,漸次東來並在中國東南沿海一帶活動的西方人,創造了以語言區分為基礎的客家(Hakka)種族觀念。早在 1838 年,曾經以傳教士及東印度公司、英領事館雇員身分在中國東南沿海活躍多年的普魯士人郭士立(Karl Friedrich August Gützlaff 1803-1851),便提到在東南亞地區的廣東移民中,有一類稱為「Kea-jin」(客人),他們講的方言接近官話,同時也提到他們定居在臺灣島的內陸以及南洋部分地區。[10]Hakka 一詞,則是與廣府話人群密切接觸的西方人,將其對「客家」一稱的發音用英文記錄下來,作為客語群體的族稱。如 1845 年,英國在香港的殖民地官員 Samuel Fearon,便提到香港早期住民中有大量的客家人(Hakkas,他更將他們類比於吉普賽人),其語言、習俗、個性的不同,使其成為一個特殊的人種(race)。[11] 近年來,對於 19 世紀西方傳教士如何先透過潮汕話或廈門話,認識 Kih、Ka、Kea-jin 或 Kheh(客)等族群的存在;繼而在鴉片戰爭後,透過廣府話認識和定義 Hakka(客家)的過程,施添福已經作了極為細緻的研究和梳理,讀者不妨參閱。[12]

　　1860 年臺灣開港前後,接踵而至的西方官員、商人、學者及傳教士等,很快亦將 Hakkas 移植到臺灣社會,用來指稱同樣講客家話的人。1864 年,任

---

10 Charles Gutzlaff; rev. by Andrew Reed, *China Opened, or, a Display of the Topography, History, Customs, Manners, Arts, Manufactures, Commerce, Literature, Religion, Jurisprudence, etc. of the Chinese Empire* (London: Smith, Elder and Co., 1838), p. 132. 有關郭士立與東南亞華人社會接觸的研究,請參見〔日〕飯島典子,〈19 世紀傳教士眼中的「客家人」〉,《客家與多元文化》第 4 期(2008,東京),頁 29-37。

11 Colonial Office Records(香港中文大學圖書館藏微縮膠卷),series 129-12, 24 June, 1845.

12 施添福,〈從「客家」到客家(二):客家稱謂的出現、傳播與蛻變〉,中央研究院臺灣史研究所第三屆「族群、歷史與地域社會」學術研討會專題演講論文(臺北:中央研究院臺灣史研究所主辦,2011)。

駐臺領事的郇和（Robert Swinhoe 1836-1877；或音譯為史溫侯），到恆春海岸一帶調查英國船隻遇難事故時，便曾這樣描述：「從山谷返回平原時，我經過一個村莊，在瑯嶠略南、略西的地方。那裡有客家人（Hakkas）居住，是從廣東省北部移居來的。」[13] 郇和曾在英國受過良好教育，大學尚未畢業就考上外交官，被派到中國當翻譯。他對臺灣的生物、植物及人種均有很深的興趣，對於西方人如何分類中國人顯然也非常熟悉，因此立即引進廣東及香港、海峽殖民地等地西人中漸漸流傳的 Hakka 一詞，描述臺灣的客家話群體。[14]1860-1870年代以後，越來越多的西方官員、傳教士、學者、商人或冒險家等，與臺灣不同語言群體有所接觸，Hakka 一詞也日益頻繁地見諸文獻記載。[15]

　　西方人對於臺灣「客家」的紀錄，多半基於經驗主義的隻言片語，對於臺灣社會內部如何描述與指稱他們，並沒有多少關心。1863 年以海關官員身分來臺，其後從商的必麒麟（William A. Pickering 1840-1907），可能是 19 世紀下半葉最了解臺灣社會內部不同語群情況的西方人。[16] 他在 1898 年出版的書

---

13 Robert Swinhoe, "Additional Notes on Formosa," *Proceedings of the Royal Geographical Society of London* 10:3 (1865-1866), p. 127. 中文譯本見史溫侯，〈福爾摩沙記行附錄〉，收入費德廉（Douglx Fix）著，羅效德編譯，《看見十九世紀臺灣：十四位西方旅行者的福爾摩沙故事》（臺北：如果出版社，2006），頁 62。

14 1863 年，郇和便成為倫敦人種學學會會員。另外他在臺灣期間，與首位來臺傳教士郭德剛（Fernando Sainz, 1859-1869 在臺傳教）接觸頗多，郭氏許多關於臺灣種族的知識，便是得自郇和。費德廉著，羅效德編譯，《看見十九世紀臺灣：十四位西方旅行者的福爾摩沙故事》，頁 14-15；陳政三，《翱翔福爾摩沙：英國外交官郇和晚清臺灣紀行》（臺北：臺灣書房，2008），頁 94-97、163。

15 學者們已經對西方人的臺灣論述進行了系統整理，讀者可以從下列書籍中獲得有關客家論述的大致輪廓。Robert Eskildsen ed., *Foreign Adventurers and The Aborigines of Southern Taiwan, 1867-1874: Western Sources Related to Japan's 1874 Expedition to Taiwan* (Taipei: Institute of Taiwan History, Academia Sinica, 2005). 中譯本可參見費德廉，羅效德編譯，《看見十九世紀臺灣：十四位西方旅行者的福爾摩沙故事》；白尚德，《十九世紀歐洲人在臺灣》（臺北：南天書局，1999）。

16 必麒麟曾多次在島內遊歷，並在 1867 年協助美國駐廈門領事李仙得（Charles W. Le

中,便注意到臺灣社會的用詞實際上和廣東等地並不一致:

> 西部沿岸和從北到南的整個的沖積平原,都由來自中國福建省的移
> 民們居住著,他們說的是歐洲人所謂廈門話的一些變體。除掉廣東
> 北部的潮州人之外,中國其他各省的人完全聽不懂這種話。這些移
> 民叫作「閩南人」。(按:原文爲 Hok-los〔福佬〕)
> 在較低山脈之間的鄉村,在南角,以及在野人地區之邊界的各處
> 地方,我們都發現另外一個完全不同的民族(distinct race)叫作
> 「客家人」(Hak-kas),或如「閩南人」所稱呼他們的「客人」
> (Kheh-lang)。這些人是一個很奇特的民族,所說的是中國官話的
> 一種。[17]

　　來臺之前,必麒麟已經懂得某種程度的廈門話及官話,離開臺灣後的
1870-1890 年代,更曾長期擔任海峽殖民地的華人護民官。可能正是基於長期
與不同語言群體的華人打交道的經驗,因此他能清楚地指出廣東的潮州人與福
建的福佬人語言接近,而客家話則完全不同。他也意識到臺灣社會內並不是把

Gendre,又譯李讓禮)處理美船羅發號事件,在此前後,兩人留下了不少有關臺
灣南端「客家人」的紀錄。James Horn, "Extract form Mr. James Horn's Journey," *The
China Mail* (Hong Kong), Dec. 12, 1867, p. 3. 必麒麟(W. A. Pickering)著,吳明遠譯,
《老臺灣》(臺北:臺灣銀行經濟研究室,1959),頁 97-98。《老臺灣》一書譯自
W. A. Pickering, *Pioneering in Formosa: Recollections of Adventures among Mandarins,
Wreckers, & Head-hunting Savages: with an Appendix on British Policy and Interests in
China and the Far East* (London: Hurst & Blackett, 1898). Robert Eskildsen ed., *Foreign
Adventurers and The Aborigines of Southern Taiwan, 1867-1874: Western Sources Related
to Japan's 1874 Expedition to Taiwan*, pp. 65-196.

17 必麒麟著,吳明遠譯,《老臺灣》,頁 34; W. A. Pickering, *Pioneering in Formosa*,
　　pp. 66-67.

他們稱作「客家人」，而是「客人」，其所使用的英文拼寫，正是根據閩南語發音寫下來的。但是，他並未進一步探討臺灣社會慣用的稱呼「客人」，與廣東習用的「客家」之間的差異性，而是直接將二者劃上等號，混為一談，這種做法大抵到了 19 世紀末已經相當普遍。

我們由此可以看出，對於臺灣地方社會的人而言，「客家」其實是一個不折不扣的外來詞，它是廣東廣府話語境下對外來人的稱呼，經過西方人的轉介，被引進臺灣社會。而這些西方人有關臺灣客家種族想像的背後，是從廣東、香港及東南亞殖民地吸收觀念的嫁接。這一詞彙和種族想像，隨後便被甲午戰爭後從清政府手中接管臺灣的日本殖民者所吸收。

在日本統治臺灣初期，基於認識臺灣的需要，官方鼓勵並贊助各種紀錄、研究、調查與出版，西方人士有關「客家」的觀念因而進入日治初期的日文出版品。如東京帝國大學地質學科畢業的小川琢治（1870-1941）於 1896 年編輯出版的《臺灣諸島志》一書，便是一例：

> 支那移住民中稱爲客家 Hakkas（原註：另外類似客仔而作哈喀）的
> 種族，他們的容貌風俗雖然看起來和其他支那人並沒有什麼不同，
> 卻被支那人看作另外一個種族。[18]

當時也是日本國內人類學者等探索日本種族起源的年代，關於人種的觀念，首先由西方人及接受教育的知識分子傳播。[19] 東京帝國大學是當時日本帝

---

18 〔日〕小川琢治，《臺灣諸島志》（臺北：成文出版社，1985 據明治 29 年〔1896〕東京地學協會版影印），頁 167-168。

19 〔日〕小熊英二，《單一民族神話の起源：日本人の自畫像の系譜》（東京：新曜社，1995），頁 19-32。

國的最高學府，也是影響帝國內近代人種觀念傳播的中心。小川的論說實際上源於法國傳教士畢安（Charles Piton 1835-1905）在 1893 年出版的《廣東遊記》，後者將客家與福佬視為不同於本地（指廣府人）的兩個人種，並將其歷史追溯到唐代的黃巢之亂。[20] 東京的幾個大圖書館很可能都有收藏畢安的書，1904 年日本國會議員竹越與三郎寫下的《臺灣統治志》，其中有關客家的觀點也受到他的影響。[21] 在《臺灣諸島志》一書的謝辭中，小川還提到當時該校著名的史學科教授普魯士人李斯（Ludwig Riess 1891-1925），執教東京帝大達 15 年，是將蘭克（Leopold von Ranke 1795-1886）歷史科學引進日本的重要人物。李斯於 1897 年以德文撰寫的《臺灣島史》（次年被譯成日文）一書，也有專章論述客家人與臺灣的關係，將客家人比喻為猶太人，其觀點被 1903 年著有 *The Island of Formosa: Past and Present History*（《臺灣之過去與現在》）的 James W. Davidson 所接受。[22]

　　有關「客家」種族的認識，不只在日本國內的象牙塔中發酵，也一度影響到臺灣地方社會治理的層面，這類記載主要集中在南部以民間武裝組織聞名的

---

20 Charles Piton, M.ch, *Une Visite an Pays de Hakka dans la Province de Canton*, Bull d. l. Soe. Nenchateloise de Geogr. Tome VIII. 1892-3, pp. 31-41. 轉引自〔日〕小川琢治，《臺灣諸島志》，頁 142，不過小川引用時將其名寫作 Pinton，應為誤植。

21 E. Raoul, *Les Gages Nécessaires* (Brest: Imprimerie Gadreau, 1885), p. 17. 轉引自白尚德，《十九世紀歐洲人在臺灣》，頁 117；〔日〕竹越與三郎，《臺灣統治志》（臺北：南天書局，1997 據明治 38 年〔1905〕東京博文館版影印），頁 188-189。

22 李斯認為他們是被中國人輕視的種族，在明初便開始大量移居臺灣，其歷史及遭遇可與德國的猶太人相比較。這種說法，與其說是歷史事實，不如說是出身猶太人家庭的作者，將歐洲史觀與自身經驗投射到臺灣的結果。Ludwig Riess（ルードウィヒ・リース），吉國藤吉譯，《臺灣島史》（東京：富山房，1898），頁 41-42；James W. Davidson, *The Island of Formosa, Past and Present History, People, Resources, and Commercial Prospects: Tea, Camphor, Sugar, Gold, Coal, Sulphur, Economical Plants, and Other Productions* (London and New York: Macmillan & co.; Yokohama [etc.] Kelly & Walsh, ld.1903), p. 8.

客家聚居區六堆。在接收臺灣的過程中，日軍曾發布一道師團命令，其中提到「在枋寮、鳳山間有很多客家賊」。[23]1895 年底，鳳山出張所（管轄區域包括六堆地區）與南征支隊在巡視轄區後提交的報告中，特別提到「有關喀家之事」，稱「喀家」（有時亦寫作「客家」）是廣東遷移住民之總稱，內容則集中敘述六堆的組織和歷史。[24]1897 年上半年，殖民政府對全島的「喀家族」分布作了大調查，各地方行政單位均要回報管轄內的「喀家族」人口數。[25]就在調查剛剛結束後，民政長官水野遵（1850-1900）與臺南縣知事磯貝靜藏（1850-1910），便討論在六堆地區設立內埔辦務署管轄「喀家族」地盤之事，顯示出對於六堆「喀家人」軍事組織的忌憚猶存。[26]水野遵通曉漢文，1870 年代便曾視察清國及遊學香港，1874 年牡丹社事件後，隨首任臺灣總督樺山資紀（1837-1922）來臺調查。[27]磯貝靜藏則曾主導《臺南縣志》的編修，對於早期該地關於六堆客家的討論相當熟悉。雖然這一設計僅維持了月餘，便因閩客村莊交雜的實態而取消，卻成為客家種族觀念一度影響行政規劃的證據。

---

23 臺灣總督府警務局編，《臺灣總督府警察沿革志（二）領臺以後の治安狀況》（臺北：南天書局，1995），頁 132。

24 鳳山出張所，〈明治 28 年 12 月份月報〉，臺灣總督府公文類纂，明治 28 年（1895）乙種永久保存，卷 16，文號 14。在日治最初幾年間，日本人將「客家」寫作「喀家」的原因，筆者猜測或許反映了它作為從西文轉譯詞彙的特性。

25 〈喀家族二稱スル戶數人口表〉，《臺南縣公文類纂》（南投：國史館臺灣文獻館藏），明治 30 年（1897）5 月，卷 11094，文號 10。本份資料由李宗信提供，謹致深深謝意。

26 〈六堆部落二辦務署設置ノ件〉，《臺南縣公文類纂》（南投：國史館臺灣文獻館藏），明治 30 年（1897）永久保存，內務門庶務部，卷 9726，文號 8。

27 當時水野遵還帶有對日本制訂侵臺政策有很大影響的美國人李仙得繪製的地圖，李仙得對於西方人有關客家的論述也很熟悉。〔日〕藤崎濟之助著，全國日本經濟學會譯，《臺灣史與樺山大將：日本侵臺始末》（臺北：海峽學術出版社，2003），頁 190-220；王元穉編，《甲戌公牘鈔存》（臺北：臺灣銀行，1959），頁 12；吳密察，〈綜合評介有關「臺灣事件」（一八七一～七四）的日文研究成果〉，收入氏著，《臺灣近代史研究》（臺北：稻鄉出版社，1991），頁 218-220。

　　與西方人不同的是，日本人也採用漢字，治臺初期努力搜集中文文獻及徵詢地方士紳，以了解清帝國治臺的種種制度。很快地，殖民地官員和知識階層務實地摒棄了部分西方紀錄中客家人「非我族類」的看法，用詞回歸清帝國的籍貫分類，並試圖用種族觀念理解傳統的籍貫分類。如在 1899 年由兩位日本人及臺南閩籍舉人蔡國琳（1843-1909）等人編修的《臺南縣志》記載：

> 粵族又稱爲客家族，其莊稱爲粵莊或客莊，移民自南中國廣東，是
> 鳳山原野上的一大種族，具有特殊的風俗習慣。[28]

　　這是日治初期，清帝國下的人群分類觀念與種族觀念融合的最佳例證。在蔡國琳等人的觀念中，「粵人」、「粵莊」都是以原籍指稱的人群，「客莊」是相對於作為本地人的「閩莊」而言，並不帶有種族含義。但是帶有種族觀念的日人，則將粵人等同於「粵族」，客人等同於「客家族」，從而將二種不同的觀念混同起來。

　　日本殖民者對於「客家」的種種表述，集中在日治最初的幾年，也就是殖民政策還在變動和調整的時期。在殖民地秩序穩定、治臺政策確立後，日人將閩、粵的籍貫概念轉化為「閩族」、「粵族」或「福建族」、「廣東族」的族稱，並將之改造成在風俗、語言、文化方面有差異的種族概念。雖然「客家」一詞幾乎在臺灣社會消聲匿跡，客家族群卻可謂是按照心目中「客家」種族的印象，來塑造臺灣社會的「粵族」。臺灣南北地方社會的差異，一方面被身分登記制度固定化，另一方面則在文化上被消解和抹殺了。

---

28 臺南縣廳編纂，《臺南縣志》（臺北：成文出版社，1985 據明治 32 年〔1899〕版影印），第 4 編，縣治沿革，頁 19。

三、「廣東」種族下的客家塑造

從 1905 年開始，臺灣總督府開始在臺灣推行近代的戶口調查和登記制度，臺灣漢人以省籍代替種族身分，遂被固定下來，此舉對臺灣社會的種族分類和想像有深遠的影響。

在一些臺灣人的家裡，現在還藏有日治上半葉的戶籍謄本，其中便有「種族」一欄，呈現殖民政府對於殖民地人民分類的興趣。[29] 問題是，當臺灣社會的普通鄉民遇到拿著戶籍單到家中調查的保正和警察時，該如何回答自己屬於哪一「種族」呢？當時指導填寫表格的工具書如是說明：「種族欄內，須依父之種族，須記載內地人、本島人（福建人、廣東人、其他漢人、熟蕃人、生蕃人）、清國人之分別。其父之不明者，須依母之種族。」[30] 表面上，這是賦予種族繼承性，實際上，它亦賦予當時參與戶口調查的人塑造自己及祖先種族屬性的機會。

那麼，到底是什麼因素影響當時人對種族的抉擇呢？日治時期的紀錄顯示，殖民政府非常重視語言與種族的關係，語言也成為判定種族的標準。在 1905 年戶口調查的項目中，臺灣的土語被分為福建語、廣東語、漢語、蕃語幾類。[31] 當時臺灣地方人士便指出：

> 又在廣東語，即本島所謂客話，是亦廣東省一隅之語，非純然廣東
> 語也。而概記其為廣東語，似不無遺憾云。然據當道所云，自來言

---

29 〔日〕藤村源泰郎、岡野才太郎，《漢文戶口要鑑》（臺北：臺灣日日新報社，1906），頁 16；〔日〕井出季和太著，郭輝編譯，《日據下之臺政》（臺北：海峽學術出版社，2003），頁 3-5。

30 藤村源泰郎、岡野才太郎，《漢文戶口要鑑》，頁 23。

31 臨時臺灣戶口調查部，《臨時臺灣戶口調查集計原表》（臺北：臨時臺灣戶口調查部，明治 40 年〔1907〕），第 1 冊，全島之部，明治 38 年（1905），頁 1208。

語與種族，實有密接之關係。在漢人系統之本島人，爲之大區別，
蓋由福建與東廣（按：原文如此，疑爲廣東之誤）移來者，其子孫
眾多，故其言語，亦就其種族，而爲大派別，不爲小條分。[32]

　　日本知識分子受到近代人種學與語言學觀念的影響，認為種族和語言密切
相關，這對臺灣地方人士的認同而言，是一個巨大的變革。在此之前，臺灣人
民依據與生俱來的籍貫定義自己，然而在日人的統治下，他們以語言選擇族類
認同。不過，由於殖民政府考慮行政上的簡便，最終還是以籍貫取代語言，因
此地方人士在種族欄中填寫的「福」、「廣」，到底是指籍貫還是語言，便是
一個值得探究的問題。

　　對比日治時期臺灣南北客家聚居地區以籍貫及種族兩種不同方式統計的人
口數，我們便不難察覺兩者之間的不對稱關係（見表 1、表 2）。

　　選擇這些庄作比較並不是沒有原因的。北部桃竹苗地區是惠州府、潮州府
移民最集中的幾個庄之所在，其中桃園中壢的新屋庄，祖籍惠州府者多達約
16,300 人，依次減少，至觀音庄、寶山庄亦有約 8,800 人；祖籍潮州府者最多
的為新竹地區的新埔庄，達 6,300 人左右，龍潭庄也有約 4,100 人。而南部六
堆及周邊地區的惠州府移民則數量很少，如表二所示，只有六龜庄內有約 400
人；而潮州府移民最為集中的潮州庄有 2,200 人左右，依次遞減至新埤庄約
500 人。歷史上，惠州府、潮州府內雖有講客家話的人群，但大部分地區的語
言都是混雜多元，講福佬話者為數亦夥，[33] 他們對於種族身分的選擇，便成為
檢驗日治時期種族分類影響的合適變量。

32　〈國勢調查辯疑〉，《漢文臺灣日日新報》，1905 年 7 月 12 日，第 2 版。

33　如中國晚清相當活躍的德國外交家和語言學家馬倫篤夫（Paul Georg von
　　Möllendorff）19 世紀末期的觀察，「一個屬於閩語群的獨立方言群是汕頭話（the

表 1：日治時期新竹州下八庄以籍貫及種族統計人口數對比表

庄別	種族別（1925）				籍貫別（1926）			
	福建人	廣東人	漢民族合計	總人口合計	福建省	廣東省	漢民族合計	總人口合計
新屋庄	1,103	15,282	16,385	16,385	300	17,400	17,700	17,700
新埔庄	279	20,899	21,178	21,189	100	20,600	20,700	21,200
竹東庄	284	11,977	12,261	12,285	100	12,900	13,000	13,000
觀音庄	3,748	9,150	12,898	12,900	4,300	10,100	14,400	14,400
寶山庄	558	9,050	9,608	9,612	500	9,400	9,900	9,900
關西庄	188	20,796	20,984	21,001	400	20,700	21,100	21,200
芎林庄	96	9,670	9,766	9,767	0	9,300	9,300	9,300
龍潭庄	1,811	15,717	17,528	17,539	1,900	16,400	18,300	18,300

資料來源：臺灣總督府官房臨時國勢調查部，《大正十四年國勢調查結果表》（臺北：臺灣總督官房臨時國勢調查部，1927），頁 186-199；臺灣總督府官房調查課，《臺灣在籍漢民族鄉貫別調查》（臺北：臺灣時報發行所，1928），頁 12-15。

表 2：日治時期高雄州下八庄以籍貫及種族統計人口數對比表

庄別	種族別（1925）				籍貫別（1926）			
	福建人	廣東人	漢民族合計	總人口合計	福建省	廣東省	漢民族合計	總人口合計
潮州庄 *	6,713	708	7,421	8,295	4,600	2,800	7,400	7,400
鹽埔庄 *	6,504	2,197	8,701	9,114	6,400	2,100	8,500	8,500

T'iechin or Swatow dialect），是廣東省潮州府各地區的語言，講的人超過五百萬。在『福佬』（Hoklo, Fukinese）的名稱之下，它在廣東省東南地區及沿海一帶使用，並在這些地區與客家話相競爭。……以下的縣分主要講汕頭話：潮州府有八個縣，第九個縣，也就是大埔，是客家人占據的地區；惠州府的十個縣中，七個縣主要講客家話，另外三個東江以南的縣分，也就是陸豐、海豐與歸善，則主要是福佬人。」P. G. von Möllendorff, "On the Foreign Languages Spoken in China and the Classification of the Chinese Dialects," *China Mission Hand-Book* Vol.1 (1896, Shanghai), p. 54.

表 2：日治時期高雄州下八庄以籍貫及種族統計人口數對比表（續）

庄別	種族別（1925）				籍貫別（1926）			
	福建人	廣東人	漢民族合計	總人口合計	福建省	廣東省	漢民族合計	總人口合計
萬巒庄	2,822	6,629	9,451	11,508	1,700	7,700	9,400	9,400
杉林庄	561	2,849	3,410	5,327	300	2,600	2,900	3,200
高樹庄	4,109	4,339	8,448	9,424	4,200	4,400	8,600	9,500
六龜庄	418	2,204	2,622	5,212	3,000	1,700	4,700	4,700
美濃庄	180	17,237	17,417	17,517	200	17,700	17,900	18,000
新埤庄	606	3,467	4,073	5,471	0	4,000	4,000	4,000

資料來源：臺灣總督府官房臨時國勢調查部，《大正十四年國勢調查結果表》，頁 278-287；臺灣總督府官房調查課，《臺灣在籍漢民族鄉貫別調查》，頁 26-27。

說明：＊該庄並不在今天的六堆範圍內，但即使被歸入六堆的各庄，也不是全部人口，而是客語群體集中的村落加入六堆聯盟。其他語言群體集中的村落，則可以透過繳錢的方式，獲得六堆聯盟的保護。

　　雖然日治時期的數字統計並非精確可信，我們也不能期待不同地區是按照相同原則統計，[34] 然而不難看出表格中大部分的庄內，按籍貫別統計的廣東省移民數均高於按種族別統計的「廣東種族」人口數。換句話說，移民自廣東省

---

34 1926 年的漢人祖籍調查，以百人為單位，故數字與實際人口數會存在少許差異。而對比兩年人口數變化，北部地區的八個庄，除了芎林庄外，1926 年人口總額均高於 1925 年，但如新屋、觀音庄等地，一年間人口總數驟升超過千人，這並不是自然增長可以達到的，可能要加入統計方法差異等因素。而南部除了美濃、高樹庄外，1926 年人口總額均低於 1925 年，其原因則在於是否將「熟蕃」計入總人口。這也是南北人口登記上一個極大的差異，北部人口登記中，「熟蕃」人數已經微乎其微，最多的龍潭庄也僅有 10 人，而南部則還保留大量「熟蕃」人口，如六龜庄超過 2,500 人，萬巒、杉林庄也有近 2,000 人。另外，與其他 1926 年的人口統計數字對比就可以發現，北部的芎林庄、南部的六龜庄總人口數字均出現很大誤差，部分人口在籍貫別部分被「遺失」了。六龜庄籍貫為「福建」者高達 3,000 人，這其中大部分很可能都是「熟蕃」。除了表格中的統計書，另外參見臺灣總督府官房調查課編，《臺灣現住人口統計》，昭和元年（1926）（臺北：臺灣總督府官房調查課，1927），頁 26-34、62-67。

的人與被定義為廣東種族的人，並不完全是同一批人。之所以出現這種不對應的情況，與部分來自廣東省潮州府、惠州府的移民在選擇種族身分時，棄「廣東人」就「福建人」有關。例如南部潮州庄的陳氏家族，來自廣東省潮州府普寧縣，其家族成員陳朝海在戰後編修的族譜中感嘆：

> 馬關條約簽訂，臺灣橫遭痛割，由是日寇君臨於斯土，立採隔離奴
> 役政策，在驅使鞭役如包隸與夫曚蔽錮塞的交替運用原則下，凡恆
> 操閩南語者，統稱為「福建人」，而長用（按：原文如此，當為常用）
> 客家語者，概稱為「廣東人」，初不問「福建」「廣東」兩省的語
> 言究有何差別，於是處此皀白不分、涇渭不明的顛頂「倭奴政策」
> 下，我等常用閩南語而籍隸於粵東者，竟搖身一變而不自覺地承認
> 為「福建人」，事之可扼腕兼喟嘆的，孰有甚於這個嘛？是以每一
> 思及，長為之髮指！[35]

　　陳朝海出生於 1909 年，其父陳球從日治初期便擔任地方保正，戶籍調查是其職責所在。[36] 可能因此緣故，陳朝海對當時的調查原則有所了解。摒除戰後帶有民族主義色彩的用語，這段話的意思十分明白，即日治初期戶籍中的種族欄是以語言為分類標準，因此，南部有不少來自廣東省潮州府的移民自認為「福建種族」，這與屏東平原地區長久以來不同語言群體的分類有很大的關係。

　　可以看出，日本殖民政府是在「廣東種族」的標籤之下塑造「客家」族群，但「廣東種族」到底有多少人來自廣東省，多少人講客家話，則還有待細緻的

---

35 陳朝海編，《普寧樂善堂陳家族譜》（出版地、出版者不詳，1972），頁 2。
36 陳朝海，《陳球公行狀》（臺北：陳朝海、陳馬岱、陳延慶印，1975），頁 8。

分析。而在日本殖民政府以籍貫代替種族作為族群分類標準的時候，地方人士已經基於語言習慣、居住地域及歷史因素等，靈活地做了選擇。關於這種選擇及其影響，目前的研究亦有待深入探討。另一方面，這種以籍貫取代種族的做法，若實施在語言複雜的廣東省內，很容易產生混淆，畢竟廣東省內講廣府話（又稱粵語、白話）的人群覺得自己才是「廣東人」，但由於臺灣成為割裂於中國華南地區之外的政治實體，這種區分在臺灣社會內部便能暢行無阻。[37]

日本時代的知識分子們，在另外兩方面，也對於塑造「泛臺灣客家認同」的基礎影響深遠。其一便是自舊慣調查以降知識分子們對於客家特殊風俗文化的論述，如著名的人類學家伊能嘉矩（1867-1925），便曾在 1901 年臺灣慣習研究會的首期會刊《臺灣慣習記事》上，論述「閩屬」與「粵屬」的差別：

> 中國人初圖移殖於臺灣，係在明代中葉以後，其籍多為福建、廣東二省人，福建移民稱為閩屬，廣東移民稱為粵屬，兩者雖同屬中土漢族，其氣質有異，語言亦異，猶如古代希臘之雅典人與斯巴達人。[38]

臺灣慣習研究會成立的目的是調查、了解臺灣的舊慣，以便實行與日本本土不同的統治政策，由臺灣總督和民政長官任正副會長，伊能時任該會幹事。從文中可以看出，伊能並未明確區分「閩屬」、「粵屬」和清代籍貫分類的差

---

37 實際上這種以大的省籍劃分語言的做法，臺灣地方人士也可能產生誤解。如擔任《臺灣日日新報》記者的新竹人魏清德，赴香港遊覽時便發現「地皆廣東語，與臺灣之廣東人全異，故余弗能通」，便是由於香港的廣東話乃是廣府話，而臺灣的廣東話乃是客家話所致。潤庵生，〈南清遊覽紀錄（五）〉，《漢文臺灣日日新報》，1911 年 1 月 21 日，第 1 版。

38 〔日〕伊能嘉矩，〈分類械鬥〉，收入臺灣慣習研究會原著，臺灣省文獻委員會譯編，《臺灣慣習記事》（中譯本）第壹卷上（臺中：臺灣省文獻委員會，1984），頁 9；原文刊登於《臺灣慣習記事》（日文版）第一卷第一號（1901，臺北），頁 25-35。

異，但他已經明白表明，二者是兩個同源但語言文化不同的群體，因此用古代希臘的雅典人與斯巴達人來類比。也就是說，伊能試圖表達這一人群的分類方式，代表的並非不同移民群體地位上的差別，而是種族文化上的差異。

由此，尋找並記錄兩個群體之間的文化差異，便成為日治時期知識分子關注的要點。1902 年《臺灣慣習記事》第二卷第七號曾登載會員李坪生的文章〈閩族婦人及粵族婦人〉，當中寫道：

> 在我臺灣習慣上區別閩粵兩族婦人之標準，雖有右揭三點（按：指婦人勞動、頭髮結法、纏足），但今檢視為其故國之閩粵各地實際情形，則此等區別之標準，已消滅既久矣。蓋閩粵各地均屬開港地或與之接近之交通便利之地，因外客出入及相互往來等種種原因，應係因此而被自然同化，獨我臺灣由於遠僻在海東交通不便之一孤島，種種習慣自然較易永久保存也。[39]

從作者的論述來看，在當時的臺灣社會，更準確地說，在臺灣慣習研究會官員與知識分子的圈子裡，對閩粵兩族婦女認識的差別是相當清楚的，也就是說，粵族女性參與勞動、有特別的髮型並且不纏足。這一觀點，在 19 世紀後期西方人關於客家女性的論述中也很常見，李坪生等知識分子雖然在用詞上採用「粵族」，而不是「客家人」，但背後蘊含的種族特性是一致的。他假設中國大陸閩粵的女性過去也具有這樣的文化特色，只是已經消失不見。在其後該刊的插圖中，這一特殊文化特色清晰可見（見圖 1）。

---

39 李坪生，〈閩族婦人及粵族婦人〉，收入臺灣慣習研究會原著，臺灣省文獻委員會譯編，《臺灣慣習記事》（中譯本）第貳卷下（臺中：臺灣省文獻委員會，1987），頁 28；原文刊登於《臺灣慣習記事》（日文版）第二卷第七號（1902，臺北），頁 44-47。

圖 1：粵族婦人

資料來源：《臺灣慣習記事》（日
文版）第三卷第九號
（1903，臺北），卷
首插圖。

殖民地知識分子也相信，不同地域的移民各有其不同的祭拜神明，因而將神明崇拜視為可辨識種族的文化特徵之一。將三山國王視為客家人的鄉土神，便是另一個十分重要的文化創造，如慣習研究會的安藤靜稱：「三山國王廟，如非為廣東省潮州人就不會創立。」[40] 他所稱的潮州人，大概包含了潮語群體和客語群體。但是日治中期進行宗教調查的丸井圭治郎（1870-1934），與日治後期進行臺灣全島宗教調查的增田福太郎（1903-1982），則一致將三山國王歸為「廣東人」的鄉土神。[41] 至於義民廟，由於北部新竹新埔義民廟財力雄厚居全臺之冠，報紙在詳細報導其每年盛大的祭典活動之餘，也不會忘記提及它和「廣東種族」的關係。由於日本殖民者以籍貫指稱種族的取巧辦法，造成日後大眾對於「客家人」的特徵認識上含混的根源。在戰後將廣東種族置換為客家

40 〔日〕安藤靜，〈臺灣的公業〉，收入臺灣慣習研究會原著，臺灣省文獻委員會譯編，《臺灣慣習記事》（中譯本）第五卷下（臺中：臺灣省文獻委員會，1991），頁 259；原文刊登於《臺灣慣習記事》（日文版）第五卷第十二號（1905，臺北），頁 1-26。

41 〔日〕丸井圭治郎，《臺灣宗教調查報告書》（臺北：捷幼出版社，1993 據臺灣總督府大正 8 年〔1919〕版影印），頁 40；增田福太郎，《臺灣の宗教，附臺灣本島人の宗教》（臺北：南天書局，1996 據昭和 10 年〔1935〕東京養賢堂版影印），頁 32。

人的過程中，這些文化創造便多被貼附在客家人身上了。[42]

其二，客家話在「廣東語」的標籤之下，於日治時期出現了第一波逐漸標準化的過程，這是日治時期知識分子對於塑造客家族群的第二大重要影響，背後也與殖民地治理的需要有關。

早在日治初期，為了土地調查等行政治理的實際需要，殖民地警察已經積極學習和記錄客家話，並發明用假名標記客家話的辦法。[43] 至 1915 年，已出現客家語學習的專書，當時桃園地區的警察官志波吉太郎，為進行人口調查，編寫了《廣東語會話篇》；隨後於 1919 年，時任臺灣總督府國語學校教師的苗栗人劉克明，為有興趣學習客語的人編撰《廣東語集成》；1932 年，臺灣總督府更出版了《廣東語辭典》；[44]1933 年，臺北第二師範學校的教師菅向榮及新竹州警察河野登喜壽（1928 年警察官練習所廣東語特科畢業）也分別出版了有關廣東語的書籍。[45]

不難發現，在北部桃竹苗客語人群集中的地區，地方官吏及警察面對行政區劃內大部分人口講的不是臺灣通行的閩南話，對於學習客家話有迫切需要，

---

42 近年經過學者們的研究，這一觀念才較為釐清。陳春聲，〈三山國王信仰與臺灣移民社會〉，《中央研究院民族學研究所集刊》第 80 期（1996，臺北），頁 61-114；邱彥貴，〈三山國王信仰：一個臺灣研究者的當下體認〉，《客家研究輯刊》第 2 期（總第 33 期）（2008，梅州），頁 49-54。

43 羅濟立，〈統治初期日本人之臺灣客語學習：「廣東語」『臺灣土語叢誌』的成立及其音韻表記、語彙〉，《東吳外語學報》23 期（2006，臺北），頁 87-123；羅濟立，〈日本統治初期之客語假名遣考：以「廣東語」『臺灣土語叢誌』的同字異注為例〉，《東吳外語學報》24 期（2007，臺北），頁 65-100。

44 〔日〕志波吉太郎，《廣東語會話篇》（臺北：臺灣日日新聞社，1915）；劉克明，《廣東語集成》（臺北：新高堂發行，1919）；臺灣總督府，《廣東語辭典》（臺北：臺灣總督府，1932）。劉克明書的線索由曾令毅提供，靜宜大學臺灣文學系提供該書原件以供參考，謹致上深深謝意。

45 菅向榮，《標準廣東語典》（臺北：古亭書屋，1974 據 1933 年版影印），〈凡例〉，頁 1；〔日〕河野登喜壽編，《廣東語の研究》（新竹：新竹州警察文庫，1933），頁 1。

地方知識階層菁英也積極推動，使客家話研究在這裡特別興盛。編寫者大部分為在北部桃竹苗地區任職的日本警察、地方官及本地知識菁英，他們之間有非常密切的關係。劉克明是第一代諳熟日語的地方菁英，菅向榮是他的學生。菅氏原名徐向榮，苗栗縣人，據說因入贅日人家庭才改日姓。[46] 河野登喜壽則又是菅向榮的學生，他的書也經過菅氏的校閱。

那麼，所謂的「廣東語」，實際是指什麼呢？1915 年，志波吉太郎已經明確指出其書中記錄的是「四縣語」。所謂「四縣」，指廣東省境內興寧、長樂（今五華）、鎮平（今蕉嶺）、平遠四個縣。[47] 這四個縣在清代均隸屬嘉應州管轄（梅縣是 1914 年新設，當時著者並未將之計入），現在人們普遍將之視為客家移民的大本營。志波吉太郎也注意到「廣東語」下還有其他分支，但是由於應用不多而不收錄。不過，根據語言學家橋本萬太郎（Mantaro J. Hashimoto 1932-1987）的研究，志波吉太郎書中所謂的四縣話，其實很多也是「海陸」話。[48]

四年後，劉克明的「廣東語」分類中，則在「四縣」話之外新增了「其他」類別的說明：

> 臺灣的廣東語可以分為四縣（興寧、長樂、鎮平、平遠）、海陸、堯平、永定、風順（按：應為豐順）、河婆等種類。其中四縣話占大部分，海陸與堯平話次之，其他則數量極少。[49]

46 陳運棟編，《重修苗栗縣志》（苗栗：苗栗縣政府，2006），卷 32，〈人物志〉，頁 409。

47 志波吉太郎，《廣東語會話篇》，例言，頁 1。

48 Mantaro J. Hashimoto（橋本萬太郎），*The Hakka Dialect; A Linguistic Study of Its Phonology, Syntax, and Lexicon* (Cambridge: Cambridge University Press, 1973), p. 23.

　　所謂「海陸」，指廣東省海豐、陸豐縣，清代屬惠州府管轄；「堯平」、「豐順」則是清代廣東省潮州府轄下的兩個縣，河婆也在潮州府內，但地域單位要小得多，是揭西縣下面的一個城鎮；「永定」指福建省永定地區，清代屬於福建汀州府。這些以不同層級地域為名稱的次方言劃分，顯示出劉氏試圖釐清臺灣客語方言的努力，日治後期研究者即使對他的分類及使用者情況描述稍有調整，也都不脫劉氏建立的框架。

　　日治時期知識分子所確立的客家話「四縣」、「海陸」的分類法，為臺灣社會所特有，換句話說，是臺灣殖民地範圍內的移民來源決定了這一分類方式。直到今天，這兩大類別仍是臺灣客家話的主要分類方式。不過，若按照近代以來大陸語言學者的研究，海豐、陸豐與饒平地區大部分人講的是閩語，也就是福佬話，講客家話的地區比例很小。[50] 香港語言學者劉鎮發在闡述臺灣客家次方言分類時，也未將「海陸」話列入其中，而是稱它具有粵中次方言的特點，也就是說，海陸話是否該歸為客家話，還值得商榷。[51] 受過現代語言學訓練的臺灣當代學者們，透過與中古音韻縱向比較、不同方言橫向比較的方法，找出海陸、饒平、河婆等客家話分支，與潮汕閩語也存在不少共通的成分。[52]

49 劉克明，《廣東語集成》，頁 1。

50 如果搜閱當代廣東省閩南語地區的各縣縣志，就會發現各地的「閩南話」（或潮汕話、潮語），也都是後來的定義，當地則多以本地地名名之，且編者選佳往強調本地語言和其他潮語的差別。何況這些地區也有一些無法歸類的「本地話」（土話），更顯示出當地語言體系的複雜。

51 劉鎮發，〈客家人的分布與客語的分類〉，收入李如龍、周日健主編，《客家方言研究：第二屆客家方言研討會論文集》（廣州：暨南大學出版社，1998），頁 53。

52 邱湘雲，〈海陸客家話和閩南語構詞對比研究〉（高雄：國立高雄師範大學國文學系博士論文，2005）；徐貴榮，〈臺灣饒平客話音韻的源與變〉（新竹：國立新竹教育大學臺灣語言與語文教育研究所博士論文，2007）；吳中杰，〈屏東市林仔內的揭陽河婆客家話：兼論海陸客語聲調類型的起源〉，收入高雄師大客家文化研究所編，《客家社會與文化學術研討會論文集》（臺北：文津出版社，2007），頁 53-73。

客語所認定的語種變化,值得研究者更深入追究,本文意在指出,由於「四縣」話在臺灣應用最廣泛,選擇四縣話作為廣東語的代表,正如河野登喜壽所假設的,「如果懂得四縣話,則廣東人居住的地方都可以通行,因此本書主要研究四縣話」。[53] 他們的舉動,在客觀上標準化了該方言。

從以上的變化可以看出,儘管日治時期的知識分子並沒有用「客家」一詞,他們理解的「廣東種族」和今日的「客家」族群,界限並不完全一致,卻不能掩蓋日本殖民統治對於今日臺灣社會理解「客家」族群的深遠影響,從戶口登記等制度對種族觀念的傳播,到對其語言、拜祭、女性等文化特徵的關注,日治時期殖民政府及知識分子對於客家族群的塑造,可謂滲透到諸多方面。當然,這背後更有日本帝國下臺灣殖民地行政建設,近代印刷術及近代教育普及等因素的影響。也正是在這些創造之下,日後的「泛客家族群認同」纔有了基礎。

然而,若只將眼光圍於臺灣,便不能理解日治中後期臺灣客家塑造的一些關鍵因素。日本殖民母國及中國大陸國民政府內部發生的變化,均對其產生直接的影響,這些變化也為「客家」標籤再次進入臺灣開啟了方便之門。

四、民族主義還是殖民主義?

作為日本帝國一部分的臺灣殖民地,在日治初期逐漸被納入帝國文化體系,彼時「客家」族群塑造,便是以「廣東種族」為標籤,以臺灣殖民地為範圍進行的。但是,臺灣社會並非完全沒有接觸中國大陸廣東地區日漸興起的「客家」論述,在 1915 年 9 月的《臺灣日日新報》上,便曾分兩期連載一篇

---

53 河野登喜壽編,《廣東語の研究》,頁 1。

題為〈粵省客族考原〉的文章，詳細記載所謂「客家」源流。文中雖沒有標註作者為何人，但比對之後發現，該文實為廣東省客家人鍾用龢（號獨佛，1863-1923）所著。鍾用龢是具有強烈客家自覺意識的知識分子，該文是為駁斥當年上海中華書局所編地理課本及商務印書館英文地理教科書中，貶斥客家之言而作，曾刊登於《汕頭公言報》、《廣州七十二行商報》、北京某報等，並出版成專書《粵省民族考原》。[54]

　　這一客家論說的背景，是 20 世紀初以來伴隨民族主義與人種觀念的發展，中國大陸客家人自覺意識的提升。客家人在民國政治體系中的地位日升，軍、政、文等各領域中，均湧現不少客家菁英，社會上一旦出現冒犯客家的言論，很容易招致他們的集體抗議。[55] 陳永海的研究則強調，正是由於當時華戎之別成了更根本的政治概念，客家知識分子才緊張於應付這一類攻擊。[56] 臺灣雖然處於不同的政治環境，但顯然兩岸的交流仍極為密切，因此可能有臺灣的知識分子注意到鍾用龢的著作，並加以轉載。

　　當然，由廣東照搬來的觀念未免隔靴搔癢，民族主義對於臺灣客家菁英更為直接的影響，則是在殖民母國——日本社會內發酵的。1920 年代左右的日本，正處於大正民主時期政治控制較為寬鬆的社會環境下，不少留學日本的臺灣青年，便在日本受到民族主義的初次激盪，從鄉貫和方言意識轉化而來的我群自覺意識，也伴隨政治意識的覺醒而日益上升。和臺灣有些淵源的丘逢甲之

---

54 鍾獨佛，《粵省民族考原》（香港：方樹福堂，1989 據民國 10 年〔1921〕卷密精廬石刻本影印）。

55 Leong Sow-Theng, *Migration and Ethnicity in Chinese History Hakkas, Pengmin, and Their Neighbors* (Stanford: Stanford University Press, 1997), pp. 83-88; 程美寶，《地域文化與國家認同：清末以來廣東文化觀的形成》（北京：三聯書店，2006），頁 251-259。

56 陳永海，〈作為中國國族事業的客家言說：從香港看近代客家文化認同性質的變遷〉，收入劉義章編著，《香港客家》（桂林：廣西師範大學出版社，2006），頁 37-41。

子丘念台（當時名丘琮，1894-1967），便是其中的核心人物。

丘念台出生於臺中，次年因其父領導抗日失敗而返回中國大陸。其家世背景及近代革命風潮的影響，令 1913 年即赴日留學的他念念不忘與臺籍人士的聯絡（見圖 2）。1919 年已入讀東京帝國大學工學院的丘念台，組織臺籍學生成立「東寧學會」，其自傳中這樣記錄：

> 民國八九年間，我進讀東京帝大不久，便依照自己的預定計劃，進行組織臺籍學生的工作，目的在使他們和國內發生聯繫作用，因爲我當時不懂閩南語，所以第一步聯絡對象爲客家籍臺灣青年，其次才及於閩南籍臺灣青年。最初聯絡的人物，現在臺省爲人所熟知的，如鄭昌英、陳尚文、翁瑞淡（按：即翁鈞，臺灣桃園人）、翁瑞國、鄭松筠、蕭秀利等是。後來決定組織名稱是「東寧學會」，因臺灣在明末鄭氏時曾稱東寧府，所以借用「東寧」以隱「臺灣」。[57]

可以看出，丘念台能與臺灣客家菁英聯爲一氣，語言因素起了很大的作用。在他提到的翁瑞淡、翁瑞國爲北部桃園人，蕭秀利爲南部六堆的左堆佳冬人，都是講客家話的人。雖然這是一個人數並不多的小群體，卻是與近代中國社會思潮走得最近的一群。

---

[57] 丘念台述著，《嶺海微飆》（臺北：中華日報社，1962），頁 99。

圖 2：原題「在日本東京之臺灣籍革命志士合影」
資料來源：劉燕夫編，《劉兼善先生八秩大慶祝壽冊》（臺北：編者，1980），頁 271。
說明：前排右二為丘念台，左一為劉兼善。攝於 1914 年 7 月。

　　在日本警察機構的眼中，東寧學會初期是一個以臺灣及大陸「廣東種族」
為主的組織。[58] 根據日人調查，最初參加該組織者包括劉達麟（即劉兼善，
1896-1972）、鍾桂蘭（1891-1976）等人，幾乎都來自臺灣南部六堆地區（尤
其是後堆內埔地區為多，見圖 3），1925 年再次組織時，則改以北部桃竹苗地
區客語人士為主力，其中祖籍福建永定的中壢人吳鴻爐（1901-?），即是戰後
臺灣政壇相當有影響的吳鴻森、鴻麟之弟，吳伯雄的叔父。[59] 臺灣客家群體是
丘念台活動後發展的基礎。

58 臺灣總督府警務局編，《臺灣總督府警察沿革志》（臺北：南天書局，1995），卷 3，
　　頁 933。
59 由於紀錄中對於當時活動的時間、地點及人物都記錄得十分詳盡，其資料很有可能
　　是來自 1930 年代中期日本人在臺灣壓制民族運動時，被捕者的審訊紀錄。臺灣總督
　　府警務局編，《臺灣總督府警察沿革志》，卷 3，頁 933；中譯文見臺灣總督府警務

圖 3：原題「一群熱愛祖國之客屬留日學生在東京合影」
資料來源：劉燕夫編，《劉兼善先生八秩大慶祝壽冊》，頁 271。
說明：前排中坐者為劉兼善，右為鍾桂蘭。攝於 1919 年。

　　丘念台是否曾有意識地推動客家意識的發展，我們並不知道，但從圍繞這一組織的活動和論說可以看出，激發殖民地臺灣人士的民族意識才是最主要的目的，因此並不為族群所圍。[60] 但這些最初在東京受到民族主義刺激的客家菁英，不少人在 1920-1930 年代赴中國大陸工作，從而直接捲入了客家意識與民族主義同步發展的潮流。如劉兼善，留日期間不但加入東寧學會，也與諸多中國大陸客家留學生交往密切，1920 年早稻田大學畢業後赴廣州，翌年加入國

　　局原編，林書揚等編輯，王乃信等譯，《臺灣社會運動史（一九一三年—一九三六年）》（臺北：創造出版社，1989），〈民族革命運動〉，頁 27-28。〈福建永定縣思賢鄉勝昌公來臺世系圖〉，收入申子佳、鄭美倫編著，《吳伯雄前傳》（臺北：開今文化事業有限公司，1994），〈附錄〉。

60 丘念台後來與受民族主義刺激、主張臺灣自治的臺籍領袖與學子，如林獻堂、林呈祿、蔡惠如、楊肇嘉等人，也有接觸。丘念台述著，《嶺海微飆》，頁 101。

民黨，此後一直從事與國民政府有關的工作，他於戰後國民政府接收臺灣後再次來臺，是臺灣南部六堆地區客家人士在國民政府中任職最高者。[61] 曾就讀於日本士官學校的新竹北埔人黃國書（原名葉焱生，1905-1987），與同縣芎林人、畢業於南京中央大學的鄒清之，更是近代國民政府中諸多客家軍政大員中的臺籍代表。[62]

　　1925 年丘念台回中國之後，很快即與聞廣東地區的政局。1929 年，出任廣東省政府顧問，與新任省主席陳銘樞（廣東合浦客家人，1889-1965）關係頗為密切。1930 年，他兼任廣東省立工業專門學校校長，在校內設華僑補習班，專門招收臺籍學生。他說：「華僑補習班首次招生，共約四十五人，大多是暗中自臺灣本島先後招來廣州入學的。……現在臺灣省政府委員翁鈐，前任苗栗縣縣長劉定國，以及前中華日報南部版經理李德松等，都是該班的學生。」[63] 在其中擔任教師的，也有原屬東寧學會的臺籍客家人。丘氏還組織華僑同鄉會，得到華僑補習班及其他在廣東臺灣人的支持。1931 年陳銘樞倒臺、丘念台失勢之後，一些較激進的臺籍客家人又組織臺灣民主黨，並和丘氏保持聯絡。臺灣總督府對華僑同鄉會及臺灣民主黨這二個組織頗為忌憚，「不管情勢怎樣變化、怎麼困難，它們都不屈服，總是堅忍地持續著運動」。[64] 後來臺灣民主黨由於行動太過高調，招致日本殖民政府高度關注，1934 年總督府的廣東特派員逮捕其幹部，並在臺灣島內大舉搜索和檢舉其成員，之前參與華僑同鄉會的一些人也因而被牽連。

---

61 劉兼善，〈自傳略〉，鍾壬壽纂修，《六堆客家鄉土誌》（屏東：常青出版社，1973），頁 676-684。

62 自立晚報新竹區分社編，《新竹、桃園、苗栗三縣人士志》（新竹：自立晚報新竹區分社，1952），頁 40、53。

63 丘念台述著，《嶺海微飆》，頁 129-130。

64 臺灣總督府警務局原編，林書揚等編輯，王乃信等譯，《臺灣社會運動史（一九一三年－一九三六年）》，第四冊，頁 1-2。

　　由於 1930 年代客家人在廣東政壇特異的突出地位，導致 1932 年日本總領事館在向東京的報告中提出〈廣東客家民族研究〉專文。這位不知名的作者甚至提出「大客家主義」的說法，鮮明地反映出近代中國客家人政治勢力上升的勢態。[65] 可以看出，臺灣客家人在民族主義運動中的活躍，一方面是客家人身處族群複雜的廣東，在近代民族革命運動中具有特別活躍的地位所致；另一方面則可以追溯到日本近代教育的啟蒙及殖民母國環境下民族意識的覺醒。可以說，它是近代殖民地社會演變的一個極端後果，儘管這並非殖民政府所樂見。

　　回到臺灣社會，與民族主義同步發展的客家自覺意識影響並不大，但南北客家菁英基於語言與鄉貫意識的聯結卻在強化，這是殖民地社會演變的溫和後果之一。1920 年代之後，殖民地臺灣強調民族融合、經濟發展及中等以下教育普及，使得跨出鄉村、走入城市的客語菁英越來越多。他們也積極組織同鄉會，聯結鄉誼。如 1920 年後來自新竹州的移民曾在臺北組織竹友會；1930 年代六堆客家語群體在臺北組織旅北同鄉會，在臺南有褒忠會；南北客籍人士在日本有組織聯誼會等。[66] 以六堆旅北同鄉會為例，其會長是留日期間曾參與東寧學會的李添春，總幹事則是戰後對於推動客家意識極為重要的人物徐傍興。據徐傍興回憶：

---

65 當代學者梁肇庭認為這位作者可能過分高估了客家族群的政治勢力，或採用了廣東本地人視客家人為威脅的觀點，從而低估了凝聚不同語言群體的民族主義的力量，但這一論述無疑也反映當時客家人勢力的膨脹。〈廣東客家民族の研究〉，收入宋文炳著，小口五郎譯，《支那民族史》（東京：大東出版社，1940），附錄；Leong Sow-Theng, *Migration and Ethnicity in Chinese History: Hakkas, Pengmin, and Their Neighbors*, pp. 88-92.

66 不著撰人，〈竹友會之開會〉，《臺灣日日新報》，1920 年 11 月 25 日，第 5 版；陳國政編，《李添春教授回憶錄》（臺北：冠芳印刷，1984），頁 68-69；黃麗霞等編，《戀戀庄情事：萬巒人的老照片》（屏東：藍色東港溪保育協會，1999），頁 128-131；邱金田，《七十年回顧：由農村生活邁進工業社會的歷程》（麟洛：自印本，1982），頁 40-41。

> 為了六堆旅北同鄉的團結、鄉誼，我和李先生組織了六堆旅北同鄉
> 會，由李先生出任會長，我就擔任總幹事，開了小型運動會、郊遊、
> 聚餐等，大家都是外出人，所以格外地倍感親切，每位鄉親都是有
> 錢出錢、有力出力，把各項活動都辦得有聲有色。[67]

可以看出，這些組織的出現，是殖民統治期間島內社會實現一體化以及教育發展的結果。在戰前的社會環境下，客語菁英還不會以「客家」之稱表達自我認同，而且很多時候還會利用其日語能力，隱藏少數族群的身分，以便融入更廣闊的菁英群體當中，但他們在戰後卻往往成為傳播客家自覺意識的主力，正是因為這群在殖民時期地位已經上升的人士，樂於借用這一理論強化其在臺灣政治舞臺的身分地位所致。

臺灣殖民地「客家」族群建構的高潮，恰恰發生在第二次世界大戰時期。著名客家研究學者、廣東興寧人羅香林的客家論說，即是在這一時期流入臺灣社會的。

五、戰爭下的民族建構

日本學者小熊英二曾經指出，日本人由單一民族組成的自我想像，是在二戰失敗後逐漸成為主流，在此之前帝國建構的年代，占據主流的，始終是日本人由不同種族構成的言論（稱為「混和民族論」）。第二次世界大戰時期，儘管單一民族理論影響力提升，然而日本政府為了動員殖民地兵力，合法化其對於東亞的侵略，還是不能拋開多民族說。[68]臺灣的「客家」民族建構，就是在這一背景下再次顯現。

---

67 徐傍興，〈我和六堆同鄉李添春先生〉，收入陳國政編，《李添春教授回憶錄》，頁 81-82。

　　1937 年中日戰爭全面爆發後，日本殖民政府在臺灣用省籍指代族稱和語言造成的混淆，立即暴露出來。當時，臺灣總督府徵召臺灣殖民地人隨軍各戰場，便曾試圖利用客家人既懂日語、又懂「廣東話」的能力作為通譯，只是在執行後才發覺有問題。如一位六堆地方人士回憶：

> 中日戰爭一開打時，許多客家子弟被誤以為會說廣東話，於是紛紛
> 被徵調前往大陸廣州一帶擔任「通譯」。但因為語言不通，只得用
> 漢字交換訊息，過了半年，才又全員被徵調回來。[69]

　　當時人大概還不會自稱為「客家子弟」，但殖民政府利用殖民地人雙語能力的意圖極為明顯，地方人士也感覺到這一點。正如日治中期少數和廣東、香港有接觸的菁英一樣，日本人和地方人士終於意識到廣東地區語言的複雜性，臺灣的所謂廣東話，和廣東省內大多數人講的「廣東話」（廣府話）並不相同。

　　隨著日軍攻占大陸的腳步，日人為了瞭解廣大占領地──包括中國華南以及東南亞地區──的殖民地屬民，已有部分人士將中國日益興起的「客家」研究情況介紹到臺灣，「客家」這一詞彙才逐漸出現在臺灣社會的出版物上。[70] 其中羅香林的客家研究，無疑在日後影響最大。他 1933 年便出版《客家研究導論》一書，系統地提出客家民系中原移民說，稱客家人原本是居住於中原山

---

68 小熊英二，《單一民族神話の起源：日本人の自畫像の系譜》，頁 325-338。

69 黃麗霞等編輯，《戀戀庄情事：萬巒人的老照片》，頁 101。

70 1938 年 11 月，即有署名「石敢當」的人，在臺灣總督府出版的《臺灣時報》上發表了〈廣東省の民族〉一文，將廣東省的民族分為漢民族系（廣府、客家、福佬）與非漢民族系（蜑民、黎、猺其他）。文中也提到臺灣通稱「廣東人」者，大部分都是漢民族系下的「客家」，講類似官話的客家話。該文主要參考當時中國大陸學者林惠祥、羅香林及郎擎霄的研究。石敢當，〈廣東省の民族〉，《臺灣時報》，1938 年 11 月，頁 136-146。

西、河南、安徽一帶的漢族，經過晉代以來的五次南遷，遷到南方之後，在土著民族中間「客而家焉」，並融合同化了他們，形成漢族裡面一個突出的支派「客家民系」。[71] 這些觀點當然不完全是創新的，但由於羅氏在民國時期的廣東政壇有很大的影響力，並致力提升客家人政治地位，學術和政治雙重因素的結合，導致其研究隨民族主義的高漲而向外流傳。[72]

　　羅香林的學說被系統地介紹到臺灣，則是戰爭後期日本帝國內意識形態發生巨大轉變的結果。1942 年，其所著的《客家研究導論》一書，被臺灣銀行臺北分行總經理及調查課長有元剛、日華學會會員濱中直樹翻譯成日文出版。有元剛在新加坡南洋客屬總會發現這本書，他在日文版前言中曰：

> 客家又被稱爲客族或客屬，以廣東省嘉應市（梅縣縣城）爲中心，主要盤踞在福建、廣東、江西、廣西各省山區，以臺灣、海南島爲代表，廣泛散居於南方各地區，是所謂的南洋民族調查研究方面不容忽略的一種特異的南支民族……。
>
> 然而，此次大東亞戰爭爆發以來，國民的關心逐漸轉移至南方，雖然開口就說南洋的人必言華僑，但是意識到客家在南方華僑五族中占有一席之地的人卻寥寥無幾。特別客家總人數據稱有二千萬人，其中居住在臺灣的有五十至七十萬。與之有直接或間接關係的日本島國的有識之士未能認識客家的存在，更遑論認識其實體。[73]

---

71 羅香林，《客家研究導論》（臺北：南天書局，1992 據 1933 年廣州初版影印）。

72 程美寶，《地域文化與國家認同：清末以來廣東文化觀的形成》，頁 242-251。

73 有元剛，〈卷頭一言〉，收入羅香林著，有元剛譯，《客家研究導論》（臺北：臺灣銀行，1942）。

　　這一時期，也是臺灣總督府從驅逐本土文化的激進皇民化政策，轉向重新正視地方文化的溫和政策的時期。1941 年中至 1945 年初發行的《民俗臺灣》，便成為在臺灣的日本知識分子和臺灣地方人士記錄臺灣地方文化的園地，[74] 這其中也包括島內不同民族的文化。而文中提到的「大東亞戰爭」於 1941 年底爆發，日本對英美等西方國家正式宣戰，其宣傳口號之一便是建立以日本為核心的「大東亞共榮圈」。這一說法的提出，約在 1940 年中期，隨著日本對重要原料進口地的東南亞政策確立而逐漸形成，它強調東南亞在地理、歷史、人種、經濟上的密切聯繫，試圖將各種族納入一個以日本為核心的共存共榮局面。[75] 同時，日本政府也開始進行「南方圈調查」，其中一主要項目便是進行華僑及其商業的研究，臺灣殖民地也在其中扮演極為積極的角色。[76]

　　可以看出，日本人翻譯《客家研究導論》一書的目的，其實是為了使國民了解「南支」（華南）、南洋（東南亞）的情況。文中也暗示，了解居住於臺灣的這些客家人，將更有利於統合南洋客家群體。由此，這一為了召喚東南亞客家人民族主義的文本，反而成為支持日本殖民政府大東亞共榮圈新政策的宣傳品。

　　由於短短幾年後，日本帝國便崩潰了，其宣傳的效果可能相對有限。但同一時期，除了那些被日本殖民政府徵調到中國大陸及東南亞地區的臺籍日本兵

---

74 吳密察，〈《民俗臺灣》發刊的時代背景及其性質〉，收入石婉舜、柳書琴、許佩賢編，《帝國裡的「地方文化」：皇民化時期臺灣文化狀況》（臺北：播種者出版有限公司，2008），頁 49-81。

75 W. G. Beasley, *Japanese Imperialism, 1894-1945* (Oxford: Clarendon Press, 1987), pp. 224-239.

76 據 1942 年末的統計，華僑研究書籍達 104 本，短文 300 篇，其中很大一部分是由臺灣政府、機構及學術單位出版的。〈東南亞華僑研究日本名著譯叢簡介〉，收入楊建成主編，《三十年代南洋華僑團體調查報告書》（臺北：中華學術院南洋研究所，1984），頁 161。

外，為了躲避徵召、經商、求學乃至求官等理由，在中國大陸活躍的臺灣人並不少。在各種政治勢力角逐的複雜政治環境中，臺籍客家菁英與中國大陸客家意識的流布渠道也有了更多的接觸，親日的南京國民政府便是一個重要的平臺。北部新竹著名的作家吳濁流，其小說中提到的客家人常反覆被學者們引用。在他的自傳性小說《臺灣連翹》中，曾這樣描述：

> 我一到南京，就投宿在同學章君的家裏。章君自稱廣東客家，在汪僞政權的宣傳部服務。他一見到我，就特別囑咐我，千萬不能表明自己是臺灣人……。
>
> 我也曾經和陳公博這個人見過面。當時陳公博是上海市長，在重慶擔任實業部長。我是在「旅京客家會」上跟他見面的，因爲他和我一樣是客家人，所以對他有特別的好感。[77]

可以看出在當時複雜的政治環境下，這些在中國的臺灣殖民地知識分子掩飾殖民地子民身分，而選擇強調「客家」身分。文中提到的「章君」，即臺灣南部六堆中的先鋒堆萬巒鄉人鍾壬壽（1902-1979），吳、鍾二人曾是臺北國語學校的同學。[78] 鍾壬壽約在 1938 年底 1939 年初進入維新政府任職，1940

---

[77] 吳濁流，《臺灣連翹》（加州爾灣：臺灣出版社，1987），頁 84、91。

[78] 吳濁流在自傳性小說《無花果》中，對他與鍾壬壽兩人自臺灣總督府國語師範學校時代開始的關係有這樣的描寫：「同是二年級的某一天，和特別相好的章君一起從農園歸來的途中，章君滑了一跤，脫臼了。送到臺北醫院接骨，經過四五天，我看到指尖還一點也不會動，真驚住了。我的家，世世代代都為人接骨，從小就常有見聞。……把他帶到我家去治療，之後，兩人更為親密，後來竟成為我去大陸的原因。我四十二歲時到大陸去，完全是因為當時他在南京的緣故。」吳濁流，《無花果》（臺北：前衛出版社，1988），頁 68-69。林炳炎曾在臺灣史讀書會上提醒我注意二人的關係，謹致上深深謝意。

年進入汪精衛南京政府，因精通日語，仕途一帆風順，歷任宣傳部參事、安徽省建設廳廳長等職。[79] 至於陳公博（1892-1946），其自傳則稱原為福建上杭人，後遷乳源，祖父輩時才遷至廣州。[80]「旅京客家會」很可能也是帶有客家意識的菁英們的聚會，吳、陳二人就是在這一場合相識。

　　當然，這些都是戰後回憶中留下的表述，1940年代的吳濁流和鍾壬壽是否即已自稱「客家」，我們無從知曉，不過這些有中國大陸經驗的客家知識階層，更容易受到日益高漲的客家意識刺激，這樣的經驗無疑影響日後他們的身分認同。他們和更早一批赴大陸發展的臺灣客家菁英們，構成了銜接中國大陸伴隨近代民族主義發展興起的中原客家意識，與臺灣本地19世紀下半葉以來「客家」意識和經驗的主力。

六、民族國家內客家觀念的散播

　　19世紀後期至日本殖民政府半個世紀的統治，已經為臺灣「泛臺灣客家認同」搭好了基臺，戰爭末期政治局勢的發展，也為其轉換為「客家」這個標籤稍啟一隙。至戰後國民政府接收臺灣，無論戰前的政治立場如何，臺灣知識分子都必須面對當時的主流意識形態。即使是日治後期傾向於支持皇民化、且極少主動彰顯其「廣東種族」身分的客籍知識菁英們，也開始談論「客家族」和民族主義的關係了。[81] 那些在廣東地方政治中崛起的客家人，包括一些回流的「半山」，戰後紛紛來臺進入政府部門、軍隊、學校等機構任職。他們對於

---

79 鍾壬壽，〈主編自介〉，《六堆客家鄉土誌》，頁695-696。
80 陳公博，《寒風集》（上海：地方行政社，1944），頁甲4。
81 龍瑛宗，〈民族主義的烽火〉，《新青年》第1卷第3期（1945年11月10日）；轉引自氏著，《龍瑛宗全集（日本語版）》第五冊（臺南：國立臺灣文學館，2008），頁172。

中原客家學說的流布，更起了推波助瀾的作用。

體現這一潮流的最佳例證，便是戰後南北客家地區地方志中，對於羅香林客家學說的宣揚。[82] 中華民國整個國家機器遷臺之後的 1950-1960 年代，臺灣北部及南部客家聚居地區均著手編修地方志。較早出版的《新竹縣志稿・人民志》（1957），由祖籍泉州的閩籍知識分子黃旺成所編，其中羅香林客家學說的影響還不明顯。[83] 而其他幾本由客家人主修的志書，均以不少篇幅描述羅香林所勾畫的、客家人作為中原移民的「前史」，1967 年修成的《苗栗縣志・語言篇》便是一例：

> 客家人民遷入本縣，其時間較閩南移民稍晚。先是，在五胡亂華之時，中原世家望族，相率南遷，……及清代海禁大開，廣東蕉嶺、梅縣、陸豐、饒平，一帶客家，因離海較近，遂相率來臺，遷入於本縣，其時間以乾嘉之世為最多。[84]

該篇章的編修者是廣東梅縣人黃基正，當時在苗栗縣政府任職。

在南部地區，從 1953 年至 1971 年才陸續編成的《屏東縣志》，不但追溯了客家族群早期由中原移民的前史，更強調了他們在該縣歷史上的地位，「漢族中之『客族』，普通稱為『客家』，實為本縣移墾最早者」。[85] 該志編纂者，

---

82 早在 1930 年代，羅香林有關客家的理念，便通過他參與編修民國《廣東通志》而在官方史書中留下位置。戰後羅香林轉赴香港任職，但仍和在臺的中華民國政府保持密切關係。程美寶，〈羅香林與客家研究〉，《客家研究輯刊》第 1 期（總第 32 期）（2008，梅州），頁 29-32。

83 黃旺成纂修，《臺灣省新竹縣志稿》（新竹：新竹縣文獻委員會，1957），卷 4，〈人民志〉，頁 29。

84 黃基正，《苗栗縣志》（臺北：成文出版社，1983 據 1959-1978 年排印本影印），卷 2，〈人文志・語言篇〉，重編頁 1189-1190。

初期為曾參加東寧學會的六堆人鍾桂蘭，1930 年代他便赴中國大陸工作，戰後才返回臺灣。1960 年後編纂工作則由大陸來臺的客家人古福祥主持。正是由客家人主導縣志編修，以致該書中處處流露出「客家中心主義」，無論在歷史、語言、禮儀拜祭、人物介紹等，客家人均占據大量篇幅，彷彿成了縣史的敘述主角。

戰後中國大陸客家研究傳統與臺灣社會結合的第二個表現，是客家話研究的再次興盛，並形成了第二波客語標準化。由於近代以來，客家研究者紛紛從客家方言中找尋中原古音，用以證明客家人是中原漢人的後裔，臺灣的客語研究也匯入這一潮流，不少地方人士紛紛藉編修地方志的機會，對客家話進行研究。

在北部，由周法高編修的《桃園縣志・語言篇》（1964）及黃基正編修的《苗栗縣志・語言篇》，用注音符號標出客家話的音標。尤其是後者，一方面一脈相承大陸語言學研究傳統，另一方面也對縣內語言分布情況進行詳細調查，可說是對臺灣客家語音語言最早的詳盡紀錄。[86] 而南部《屏東縣志・語言篇》的編修者鍾桂蘭，早在日治中期便接觸中國大陸客家方言研究的潮流。[87] 他在志書中所列客家語言學者的學術系譜中，第一位便是常被視為客家論述起點的徐旭曾，及其後民國諸多學者、歐美人士，臺北第二師範學校教師管向榮

---

85 鍾桂蘭、古福祥纂修，《屏東縣志》（臺北：成文出版社，1983 據 1954-1971 年修輯之《屏東縣志稿》及排印本《屏東縣志》整理合編影印），卷 2，〈人民志〉，重編頁 796、799。

86 周法高纂修，《桃園縣志》（桃園：桃園縣文獻委員會，1964），卷 2，〈人民志・語言篇〉；黃基正，《苗栗縣志》，卷 2，〈人文志・語言篇〉。

87 鍾桂蘭從日本畢業後，1922 年曾到南京、江浙一帶遊覽，住在上海廣東同鄉會，陪同當時在廣東省政府任職的古直，攜帶黃遵憲編的《客家方言》一書去訪問著名的學者章太炎。鍾桂蘭、古福祥纂修，《屏東縣志》，卷 2，〈人民志〉，重編頁 834。

（曾著《標準廣東語典》）也躋身其中。更重要的是，他將日本時代的「廣東族」全部以括號註釋的方式解釋為「客家」，從而將日本殖民時代的分類方式與客家觀念混同起來了。[88]《高雄縣志稿》的作者，雖然了解日治時期客家話「四縣」與「海陸」的分類，「惟素無調查，頗難詳細譜列」，乾脆將羅香林《客家研究導論》中的語言部分直接照搬過來，更是將兩個傳統融合起來的絕佳例證。[89]

中原客家的標籤，也逐漸為戰後臺灣地方社會客家人的組織所接受。在臺北活躍的南部六堆和北部桃竹苗客家人，戰後初期即成立了一個社團，最初仍是以臺灣社會常用的稱呼「客人」來命名，「第 1 屆客人會席開 20 桌。此後，每年正月召開一次，後來改名客家會」。[90] 到 1964 年，在高雄成立的六堆客家人同鄉會組織，更叫作「中原客家聯誼會」。據後來追溯的記載：

> 與會鄉親一致主張高雄市已有數萬客家鄉親居住，有的已數年，甚至數十年，如今沒有一個類似同鄉會性質的組織來作聯誼，十分寂寞，因此不計頭銜如何，勢在必行，乃藉已成立多年的臺北市中原客家聯誼會作為借鏡，嗣經徐富興博士提議仿照臺北成立同名的「高雄市中原客家聯誼會」，凡屬客家鄉親不論其行政區域為何，均可參加入會。[91]

---

88 鍾桂蘭、古福祥纂修，《屏東縣志》，卷 2，〈人民志〉，重編頁 825-835。

89 根據橋本萬太郎的研究，羅香林對於語言研究亦非專家，他對興寧話的考察實際上依賴的是 1928 年語言學家王力對廣西客家語言的敘述。《高雄縣志》的作者看來是在缺乏調查情況下的權宜之計。謝問岑修，陳子波纂，《高雄縣志稿》（臺北：成文出版社，1983 據高雄縣文獻委員會 1958-68 年排印本影印），卷 2，〈人民志〉，原頁 111，重編頁 347；Mantaro J. Hashimoto, *The Hakka Dialect; A Linguistic Study of Its Phonology, Syntax, and Lexicon*, pp. 26-27.

90 葉倫會編著，《真情實話：溫送珍訪談錄》（臺北：蘭臺出版社，2007），頁 37。

　　「中原」一稱強調的是羅香林以降客家族源的敘事，也就是和中華民族發源地的聯繫，臺灣地方社會的客家人也透過這一方式，與想像的中原正統聯結起來。據說該會模仿北部「中原客家聯誼會」的組織和名稱，推舉的領袖是徐富興，這並不難理解，因為北部客人會的「靈魂人物」徐傍興，即為其兄長。徐傍興在日治時期即獲醫學博士學位，戰後在北部開業，「因為徐傍興熱心會務，出錢出力，致有人以為徐醫師為客家會的創會會長」。[92]1971 年香港客家人的社團崇正總會（1921 年成立，戰後政治上傾向於臺灣的中華民國政府）的紀念特刊中，已經出現「臺北市中原客家聯誼會」、「高雄市中原客家聯誼會」兩個組織，並詳細列出成員名單。[93]

　　這樣一種發展背後，與臺灣戰後政治環境發展的需要脫離不了關係。這些地方社會的客家社團，無論實際囊括哪些群體，帶有何種利益考量和政治盤算，都不可避免要被捲入 1960-1970 年代在臺灣的中華民國政府呼籲人民團結的政治需求當中。在南北都市活躍的中原客家聯誼會組織，也曾積極參與地方選舉與聯絡僑胞活動等。[94]

　　1971 年，本應為歡欣鼓舞的建國六十周年，卻因中華民國政府被迫退出聯合國的重大外交挫折，對整個臺灣社會造成極為強烈的心理震盪。在此之前，臺灣社會各種議論便已經紛擾不斷。在這一背景下，在政治和外交上聯絡華僑的呼聲益發迫切，一個更大範圍的客家建構活動勢頭遂逐漸形成。1971

---

91 財團法人高雄市客家文化事務基金會編，《高雄市客家人文史之研究》（高雄：財團法人高雄市客家文化事務基金會，2003），頁 108。

92 葉倫會編著，《真情實話：溫送珍訪談錄》，頁 38。

93 〈香港崇正總會世界客屬懇親大會、金禧慶典、大廈落成專輯〉，收入崇正總會金禧紀念特刊編輯委員會編，《香港崇正總會金禧紀念特刊》（香港：崇正總會金禧紀念特刊編輯委員會，1971），頁 27-28。

94 〈海外客屬團體概況〉，收入崇正總會金禧紀念特刊編輯委員會編，《香港崇正總會金禧紀念特刊》，頁 20-23。

年 9 月在香港舉辦的世界客屬懇親大會，便是其最高潮。當時的記載稱：「五大洲全世界四十九個國家地區客屬團體均推代表及觀察員，蒞港祝賀並出席世界客屬懇親代表大會。」[95] 彼時擔任香港崇正總會會長、1949 年後居於香港的前陸軍上將張發奎會長獻詞稱：

> 本會會員，數以百萬計，且遍及全球，無遠弗居，在世界各國重要地區多有本會組織。以之發揚吾國固有美德，對於世界正在滋長之敗行頹風，當可對症下藥，大有貢獻；以之宣揚國策，發動國民外交，對於國際政治逆流中之現實主義者、強權主義者及市儈主義者，當能予以當頭棒喝，驚醒其迷夢，而有助於我國外交局勢之打開。[96]

香港、臺灣、東南亞以及世界各地客家人本來有各自的組織，可能並不存在實質的聯繫，現在他們都被納入「世界客家」的範疇之中，從而為陷入外交困局的中華民國政府尋求到另一種支持途徑。臺灣社會的「泛臺灣客家認同」，也就在民族國家的強烈需求之下，接受「客家」這個新標籤，融匯到中原客家的主流之中。

兩年之後（1973），臺灣第一部標榜「客家」認同的地方史志——南部地區的《六堆客家鄉土志》出版。同樣的，羅香林的客家觀念成為全書的首重，該書的第一部分，正是鍾秉光根據羅香林觀念改寫的《客家源流考》。不過更重要的是其背後的主導者，正是那些日治時代積聚起來的地方菁英們，編纂

---

95 〈香港崇正總會世界客屬懇親大會、金禧慶典、大廈落成專輯〉，收入崇正總會金禧紀念特刊編輯委員會編，《香港崇正總會金禧紀念特刊》，頁 9。

96 張發奎，〈本會金禧大慶獻詞〉，收入崇正總會金禧紀念特刊編輯委員會編，《香港崇正總會金禧紀念特刊》，頁 1。

者鍾壬壽曾在南京汪精衛政府為官，戰後背負漢奸的心理重擔回臺，卻因精通「國語」，很快在臺北站穩腳跟，曾出任工業會總幹事。[97]而幕後的經費支持者，則是戰前曾組織六堆旅北同鄉會，戰後任臺北市中原客家聯誼會副會長，亦曾參加 1971 年世界客屬懇親大會的徐傍興。他們接受了客家的身分認同，也試圖將這一認同轉化為整個地方社會的認同。

至 1978 年，戰後第一本客家研究專著，由苗栗人陳運棟所著的《客家人》出版，成為戰後臺灣各地客家研究成果的集大成者。他接受羅香林範式的影響，也將臺灣的客家人視為一個有特殊語言、民性和風俗習慣的民系，但在統計臺灣客家人口時，則只是在日治時代漢民族調查中的廣東省嘉應州、惠州府、潮州府人口外，另外併入了福建省汀州府人口，顯示出「客家」觀念與日治時代「廣東種族」觀念之妥協。[98]

該書的流布，成為早期「泛臺灣客家認同」逐漸滲入臺灣底層社會的表現。正如作者在十年後曾言：「自民國六十七年九月，《客家人》出版以來，想不到很快地成為暢銷書，市面上時而絕版，時而各種版本同時出籠。」[99]此恰恰是在客家運動興起之前，臺灣社會客家意識醞釀與傳播情形的一個縮影。

七、結論

近年來，臺灣社會內對於客家族群的關注，無論在政治上還是學術上，都呈現出蓬勃發展之勢。社會學家王甫昌等學者一針見血地指出它和 1980 年代以來臺灣社會政治演變的關係，他籠統稱之為「泛臺灣客家認同」。這種解釋

---

97 鍾任壽（鍾壬壽）著，鍾孝上譯，《友善抗日七十年：盼望君子國日本之再建》（自印本，原著 1975，中譯本 1995），頁 152-198。

98 陳運棟，《客家人》（臺北：聯亞出版社，1980），頁 1、118。

99 陳運棟，《臺灣的客家人》（臺北：豐原出版社，1989），頁 11。

模式，強調了知識型的斷裂，將清帝國以降不同階段的歷史發展化約成「傳統」，並成為當今族群運動可以功利性運用的素材。但是，這一「傳統」內部，卻包含著不同階段與層次的歷史演變，從前近代的人群分類到近代族群意義上的「客家」意識的傳播，便是這一「傳統」洪流內旁逸斜出的支流。

在這一點上，學者們對於 19 世紀末至 20 世紀上半葉，近代客家族群現象與中國社會演變關係的討論，對我們頗有啟示。梁肇庭與程美寶的研究顯示，近代中國革命的歷史，也是大陸廣東地區客家人在近代政治舞臺地位日益重要的歷史，客家人對於作為廣東一個合法民族支派的追求，與在新的政治秩序中占有一席之地的努力，可謂並行不悖。[100] 陳永海則強調近代民族主義與新媒體等，對於建立客家族群這一想像群體的關鍵作用。客家觀念的衍生是一個近代的現象，將其族群起源與明清以來的歷史相提並論，同樣是後來產生的意識向歷史的投射。[101]

本文試圖在這些研究的基礎上，追溯「客家」族群觀念如何在臺灣衍生和流變的歷史，以便為臺灣客家族群的討論注入更為豐富的歷史內涵。這並非要否定清初以來，「客家人」的祖先百餘年間歷史建構的重要性；只不過，清王朝下有關「客」的人群分類，往往與今日族群意義上的客家無關。從人種學意義上「發現」臺灣客家人的，是 19 世紀下半葉臺灣開港之後湧入的西方人。廣府話群體對客家話群體的稱呼 Hakkas（客家），經過英文轉譯，透過西方人的媒介，與臺灣講客家話方言的群體連結在一起（有時也只是含混地取代粵人）。詞彙上的微妙變化，顯示出一個與南中國廣闊地域聯為一體的客家想像，

---

100 Leong Sow-Theng, *Migration and Ethnicity in Chinese History: Hakkas, Pengmin, and Their Neighbors*, pp. 83-88；程美寶，《地域文化與國家認同：清末以來廣東文化觀的形成》，頁 251-259。

101 陳永海，〈作為中國國族事業的客家言說：從香港看近代客家文化認同性質的變遷〉，收入劉義章編著，《香港客家》，頁 25-45。

也影響了1895年接收臺灣的日本殖民政府。他們一方面接受西方的種族觀念，另一方面則摒棄與殖民地政治話語無關的血統討論，而直接用籍貫的稱呼「廣東種族」取代其曾一度認知的「客家」。這一做法表面上延續清廷以籍貫區分人群的方式，實際上則是用籍貫的名稱固定其種族身分。

日治時代五十年的國家建構，對於臺灣社會客家族群想像的形成，有著深遠的影響。日本殖民政府在臺灣進行大規模的人口普查和登記，將殖民地人民的種族身分固定下來。臺灣南北地區「廣東種族」內部涵蓋人群存在的差異，反映了之前清帝國時期不同地域人群分類與統合的不同樣貌。但在殖民地範圍之下，這些樣貌開始被勾勒得越來越清晰和近似。日本知識分子透過文化創造，明晰其種族語言、文化、風俗習慣等特性，從而讓客家群體（儘管當時名稱叫作「廣東種族」）在臺灣社會凸顯出來，成為獨特的族群，成為「泛臺灣客家認同」歷史基礎的一部分。

不過，日治時期以來的客家族群建構，並不意味著它成為一個抗拒外部影響的「絕緣體」；民間社會只是被動接受來自官方的塑造。相反的，臺灣社會日治時期新興知識階層，正是在中國大陸民族主義的影響下，以及日本帝國意識形態改變的背景下，逐漸衍生了客家族群的自覺意識。日治時期不少客家菁英奔赴中國大陸及日本，尋求接受高等教育及工作機會，同時也受到在這兩個不同環境發展的民族主義的刺激，甚至投身廣東革命策源地，參與到客家人政治勢力上升的潮流，在戰後，他們便成為推動地方社會客家意識散播的主力。而生活在殖民體制下的客家菁英，在近代國家建構中，也有更多機會走出鄉村，利用語言和鄉貫意識凝聚成小的團體，其經濟與政治上的抱負也逐漸醞釀升溫。

從日治末期羅香林中原客家學說的引進，我們也可以看出民族主義和殖民主義的矛盾互生關係。羅香林的客家學說無疑深受民族主義的影響，日本人則

是在 1940 年代之後的戰爭時期，在帝國版圖日益擴張的情況下，新的政治語言和意識形態「大東亞共榮圈」興起，才翻譯其書引入臺灣。可以說，在臺灣客家族群的塑造上，民族主義和殖民主義呈現出不斷交互影響的態勢。

　　至戰後，日本殖民帝國崩塌，中華民國的整個國家機器隨即架設到臺灣，臺灣的「廣東種族」與再次進入臺灣的「客家」新標籤開始合流。羅香林的中原客家觀念，與民族國家意識形態同步，也在臺灣地方社會持續升溫，無論是戰前便受到客家自覺意識影響的臺籍知識階層，還是在日治時期建立穩固基礎的地方菁英，均樂於借用這一理論，強調客屬族群與民族國家的關係，也成為他們聯絡同好、創造利益，以及重塑與延續地方社會傳統的方式。中華民國政府也樂於推動客家意識的建構，因為它與民族主義洪流並行不悖，同時可以在更大的範圍內聯絡和統合華僑，為外交上的窘境打開出路。

　　透過上述的討論可以看出，「客家」族群觀念在臺灣社會並不完全是新興的，從 19 世紀下半葉開始，西方、日本以及中國的知識階層們便試圖認知和想像他們，臺灣的知識階層受到影響，對於這一觀念也並不陌生。當然，知識階層菁英的想法要轉化成全民的客家意識，還有一段距離。在本文討論時間截止的 1980 年代，到筆者於田野調查時普遍聽到當地人自稱「我們客家人」的這二十餘年間，正是臺灣社會結構轉型、客家自我意識蓬勃發展的時代，也是客家族群認同發生質變的時代，王甫昌的研究便敏銳地指出這一點。筆者要強調的，則是「泛臺灣客家認同」早有其歷史基礎，它與 1980 年代以後的文化範式有斷裂，也有連續，本文梳理的是存在其中的連續部分。只有明白這一知識型的轉換，才能理解 20 世紀後期臺灣社會客家族群的想像，並不是憑空產生的。

參考文獻

一、文獻史料

1905，〈國勢調查辯疑〉，《漢文臺灣日日新報》，第2版，7月12日。

不著撰人，1920，〈竹友會之開會〉，《臺灣日日新報》，第5版，11月25日。

自立晚報新竹區分社編，1952，《新竹、桃園、苗栗三縣人士志》。新竹：自立晚報新竹區分社。

王元穉編，1959，《甲戌公牘鈔存》。臺北：臺灣銀行。

丘念台述著，1962，《嶺海微飆》。臺北：中華日報社。

申子佳、鄭美倫編著，1994，《吳伯雄前傳》。臺北：開今文化事業有限公司。

石敢當，1938年11月，〈廣東省の民族〉，《臺灣時報》。臺北。

宋文炳著，小口五郎譯，1940，《支那民族史》，附錄〈廣東客家民族の研究〉。東京：大東出版社。

吳濁流，1987，《臺灣連翹》。加州爾灣：臺灣出版社。

_____，1988，《無花果》。臺北：前衛出版社。

周法高纂修，1964，《桃園縣志》。桃園：桃園縣文獻委員會。

邱金田，1982，《七十年回顧：由農村生活邁進工業社會的歷程》。麟洛：自印本。

崇正總會金禧紀念特刊編輯委員會編，1971，《香港崇正總會金禧紀念特刊》。香港：崇正總會金禧紀念特刊編輯委員會。

陳公博，1944，《寒風集》。上海：地方行政社。

陳國政編，1984，《李添春教授回憶錄》。臺北：冠芳印刷。

陳朝海編，1972，《普寧樂善堂陳家族譜》。出版地、出版者不詳。

陳朝海，1975，《陳球公行狀》。臺北：陳朝海、陳馬岱、陳延慶印。

陳運棟編纂，2006，《重修苗栗縣志》。苗栗：苗栗縣政府。

菅向榮，1974據1933年版影印，《標準廣東語典》。臺北：古亭書屋。

黃旺成纂修，1957，《臺灣省新竹縣志稿》。新竹：新竹縣文獻委員會。

黃基正，1983據1959-1978年排印本影印，《苗栗縣志》。臺北：成文出版社。

黃麗霞等編輯，1999，《戀戀庄情事：萬巒人的老照片》。屏東：藍色東港溪
　　保育協會。

葉倫會編著，2007，《真情實話：溫送珍訪談錄》。臺北：蘭臺出版社。

國史館臺灣文獻館藏，明治 30 年（1897），《臺南縣公文類纂》，卷 9726，
　　內務門庶務部。

臺南縣廳編纂，1985 據明治 32 年（1899）版影印，《臺南縣志》。臺北：成
　　文出版社。

臺灣省文獻委員會編印，明治 28 年（1895），《臺灣總督府檔案中譯本》，
　　第 5 輯。南投：臺灣省文獻委員會，1995。

_____，明治 29 年（1896），《臺灣總督府檔案中譯本》，第 11 輯。南投：
　　臺灣省文獻委員會，1998。

臺灣慣習研究會原著，臺灣省文獻委員會譯編，1984-1991，《臺灣慣習記事》
　　（中譯本）第壹、貳、五卷。臺中：臺灣省文獻委員會。日文版，1901-
　　1905，《臺灣慣習記事》第一卷第一號、第二卷第七號、第五卷第十二號，
　　臺北。

臺灣總督官房臨時國勢調查部，1927，《大正十四年國勢調查結果表》。臺北：
　　臺灣總督官房臨時國勢調查部。

臺灣總督府，1932，《廣東語辭典》。臺北：臺灣總督府。

國史館臺灣文獻館藏，明治 28 年（1895），《臺灣總督府公文類纂》。

_____，明治 30 年（1897），《臺南縣公文類纂》。

臺灣總督府官房調查課，1928，《臺灣在籍漢民族鄉貫別調查》。臺北：臺灣
　　時報發行所。

臺灣總督府官房調查課編，昭和元年（1926），《臺灣現住人口統計》。臺北：
　　臺灣總督府官房調查課，1927。

臺灣總督府警務局原編，林書揚等編輯，王乃信等譯，1989，《臺灣社會運動
　　史（一九一三年－一九三六年）》，第四冊。臺北：創造出版社。

臺灣總督府警務局編，1995，《臺灣總督府警察沿革志》。臺北：南天書局。

劉克明，1919，《廣東語集成》。臺北：新高堂發行。

潤庵生，1911，〈南清遊覽紀錄（五）〉，《漢文臺灣日日新報》，第 1 版，
　　1 月 21 日。

龍瑛宗，2008，《龍瑛宗全集》（日本語版）第五冊。臺南：國立臺灣文學館。

劉燕夫編，1980，《劉兼善先生八秩大慶祝壽冊》。臺北：編者。

臨時臺灣戶口調查部編，明治38年（1905），《臨時臺灣戶口調查集計原表》，第1冊，全島之部。臺北：臨時臺灣戶口調查部，1907。

_____，明治38年（1905），《臨時臺灣漢譯戶口調查記述報文》。臺北：臺灣總督府官房統計課，1909。

謝問岑修，陳子波纂，1983據高雄縣文獻委員會1958-68年排印本影印，《高雄縣志稿》。臺北：成文出版社。

鍾桂蘭、古福祥纂修，1983據1954-1971年修輯之《屏東縣志稿》及排印本《屏東縣志》整理合編影印，《屏東縣志》。臺北：成文出版社。

鍾壬壽纂修，1973，《六堆客家鄉土誌》。屏東：常青出版社。

鍾任壽（鍾壬壽）著，鍾孝上譯，原著1975，中譯本1995，《友善抗日七十年：盼望君子國日本之再建》。自印本。

鍾獨佛，《粵省民族考原》，1989據民國10年（1921）卷密精廬石刻本影印。香港：方樹福堂。

羅香林，《客家研究導論》，1992據1933年廣州初版影印。臺北：南天書局。

羅香林著，有元剛譯，1942，《客家研究導論》。臺北：臺灣銀行。

〔日〕丸井圭治郎，1993據臺灣總督府大正8年（1919）版影印，《臺灣宗教調查報告書》。臺北：捷幼出版社。

〔日〕小川琢治，1985據明治29年（1896）東京地學協會版影印，《臺灣諸島志》。臺北：成文出版社。

〔日〕小熊英二，1995，《單一民族神話の起源：日本人の自畫像の系譜》。東京：新曜社。

〔日〕井出季和太著，郭輝編譯，2003，《日據下之臺政》。臺北：海峽學術出版社。

〔日〕田村壽原、濱田恒一著，張蔭桐譯述，1946，《南洋華僑與經濟之現勢》。上海：商務印書館。

〔日〕竹越與三郎，1997據1905東京博文館版影印《臺灣統治志》。臺北：南天書局。

〔日〕志波吉太郎，1915，《廣東語會話篇》。臺北：臺灣日日新聞社。

〔日〕岡田東寧，1985，據明治 30 年（1897）東京拓殖務省文書課本影印，《臺灣歷史考》。臺北：成文出版社。

〔日〕河野登喜壽編，1933，《廣東語の研究》。新竹：新竹州警察文庫。

〔日〕增田福太郎，1996 據昭和 10 年（1935）東京養賢堂版影印，《臺灣の宗教，附臺灣本島人の宗教》。臺北：南天書局。

〔日〕藤村源泰郎、岡野才太郎，1906，《漢文戶口要鑑》。臺北：臺灣日日新報社。

〔日〕藤崎濟之助著，全國日本經濟學會譯，2003，《臺灣史與樺山大將：日本侵臺始末》。臺北：海峽學術出版社。

〔英〕必麒麟（W. A. Pickering）著，吳明遠譯，1959，《老臺灣》。臺北：臺灣銀行經濟研究室。

〔德〕ルードウィヒ・リース（Ludwig Riess），吉國藤吉譯，1898，《臺灣島史》。東京：富山房。

Davidson, James W., 1903, *The Island of Formosa, Past and Present History, People, Resources, and Commercial Prospects: Tea, Camphor, Sugar, Gold, Coal, Sulphur, Economical Plants, and Other Productions*. London and New York: Macmillan & Co.; Yokohama [etc.] Kelly & Walsh, ld.

Gutzlaff, Charles, 1838, *China Opened, or, a Display of the Topography, History, Customs, Manners, Arts, Manufactures, Commerce, Literature, Religion, Jurisprudence, etc. of the Chinese Empire*. Rev. Andrew Reed. London: Smith, Elder and Co.

Horn, James, Dec. 12, 1867, "Extract form Journey". *The China Mail*, Hong Kong.

Möllendorff, P. G. von, 1896, "On the Foreign Languages Spoken in China and the Classification of the Chinese Dialects". *China Mission Hand-Book* Vol.1, Shanghai.

Pickering, W. A., 1898, *Pioneering in Formosa: Recollections of Adventures among Mandarins, Wreckers, & Head-hunting Savages: with an Appendix on British Policy and Interests in China and the Far East*. London: Hurst & Blackett.

Swinhoe, Robert, 1865-1866, "Additional Notes on Formosa". *Proceedings of the Royal Geographical Society of London* 10:3, London.

二、近人著作

王甫昌，2003，《當代臺灣社會的族群想像》。臺北：群學出版有限公司。

白尚德，1999，《十九世紀歐洲人在臺灣》。臺北：南天書局。

吳中杰，2006，〈義民信仰與北臺灣客語分佈格局的形成〉。收入賴澤涵、傅寶玉主編，《義民信仰與客家社會》。臺北：南天書局。

_____，2007，〈屏東市林仔內的揭陽河婆客家話：兼論海陸客語聲調類型的起源〉。收入高雄師大客家文化研究所編，《客家社會與文化學術研討會論文集》。臺北：文津出版社。

吳密察，1991，《臺灣近代史研究》。臺北：稻鄉出版社。

_____，1994，〈臺灣史的成立及其課題〉。《當代》第 100 期。臺北。

_____，2008，〈《民俗臺灣》發刊的時代背景及其性質〉。收入石婉舜、柳書琴、許佩賢編，《帝國裡的「地方文化」：皇民化時期臺灣文化狀況》。臺北：播種者出版有限公司。

李文良，2011，《清代南臺灣的移墾與「客家」社會（1680-1790）》。臺北：國立臺灣大學出版中心。

林正慧，2008，《六堆客家與清代屏東平原》。臺北：曹永和文教基金會、遠流出版事業股份有限公司。

邱彥貴，2008，〈三山國王信仰：一個臺灣研究者的當下體認〉。《客家研究輯刊》2（總第 33 期）：49-54。梅州。

邱湘雲，2005，《海陸客家話和閩南語構詞對比研究》。國立高雄師範大學國文學系博士論文。

施添福，2011，〈從「客家」到客家（二）：客家稱謂的出現、傳播與蛻變〉，中央研究院臺灣史研究所第三屆「族群、歷史與地域社會」學術研討會專題演講論文。臺北：中央研究院臺灣史研究所主辦。

財團法人高雄市客家文化事務基金會編，2003，《高雄市客家人文史之研究》。高雄：財團法人高雄市客家文化事務基金會。

徐貴榮，2007，《臺灣饒平客話音韻的源與變》。國立新竹教育大學臺灣語言與語文教育研究所博士論文。

陳永海，2006，〈作為中國國族事業的客家言說：從香港看近代客家文化認同性質的變遷〉。收入劉義章編著，《香港客家》。桂林：廣西師範大學出版社。

陳政三，2008，《翱翔福爾摩沙：英國外交官郇和晚清臺灣紀行》。臺北：臺灣書房出版有限公司。

陳春聲，1996，〈三山國王信仰與臺灣移民社會〉。《中央研究院民族學研究所集刊》80：61-114，臺北。

陳運棟，1980，《客家人》。臺北：聯亞出版社。

＿＿＿＿，1989，《臺灣的客家人》。臺北：豐原出版社。

程美寶，2006，《地域文化與國家認同：清末以來廣東文化觀的形成》。北京：三聯書店。

＿＿＿＿，2008，〈羅香林與客家研究〉。《客家研究輯刊》1（總第 32 期）。梅州。

費德廉（Douglas Fix）著，羅效德編譯，2006，《看見十九世紀臺灣：十四位西方旅行者的福爾摩沙故事》。臺北：如果出版社。

楊建成主編，1984，《三十年代南洋華僑團體調查報告書》。臺北：中華學術院南洋研究所。

劉鎮發，1998，〈客家人的分布與客語的分類〉。收入李如龍、周日健主編，《客家方言研究：第二屆客家方言研討會論文集》。廣州：暨南大學出版社。

羅烈師，2005，《臺灣客家之形成：以竹塹地區為核心的觀察》。國立清華大學人類學研究所博士論文。

羅濟立，2006，〈統治初期日本人之臺灣客語學習：「廣東語」『臺灣土語叢誌』的成立及其音韻表記、語彙〉。《東吳外語學報》23：87-123。臺北：東吳外語學院。

＿＿＿＿，2007，〈日本統治初期之客語假名遣考：以「廣東語」『臺灣土語叢誌』的同字異注為例〉。《東吳外語學報》24：65-100。臺北：東吳外語學院。

〔日〕飯島典子，2008，〈19 世紀傳教士眼中的「客家人」〉。《客家與多元文化》4：29-37。東京。

Beasley, W. G., 1987, *Japanese Imperialism, 1894-1945*. Oxford: Clarendon Press.

Cohen, Myron L., 1968, "The Hakka or 'Guest People': Dialect as a Sociocultural Variable in Southeastern China". *Ethnohistory* 15:3, Durham.

Eskildsen, Robert, ed., 2005, *Foreign Adventurers and The Aborigines of Southern Taiwan, 1867-1874: Western Sources Related to Japan's 1874 Expedition to Taiwan*. Taipei: Institute of Taiwan History, Academia Sinica.

Hashimoto, Mantaro J. （橋本萬太郎）, 1973, *The Hakka Dialect; A Linguistic Study of Its Phonology, Syntax, and Lexicon*. Cambridge: Cambridge University Press.

Leong, Sow-Theng, 1997, *Migration and Ethnicity in Chinese History: Hakkas, Pengmin, and Their Neighbors*. Stanford: Stanford University Press.

認同建構為傳播基礎概念之初探：

以美濃反水庫運動為例[*]

林福岳

一、研究動機與背景

在進入 80 年代之後，全球的傳播研究在內涵及研究方法表現出前所未有的多樣和多元，各領域與學派之間在相爭、相輔、與相成的互動之下，形成了一幅百花齊放的高度動態性的圖畫（陳國明 1999）。傳播學術社群對於傳播是否已然成為一個獨立的學門，能否以「傳播學」（communicology）一詞來統攝現在所有的傳播研究，亦即所謂的學門正當性的問題，迄今仍紛擾議論不已。其中關鍵之一就是：傳播的本質究竟為何，仍無法和其它的學門劃分出一個明顯的分界線；換言之，對於「傳播」的本質仍未有明確而自足的定義。

而整個傳播學門的研究如何能輻輳到一個核心方向，來觀察、陳述、詮釋以及論證傳播學門的正當性；也就是說，有沒有某些研究是有可能進行對於傳播本質的整體觀照？如果有個研究可以在特定的社會脈絡下，透過有效的研究取徑，而掌握傳播的整體過程，或許可以對傳播的樣態做出整體性的認識，從本體論的觀點逐步凸顯出所謂「傳播學」更清楚的論據。

---

* 本文原刊登於《中華傳播學刊》，2002，2 期，頁 47-99。因收錄於本專書，略做增刪，謹此說明。作者林福岳現任中國文化大學大眾傳播學系副教授。

但問題在於：我們所追求的核心方向會是什麼？若是回歸到傳播最原始的意義：「communication」該字的起源「commun」就有「共同」的意涵，意即傳播的原始意義就是試圖透過符號的傳遞讓對方知道傳遞者所試圖表達的意義，其中的「知道」就是一個解碼的過程，解碼意味著同意該訊息的意義。然而，我們要從何而知意義的共享，從製碼者到解碼者的過程中，是如何建構並得到同意的？有沒有一些研究取向可以讓我們觀察和理解所謂「傳播」運作的實際樣態？

這樣的問題，正是起手想進行這項研究的原初思考點。從社會學及社會工作研究社群對「社區」一詞的探討中，不難發現對於社區的定義和詮釋，都包含了認同、互動、流通、共享等共通的特質（Fowler 1991；Phillips 1993），對於傳播研究者而言，會驚訝地發覺，社區的特質和傳播的過程，相似度竟然如此之高。這並不是一個巧合，而是因為社區形成的過程，也就是「傳播」一事不斷運作發生所致。觀視社區的內部和外在的互動及發展，便等同於見證傳播發生的過程。由是，將社區視為研究場域，藉此探索傳播的本質和運作方式，是一個相當值得嘗試的傳播研究途徑。而這個途徑，恰恰是國內傳播研究社群迄今仍未投注關切的一片荒原。研究者的目的，便是希望另闢蹊徑，經由社區內傳播樣態的研究，引導我們重新去發掘並思考傳播的本質及意涵。

位於臺灣南端的高雄縣美濃鎮，是一個以客家人為主要族群的農業小鎮。從 1992 年開始發起「反水庫運動」，抗拒中央政府打算在當地興建水庫的議案。時至 2000 年 5 月 2 日，第十任總統當選人陳水扁在高雄縣公開向當地人士表示，美濃水庫興建案就此叫停（中國時報 2000/5/3：4）。美濃鎮反水庫運動九年來的抗爭和努力，達到了運動訴求的最終目標——撤消美濃水庫興建案。

原本運動之前三十多年來，美濃鎮各級公職人員競選的主要政見，都是爭

取中央興建水庫以繁榮地方；然而反水庫運動發起之後，反水庫的意見在一年之內就在鎮內成為主流意見。社區居民對興建水庫的意見，有如此強烈而戲劇性的轉變，其中可明顯觀察到，鄉土保護及客家文化傳承的訴求成為運動的主軸意識，美濃特有的客家族群和文化傳統，成為運動發起的意識資產，再搭配上環境保育的政治正確觀點及執政單位政治陰謀的負面訴求，形成一個可以吸納地方及整個臺灣社會資源的社區集體行動。

就傳播的角度來看，其中蘊含著更具意義的切入點：為什麼原本一面倒贊成興建水庫的聲音，會因為一個運動的發起，在短時間內使反水庫轉而成為強勢的主流意見？為什麼運動者的訴求，可以迅速得到多數鎮民的認同？

這便是本文的關切所在，嘗試探索美濃反水庫運動這個由社區草根發起的社會運動，其間客家族群特有的文化意涵以及居民既有的認同，對運動的形成以及在傳播過程中，扮演什麼角色並起了什麼作用？換言之，筆者真正想要了解的是：其間種種傳播的發生和運作，究竟和族群社區特有的共識與認同，有什麼樣的關聯？運動過程中，又建構了什麼新的認同？

基於以上觀點，本文試圖針對下列的議題進行探索和討論：

（一）美濃反水庫運動中，運動組織提出的論述中，從認知框架的角度來檢視，呈現了什麼樣關於社區／認同的訊息？

（二）反水庫運動在建構議題論述和制定傳布方法時，如何將當地民眾的客家族群認同視為既有條件，運用其中的象徵性力量和共同利益這兩種因素，以達到共識動員的目的？

（三）共識動員的運作過程中，運動發動者如何因應運動目的及民眾回饋，而再度並重新界定族群界線？運動所建構出來的新意義，如何轉化成為整個族群的共識，並仍能取得認同？

（四）從社區運動（美濃反水庫運動）和在地認同（客家族群認同）的關

係，進一步探討傳播在特定社會脈絡（社區）中的定位和意義，以及社區的傳播和社區兩者的相互關係。

二、文獻探討

（一）共識動員的框架觀點

就學門分科的觀點而言，社會學界對於社會運動的關切和探索，自然較傳播研究社群更為深入，尤其是 1980 年代之後研究社會運動的重要概念「資源動員論」，因為新社會運動的興起，也發生了典範的轉向，由社會心理學的角度思考，提出「共識動員」的說法，為居民參與社會運動的主觀意識找到探索的蹊徑。然而畢竟學門領域的不同，關切的焦點也不同，雖然共識動員在探討共識和認同形成的過程時，幾乎要和傳播研究關切的議題並肩而行，但畢竟傳播不是社會學界的關切議題，以致終究未能結合在一起，將社會運動的部分過程，透過傳播的觀點形成整體的架構。

特別是社區文化這一部分，在社會運動的研究中，尚未有充分的資料顯示共識動員論對其重視的程度。雖然這些研究者聲稱從社會心理學取向了解運動參與者主觀意識的形成，不過所關心的重心仍放置在社區組織和網路等結構因素上。研究者並非文化決定論者，不會認為文化因素足以影響整個共識動員的過程，但是以一個特定族群社區所發起的社會運動，族群文化無可避免會成為居民主觀意識和認同的深層結構，也是傳播運作過程之所由的基礎脈絡，若是單單探討組織面和社會結構面，未免只見薪輿。文化特質，對社區居民在心中建立對議題的共識和認同，或許存在更重要而深刻的影響力。

所以本文也嘗試從共識動員做為理論取向，以此窺探美濃反水庫運動在動員過程中，發動者如何進行認同的召喚，並建構新的意義。共識動員（consensus mobilization）是 Klandermans 於 1984 年所提出的概念。他根據社會心理學的

觀點，認為對於社會運動發動的過程中，人們通常會依據「認知的現實」來做決定同意及參與與否，社運的領導者及反對者都企圖經由說服，來改變個人參與與否，也就是要動員人們心中對社運的認同。動員可以劃分成許多不同的層次，共識動員所意欲探討的是「組織使其觀點得到支持的過程」，特別是對於所有潛在的參與者，在觀念上得到他們的支持顯得更為重要。

Klandermans 認為，社會建構的發生，會在三個層面上實踐：1. 公共領域層面、2. 勸服理論層面、與 3. 意識喚醒層面。每個層面上，意義建構的過程有其自己的動態：公共領域與集體認知的轉換與形成，和社區整體息息相關；勸服理論主要影響的主要對象，則是組織想要動員的個人；意識喚醒所關心的主題主要則是行動的參與者；而上述三者的關係是相互依賴的（Klandermans 1992）。

依照 Klandermans（1992）的說法，無論層面是社區或個人，所謂的意義建構，都必須透過一套社會機制來進行，取得意識形態上對於議題詮釋的主導權，以達到勸服的效果。但是運動本身並不能有效或完全取得詮釋權，仍然必須依賴某些媒介，也就是上述的社會機制來達成，尤其是大眾傳播媒介。但運動主體內部的傳播，所依靠的傳播機制就未必僅僅是大眾媒介，而更直接而顯著的可能是透過社區／社群內部各種不同的管道，逐漸互動形成的主觀意識。

然而，共識動員論者認為，外在結構環境和社會運動組織都無法單方面達到動員的目標，個人是否參與社會運動，其實是受到其認知架構的影響，也就是他／她所理解的「真實」究竟為何。而認知架構是許多因素互動下的成果，如果我們將研究焦點集中在社會運動動員中符號或論述的意義此一層面，這便是「社會運動的意義建構」研究取向（Klandermans 1992）。掌握意義建構成為社會運動動員的核心策略，誰掌握意義建構的能力和議題的詮釋權，誰便具有較強的動員能力。但是，語言對社會真實可能會有多元的指意性（multiple referentially），Hall（1985）便認為符號所反映的現實，並不是反射（reflect），而是折射（refract），現實如何經由意識形態折射後呈現，是藉由不同面向的社會利益相互交錯所決定的。由是，社會運動使用的符號和論述，不僅僅是意義建構後的產物，更成為意義建構競逐的場域。

因此，如何掌握意義生產的結構，並讓接收者同意這樣的詮釋方式，便成為共識動員的重要課題；由是，「框架」（frame）便成為共識動員中的重要核心概念。1974 年，學者 Goffman 首先提出了框架的概念，他認為框架是個人「詮釋的基模」，用以使個人定位、感知、辨識、並標籤他所生存的空間及世界。後來Snow（1986）等人則借用Goffman的說法，分析各種社會運動之後，歸納提出社會運動組織者在建構言論時經常運用的三個核心框架：

1. 診斷的框架（diagnostic frame）：此框架的目的在指出問題所在並歸因於特定對象，造成犯錯者和對立者的角色；

2. 預斷的框架（prognostic frame）：描繪出一個計劃大綱，以改正和逐一確認該做之事，包括目標、策略、戰術等方法的提出；

3. 動機的框架（motivational frame）：人們會以行動實際解決一個集體問題或不義現象，必須先發展出採取行動的原因，動機框架會提出適當的動機語彙，以建構理論基礎，激勵民眾參與的動機。

這三個框架，明顯地指出運動組織者的論述策略及生產方式，本研究也將採用這三個框架，分析美濃反水庫運動期間，發動者的論述生產策略。從社會運動的發展階段來看，社運初產生時，認同組織理念的人可能較少，因此社運組織必須重新定義對運動具有意義的某些活動或事件，將運動組織的目標與原本的框架重新界定並予以延伸，使得參與者對活動和事件產生不同的詮釋框架，而與運動組織相一致，並產生持續的認同。而運動的崛起及行動的成員，則較需要的是對詮釋基模在價值上及信念上進行澄清與補足，使結構上得以統

一，以凸顯社運訴求點，使得社運的集體行動框架適應外在環境的變化，以召喚或強化參與者的認同（Snow 1986）。認清框架的運用方式，其意義不僅僅是觀視論述生產的操作技術，更是反映意義建構者的理念及意欲召喚的反應。

Pride（1995）便提出，在框架建構的過程中，爭取與吸引大眾注意與認同的「關鍵事件」（critical events），往往具有強烈的效果，在各種議題競爭的環境中，使議題脫穎而出，以獲取珍貴而有限的大眾議題暴露動機和時間。Staggenborg（1993）則更進一步指出，具有承先啟後連結意義的關鍵事件本身，並不會影響社會運動的形成與轉化，但是透過社會運動組織與事件的詮釋與推動，進而對大眾及菁英產生衝擊，而影響整個運動的建構過程（轉引自周瑞貞 1998）。

值得注意的是，在運動的進行中，組織並非民眾唯一的消息來源或苦難的詮釋者，它必須和其他的團體（包括政府及非政府的精英），爭奪框架的詮釋及意識上的領導權。這種意識上的領導權，Hall（1982）認為是種歷史化的深層結構，也就是說，人們經由深層結構的框架來看待世界，使得個別的事實成為認知到的、有因果關聯的現實。由此看來，運動組織所要爭取的，主要不在於個別事件的看法，而在於根本價值及信念的澄清。

職是之故，站在意義建構的觀點，掌握意義建構成為社會運動動員的核心策略，誰掌握意義建構的能力和議題的詮釋權，誰便具有較強的動員能力。社會運動使用的符號和論述，不僅僅是意義建構後的產物，更成為意義建構競逐的場域。因此，在社會運動中討論「意義」一詞時，必須了解語言符號所形成的論述，是在社會多元力量競逐的特殊脈絡下進行的。在具有特定脈絡的層次中，集體行動會集中於特殊的歷史條件和政治情境，其中包含實質的論述內容，也發生在特定的議題領域中。群眾會基於某些特定的意義體系而行動，同時議題的定義、行動者和事件都會持續不斷的相互競爭。

（二）族群社區與社區認同

　　若要分析美濃反水庫運動的框架運作，必須先了解的是其意義所由。也就是要探討美濃做為一個客家聚落，其社區居民原本的意識和認同究竟為何。

　　無論是從外在的觀點或是內在的自我認知，美濃鎮都可視為一個客家聚落，而且是意識和生活方式非常明顯的單一族群聚落。簡而言之，族群或族裔群體，是人類由主觀認定出發，基於彼此共享的祖先來源、歷史經驗、信仰價值與生存意識等因素，結合而成的一種自然性自我界定群體（self-defined group）（蘇裕玲 1995）。族群「其成員所具有的共組認定，雖常只是依籠統的歷史經驗、簡單的神話、語言的有限符碼、信仰的共通、或政治的操控而成；但當代的族裔群體成員在共負『血統』榮辱天職的意識或潛意識引導之下，往往會在政治、經濟、教育、及其他類的資源競爭中，展現出協志的集體力量」（謝世忠 1996：434）。

　　George De Vos（1982）便指出：「族群意識的維持與個人對集體延續（collective continuity）的需求有關。……族群意識包括個人在族群歷史延續中生存的感受，如果族群得以生存，也就同時保障了個人的生命」（轉引自蘇裕玲 1995：1）。族群讓個人得以依附群體而存在，提供了個體的歸屬感和安全感。因此，Mckay & Lewin（1978）認為族群情感使得個人對族群群體產生歸屬感，且共享的族群特質，不僅成為相互辨認的基礎，族群成員亦會藉此進行有意義的社會互動。

　　Keyes（1981）則認為，任何合宜的族群理論，必須能考慮到族群爭取社會利益的功能，以及承續祖裔文化的形式。是故，學者逐漸傾向將族群意識的作用情形，視為一種動態的發展過程。族群中的人們雖然都在共同祖裔的基礎上，獲得根本賦予的文化特質，並憑藉這些表徵來宣稱自己的族群身分；不過，為了因應社會生活的需要，人們更有可能去操控這些文化特質，賦予它們新的

詮釋，來形塑族群認同。

　　簡而言之，「認同」一詞所處理的就是「信仰」和「情感」的問題。Spicer（1981）就曾說，集體認同（collective identity）就是群體和被選取的文化要素——所謂的符號象徵（symbol）——之間的關係。當人們相信和感知到某些象徵所代表意義的重要性時，就會產生集體認同。這種象徵符號在經過人為的展示和操控之後，會喚起處於該認同體系下人們的感情，而愈加堅定他們對這些象徵的信念。族群認同是一種集體認同，因此，我群成員對被選取文化要素的信仰及情感，即是族群認同力量的來源所在。

　　正因如此，族群成員往往會主觀地將某些「文化特質」和「歷史經驗」，諸如起源神話、土地、語言、宗教、先人事蹟或祖先受難經驗等，視為「共祖」所留下來的文化遺產（culture heritage），並進一步做為區隔我群和他群的依據，以及我群認同的象徵。這種以文化認同為基礎的族群意識，就是 Keyes（1976）所指稱的族群意識中的「文化面向」（culture dimension）。

　　除此之外，認同還必須經由下列兩個過程相互作用方可達成：其一是經由不同領域的參與，例如透過語言文字的溝通、道德價值的分享、或加入實現群體政策目標的政治組織等，對這些文化象徵產生共同的了解和情感；而後，則是靠著制式化的社會關係（institutionalized social relations），像是親屬關係或是地域群體的結構，來維繫上述的了解和情感（Spicer 1981）。也就是說，族群認同的維繫，除了必須仰賴和他群的對立關係所產生的明顯區隔以自我界定之外，還必須靠族群內部的各種關係交互作用，才能進一步的維繫。

　　關於族群認同的理論，我們將會用以了解美濃這個客家聚落，屬於他們的認同是什麼，以及認同形成的過程；而在運動中，這種認同如何成為框架運作的基調，形成新的意義。但是我們必須先要探究，美濃這樣一個族群社區中所發起的社會運動，是否有其特別的意義基礎和動員機制？

　　族群（ethnic group）一詞，在人類學的觀點，是指由單一祖裔成員所構成的社區組合。Bromley（1978）在討論族群類型時，認為族群是整體族群的最基本單位，是歷史所形成的人群，成員間彼此分享共同的文化與心理特徵，與其他的族群之間存有明顯的差距。蘇裕玲（1995）綜合學者意見，將族群界定為：「一群具有相同根本賦予感知的人，基於共同的理念與行為模式，在一個有限範圍所形成的聚落，其成員之間依照一套權利義務原則，來維繫彼此的關係」。她也指出，族群的發展，因為其特定的歷史過程，故而能形塑出該社群的地方特質（locality），使得居民除了擁有共同的族群性之外，還可能共享特定的地域文化，進而發展出對所處社區的地方認同。這種地方認同，必須仰賴居民的心理建構，使得社區成為他們認同的範疇，一如族群一般，可以被居民加以操弄成為日常生活中運用的策略。

　　族群運動是族群議題中的重要範疇。Linton（1943）首先提出了「本土運動」（nativistic movement）的理論模式，認為本土運動就是「一個社會中部分成員之有意識及有組織地企圖使他們所屬的文化中的某些被選擇範疇能回復（revive）或永垂不朽（perpetuate）」（轉引自謝世忠 1987：140）。從這個角度來看，美濃所發起的反水庫運動並不適用「本土運動」這個理論架構來進行分析。但是，如果進一步了解 Linton 分析本土運動形成的原因，發現其中包含有文化和社會兩個面向，就文化面向而言，當一個社會的成員意識到有外來文化的出現，且自己的文化明顯受到它的威脅，該社會的成員就會產生有組織的本土運動。

　　在社會面向上，當兩個群體成員對目前的不平等關係——態度上或是實際上的優勢（dominance）和從屬（submission）關係——感到不滿意，就會產生本土運動；而且無論是優勢或從屬群體，都會發起本土運動，因為兩群體都會將優勢群體的文化看成維繫或爭取優勢地位的工具，企圖恢復我群從前或現在

的文化要素，以達到「維持群體成員的凝聚力」、「逃避現實」、「重建或維持群體自尊」等目的。謝世忠（1987）在分析臺灣原住民運動發生的原因時也指出，族群本身就是一種力量，此種力量平時並不為人所重視，但是當族群成員為了謀取更大的利益，或是族群利益受到他群威脅時，該力量就會發揮作用，以維護我群的利益與生存。這點特質，將有助於我們了解美濃客家族群文化因素對反水庫運動形成的影響。

　　基於前述觀點，族群社會運動往往將族群的自我意識視為行動的基礎要素，運動所訴求的除了具體的利益目標外，更運用族群本身的認同做為動員的動因，以及運動的連帶目標。這種訴求使得認同成為運動發動必須掌握的意識基礎，另一方面也透過運動而增進或強化原有的認同。由此看來，認同竟然成為族群形成和發動運動的核心概念，也正因此引發傳播研究者的興趣，試圖從中觀察到象徵（symbol）的建構與互動如何在認同的形成過程中發生作用。

（三）傳播的觀視角度

　　從資源動員論來討論社會運動，其中一個不可忽視的互動環節，就是運動和傳播媒介之間的關係。多位學者曾指出，媒介所呈現的社會運動會影響運動意義建構與動員的能力，因為大眾對社會運動的理解乃基於一種「公眾認同」（public identity），而「公眾認同」又是媒介與社會互動的結果（Van Zoonen 1992；Barker -Plummer 1995）。以國內而言，對於80年代以來的社會運動風潮，傳播學界自然也抱持相當程度的關切。

　　傳播研究固然關切媒體和社運之間的關係，但我們從運動本身行動者的角度探索，社會運動本身形成的過程，其中各項因素的交錯互動，不正是一個傳播的研究議題？傳播研究關切方向除了可見的媒介之外，如果「傳播是一種社會過程」的說法可以成立，社會運動不也正符合了這個原則，而可以成為傳播研究的重要議題？

從傳播的角度看社會運動的內在形成過程，我們可以關切的焦點包括：主要的行動者如何創造議題？他們和參與運動的群眾如何產生互動與溝通？他們如何理解反對事項的事實？運動和環境中的何種關係共同塑造了集體行動？運動發動的環境中，如何結合社會型態、歷史因素和既有認同，共同建構集體意識，以及在集體行動中產生作用？

而最能夠觀察到這些現象的途徑，就是「共識動員」的論點。共識動員所關切的議題正是社會運動的共識形成過程與機制，這也形成本研究的觀視角度。然而，研究者特別要在此強調，本研究的用意並不在於驗證共識動員在本土的實踐經驗，而是藉由共識動員做為觀察的路徑和分析的方法，了解社會運動的內在運作邏輯中，傳播的樣態和機制是如何進行的。

就傳播的觀點而言，社會運動的內在形成，就是一個傳播的過程。所以，本研究的旨趣，正是要將傳播研究關切社會運動的觸角，從媒介與社運兩造的互動關係，延伸到運動的形成過程，藉由共識動員角度，探索運動形成的內在機制，檢視認同的形成，是不是就是傳播運作的核心目標。而選擇的個案美濃反水庫運動，是一個以地方社區為背景的社會運動，其所具有客家族群的文化特質，恰好成為我們探索的內在要素。

三、反水庫運動與其論述

（一）反水庫運動始末

根據官方經濟部水資源統一規劃委員會（1993）的說法，美濃水庫興建的原因，主要是因為南臺灣的水源長期缺乏，用水品質不佳，並且無法因應未來發展的需要。水資會在 1987 年委託中興工程顧問社辦理可行性規劃，兩年後完成，1990 年交由行政院環保署進行環境影響評估審查作業，然後交經建會

審議。最後的綜合報告在 1992 年交由行政院核定，隨即組成美濃水庫工程興建籌備處，開始推動的工作。

　　美濃水庫預定地位在高屏溪上游的支流美濃溪，在美濃鎮中心東北方約六公里之峽谷，也就是當地所稱的雙溪黃蝶翠谷。這是一座離槽水庫，其主要水源有二：一是本身美濃溪支流的雙溪，以及流經六龜的荖濃溪，預計要從舊庄附近建堰，然後築引水隧道，在豐水期將荖濃溪的水引進水庫。而大壩的位置，就在水庫西南方朝元寺附近。水庫的工程，大壩是中央心層分區型土石壩，水庫面積 6.4 平方公里，集水面積 23 平方公里，正常滿水位標高 220公尺，壩高則為 147 公尺（後修改為 127 公尺），水庫容量為 3028 億立方公尺。所需資金約 530 億臺幣，全數由中央籌措，施工期間預計是九年（水資會1993）。

　　1992 年時，美濃部分地方人士發現水庫的興建將會危害當地百姓的身家性命，並對生態環境產生負面影響，於是提出呼籲，要求政府撤銷水庫的議案。同時也集結了關心地方的各界人士，一齊推動反水庫的想法。

　　運動前期最主要的組織是「美濃愛鄉協進會」，創立於 1993 年 2 月分，理事的成員多半是扶輪社的成員，實際負責會務工作執行的，則是年輕的知識分子和返鄉大學生們。可動員的資源方面，也得到當時鎮長鍾新財的行政資源全力奧援。

　　組織和美濃鎮民 1994 年 4 月 17 日先舉行「反水庫誓師大會」，遊行至鎮公所遞交請願書。次日，二百多人前往立法院，再次遞交反建水庫請願書。之後，美濃水庫預算在立法院經朝野政黨協調結果，決定刪除 15 億餘的先期預算。直到 5 月 17 日立法院全民聯席會議中，三讀通過刪除美濃水庫興建工程預算 13 億 2 千萬元。

　　然而到了 1998 年 4 月 16 日，當時的行政院長蕭萬長卻突然宣布將於該年

8 月動工興建美濃水庫，亦即表示水庫案死灰復燃，卻未和當地民眾溝通。美濃反水庫人士群情激憤，因此重新整合反水庫運動資源，於 5 月 31 日成立「美濃反水庫大聯盟」，以對抗政府的既定政策。最大的一次行動，則是 1999 年 5 月 27 日，大聯盟得知國民黨已發布甲級動員令，將強力動員黨籍立法委員表決通過美濃水庫預算，所以緊急發動鄉親分三批北上立法院，還集結北部鄉親、美濃北部大專生共同支援。所有人士齊聚立法院門口，終日跪求立法委員勿翻案。不過在國民黨的強勢運作下，加上立法院長王金平運用議事規則，歷經五次表決、費時五小時，28 日終於通過了美濃水庫興建計劃先期工程預算 2 億 4 千萬。美濃反水庫運動遭到有史以來最大的挫敗，民眾含淚搭車返回美濃。次日上午召開記者會，表示溝通之門已關閉，說明將籌組「反水庫保護家園自衛隊」，在當地進行抗爭，一旦政府打算在當地動工，便會群起阻擋、捨命一搏，即使流血也在所不惜。

　　直至陳水扁當選總統之後，為實踐競選政見，2000 年 5 月 2 日，他在高雄縣在與當地人士的會談中公開表示，美濃水庫興建案就此停止，不再興建（中國時報 2000/5/3），整個反水庫運動至此達到了運動訴求的目標。

（二）論述主題的框架分析

　　在此藉共識動員論所提出的診斷、預斷及動機三項框架，將運動所採用的各類論述主題，用框架分析的方式重新整理，探討論述的運用策略及企圖達到的召喚效果為何。在此將反水庫運動的論述策略，以下列的架構呈現。

1. 診斷的框架

　　所謂診斷的框架，是指運動組織者必須先提出運動發起的原因，其主要問題何在，並將責任和過錯歸咎於特定的對象，以形成運動主體和問題來源兩者對峙位置的鮮明印象。美濃反水庫運動的起源，便是因為對於水庫安全性的疑慮，所以在運動之初，水庫的安全便立即成為診斷框架的主要訴求。

　　鎮長、鎮民代表、扶輪社及愛鄉協進會等反水庫組織者，一再強調寬 200 公尺、高 147 公尺的壩體，相當於 20 棟 50 層高的大樓排列在一起，而且距離最近有人居住的聚落廣林里僅僅 1.5 公里，這些對於當地居民而言原本十分陌生的資訊，一旦被提出之後，便立即引起鎮民的注意，同時也造成民眾心理的沉重負擔。當時的臨時組織「反對興建美濃水庫後援會」在聲明中就表明：

> 「美濃水庫」世界第一！它的壩址距離最近的廣林里九芎林村落僅一公里，水庫建成後當地居民仰頭即可望見一四七公尺的水壩巍峨聳立，這對於美濃人民的社會心理是何等沉重的負擔。再且，美濃水庫淹沒區的土質地質堪虞眾所週知，同時臺灣水庫的壽命一般僅有三十年至五十年！鄉親，我們怎忍心讓美濃後代子孫將來與一個報廢的水庫「同生共死」！（1998：101）

　　組織者在運動過程中所用的一些言論，在在都強化了居民對水庫安全性的疑慮，也加深了心中的不安。正如美濃籍作家吳錦發所說的：

> 水壩崩潰，一分半鐘內巨浪就衝到美濃最繁榮的地區，巨浪的威力可以在地上挖出三公尺深的洞，悲劇發生時，沒有一個人可以逃過。
>
> （陳豐偉 1994：232）

　　反水庫大聯盟的副會長黃廷生就表示，直接的利害、身家性命安全是民眾最關心的事，他形容美濃水庫是「毀滅性的工程」：

> 我們賺錢是為了過好日子、過安定生活，如果蓋了水庫，然後發生

天災，我們都無法預防，這是毀滅性的工程。我們的祖先都葬在這
裡，為了要光耀門楣，都希望做個好風水，保佑我們後代子孫。如
果水庫一旦有危險，連祖先都要沖到海底去了。

（訪談紀錄〈黃廷生 1999/11/23〉）

　　診斷的框架中必須要找出責任歸咎的單位，美濃水庫興建案的規劃及決策
單位是經濟部水資源委員會，從 1987 年開始規劃，到 1992 年定案經行政院核
定，其間有 5 年的時間，但是卻完全沒有和當地民眾進行任何的溝通或說明。
到了 1992 年 12 月所舉辦的第一次公聽會，政府出席人員的發言及處理態度被
當地人士視為敷衍塞責而不予接受，甚至揚言要抗爭反對水庫興建到底。於是
在運動初始，水資會──包括其直屬上級單位行政院──變成為運動的歸咎單
位，認為政府單位忽視當地民意的決策方式是造成民眾不滿的主因。運動第一
次所發表的正式文件〈反對美濃水庫興建十大理由〉，其中第九條便是：

攸關美濃居民性命安全的美濃水庫，其決策及規劃過程並未廣徵地
方居民及地方政府的意見，在在顯示政府決策過程一貫的粗暴與強
姦民意。　　　　　　　　　　　　　　　　（單張文宣資料 1992）

　　聲明之中，儼然將政府和當地民眾兩者對立起來。之後在關於政府單位的
論述中，都將政府形容成一意孤行、忽視民意的專橫單位，包括水資會以及後
來成立的水資局、經濟部，一直到行政院，這些單位都片面地進行決策，在地
方上是抗拒和騷擾後來經濟部所進行的溝通說明活動，也強調政府的敷衍心
態並識破收買人心的技倆；在中央方面則是發動民眾前往立法院陳情抗議，要
求立法委員動用表決權封殺行政單位的粗糙決策。吳錦發（1998）在參加過

1994 年 4 月分美濃人士北上立法院抗爭之後，也在民眾日報發表文章，筆伐政府規劃單位：

> 這樣一個鄉鎮，只要是一個稍有眼光的政府，定會把它當作活的文
> 化瑰寶來疼惜、來宣傳，絕不可能像目前的國民黨政府，莫名其妙
> 要在它的上游打穿幾座山，老遠地把荖濃溪的溪水引進來，然後在
> 它的上方，建一座一百四十七公尺高的大壩（連洩洪道也沒有），
> 讓所有的鎮民永遠活在死亡的陰影中。……一個由「白痴」組成的
> 政府，有時是比『土匪政府』更可怕的，土匪最起碼還會愛惜自己
> 的性命，白痴有時卻把別人和自己的性命一齊賠上去！」
>
> （吳錦發 1998：136-137）

　　運動發起者一方面藉由各種論述，將政府規劃單位設定為罪魁禍首，成為整個運動的抗爭主要對象；另一方面，運動組織者又將美濃形容為經濟發展的邊陲地帶、發展高污染工業下的犧牲者、客家相對少數的弱勢族群；相對地，行政院經濟部卻是採高姿態的中央集權者、重財團而輕地方民生的利益偏頗者、擁有行政主導權的強勢單位。兩相比較之下，美濃地方與中央政府的相對立場便顯得鮮明而不對等。運動組織者便藉此向地方民眾呼籲，必須要團結起來對抗中央政府的霸權心態，才有可能抵擋美濃水庫的興建。吳中杰（1994）的說法正是其中的代表：

> 現有體制只能造成少數人私有資本之迅速累積，進而助長官商勾
> 結，利益輸送的複雜網路。一方面使得政客運用政治權力，取得經
> 濟資本；一方面又使財閥運用經濟資本，取得政治上向高位竄升的

管道。如此運作下去，政治之所以為政治，經濟發展之所以必須追
求的理由將逐漸失去。屆時，政府的存在，資本財富的累積，將和
社會本體和大多數民眾的福祉和願望疏離。以政府部門言，包山包
海，大興工程，圖利財團，兼以中飽私囊，而不問工程品質或民眾
對此工程是否確切需要。以大資本言，先悉內幕，大量購併，伺機
炒作，獲取暴利，兼以賄賂上下，官商分贓。而不顧社會正義及政
經資源在社會上應實現的公平分配。於是，在可見的未來，富者愈
富，而貧者愈貧；弱勢團體在公共事務上，愈難有發言及杯葛的能
力。只有默默接受強勢權貴的宰制，持續地造就一個又一個悲情角
落。　　　　　　　　　　　　　　　　　　　　（吳中杰 1994：293）

　　就運動策略而言，這些論述初步已經達到建立共識的目標。安全、環保、
中央獨霸心態等這些相關論述策略，建構起美濃反水庫運動的診斷框架——美
濃居民為了自身的安全和族群的延續，不得不起身對抗政府的錯誤決策和惡意
陰謀。這就是診斷框架的基調，因而使得整個運動初步取得抗爭的正當性，也
讓意欲號召的參與者——美濃民眾，對此議題產生基本的關切和認同。

2. 預斷的框架

　　在運動已經得到民眾初步的注意和認同之後，下一步的論述重點則是，運
動組織者必須描繪出一個計劃大綱，亦即標明預期要達到的目的，以改正和逐
一確認該進行的事項，其中必須包括目標、策略、戰術等方法的提出，以做為
運動實際行動的綱領，這就是所謂「預斷的框架」。

　　除了論述的內容，真正值得注意應該是這些論述發言者的角色及身分。反
水庫運動的發起者，是由鎮民代表、鎮長、民間文史團體、地方知識分子共同
提出的。當時的鎮長鍾新財曾說，反水庫運動基本上是民間組織結合知識分子

所發起的，在政治系統方面，則是鎮民代表和里長。運動初期這些屬於知識分子的論述，被愛鄉協進會結集成一本專書《重返美濃：臺灣第一部反水庫運動紀實》（1994），成為運動的主要文獻。陳豐偉（1994）便對這些知識分子基於鄉土情懷的論述角度，有如下的描述：

> 從歷史的縱深來看，開疆闢地、聯清平亂的客家祖先，為美濃人帶來尷尬而孤立的定位；從世界經濟的剖面來看，資本的跨國流動，將驅使美濃改變自己，為掌握資本的大企業服務；而統治臺灣的政權基於自己的利益，可以賞賜美濃人土地，可以開發美濃的菸葉，也可以帶給美濃人死亡的恐懼。經歷過激情、反叛的八〇年代，鍾永豐、鍾秀梅、李允斐和其他同時代的學運、社運幹部都一樣，體認到混亂的時代後，唯有返回故鄉，返回自己生長的地方，影響自己生活週遭的人，才能為臺灣帶來更好的明天。可是在歷史、經濟、政治的牽扯下，等待這些年輕人歸來的故鄉是否無恙？故鄉的泥土是否依舊芬芳？故鄉的懷抱是否依舊溫暖？還是已經瘡腐膿流？成為龍應台筆下『生了梅毒的母親』？對於這些問題，三個年輕人平淡地說：「我們本來就不預期成功，事情總要有人帶頭。」

> （陳豐偉 1994：249-250）

　　就言論的立場來看，他們會從全球資本質主義的運作脈絡，論及臺灣邊陲分工位置的經濟體質，再論及臺灣經濟發展策略中農業和工業的相對關係，而美濃這樣一個以農業為主的地方社區，如何在工業掛帥的偏頗政策下成為水庫興建的犧牲者。所以，反水庫的理論基礎是對於政府長期重工輕農的反動，是對政府忽視地方弱勢社群需求和利益的抗議，是民眾出自草根、維護自身權益

的自發性行為。以這種的論述做為基調，再發展出其它的相關論述。愛鄉協進會的張正揚（1994）說過：

> 當水資會野心勃勃地欲結合當地另一批政客和失意文人，重新以
> 「建水庫帶來的繁榮」的神話灌輸美濃居民的時候，大部分的美濃
> 人早已自水資會不堪一擊的謊言中，徹底地覺醒：全臺灣沒有一個
> 地區因為造水庫而繁榮。他們清楚地意識到，全世界沒有一個水庫
> 如美濃水庫蓋在距離人類聚落只有一點五公里的壩址上。當這個亞
> 洲第一大壩體完成後，原先住在平原上的五萬美濃居民也許連恐懼
> 水庫崩塌的機會都沒有——政府勢將強制遷村。但是遷村是一件多
> 麼悲慘而浩大的工程，並且到哪裡去找一個能容納五萬人的完整聚
> 落，在政府十幾年的黑箱作業中，五萬住民所遭受的只是欺瞞和蔑
> 視；難怪他們如此悲憤的站出來反抗如此不公不義的凌壓。
>
> （張正揚 1994：221-222）

吳中杰（1994）則更細膩地分析政府和財團兩者之間複雜的互利網路，如何將鄉村視為獲利的禁臠，毫不留情地從中獲取利益：

> 現有體制只能造成少數人私有資本之迅速累積，進而助長官商勾
> 結，利益輸送的複雜網絡。一方面使得政客運用政治權力，取得經
> 濟資本；一方面又使財閥運用經濟資本，取得政治上向高位竄升的
> 管道。如此運作下去，政治之所以為政治，經濟發展之所以必須追
> 求理由將會逐漸失去。屆時，政府的存在，資本財富的累積，將和
> 社會本體及大多數民眾的福祉和願望疏離。以政府部門言，包山包

海，大興工程，圖利財團，兼以中飽私囊，而不問工程品質獲民眾
對此工程（如水庫）是否確切需要。以大資本家言，先悉內幕，大
量購併，伺機炒作，獲取暴利，兼以賄賂上下，官商分贓，而不顧
社會正義及政經資源在社會上應實現的公平分配。於是，在可見的
未來，富者愈富，而貧者愈貧；弱勢團體在公共事務上，愈難有發
言及杯葛的能力。只有默默接受強勢權貴的宰制，持續地造就一個
又一個悲情角落。於是，城鄉差距益形擴大，在無法對等的利益關
係下，鄉村如美濃者，只有日益強化對城市的依賴性格，永遠為後
者所剝削宰制，永遠為都會區層峰人士的需求而存在而奉獻。

（吳中杰 1994：293-294）

　　以上正是這種論調的典型例證。其次值得注意的發言者，則是鎮內意見領
袖，包括鎮長、鎮民代表等，他們的文字論述能力或許並不強，但是在語言方
面卻有強大的影響力，他們能夠將多元複雜的反水庫論述化為簡單的口號和訴
求，以便對鎮民進行勸服的工作。當時的鎮長鍾新財在接受筆者的訪問時說過：

反水庫會讓那麼多人支持，是因為（按：美濃水庫的）不可性高。
這裡地方這麼小，我們要有維護生存的機會。這裡的人都很念舊，
都很慎終追遠，要是很正當的（按：活動）才能引起共鳴。……在
美濃鎮，只要是有良知的人，都會反對水庫。我們給老百姓一個觀
念：反水庫是善舉、是積德，也讓政府來思考。

（訪談紀錄〔鍾新財 1999/9/7〕）

　　他們的言論內容直接、強硬，清楚地向民眾說明運動的目標，就是反對水

庫到底，並往往在當場引發群眾的情緒反應，達成聚會所預定的效果。在訴求上，則聚焦於如何喚起民眾對水庫危機的共識，對客家文化及美濃鄉土的保存與珍惜，對運動的認同和支持、進而參與。論述不重長篇的論理，而在於讓鄉親能在短時間內接受訊息。例如反水庫大聯盟的文宣部負責人林瀛芳，在寫給當時行政院長連戰的一封信中寫道：

> 經濟部水資源會更可說是專以「缺水」、「用水」、「建水庫」來騙取預算花用，浪費公帑的機構。……信口雌黃、草菅人命、不知民需、不恤民困，視百姓為草芥，怎不令人痛心？說穿了就是不顧民命，要分工程大餅；這種不仁官員還能要嗎？在說明會中口口聲聲「沒有預設立場，大家不建就作罷」，現又重施故技，印製民曆、月曆分送高雄縣市居民，並在電視媒體上作誤導，欲置美濃以及高屏溪上游之居民於死地，為的是要分工程大餅。這種浪費公帑、不惜民脂民膏之機構還能要嗎？……民命都不保了，還有民意？
>
> （林瀛芳 1998：227-228）

3. 動機的框架

一旦運動的目標已然確定，參與者必須採取行動以實際解決集體問題或社會不公的現象。其過程首先要發展出採取行動的原因，所謂動機的框架，就是要提出適當的動機語彙，以建構理論基礎，激勵民眾參與的動機。

運動之初，組織者創造了「反水庫、救美濃」的口號，也成為號召群眾的主要口號。這句口號所隱藏的意涵，其實是一種族群自覺的訴求，反水庫運動組織者在診斷的框架中，已經將「美濃←→中央政府」的對立位置架構起來，成為地方群眾的定見，在策略上一則可爭取社會各界的支持和聲援，另一方面

在立法院中運用說服策略以封殺預算案，才有可能阻止美濃水庫興建案。鍾永豐就曾經投書報紙，向社會大眾說明美濃人抗爭的理由，避免被政府扣上阻礙開發用水的帽子，並爭取社會大眾的關注和支持：

> 美濃水庫計劃……去年四月行政院長蕭萬長一聲指示下，再度被端到檯面上，而後水利單位全面動員、砲口一致，不斷對外宣稱「美濃水庫是為了解決高雄地區的用水問題、為了南部地區民生與農業用水的需求」，然後將許多產業計劃改以美濃水庫作為供水方案，有意無意的策動全民把「歷史罪人」的帽子套在反水庫的美濃人頭上，讓美濃人成為阻礙經濟發展的全民公敵！為了釐清事情的始末，我們只好將過程呈現出來，讓社會公斷是誰令美濃水庫計劃風雲再起？以及讓更多人知道美濃水庫到底是為了解決誰的用水問題？
> （鍾永豐 1999/5/25：15）

運動組織者也清楚，單單依靠行政管道的溝通或遊說並無法達到效果，必須要靠美濃人的自覺，憑藉自身爭取才可能得到，所以，另一個有效的動機語彙，就是保鄉衛土的訴求。美濃客家人對於自身世代所居的土地有著濃厚的情感，當地人常常說，「行上行下，唔當歸來美濃山下（亦有說是「月光山下」）」，也就是說走遍各地，仍是美濃最親最美。以鄉土情感激發群眾參與的動機是最直接而有效的方法，民眾未必要了解水庫的相關資訊，但是只要知道會危害自身的身家性命、斲傷客家原鄉的文化和風土，就毫不考慮地支持和參與。鍾鐵民（1994）的一段文字，恰巧可以說明這種心態：

> 美濃人有遠見的都深感疑慮，在平原高處築一個大水庫，高過我們

的屋頂一四七公尺以上，萬一天災地變，或者大地震或戰爭破壞，
一出差錯，大水從頭上蓋下來，可惜美濃先民辛苦開發的這塊世外
桃源，從此就成了歷史名詞。所以美濃有識之士一定會群起抗爭。
為了一時方便興建水庫，暫時解決問題，但是長期讓美濃民眾在可
能被毀滅的陰影當中，這是對美濃人極不公平的做法。到時抗爭起
來，水庫工程要延宕到多少年就很難講了。

（鍾鐵民 1994：212-213）

　　質言之，鄉土之情的背後，其實是深藏在美濃客家族群集體意識中的弱勢
心態。美濃客家人對於自身在政治、社會和經濟階層的邊陲位置，和客家族群
長期在臺灣社會自覺的次級族群待遇，長期以來就有一種不平的感受，即使是
以高教育程度知識分子為主的運動組織者也不例外。因此在文字論述中，有
意無意地便透露出被壓迫的弱勢心態，這種壓迫感的來源，可以是中央決策單
位，如水資局、經濟部，甚至行政院；可以是長期執政的國民黨，因為他們長
期剝奪犧牲美濃人的利益，造就高雄其他鄉鎮和工業的發展；可以是支持水庫
興建案的民意代表和官員，包括中央或地方，高雄市長吳敦義便是一例；可以
是工業區和投資其間的財團，因為它們的貪得無饜和惡劣行徑；只要是和水庫
興建案有關的人或團體，都被歸類為以權勢壓迫美濃人民和客家文化的來源。

有些鄉親以為政府決定的事無法改變，美濃水庫無法阻擋。這是很
沒有志氣的想法，客家人號稱「硬頸」，關係自己生存的大事，
如果不站起來，難怪被人譏笑是「憨客人」，證明客家人有種給人
看。……反對水庫能不能成功，看美濃人的決心。同時也全靠美濃
鄉親團結的力量，這一兩年就是決定命運的關鍵時刻。站在第一線

的鎮長必須是美濃的保護神，決不可以是透外鬼的內神。美濃如果
失去永續生存的機會，將來子孫一定會罵我們這一代人，這是大原
則，籲請鄉親共同奮鬥，不要被這些小利益收買，美濃如果將來保
不住，枝枝節節的道路工程有什麼意義呢？

（月光山雜誌 1998：112-113）

這種抗爭的「權利」，是維持民主政治繼續發展的主要基礎，也是
防止政府一意孤行迫使人民採取更激烈的手段之前的一種緩和方
式，……「樹頭站得穩，唔驚樹尾搖」，美濃人要展現自己的生存
權利，當然要自己站起來爭，更何況處在這種「一人抗爭，可能被
槍斃；萬人抗爭，則無理變有理」的叢林化社會，美濃人為自己的
「領土」，為了政府施政的品質，為了惡質化的環境破壞，豈有不
爭的道理。」

（賴漢生 1998：260）

　　許多此類的論述，一波波地鼓動著美濃客家族群的抗爭情愫和參與動機。
這種論述要召喚的，是深深潛藏在美濃客家族群集體意識中的被壓迫情結，以
及所謂的勤奮、自主、反壓迫的「硬頸」精神，也因此反水庫運動這個發生在
20 世紀末的反政府社會運動，仍會出現以犧牲性命為行動方法的訴求，因為
對美濃人而言，必須要以最原始的強烈方式，才足以喚起民眾對此議題的共同
感知。

　　整個反水庫運動，就因為政府相關單位的敷衍態度，無形中給予美濃客家
族群一個凝聚共同精神和建構認同的因素，讓他們有了明確的抗爭對象和訴求
議題；動機的框架，也就在一次又一次層層疊起的抗爭論述和行動中，於焉成
形，整個運動在一片美濃客家人求生存、續文化的呼聲中，飄揚起「族群生存
保衛戰」的鮮明旗幟。

　　為能夠更清楚的呈現出論述重點在各種框架中的位置，特別在此將反水庫運動的論述策略，以下列的架構呈現（見表 1）。

表 1：「美濃反水庫運動」論述主題框架

框架類型	論述重點	召喚效果
診斷的框架	水庫的安全堪虞 對環境的破壞 政府的粗暴決策	對自身身家性命的擔憂 自然環境的愛惜之情 對政府的不信任和反動 建立反水庫運動的正當性
預斷的框架	目標：反對興建美濃水庫 策略路徑： 檢討水資源政策 凸顯政府的無理專橫 多重發言位置的論述內容	明確的目標宣示 建構關於反水庫理念的背景知識和訴求重點 形成內部普遍共識、外部各界共同響應的強化印象 建立運動的合理性
動機的框架	強勢欺壓弱勢的形象 塑造自覺自救的必要 強調美濃客家的傳統精神	除起身抗爭外，別無他途 保鄉愛土情感的激發 以傳統客家精神對抗強權欺壓的行動動機

資料來源：本研究

　　上述三類框架各自有其論述的重點，並發揮其不同的召喚效果。但必須在此說明的是，這些論述架構是研究者後設分析所得，並非運動組織者在運用之前的既定策略；也因為如此，這三類論述並非循這先後順序進行的，而是不時出現在運動發動其間的任何時刻，以穿插游擊的方式達到召喚的目的。

四、族群認同與社區傳播

上一節所提出的三個主題框架，包括論述重點和企圖召喚的效果，都明顯地呈現了客家人的族群意識。這當然是有意識的運作，讓族群認同成為論述的基調，不斷反覆地召喚所謂的「鄉親」支持反水庫運動，將支持反水庫和保鄉愛土進行符號的連結。讓「客家人」成為運動的主體，不是一時一地的突發之作，而是因為美濃這個社區本身既有的族群特質，讓動員者得以迅速而有效地動員居民的共識。因此，我們有必要對於美濃地方的客家族群認同進行了解，才能理解框架的建構背景，以及如何有效的原因。

（一）美濃客家的族群認同

在運動中，發動者不斷強調「客家精神」，究竟什麼是「客家精神」？在羅香林（1950）關於客家人的名著《客家源流考》結論中，強調所謂的客家精神是指：1. 客家民系是一種經過選擇淘汰而保留下來的強者血統，不畏壓力仍能保世滋大；2. 客家人歷經變亂、流離轉徙，刻苦耐勞所以樹立事功，容物覃人所以敬業樂群，耕田讀書所以穩定生計與立身處世；3. 具有特別強盛的適應能力，足以適應任何艱阻叢生的自然或社會環境；4. 系出當年中原貴胄，特重氣節，而且木本水源，敦親睦鄰。

儘管說來言詞鏗鏘，但是在臺灣當代的客家人，卻未必因此而自傲；相對地，卻有著相當程度的自卑情結。據羅肇錦（1993）粗略的估計（難以精確統計），以臺灣而言，客家人口約 350 萬人，占全臺人口的 17% 左右，比較起占 70% 的閩南族群，也算是少數族群。客籍作家李喬（1993）便認為，客家雖號稱臺灣的第二大族群，其實是虛象。原因有二：其一，客家人不能如原住民那樣保持族群的純粹性；其二，官北語系人（按：即我們俗稱說國語的人）與福佬語系人（按：即閩南人）分占政經資源的大部分，於是客家人不斷隱身

（不敢自承客家人）、走失（因婚姻外族而改變認同），所以客家人已然是臺灣真正的弱勢族群。

楊長鎮（1993）就表示，在相關的客家論述中，「客家」二字其實是充滿了曖昧、危疑意味的字眼——雖然所用的字眼表面多半是明亮、溫熱，但正因為這種有意識的明亮和溫熱，卻也透露出字眼底層的政治性焦慮。梁榮茂（1993）甚至用「亡族滅種的關頭」來形容家人當前的處境，他認為造成客家人目前會有這種現象的原因有下列數端：1. 客家是弱勢族群，人口數為少數；2. 客家意識的低落，在福佬的強勢族群中，往往有意無意地隱藏客家身分，自卑感油然而生，客家意識也因而逐漸低落；3. 經濟條件差，由於當年來臺較晚，耕作和社會工作的機會都相對較差；4. 政治和社會地位低落，在政治資源的分配上十分寒酸，民意代表未曾達到過人口比例，整個社會更缺乏有影響力的意見領袖；5. 政府語言政策的不當，過去政策上對方言的限制，使得客家話逐漸流失。這種種因素，造成了臺灣客家族群隱忍與自卑的情結。

就美濃的社區情境而言，美濃客家人對族裔的共同體驗相當深厚，具有強烈的鄉土認同感，「美濃」這個巨大的文化象徵符號已經成為美濃人意識中的深層結構。因此當族群面臨社會或政治巨大事件時，這種集體意識往往會被有意識地強化，而展現在具體的生活層面運作之中。例如 1980 年的增額立法委員選舉，當時美濃籍的聯合報採訪主任鍾榮吉回鄉出馬角逐，在美濃一地就獲得全鎮選票的 96%，創下臺灣選舉史上鄉鎮個人得票的最高紀錄，也讓鍾榮吉成為高雄、屏東、澎湖三縣選區第二高票當選人，成為美濃實施地方自治以來登席國會殿堂的第一人（美濃鎮誌編纂委員會 1996）。這個事件反映出美濃客族地方意識的強固和深厚，也符合謝志忠（1996）所說的，在政治領域的資源競爭中，因著族群共負榮辱的集體意識，而展現出協志的集體力量。尤其是社會運動的發起，群眾的認知與共識，必須經由一個勸服和召喚的過程，才

能得到觀念和行動上的認同。

（二）做為論述基調的認同意涵

　　美濃地區保有純正完整的客家文化，不僅僅是美濃人對自身的定位，也是臺灣社會普遍的印象，在美濃鎮四處遊走，所感受到的生活世界和文化內涵，都明顯有別於都會地區和福佬社群所呈現的特質。在表面的象徵物背後，真正形塑生活世界的，是美濃人深深自傲的族群性格特質。他們相信他們所居住的這片土地，是祖先們胼手胝足、披荊斬棘所開闢出來的疆域，因為族群性格中勤苦耐勞、冒險進取、簡樸質實的優良特質，讓後世子孫得以享有這片好山好水。由於自然環境與生產方式的專殊，使美濃人長期與周圍的福佬社群以及原住民形成對峙卻又互依的微妙關係，也因而在文化及生活上顯得自成一格，使得美濃成為六堆客家社群中保存客家文化最完整的社區。

　　這樣的特殊性，使得美濃人具有強烈的鄉土認同感和危機意識，一方面對美濃客家社會有著濃厚的情感與依戀，另一方面又恐怕現代化和工業化過程所造成的人口外流和農村經濟衰頹，會使得美濃不復以往的情狀。美濃所呈現日漸的邊緣化，以及面對全球化趨勢而感覺自我定位的迷失，都讓美濃客家人無可避免地產生焦慮和無奈之感。

　　族群或族裔群體，雖然是人類由主觀認定出發，但必須基於彼此共享的祖先來源、歷史經驗、信仰價值與生存意識等因素，結合而成的一種自然性自我界定群體（self-defined group）（蘇裕玲 1995）。當族群面臨社會或政治巨大事件時，這種集體意識往往會被有意識地強化，而展現在具體的生活層面運作之中。

　　然而這種潛在的集體力量，未必會自然而然地展現或轉化為行動，往往是在特定事件發生時，透過特定的機制予以操弄，才得以出現。尤其是社會運動的發起，群眾的認知與共識，必須經由一個勸服和召喚的過程，才能得到觀念

和行動上的認同。這也正是共識動員的意涵，認為人們通常會依據「認知的現實」來做決定，社會運動的領導者會企圖經由說服，來改變個人參與與否的意願，也就是要動員人們心中對社運的認同。動員包含許多不同的層次，共識動員關切的是「組織使其觀點得到支持的過程」，特別是對於所有潛在的參與者，在觀念上得到他們的支持顯得更為重要。因此，「主觀意識」的建構過程便成為共識動員最感興趣的部分。McAdam（1982）指出，在社會運動的動員過程中，「主觀意識的覺醒」是必須的要素，而其中有三個「必要的認知」做為主觀意識的具體內容，包括：1. 人們所認知的系統失去其合法性，這使得人們不再將苦難視做不幸，而看成是一種不義的狀況；2. 因著這種認為系統不正義的看法，人們有了改變現狀的需求；3. 人們相信，他們有能力改變現狀。

我們在看待反水庫運動的發動者如何改變民眾的主觀意識時，雖然未必要以 McAdam 所提出的架構做為分析基礎，但是卻有值得參照之處。運動發起者必須有意識地將運動的整個態勢塑造成「政府強勢霸權欺壓客家邊緣弱勢族群」的對立印象，藉以凸顯客家族群在整個水資源政策下的孤立與無助，以激發民眾潛在的族群集體意識，使之成為運動的心理和文化基礎。

族群社會運動往往將該族群的集體自我意識，視為行動所由的基礎要素，運動所訴求的除了具體的利益目標外，更運用族群本身的認同做為動員的動因，以及運動的連帶目標。這種訴求使得認同成為運動發動必須掌握的意識基礎，另一方面也透過運動而增進或強化原有的認同。族群讓個人得以依附群體而存在，其最基本的心理功能，就是提供個體的歸屬感和安全感。所以 Mckay & Lewin （1978）才會說族群情感使得個人對族群群體產生歸屬感，且共享的族群特質，不僅成為相互辨認的基礎，族群成員亦會藉此進行有意義的社會互動。

族群的自我意識，是來自於群體凝聚力（group solidarity），這種主觀

認定的自我有兩種型態，一是「客體下的我群（us-hood）」，另一種為「主體上的我群（we-hood）」。前者的意思是指人們藉由區別自身族群和所謂「他者（others）」的種種不同的關係，例如競爭、敵對、共生等，來對我群產生忠誠和整合的感覺；後者所謂的我群，則是藉由內部共享的活動而整合（Eriksen, 1993）。在社會面向上，當某個群體成員對目前的不平等關係感到不滿意，就會產生本土運動；群體會將優勢群體的文化看成維繫或爭取優勢地位的工具，企圖恢復我群從前或現在的文化要素，以達到「維持群體成員的凝聚力」、「逃避現實」、「重建或維持群體自尊」等目的（轉引自謝志忠1987：141）。

　　反水庫運動組織者，從「愛鄉協進會」到「反水庫大聯盟」，都一再地強調美濃是個純樸弱勢的地方鄉鎮，無力與中央霸權與龐大財團抗爭，其實真正的用意在於對內強化「我群」的集體意識與認同，以激化美濃民眾身為運動主體位置的行動動機，並試圖整合原本可能分歧的內部意見。

> 於是，在可見的未來，富者愈富，而貧者愈貧；弱勢團體在公共事務上，愈難有發言及杯葛的能力。只有默默接受強勢權貴的宰制，持續地造就一個又一個悲情角落。……於是，城鄉差距益形擴大，在無法對等的利益關係下，鄉村如美濃者，只有日益強化對城市的依賴性格，永遠為後者所剝削宰制，永遠為都會區層峰人士的需求而存在而奉獻。
>
> 　　　　　　　　　　　　　　　　　　　　　　（吳中杰 1994：294）

政府倡言推行民主，何不尊重民意？把興建水庫之利弊，邀集專家，提出正反意見，評估利弊得失，並由住民直接表達意見，俾免利益團體介入，欺蒙鄉親，大吹法螺，騙取共鳴，犧牲五萬美濃人換取你們的私利，於心何忍？一旦美濃人為水庫所害，成為厲鬼時，亦

不會放過你們這些龜奴。但願政府亦應從善如流，莫要鴨霸橫行，
以政官逼民反，親痛仇快，則國家甚幸，民族甚幸！

（涂賢雄 1998：257）

運動者對美濃的集體認同不單單建立在緬懷過去的歷史上，同時也將族群的未來和水庫興建進行連帶。他們將美濃水庫視為妨礙美濃未來發展和斲傷客家文化命脈的惡因，為此，美濃人必須挺身而起面對強權。在共識動員的策略中，這是動機框架的運用；但就族群而言，除了將共有的文化象徵體系視為認同對象之外，也會因為具有追求團體利益的特質，而蘊藏力量，一旦外在情境許可，族群即可發出力量以謀生存（謝世忠 1987）。為了將認同轉換為運動追求族群利益和永續發展的力量，發動者必須強調運動的成功與否關乎族群的存亡，如此方顯得運動的目的不僅僅在於表達不滿與反抗，以提高運動的層次。以下是幾個相關的論述：

這種抗爭的「權利」，是維持民主政治繼續發展的主要基礎，也是防止政府一意孤行迫使人民採取更激烈的手段之前的一種緩和方式，……「樹頭站得穩，唔驚樹尾搖」，美濃人要展現自己的生存權利，當然要自己站起來爭，更何況處在這種「一人抗爭，可能被槍斃；萬人抗爭，則無理變有理」的叢林化社會，美濃人為自己的「領土」，為了政府施政的品質，為了惡質化的環境破壞，豈有不爭的道理。

（賴漢生 1998：260）

做為臺灣經濟急速躍升過程中唯一日漸破落的農業生產部門的典型代表，美濃人並不常感受到國家的恩惠，水庫則是美濃為這主流經濟體制所能提供的最後一點剩餘價值。經過了這麼久的時間，在

　　心中未能清楚分析的五味雜陳的情緒下，客家人的牛脾氣終於發作

　　了。不理會科技官僚專家式的滔滔雄辯，他們決定反對這象徵著族

　　群命運一再被決定的水庫計劃。決策技術欠佳的水庫興建計劃，著

　　實傷害了美濃人的感情。　　　　　　　　　　（邱家宜 1994：272）

　　以上各項論述，無論散布在運動的哪個框架以及階段，然而就反水庫運動

整體的策略而言，認同要素都隨著運動訴求和論述的產生反覆出現。這種現象

或許是因為將運動性質定位為族群運動，而有意識的素材攫取；但也更有可能

是因為運動發起者本身的美濃客家族群屬性，引發次級發動者和參與者都在此

策略下引用認同框架，做為論述產生和共識建構的基礎。

（三）認同的延伸與詮釋：傳播的過程與共識的形成

　　美濃反水庫運動組織者將族群的文化和利益視為整個運動的訴求點，同時

也是論述策略的運作方向。組織者了解要召喚認同和動員參與，必須將運動

的意義植基在族群文化的象徵意義上，重新架構起族群成員對真實社會的認

知。在框架建構的過程中，爭取大眾投以關注與認同的「關鍵事件」（critical

events），往往具有強烈的意見引導效果，在各種意見並出競逐的環境中，使

主訴議題脫穎而出，以獲取珍貴而有限的大眾議題建構時機（Pride 1995）。

Staggenborg（1993）進一步指出，具有承先啟後連結意義的關鍵事件本身，

並不會影響社會運動的形成與轉化，但是透過社會運動組織與事件的詮釋與

推動，進而對大眾及菁英產生衝擊，而影響整個運動的建構過程（轉引自周

瑞貞 1998）。

　　原本運動所抗爭的對象是一個尚未決議的政策，即使他們一再強調的危險

性，都是未定論的議題，可是反水庫的訴求卻能在一年之內就得到多數民眾的

認同與支持；而且內部對興建水庫的多元意見並沒有充分呈現和討論之前，反

水庫就已經成為整個族群「必然」的共識。這令人不禁要質問：美濃民眾的反水庫態度，對運動共識及認同，是如何被運動組織者建構出來的？

美濃人對水庫的相關資訊，在運動之前其實是一片空白，等到鎮長、鎮代、里長、意見領袖、愛鄉協進會等人開始傳布反水庫的理念時，民眾的資訊來源就被這些來源所獨占，無論是水資會想舉辦說明會或是其他相關活動（姑且不論這些活動的程序和動機是否符合社會正義原則），都在當地被阻擋。如果有人提出贊成水庫興建的意見，立即被形容成企圖藉由興建水庫從中央取得回饋金利益的投機分子、已經進行投機動作的等待利益者，或是中央政府的走狗、美濃客家族群的背叛分子。當時的鎮長鍾新財就說：「鎮上只要有良心的人，都會支持反水庫」，言下之意便將贊成興建水庫的人都賦予道德上負面的價值判斷，這種論述在反水庫的陣營中十分普遍而鮮明，反水庫運動成為鎮上的另一種道德判準。反水庫的立場和結論在運動一開始就被提出來，接著便搶得先機，立即占據整個鎮內對水庫興建意見的大部分論述空間，使其他類型的意見被壓縮且忽視。最明顯的，贊成水庫興建的觀點在整個意見形成的過程中，是被消音且缺席的。

反水庫運動成功地進行了「認知框架的調整」，關於個人的利益、價值和信仰，與社會運動的行動、目標及意識形態兩者如何整合和互補，運動過程中充分顯現了發動者的操弄技巧。在建構關於議題的意涵時，組織者並未將反水庫運動視為一個偶發的個案，而是和長期以來美濃發展史上的所在的弱勢地位和邊陲態勢結合在一起，進行詮釋。

這種詮釋角度可以強調被欺壓的負面情結，訴諸群眾的共同憤怒；也可以訴諸傳統的族群性格和集體記憶，激發抗爭的意識和決心。美濃開庄兩百多年來，在歷代先祖的胼手胝足、以啟山林的奮鬥中開創出這片客家族群在文化意識上的精神保留地。但是客家族群在臺灣社會中的相對弱勢，加上客家人長期

以來流離顛沛、遷徙寄居的族群記憶，以農業為主和被剝削的經濟型態，使得他們接受到反水庫運動發動者所傳遞關於美濃水庫的訊息，很容易便接受中央欺壓地方、政府忽視客家族群的生存權、可能因建水庫而斷根絕種等種種帶有特定立場傾向的論述方式，並且引發醞釀已久的不滿情緒。

相對地，運動者也給予群眾一個希望，強調美濃人不是坐以待斃的順民，因為先人開墾的勤奮和不畏艱辛的強韌精神，是維繫客家族群於不墜的核心要素，只要是站在正義的一方，堅持保鄉愛土的信念，因為美濃客家人的硬頸精神，最後的勝利必將屬於美濃人。無論從哪個方向來詮釋議題，美濃人固有的文化價值體系和共同歷史經驗，都成為塑造反水庫共識的基礎意識，以召喚認同。事實也證明，反水庫運動在這方面的共識動員成效相當卓著，當他們驕傲地舉出七成以上居民所簽署的反水庫聲明書，還不忘向筆者強調，要是他們再努力一些、挨家挨戶地遊說，有把握將支持者提高到九成以上！

在反水庫個案中，運動組織者和參與者／社區居民之間，因為既有的共通性，互動和溝通頻繁而順暢，抗爭對象也就有了清楚的面貌，是在資本主義掛帥的運作邏輯下，由國民黨政府結合龐大企業集團所組成的既得利益結構。這個結構企圖藉由強勢的政治運作興建美濃水庫，犧牲美濃人以滿足濱南、八輕和南科的工業用水。此類論述所形成的「不義框架」，讓鄉親們對政府的不義舉措深感不滿，為了維護自身的利益和生存的權利，對抗政府和財團便是符合正義原則的義舉，因而取得了運動的正當性。在美濃站在公義的一方和政府錯誤決策的對立態勢中，民眾的「認知解放」達成了，運動發動者認為長久被桎梏的順民心態應該有所轉變，取而代之的是客家族群的硬頸精神，以公義對抗不義。

經過運動的發動之後，對美濃人而言，反水庫的意義不僅僅是對公共政策的意見表達和決策參與，而是美濃客家人生存權、社會位置、文化命脈及自我

尊嚴之所繫。組織者透過認知框架的策略運用，讓美濃民眾相信贊成反水庫在實質上是為了生存權益、環境保護、抗議不公不義；在精神上是內在力量的凝聚、客家精神的發揮、美濃文化的延續，甚至整個事件將成為美濃客家人歷史中的重要里程碑。反水庫運動是美濃客家族群的重大事件，但其意義不單單在於事件的影響層面廣大，而是行動者所詮釋和建構的方式，已經成為當地文化形塑的一部分，創造出植基於既有認同、新的族群意識。

（四）運動意義的建構與重塑

反水庫運動在發起之初，對居民來說是一個新的議題、新的概念，而且和既有的認知架構並不符合。因為在美濃鎮過去的政治語彙中，都是以爭取美濃水庫的興建為訴求，使得住民長期以來都對水庫興建有所期待，比較傾向正面的認知。所以運動組織者的挑戰，不僅僅是要建構新的認知架構，還必須在居民的主觀意識上改變舊有的認知架構。

所以反水庫運動者所採用的策略，是由鎮長、鎮民代表、里長、愛鄉協進會等人先運用聳人聽聞、令人駭異的資訊，指出水庫在安全上的憂慮以及對環境的負面影響，引導居民對水庫興建案的思考方向。另一方面也利用舉辦公聽會、遊行示威、北上立法院陳情的機會，強調整個水庫興建案都是政府片面霸道的決定，整個規劃過程未曾和地方溝通協調，完全不尊重美濃客家人的自主和尊嚴，將美濃塑造成錯誤政策下的犧牲者，這正顯露出政府對客家弱勢族群的忽略與欺壓，亦即美濃水庫是一項不公正且不符合社會正義的政策，誰要支持這項政策，就是要阻隔美濃的發展、毀滅客家的文化。就運動策略而言，這些做法便在創造動員潛力上占了先機。

此外，運動組織者也動員在地的人力資源及輿論優勢，有效地阻隔了贊成和支持水庫興建的聲音，甚至連政府單位試圖在當地舉辦的說明會，都因為運動者動員支持群眾前往現場為反水庫造勢，以致無法順利舉行。這種強勢運作

所造成的意見氣氛，也讓後來為倡議水庫興建而成立的「美濃發展協會」，因為反水庫團體和群眾的強勢抵制，而無法舉辦公開的推展活動。整個反水庫運動經過七年的推展，在美濃地方贊成興建水庫的聲音，幾乎完全在檯面上消失了。儘管仍有部分人士態度傾向贊成興建水庫，但無論其動機為何，都會被運動組織者貼上標籤（labeling），定位為出賣鄉土的既得利益分子或代言政府的走狗，以至於他們不敢、甚至無法在公開場合發聲。組織者在這個階段所啟動的社會網路，在此充分達到創造意見方向、排除障礙的預期效果。

在這個階段，用以勸服群眾認同反水庫運動的可行性，並不是透過分析運動策略和訴諸理性遊說的方式，而是將客家傳統精神和族群性格置於成功可能性的評估之上，讓民眾相信因為大家的起而抗爭，是會造成改變的。而反水庫運動者確實也在 1993 年和 1994 年，兩度透過政治運作在立法院刪除了水庫預算案，成功地阻擋了政策的進行。

這樣的結果喚起了美濃民眾過去的族群集體記憶，回想起因為族群協志的集體力量，使得美濃人獲得尊嚴和共同利益的歷史經驗。人們對反水庫此一議題的現實認知便因而改變了，它不再是一個知其不可為而為之的悲壯情懷，而是可能達成目標的正義之舉。這種情勢讓當地居民更為相信，他們雖然只是小鄉鎮的平民百姓，但也有可能透過自身的參與，改變政府既定的政策，同時也改變自身未來的命運。

> 一個族群為了達成它的意識功能所採取的各種象徵辦法，構成了該群體的文化。文化對於個人的約束並不是來自文化的本身，而是來自群體的總體力量，這就是群體借助於各種象徵符號的勢能，讓成員們認識自我本身，也認真思索處理各種有關生存的問題。
>
> （Cohen. A. 1986[1974]：126）

根據 Fine（1995）所提出「團體文化」的說法，對運動主體的團體本身或外界而言，他們有一組對集體自我界線的想像以及傳統的特徵，這個特別的文化會在成員所共享的某些文化特質的集體互動中發展。所謂特別的文化，包含由互動團體成員所共享的知識、信仰、行為和習慣的體系，這也是成員可進一步互動的基礎，成員承認他們的共享經驗，而這些經驗可說是他們期望被其他人所了解的基本要素，也是建構社會真實的工具。

族群中發起的社會運動，要真正召喚起民眾的認同，發動者必須要將自身所具有的歷史意識和自我覺醒，透過共識動員的傳播機制，進一步界定族群的界限，區隔我群和他群，才能使認同感強化和深化，成為運動的實質力量。洪馨蘭（1999：225）就曾指出，為了要貫徹他們保衛美濃的理念，「象徵化」成為一個必要的方法，而這個「象徵化」不是要分享某種權力，而是在凝聚美濃人的「族群意識／身分認同」。

美濃客家人的邊界非常清楚，就是一個傳統而純度高（以人口的族群別而言）的客家聚落，但站在運動發起者的觀點，仍有必要重新界定一次族群的邊界，以再度喚起群眾對族群的集體記憶和認同，架構運動發起的文化和心理基礎。美濃鎮在文化特質上，是一個傳統特色鮮明的客家聚落；在社會架構方面，傳統的人際網路、利益結構和政治體系共同形成綿密穩固的網路；在經濟體系上，以傳統農業及畜牧業為主的初階生產型態，也保存了舊有的社群體制，長此以往，鎮內民眾對自身的族群特色已習焉不察。反水庫運動發起者若要讓民眾重新察覺自我族群意識，必須將美濃放置於整個臺灣社會的大版圖上來看，才能在清楚的對照下，凸顯美濃的特殊。

這種邊界的劃定方式，可以是多面向的。相對於中央政府，美濃只是鎮級的地方政府，對於中央的決策，地方有一種不得不接受的無奈與屈辱，在政治體制上的界線便顯著可見；即使是在地方的層級，當中央提出興建美濃水庫是

為了開發水資源以供應南部地區的需要，更讓美濃人有政府要犧牲美濃客家人以成就高雄地區及滿足重工業的負面觀感。如果以族群論，雖然客家人是臺灣的第二大族群，但是在以福佬人和福佬意識為主流的臺灣社會，客家族群是相對弱勢族群，尤其客家人長期在政治和社會地位的低落，已經讓他們有種無奈的潛在自卑；在美濃興建水庫讓民眾產生是整個社會對客家族群的輕侮，美濃客家人的族群邊界也因而被彰顯出來。反水庫運動者揭露美濃水庫興建其實是為了低價供應濱南工業區和八輕的用水，以農業為主要經濟模式的美濃鎮，便在國家經濟發展的旗幟下被犧牲，這只是再次證明政府重工輕農的不平衡政策，工農的對立立場展現之後，美濃以農業為主的經濟形式邊界再次被深化。

　　無論是何種面向的劃界方式，都必須在民眾心中塑造一個「他群」，以相對彰顯出「我群」的集體意識和認同。前面所提到的中央政府、福佬社會、工業發展等較大的集群版圖，便是運動組織者所塑造的「他群」，相對於「他群」龐大、強勢、威權的形象，這個「他群」對「我群」就具有明顯的危險性。我們無法確切得知原本美濃人對所屬客家族群的歸屬感和認同程度有多高，但反水庫運動所塑造的「我群 vs. 他群」的態勢，使得原本認為理所當然的安全感歸屬感受到威脅，為了保衛自身的生存和發展，美濃人必須要在心理上強化凝聚我群的意識，認同自身族群的角色和位置，在這個基礎上相信團結力量方才足以抵禦一個龐大而具有惡意的他群所造成的侵犯。

　　Abner Cohen（1974：126）曾說：「族群特性提供一套象徵策略以解決大部分、甚至是全部有關組織方面的各種基本問題。群體本身的文化認同成就感成為分別人我的重要工具。」美濃客家社區所形成的「我群」，單單靠與「他群」對立的態勢，只能在情緒上激發引導鄉親的認同，但是對於其團體文化的實質內涵，仍必須從既有的生活習慣、語言文字、社會架構、祭祀禮俗等面向著手，讓動員的對象承認並共享文化基礎，並在這個基礎下互動。這不僅僅是

運動中所有成員自我對社會真實建構的必經過程，也是外界或他群認知運動主體的重要特徵。

當然，這並不意味著運動組織者會將反水庫運動窄化成「美濃鎮的反水庫運動」，因為孤立和窄化只會削減運動可動員的資源。他們一方面要重新界定我群的界線，另一方面也必須在策略上串聯相關的族群，以擴大運動的勢力和可動用的資源。所以美濃旅外同鄉會、六堆客家族群成為地理和心理距離上最接近的串聯對象，整個臺灣的客家族群和海外同鄉會，是較外圍的串聯對象。此外，因為反水庫的理念是以環境意識為主要訴求，因此，其他的環保團體及相關學者，以及關心臺灣環境的民眾，是理念面向的召喚對象。又因為運動所呈現的弱勢族群鄉土保衛形象，關心鄉土文化、同情弱勢族群、具有社會正義感的人士，也成為外圍的共識動員對象。是故，運動主體本身的多元特性，以及對水庫案此一議題所建構的社會真實，使得認同召喚的對象除了美濃的居民外，同時也是遍布在臺灣社會各個層面和角落與該議題相關聯的人們。

舉例而言，東華大學族群關係研究所的副教授紀駿傑（1999/4/13：15）便曾在《中國時報》的「時論廣場」上針對美濃反水庫運動為文表示意見：

> 隱藏在「少數（美濃）居民應該為大多數（南部地區）人民的需要而犧牲」的說法之下，其實是環境正義的被嚴重踐踏，以及臺灣的弱勢族群與自然環境一點一滴地逐漸被淹沒。因為，建了美濃水庫之後，下一次又要在誰的家園建水庫呢？
>
> 然而，在政治領導者「水庫一定要建」的威嚇聲中，我們聽不到這個政權對於導致臺灣水源缺乏的真正原因之深沉反省，我們更看不見這個政權對於自然生態與弱勢族的疼惜與照顧。水庫未建，臺灣社會試圖維持的多元族群共榮共存景象已然潰堤、淹沒的，又豈只

是客家族群的歷史記憶與未來想像。

在客家族群的怒吼、環保團體的抗議與地方政府的反對聲下，政府何不趁此機會開始學習如何面對水資源有限的世界，並避免一場嚴重的族群衝突呢？

以族群認同此種文化內涵做為族群社區運動的基調，正是社會運動共識動員的最佳法門，也是召喚新認同的群體內在機制。認同涉及信仰和感情的問題，除了文化特質、歷史經驗、理想人格的概念，還必須經由下列兩個過程相互作用方可達成。其一是經由不同領域的參與，例如透過語言文字的溝通、道德價值的分享、或加入實現群體政策目標的政治組織等，對這些文化象徵產生共同的了解和情感。而後，則是靠著制式化的社會關係，像是宗族關係或是地域群體的結構，來維繫上述的了解和情感。也就是說，族群認同的維繫，除了必須仰賴和他群的對立關係所產生的明顯區隔以自我界定之外，還必須靠族群內部的各種關係交互作用，才能進一步的維繫。在美濃反水庫運動中，這樣的運作策略，脈絡毋寧是相當明顯的，運動的意義和族群未來發展的社會現實，在某個程度已經形成一而二、二而一的互動和辯證態勢了。

（五）認同的形塑即社區的傳播

在一個社區中，既有的社區意識並不表示就具有確切穩定的狀態，社區意識其實是一種不斷在塑形、流轉、搖擺中的動態過程，任何社區內部或外在的事件，都為社區意識建構的過程投入新的因素。這些無時無刻出現的事件、流轉的過程，會因為行動者的行為和居民集體的認知和詮釋，在社區中成為新的社會真實，融入原有的社區文化意涵中。

因為社區體質中就具有互動及協調的特質，使其本身成為一個傳播的運作場域，一方面它需要媒介在內部做為傳播工具的同時，其實社區自身也就是一

個和其他社會體系溝通的媒介。換言之，社區內部所具有的傳播通道，包括媒介或其他的社會建制（social institution），不單單是訊息傳遞的工具性機制，它一方面可以在各種面向上連結社區內的個人或群體，在社區的傳播運作上是和整個社區整合在一起的；另一方面，更是社區對外聯繫的開放管道，以延伸社區的社會意義，建構和其所屬社會整體的有機連帶。

假若從這個角度來觀照美濃反水庫運動，或許我們可以大膽地說，反水庫運動的群眾召喚過程，其實就是傳播的過程。運動發起者置身於美濃特定的社區脈絡中，站在長久傳承的歷史和新政策可能帶來的鉅變這兩個切割時空的轉捩點上，深深了解運動的發起要說服民眾的參與，重點在於透過既有的傳統族群社區意識，揉合對政府不公不義決策的形象塑造，重新建構居民對水庫案以及美濃社會真實的認知。塑造對該共識認知的運作過程，也就是社區傳播的過程，因為傳播就是意義共享的過程，透過符號的運作和意義的建構，使得人民對社會真實產生相當程度的共識。

傳播的目的是意義共享，社區傳播亦復如此，尤其是社區所自主發動的抗爭運動，發動者和參與者對議題的共識和認同，是動員的社會心理基礎。美濃民眾對興建水庫這個仍有待討論的公共政策，在意見上卻有著高度的一致性，從社會運動的角度分析，是共識動員的成功；從傳播的觀點來看，這是社區傳播的功能，也是傳播的本質。社區傳播所強調的訊息互動交流、多元管道和機制、基於社區脈絡、集體記憶的建構等等特質，都可以在美濃反水庫的共識動員過程中看到。

對當地居民而言，反水庫運動不單單關乎一己的身家性命安全，更牽繫整個族群社區的延續和未來的發展，如果坐視不管，就是將好山好水斷送的族群罪人，無怪乎反水庫運動的道德訴求會如此地被凸顯。這種居民普遍的共識，其實是運動組織者透過傳播的過程而建構出來的。客家歷史的延續與傳承，在

美濃地區篳路藍縷的開墾歷程，還有客家族群在福佬社會及國民黨長期掌權之下相對的弱勢地位，這些既有的社會背景，使得運動組織者建反水庫的論述朝「族群自救」的方向建構，引發出民眾的集體記憶和同體感。而客家族群特有的宗族制度和因為社會機制所形成的人際網絡，又替運動所需的傳播過程提供了多元管道的情境，個別居民是訊息接收者的同時，在繁複的社會網路中也扮演了傳送者的角色。最終，反水庫的意涵已經從保衛自身的單純動機，擴充成對抗不公政策、彰顯社會正義、維繫族群精神的神聖戰爭，每一個參與者都是在這段歷史的見證者和書寫者，甚至是自身意義的詮釋者。

　　社區，成為傳播的運作場域，充分呈現出社區特質和傳播樣態兩者之間鮮活而多元的互動狀況。每一個社區都有其特定的政治、經濟、社會和文化特質，傳播是社區形成的必要過程，同時也是社區運作的結果，兩者互為因果，也相互發明。是以，傳播的發動者（以社運而言則是運動發起者）對社區情境的了解及掌握，是傳播如何透過社區情境有效運作的重要關鍵，而社區情境和居民也不僅僅是被動的接收者，他們在運動中和組織者是社會真實的共同建構者，沒有他們在共識上的同意，認同便不會發生。發動者和參與者，雙方既是傳送者也是接受者，其間的連帶是有機而多元複雜的，發動者若不能緊扣社區脈絡，就無法達到桴鼓相應的結果。

五、建構認同是為傳播的基礎概念

（一）社區中的傳播

　　因為人類的傳播行為必須要透過符號來達成，所以從修辭學到語藝學的傳統人文學門的傳播研究，都十分注意符號的製造和接收，也就是製碼（encoding）和解碼（decoding）的過程。但另一個重要的關鍵，是「人類社會」這個脈絡，亦即傳播絕不可能發生在真空中，它並不是一個與世無涉的自

我完成過程，符碼的互動必然是在社會文化環境中進行，語言和社會的雙重要素，使得人類傳播成為可能；而社會脈絡的特質也影響傳播發生的方式。依照 Rogers & Chaffee（1993）的說法，傳播學的核心觀念就是「意義的共享」；夏春祥（1997）也循此脈絡提出傳播的本質乃「意義的建立和訊息的分享」。若這樣的界定方式若可以被學術社群普遍接受，則所有的研究焦點都應該輻輳到「人類社會運用符號進行互動的過程」這個面向上。

當然，這種說法很容易陷入「結構和功能論」（structural and functional theories）和「互動和習性論」（interactional and conventional theories）的爭議中──究竟是社會的結構影響人類的互動，抑或社會的結構和功能是互動的產物？是結構在互動之前，或是互動在結構之前（Littlejohn，程之行譯，1993）？本文無法也無意對這樣的爭論提出圓滿的答案，但是要強調的是，結構和互動兩者間的辯證關係，正足以說明傳播脈絡對了解傳播行為的重要性。

在傳播研究的領域中，大眾傳播當然是主流。從大眾社會的觀點剖析，大眾傳播媒介本身就是大眾文化的主流。陳世敏（1983）曾指出，在高工業化的社會中，大眾媒介多元化已是當代大眾文化的趨勢。如果這個趨勢隨著傳播科技的發展，只有愈來愈深化而不會削減，那麼大眾傳播所面臨的挑戰也隨之加劇；易言之，大眾傳播理論所能夠解釋的傳播及社會現象可能不如以往如此具有普同性，愈來愈多的傳播現象是在大眾傳播理論涵蓋的範圍之外發生，硬套用既有的傳播理論來解釋現存的傳播現象及問題，不免產生捉襟見肘的窘態。

在過程方面，60 年代之前的大眾傳播被描述成單向而強力的傳播樣態，大眾媒介所傳送出來的訊息，會改變閱聽人的認知和行為；而且傳播的過程是單向線性的，閱聽人只能被動地接受，而沒有回應或抗拒的能力。這種所謂傳播「萬能效果論」的說法，歷經 60 年代的「有限效果論」的否定，認為大眾傳播沒有明顯的效果；到 70 年代又重回「大效果論」，這時已不再將傳播的

過程視為由傳送者至接收者間單向的傳播，而兩者共同參與的互動過程；也就是說，傳播的兩造都是主動的，而且地位也被視為平等的。

這種說法，描述了理想狀況下的傳播過程，但事實上我們觀照實際的社會現狀，這可能只是一種「理想型態」（ideal type）。McQuail（1994）便認為，雖然傳播媒介的多樣化及管道多元化，使閱聽人獲得資訊的能力增加，這可以減輕傳送者和接收者的不對稱（asymmetry）關係，但典型的狀況依然是兩者不對稱的。接受者在一般狀況下只是熙攘閱聽人中的單一分子，他很少或根本沒有機會接觸其他的閱聽人，更無法相互認識及了解。大眾傳播過程中由一個傳送者（當然是強勢的媒介組織）對眾多個接受者的樣態，使得媒介有能力發揮直接且持續的影響，這種強大的力量是其他傳播型態所缺乏的。

因此，只要大眾媒介的主導性質仍然存在，大眾傳播理論也就更缺乏對其他傳播樣態的含括性及解釋能力；因為新興傳播科技影響所及而造成的其他種種傳播樣態，可能較大眾傳播更具互動及平等的特質，而能在大眾傳播的強勢作為下另尋生存的空間，以不同於過去大眾媒介的方式運作。就大眾傳播研究而言，這種情況似有必要另外樹立新的研究取向，以因應種種新興的傳播趨勢，並尋求更多元的描述方式及更周延的詮釋內涵。這也莫怪美國傳播研究巨擘 Chaffee& Metezger（2001）要語出驚人、大膽地宣告傳播研究中「大眾傳播的終結」（the end of mass communication），因為隨著傳播技術和通道的發達，「大眾傳播」一詞已經無法在有效地包含多元而分歧的傳播樣態，必須另謀他途，才能賡續傳播研究的長遠發展。

社區的傳播，可以說是一個具體而微的社會傳播現象聚合脈絡，其中已經包含了各個層次的傳播型態，但是大眾傳播運作方式和邏輯卻又未必完全符合社區的傳播運作型態，也就是說過去的傳播研究分類方法，並不適用於社區的傳播研究。

這並不是說，必須要將社區傳播或網路傳播再納入傳播的分類層次中，而應該回到一個更根本的思考方式：當今臺灣傳播學術社群的傳播研究，究竟有沒有讓我們對傳播的本質有更透徹而清楚的認識和了解？

傳播行為既然是人類活動的基礎樣態，傳播研究的議題也應該包括個人發展、人際關係、社會關係、組織、制度、甚至包含所生存的整個文化結構。像這樣廣泛而多元的研究領域，傳播學應當被視為一種整合性的實踐學科（practical discipline），研究者在此領域中，無論是採取批判、詮釋或是實證經驗式的研究，只要與傳播核心的哲學概念契合，都應該相互指涉而連結。但是國內目前的傳播研究，卻因為領域劃分十分細密，使得教學和研究機制正朝向不斷因應新媒介與細緻分工的趨勢前進，這樣的結果使得整合研究愈形不可得（須文蔚與陳世敏 1996）。

根據 Hollander & Stappers（1992）的說法，所謂的社區傳播其實是某種形式的公共傳播，它是在特定社區的脈絡下來服務群眾和創造公共性，這個社區包括地理上的社區和利益社群。這種定位方式是為了和大眾傳播的運作範圍有所區別，社區傳播的運作地理區域範圍規模，要較大眾社會來得小；更重要的差異是，社區傳播所針對的傳播對象不再是所謂的「大眾」，而是特定的、有限的、區隔過的閱聽人群。所以，社區傳播應該被理解為一種小規模（small scale）的傳播形式，像是以鄰里、村落、城鎮為範圍的公共傳播。

社區傳播指的是小規模的公共傳播，諸如社區有線電視、社區電台、社區報紙，甚至鄰里間的街談巷議、布告欄等都包括在內，訴求的對象是有限的，但並不表示傳播過程是完全封閉的，所有的訊息也會對社區外更大範圍的人們開放。社區傳播的基本前提，就是所有參與社區傳播的人，都同時是傳送者也是接收者，因為它們有共同的生活背景，在公共議題上關切的方向及利益通常也是共同的。所以，社區傳播在向閱聽人訴求時，便已假設彼此間有共同的

關切並且息息相關，社區傳播中流通的訊息是一種共同關切和利益的再生產（reproduction）與再現（representation），用以獲致社區媒介的社會及政治意義（Hollander & Stappers 1992）。

在社區傳播中，傳播的進行有著和大眾傳播不同的風貌。社區傳播和社區媒介對於大眾傳播最尖銳的挑戰，就在於民眾接近使用和參與的可能性大幅的提高。民眾對社區生活環境的關切及實際需要，運用共通的管道是最便利的溝通方式，社區媒介和其他的傳播機制提供了一種民眾可以共同參與的決策方式，而不再只由少數人來決定公共事務。一旦社區媒介的功能彰顯，整個社區的決策溝通過程便有更多互動及對話的空間，也為各種不同策略的呈現提供了更多的機會（Nigg & Wade 1980）。

美濃反水庫運動，在對外的運作上，採用了一些可以爭取大眾媒介報導的議題策略，也採用傳播科技，透過網站的設置動員社會對環境關懷的團體和人士，以爭取他們的支持；但是本研究的核心旨趣，是試圖探究整個在社區內如何建構符碼、傳遞訊息，以達到共識。運動傳播運作的場域，不再是大眾社會，而是有共同歷史經驗的美濃鎮客家族群；所要召喚的對象，也不是面目模糊、相互隔絕的「大眾」，而是雞犬相聞、平日談讌的鄉親們。運動的發動者固然是訊息的建構者和傳送者，但是任何一位美濃居民也同時扮演著相同的角色，他們對反水庫的認知方式和所抱持的態度，比較起第一手來源的原始訊息，其影響力可能無分軒輊，而是因著它所在的社會網路而產生特定的效果。這些深深植根在地方情境的傳播過程，是大眾傳播理論和研究途徑所無法探索到的。研究者再次強調，這並不意味大眾傳播取向的錯誤、或表示社區傳播路徑的擅場，從方法論的角度而言，這是標明不同的社會脈絡，必須以不同的研究取向進行探索，才能找到最適切的詮釋方式。

（二）認同建構是傳播的運作方向

認同的形成不是個人遽然接受一套固定的價值或態度傾向，而是浸濡在文化環境中漸次形成的，例如透過符號的傳遞，也就是語言文字的溝通、道德價值的分享、或加入實現群體政策目標的政治組織……，才會對這些文化象徵產生共同的了解和情感；而後，才是靠著制式化的社會關係，像是親屬關係或是地域群體的結構，來維繫上述的了解和情感。

當然，若將傳播視為訊息的互動與意義的共享，認同的形成，所依賴的就是傳播此一社會運作。回頭檢視傳播研究早期的觀點，Lasswell（1948）早在他的短文〈傳播在社會的功能與結構〉中，就已經提出傳播在社會中負有「傳遞文化」的責任，其功能在於傳遞知識、價值和社會規範。讓個體對所處的社會／社區產生認同，即是傳播的主要功能。傳播將文化的意涵化為象徵，加以保存、傳遞、累積，形成集體記憶，再透過不同的運作機制和管道，重新進入人們的生活世界，並重新予以詮釋和架構新的意義。

換言之，傳播是一個人類集群認同形成的必經過程，透過各類管道和媒介的傳播，由人際關係、社會網絡、象徵符號、組織化媒介，將屬於該社會的文化傳統深植在個人的意識和行為中，在情感和信仰上對象徵產生歸屬感。Spicer（1981）就說過，其實「認同」一詞所處理的就是「信仰」和「情感」的問題。他認為，集體認同（collective identity）就是群體和被選取的文化要素（也就是象徵，symbol）之間的關係。當人們相信和感知到某些象徵或表徵所代表意義的重要性時，就會產生集體認同。這種象徵符號在經過人為的展示和操控之後，會喚起處於該認同體系下人們的感情，而愈加堅定他們對這些象徵的信念。族群認同是一種集體認同，因此，我群成員對被選取文化要素的信仰及情感，即是族群認同力量的來源所在。

　　本研究的研究客體，南臺灣一個純樸寧靜的客家聚落——美濃，這個開庄已有二百六十多年的客家聚落，日常生活的種種，舉凡語言、飲食、風俗、祭典、家族等，都保有明顯的客家文化特色。個體產生認同的各種條件和機制，在一個族群社區中往往會顯得十分鮮明而突出。美濃人形成客家族群認同的重要機制，包括宗族制度、民俗信仰和人民團體等，因著長期不墜的群體聚居，即使是當代的美濃人，身處如此包含各種機制所形成的社會網路中，這些新的網路也會和原本存在的生活型態和傳統機制，產生複雜而多元的交互作用，造就文化和社會的集體共同意識，而形成各種新的認同。

　　美濃反水庫運動從一個維護利益、對抗不義的自我利益訴求性質運動，轉而成為具有族群運動的性質，也就是說族群集體的意識形態這種具有基本信仰高超的道德性宣示，在面臨極權壓力的特殊情境時，會扮演著將被動、認知層次的基本信念轉化至積極、行動層面的角色，是從屬社會得以抗拒優勢社會涵化或同化力量的最主要因素。因為對運動發起者而言，維護族群的生存和文化命脈，是超越實質利益的高層次訴求，沒有族群意識做為運動的精神基礎，就無法建構對於水庫的詮釋方式，更無以召喚家鄉族人的認同。

　　因此，在探究社區文化形成的動態深層運作上，社區傳播和社區形成的兩種詮釋途徑，在此有了對話與互為闡發的可能。我們可以大膽地指陳，在一個社區內，認同的形塑過程其實也就是傳播的運作過程。人們從社區中吸收和攫取文化特質以形成集體共識，就是透過傳播的機制，藉由符號的傳遞與互動而漸次形成。而每一個成員的活動，也經由轉換成各類象徵符號，傳遞和儲存在社區的集體記憶之中，並形成新的認同。

　　傳播從來就不是在真空的狀態中進行，人類所處的社會脈絡正是傳播之所由最基本的情境，所謂的符號互動和意義共享，沒有認同就無從發生作用，也不知運作的目標和方向；而認同的形成，也必須依賴傳播的發生，方得以建構

意義和形成共識。認同與傳播，兩者具備了如此互動而辯證的弔詭關係，正提供了傳播研究者開闊的觀視角度，並從中發掘更多元性理解和詮釋的可能。

參考文獻

反對興建美濃水庫後援會，1998，〈反對興建美濃水庫後援會宗旨及目的〉。頁 100-101，收錄於《我鄉我情關懷系列第三輯：美濃水庫新聞與論述實錄（一）》。高雄美濃：月光山雜誌社。

月光山雜誌，1998，〈鍾新財當門神反水庫繼續努力完整美麗的家鄉有賴大家保護〉。頁 111-113，收錄於《我鄉我情關懷系列第四輯：美濃水庫新聞與論述實錄（二）》。高雄美濃：月光山雜誌社。

李　喬，1993，〈臺灣「命運列車」的邊緣角色：兼談臺灣的客家族群〉。頁 16-21，收錄於臺灣客家公共事務協會編，《臺灣客家人新論》。臺北：臺原。

吳中杰，1994，〈悲情雙溪的呼喚〉。頁 274-294，收錄於美濃愛鄉協進會編，《重返美濃：臺灣第一部反水庫運動紀實》。臺中：晨星。

邱家宜，1994，〈隨水逝去的鄉愁〉。頁 251-273，收錄於《重返美濃：臺灣第一部反水庫運動紀實》。臺中：晨星。

周瑞貞，1998，《臺灣原住民社會運動之意義建構與媒體策略分析：以「還我土地」運動為例》。淡江大學大眾傳播系傳播碩士班碩士論文。

吳錦發，1998，〈閉門造車，胡搞瞎搞〉。頁 136-137，收錄於《我鄉我情關懷系列第四輯：美濃水庫新聞與論述實錄（二）》。高雄美濃：月光山雜誌社。

林瀛芳，1998，〈給連院長的一封信〉。頁 226-230，收錄於《我鄉我情關懷系列第四輯：美濃水庫新聞與論述實錄（二）》。高雄美濃：月光山雜誌社。

美濃愛鄉協進會，1998，〈反對美濃水庫興建十大理由〉。頁 85-87，收錄於《我鄉我情關懷系列第三輯：美濃水庫新聞與論述實錄（一）》。高雄美濃：月光山雜誌社。

美濃鎮誌編纂委員會，1996，《美濃鎮誌》上、下冊。高雄：美濃鎮公所。

紀駿傑，1999/4/13，〈錯誤水庫政策，將引爆族群衝突〉，《中國時報》，第 15 版。

涂賢雄，1998，〈變色的埤頭〉。頁 184-186，收錄於《我鄉我情關懷系列第三輯：美濃水庫新聞與論述實錄（一）》。高雄美濃：月光山雜誌社。

洪馨蘭，1999，《菸草美濃：美濃地區客家文化與菸作經濟》。臺北：唐山。

夏春祥，1997，〈文本分析與傳播研究〉。《新聞學研究》54：141-166。

梁榮茂，1993，〈客家文化的危機與轉機：從客家內質反省客家未來〉。頁43-49，收錄於臺灣客家公共事務協會編，《臺灣客家人新論》。臺北：臺原。

陳國明，1999，〈傳播學研究概觀〉。《新聞學研究》58：257-268。

陳豐偉，1994，〈落日原鄉〉。頁227-250，收錄於美濃愛鄉協進會編，《重返美濃：臺灣第一部反水庫運動紀實》。臺中：晨星。

張正揚，1994，〈悲情小鎮的豪情運動〉。頁221-226，收錄於《重返美濃：臺灣第一部反水庫運動紀實》。臺中：晨星。

須文蔚、陳世敏，1996，〈傳播學發展現況〉。《新聞學研究》53：9-37。

經濟部水資源統一規劃委員會，1993，《南部地區的水源命脈：美濃水庫》。臺北：行政院經濟部水資源統一規劃委員會。

程之行譯，1993，《傳播理論》。臺北：遠流。（原書 Littlejohn, S. W.〔1992〕. *Theories of human communication*. Belmont, Calif.: Wadsworth.）

楊長鎮，1993，〈羅香林的客家描述：重建臺灣客家論述的一個起點〉。頁85-89，收錄於臺灣客家公共事務協會編，《臺灣客家人新論》。臺北：臺原。

謝世忠，1987，〈原住民運動生成與發展理論的建立：以北美與臺灣為例的初步探討〉。《中央研究院民族學研究所集刊》64：139-177。

＿＿＿＿，1996，〈神話解析與國家文化：中國少數民族神話詮釋的社會主義意識型態〉。頁433-453，收錄於收錄於李亦園、王桂秋主編，《中國神話與傳說學術研討會論文集（下冊）》。臺北：漢學研究中心。

鍾永豐，1999/5/25，〈犧牲美濃，成就了誰？〉《中國時報》，第15版。

鍾鐵民，1998，〈美濃人很焦慮水庫的安全問題〉。頁178-180，收錄於《我鄉我情關懷系列第三輯：美濃水庫新聞與論述實錄（一）》。高雄美濃：月光山雜誌社。

賴漢生，1998，〈反水庫運動的精神與省思〉。頁253-260，收錄於《我鄉我情關懷系列第四輯：美濃水庫新聞與論述實錄（二）》。高雄美濃：月光山雜誌社。

羅香林，1950，《香港崇正總會三十週年紀念特刊：客家源流考》。香港：香港崇正總會。

羅肇錦，1993，〈看不見的族群：只能做隱忍維生的弱勢人民嗎？〉。頁 31-
　　36，收錄於臺灣客家公共事務協會編，《臺灣客家人新論》。臺北：臺原。

蘇裕玲，1995，《族群社區與族群書寫：當代臺灣客家意識展現的兩個面向》。
　　國立臺灣大學人類學研究所碩士論文。

Barker-Plummer, B, 1995, "News as a political resource: Media strategies and
　　political identity in the U. S. women's movement, 1966-1975". *Critical Studies
　　in Mass Communication*, 12:306-324.

Bromley, Y. V., 1978, "On the typology of ethnic communities". In S. A. Arutiunov
　　(Ed.), *Perspectives on ethnicity*. The Hogue: Mouton Publishers.

Cohen A., 1974, *Two-dimensional man*. Berkely: University of California Press.

Eriksen, T. H., 1993, *Ethnicity and nationalism: Anthropological perspective*.
　　London: Pluto Press.

Fine, M., 1995, "Community-based services ad the fragmentation of provision: A
　　case study of home and community care services in a suburban community".
　　Australian Journal of Social Issue, 30(2):143-161.

Fowler, R. B., 1991, *The dance with community: The contemporary debate in
　　American political thought*. Kansas: University Press of Kansas.

Gamson, W. A., 1989, "Media discourse and public opinion on nuclear power".
　　American Journal of Sociology, 95(1):1-37.

Goffman, E., 1974, *Frame analysis*. Cambridge, Mass: Havard University Press.

Hall. S., 1982, "The rediscovery of 'Ideology': Return of the repressed in media
　　Studies". In M. Gurecitch, T. Benett, J. Curran & J. Woollacott (Eds.), *Culture,
　　society and the media* (pp.56-90). London: Methuen.

Hollander, E. & Stapper, J., 1992, "Community media and community
　　communication". In N. Jankowski, O. Prehn & J. Stappers(Eds.), *The people's
　　voice: Local radio and television in Europe*. London: John Libbey.

Keyes, C. F., 1976, "Towards a new formation of the concept of ethnic group".
　　Ethnicity, 3:202-213.

_____, C. F., 1981, "The dialectics of ethnic change". In C. F. Keyes (Ed.), *Ethnic
　　change*(4-29). Seattle: University of Washington.

Klandermans, B., 1984, "Mobilization and participation: Social psychological expansion of resource mobilization theory". *American Sociological Review*, 49(5):583-600.

_____, B., 1988, "The formations and mobilization of Consensus". In B.Klandermans, H. Kriesi & S. Tarrow (Eds.), *Intentional social movement research vol.1 From structure to action: Comparing social movement research across cultures*. Conn: JAI Press Inc.

_____, B., 1992, "The social construction of protest and multiorganization fields". In A. D. Morris & C. M. Mueller (Eds.), *Frontiers in social movement theory*(77-103). New Haven: Yale University Press.

Lasswell, H., 1948, "The structure and function of communication in society", reprinted in Schramm & D. Roberts(eds.) *The process and effect of mass communication*. Urbana: University of Illinois Press.

McAdam, D., 1982, *Political process and the development of black insurgency, 1930-1970*. Chicago: The University of Chicago Press.

Mckay, J. & Lewins, F., 1978, "Ethnicity and the ethnic group: A conceptual analysis and reformulation". *Ethnic and Racial Studies*, 1(4): 412-427.

Nigg, H. & Wade, G., 1980, *Community media: Community communication in the UK: Video, local TV, film, and photograph*. Zurich: Regenbogen-Verlag Zurich.

Phillips, D. L., 1993, *Looking backward: A critical appraisal of communitarian thought*. Princeton: Princeton University Press.

Pride, R. A., 1995, "How activists and media frame social problem: Critical events versus performance trends for schools". *Political Communication*, 12:5-26.

Rogers, E. M. & Chaffee, S. H., 1993, "The past and the future of communication study: Convergence or divergence?" *Journalism of Communication*, 43(4):125-131.

Snow. D., Rochford, E.B., Worden, Jr. S. K. & Benford, R. D., 1986, "Frame alignment processes, micromobilization, and movement participation". *American Sociological Review*, 51(4):464-481.

Spicer, E., 1981, "Persistent cultural system: A comparative study of identity system that an adapt to contrasting environments". *Science*, 174:795-800.

Van Zoonen. L., 1994, *Feminist Media Studies*. Thousand Oaks, CA: Sage.

臺灣客家運動之政策分析 [*]

宋學文、黎寶文

一、前言

　　長期以來，在臺灣的福佬、客家、外省與原住民四大族群[1]中，客家人一直扮演著尷尬而隱晦的角色。在四大族群中，原住民有別於漢族的血統和外貌，最易區分。而原住民在臺灣之社會地位，因相對明顯弱勢，近年來，已受到學術界與政府的日益重視。臺灣的客家人雖然號稱是第二大族群，但客家族群的政治、社會參與和客家文化的傳承情況，仍然令許多客家文化人士擔心。由於客家族群與福佬人、外省住民共享漢文字符號，加上種族血緣和居住位置的接近，使得客家族群不易取得類似原住民的「族群區隔性」與「辨識性」；但在另一方面，福佬人和外省人又占據了大多數的臺灣政經資源，因此，在主客觀相互作用的情形下，客家族群常散居在福佬與外省族群之間而被形容為「隱形人」（徐正光，1991：4）。

　　然而隨著臺灣民主化的發展，客家運動也開始隨之發展。自 1988 年 12 月

[*] 本文原刊登於《人文及社會科學集刊》，2006，18 卷 3 期，頁 501-540。因收錄於本專書，略做增刪，謹此說明。作者宋學文現任國立中正大學戰略暨國際事務研究所教授兼社會科學院院長；黎寶文為美國喬治亞州立大學政治學博士。

[1] 這種臺灣「四大族群」的分類，儘管曾經遭遇原住民和學者的批判和質疑，但是，這樣的分類卻是目前社會上廣為接受的方法；因此，本文採用這樣的分類作為基礎。相關分類可請參見張茂桂（1997：91-116）；黃宣範（1994）。

28 日客家大遊行開始迄今，客家運動的發展，已經由最原始的「還我母語」運動的階段，逐漸深化與精緻化到各政黨「客家政策」競爭和「客家研究」逐漸興起的階段。[2] 從學術角度來看，我們發現儘管目前臺灣客家運動的發展日益受到關注，但是目前臺灣的客家研究卻大多數仍集中於語言、風俗、或客家源流史之研究，尚未反映當代客家研究的新趨勢：強調跨學科跨區域的整合研究，從而有利於政府客家政策之制訂。本文寫作的重要動機之一便是希望藉由政策科學（policy science）與「治理」（governance）之探討，對於客家運動由社會運動演變為客家政策其背後的決策過程，作相關分析，為客家研究提供一個與政策制訂相關之研究途徑。

同時，客家研究也是亟需「科際整合」的一個研究領域，它涉及的不但不止於語言學、人類學及歷史學等領域，它更涉及傳播、教育、政治、社會、心理等之專業知識。誠然，吾人不可能在有限的生涯中，同時精通如此龐雜之各項專業知識；所以，本文嘗試藉著「治理」在政策科學中之最新研究趨勢及其在客家研究之意涵的探討，以激發新的思維及學習新的研究方法，以裨益於在臺灣之客家政策研究，使客家研究不但具有專業政策科學之學理，亦具備全球化之新思維。為達到此研究目的，本研究主要透過政策科學與 3i 模型的概念，建構一套動態的分析架構，來說明 1988 年迄今的客家政策形成過程。

二、臺灣客家運動之政策分析架構

我國客家政策之發展，事實上正反映了學術上有關「治理」概念之發展。治理概念的興起，是民主政治與國家統治角色交互論辯的結果。而近來治理概

---

2 1988 年 12 月 28 日一萬兩千多名客家人走上街頭，主要訴求是「還我母語」、「廢除廣電惡法」和「客家話上電視」，時為 1987 年 7 月解嚴後一年餘，是客家運動的濫觴。（張鎮坤，2003：75）

念的出現，其實是為了與傳統的「統治」（government）有所區隔而來，同時也可視為一種全球化現象。

　　20 世紀以來的社會政經發展，使得國家（政府）的統治能力分別受到三個層次的挑戰，分別為國際層次：全球化、跨國活動；國內行政層次：財政危機、傳統政治遺續；民間社會層次：市場機能、第三部門、個人主義、新公共管理。而治理的概念，即是嘗試將國家能力放在符合上述趨勢的新「國家－社會」關係脈絡中來加以實行（Jon Pierre and Guy Peters, 2000：52-69）。政府的統治能力在上述諸多挑戰的衝擊下，已不能單獨遂行重大公共政策之制訂，而需面對民主政治下，國內民眾定期選舉與要求服務的民意壓力。早年威權統治時期，我國並無明確的客家政策，而在客家運動逐漸興起的 1980 年代末期，臺灣政府與社會無可避免的正遭遇上述三個層次的衝擊，而臺灣的客家政策也在上述的環境下發展。

　　隨著時間與社會經濟的不斷發展，治理的概念亦隨著不同的政經局勢而隨之發展與調適，尤其在第三波民主化與全球資本主義的發展下，治理概念的發展，更進一步與「善的」（good）、「民主的」（democratic）等規範性概念結合，嘗試以治理概念作為促進人類發展的重要方法。由時間序列的先後發展來看，我們可以歸納出統治（government）→治理（governance）→善治（good governance）→民主治理（democratic governance）的發展脈絡。由聯合國所提出的「善治」[3]、「民主治理」[4] 等概念可以發現著重「價值取向」思考模式已經開始與治理的概念結合。除了重視提升人民的社會、經濟生活水準，更重要

---

3 關於善治的概念，請參見「聯合國千禧年宣言」（United Nations Millennium Declaration）（UN general assembly, 2000）。http://www.un.org/millennium/declaration/ares552e.htm
4 關於民主治理的相關概念，請參見 UNDP，2002。http://hdr.undp.org/reports/global/2002/en/

在於民主參與的能力，以及人類發展方向、自我價值的探索。總結而言，治理
的概念是希望能在國家與社會之間建構兼具效率和公平的制度與規則，同時更
在於努力發展讓所有人民擁有自我探索、政治表達能力的民主過程。

　　就客家運動的發展而言，客家運動長期以來訴求的客家政策，多在強調
「族群多元」、「平等尊重」、「客家認同」與「語言復興」等價值性議題，
主要是希望建立族群的平等尊嚴，可以視為是客家族群基本權利的追求。而我
們也在客家運動的論述與行動中，發現對於各政黨的批判、監督或結盟，[5] 這
更是客家運動者積極參與決策過程並且要求政治菁英加以負責的過程。在政治
民主化之後，客家運動者進一步希望建立公平合理的政治制度，藉以保障客家
族群的權益。後期的客家運動者也以社區運動者的身分，參與決策過程，扮演
著公私協力的夥伴關係，而上述歷程與治理概念發展，不僅相符，更進一步皆
可視為建構全球各族群平等多元生活環境的一部分。客家運動與客家政策本身
即是追求「重建客家認同」的價值取向訴求；然而，為實現此一價值，又必須
涉及政治、社會與制度建立等領域，方能營造平等、尊嚴的多元族群生活環境。
因此，治理的概念將有助於建構本文的分析架構，亦有裨益於分析客家政策未
來的全球發展與布局。

　　基本上，欲將一個政策從無到有的發展過程完整地分析，包括問題建構
（problem structuring）、政策論述（policy discourse）、議程設定（agenda
setting）到政策演化（policy evolution）等面向，本身便是一個跨學科領域的
重大挑戰。而客家政策之研究，除了必須面對跨學科的挑戰，也應該反映治理
概念所代表的跨越政府不同層級、不同部會與族群文化、價值等科際整合研究
特色，以追求客家政策研究的「全面性」。所以，本文將採用跨層次分析法

---

5 包括對威權時期的國民黨，要求其對語言歧視政策負責；對於在野或執政時期的民進
　黨要求其競選時客家政策與政見的落實。

（cross-level-of analysis）的 3i 模型來作為對於客家政策的形成和演變分析的基本模型，以符合治理所訴求的多元、跨領域合作關係。

3i 模型的基本概念，在以理念（idea）、利益（interest）及制度化（institutionalization）來說明決策之過程。[6] 依據 Goldstein 與 Keohane 之理論，理念可以透過三個因果途徑來影響政策：理念可以在個人面臨各種選擇時，指導其偏好；或在其多元政治策略與政策目標間提供一個指導原則。（Goldstein and Keohane, 1993：11-26）因此理念具備「地圖」（road map）的功能，一旦政策目標已確定，可以使決策者不致迷失在因策略性考量而有的多元政策選項（policy alternatives）中。其次，理念可以在政策目標尚有爭議的階段，也就是在國內政治力量或其他利益團體對決策者所提出的政策目標，未能形成共識時，提供一套策略性之互動方式（strategic interactions）以取得對決策者在推動其政策時最有效之結果。在此種情形下，決策者之理念可以扮演凝聚（glue）各方不同意見之工具。最後，理念必須透過制度化（institutionalization）來保障並鞏固其政策目標。事實上，任何理念一旦透過立法程序，並形成制度時，此理念即已落實於政策中，並進入實際執行階段。

若用 David Easton 的系統理論[7] 來探討個人理念與政策產出的關係（如圖 1），在第一階段時個人理念有其形成之背景因素，決策者若欲推動此理念，將面臨多種不同意見或阻力，因此除了必須將其理念透過文宣來介紹給社會大眾之外，還必須在第二階段以利益整合各方不同之意見。而利益可以是有形的政治或經濟之利益，也可以是無形的意識形態的認同與榮譽等非實質利益。因此在此階段，強調決策者能藉著整合各方不同之利益在某種廣泛的基礎

---

6 有關3i決策模型之建構，乃為一極繁雜的政策產出之研究過程。請參見宋學文（1999：41-79）。

7 關於 David Easton 的系統理論，請參見王浦劬等譯，1992。

上達成有相當共識的政策制訂原則，並為未來之政策執行奠下良好基礎。然而政策之形成、執行、鞏固必須仰賴第三個階段中所強調的組織與制度化。當理念透過第一與第二階段成為政策，並且得以解決各項問題之後，便開始漸漸地往正式的行政組織中內化成為制度，而慢慢地限制了其他政策或紛歧意見之產生。此時，理念已被組織化或深埋於既定政策中，也就是圖 2 中所描述的第三階段。如果理念在此成了制度化的特定政策，那麼理念便與利益或權力已糾結在一起，並鞏固為政府政策，且其影響力會久久不衰（Goldstein and Keohane, 1993：12-13）。而第四階段提供了檢視或加強此理念可行性之機制，使理念與政策產生之間形成一種循環的系統。

依據 3i 模型中所包含的系統理論作為基本的分析架構，本文將一切與推動「客家政策」相關的決策過程作為分析的系統內部之「單元」（unit）或「部分」（components），而此 3i 決策模型之中三個單元間的互動關係、位置與過程，又必然將受到系統「環境」（environment）的制約與影響。（如圖 1）

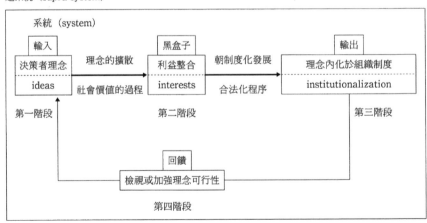

圖 1：3i 決策模型與政策間之關係[8]
資料來源：宋學文（1999：81）

　　若依上述模型來分析客家政策之產出，則客家政策制訂系統內有數個單元分別為 1i（ideas）、2i（interests）、3i（institutionalization）及「回饋」（feedback）；其中，透過此 3i 決策模型所建構我國客家政策制定之「系統」所處的「環境」（environment）則為臺灣政治民主化與本土化之發展。而臺灣政治發展更外層環境或所謂「超系統」（supra-system）即為全球化與全球治理對我國政治發展之影響。而臺灣的客家政策[9]即受到臺灣政治發展此一「環境」與「超系統」內部之單位或組成所主導。因此，透過 David Easton 所強調之系統理論：輸入→系統→輸出的動態過程，3i 模型整合了決策過程與政策環境的互動，我們將以此分析客家政策的產出過程與變遷。（如圖 2）

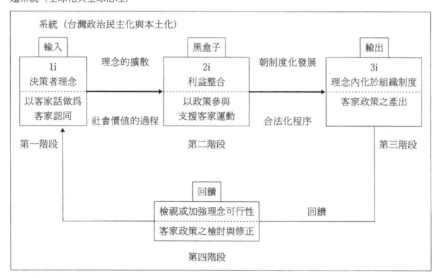

圖 2：3i 決策模型與客家政策間之關係
資料來源：作者自製

---

8 本圖中，每一個 i 可以是為一個「單元」（unit），而 3i 的動態過程（1i → 2i → 3i → 回饋 → 1i）可以視為是一個系統。而該系統受到「環境」或稱「超系統」之制約。

9 依上述脈絡，臺灣的客家政策可以視為臺灣政治發展「環境」下的一個「系統」。

　　傳統的政策制訂模型認為政策制訂有其一定的流程、順序、步驟，因此政策過程之每個環節，如政策目標之釐定、政策選項之臚列、政策選項之評估、政策建議、政策執行等似乎都是按部就班的順序行為。但是，在實際的決策過程中，這樣按部就班的決策流程，事實上是不太可能存在的。而我們也無法明確預知或判斷，客家運動者或政治菁英何時或如何決定進行下一步驟的開展。Deborah Stone（1997：10-11）認為決策者在政策制訂的過程中，往往不按所謂的政策流程來作決策；許多決策都是在理念擺盪、利益衝突及程序的回饋之後，才逐漸透過立法程序，使決策者之理念落實於制度面。決策過程固然不可能以「隨性」或「天馬行空」之方式來制訂政策；但許多政策的形成過程，往往是在政策偶發（policy contingency）、程序插隊、漸進摸索、甚至錯誤中學習的過程中形成。而這種類似「摸著石頭過河」的決策過程也比較符合客家運動自街頭到結盟，由政治到社會的分進合擊，甚至衝撞學習的過程。

　　簡單地說，本研究的目的在於透過 3i 模型在垂直面強調客家政策變遷之政治「環境」，客家政策制訂之政治「系統」及影響客家政策之政策「單元」。透過此「環境」、「系統」及「單元」之「跨層次」（cross-level-analysis）分析架構，來說明目前全球化效應下的客家政策決策過程。此外，3i 決策模型從水平面來進一步以臺灣客家政策實際制訂過程來檢證臺灣客家政策制訂之「理念」、「利益」及「制度」。透過此三個決策單元之歷史發展，此篇論文揭示了我國客家政策與制度之發展。綜而言之，在本文中所謂之跨層次指環境層次：全球化與全球治理在治理上對我國客家政策之影響；系統層次：指圖 2 中 3i 間之輸入、黑盒子、輸出之系統流程關係；單元層次：指 3i 中每一個單元各自之定義、內涵及其在我國客家政策中之實質意義。在下列章節中，本文將針對上述 1i、2i 及 3i 分別探討其在我國客家政策中之角色。

三、客家運動問題意識
1i：「理念」（ideas）層次之分析

依 Goldstein 與 Keohane（1993：11-26）的分析，在理念與政策產生的過程中，理念可以在個人面臨各種選擇時，指導其偏好；或在其多元政治策略與政策目標間提供一個指導原則。因此理念具備「地圖」的功能，一旦政策目標已確定，可以使決策者不致迷失在因策略性考量而有的多元政策選項中。就客家運動的發展而言，臺灣客家運動的興起與發展，與全球化對於各國政治、社會與文化產生的衝擊息息相關。同時，臺灣本身與全球資本主義市場的連結本就十分緊密，更使得臺灣無法置身於全球化影響之外。在此前提之下，對於臺灣客家族群而言，在經歷長期的制度性與文化上的忽視後，全球化的世界趨勢對於臺灣客家族群將造成怎樣的影響？帶來的是困境還是機會？全球化允許多元文化並存之特色，是如何產生的？而這樣的觀念又如何進一步影響到臺灣客家運動理念的產出？而理念何以能影響政策的產出？在此，我們將探討此一系列問題。

根據 Jan Arts Scholte（1997：14-15）的說法，全球化為一過程，此一過程使得國際與國內事務之關係，具有「無距離」（distanceless）和「無國界」（borderless）之特質；而所謂「關係」意指人們彼此互動的一切模式，包含社會生活各領域。Anthony Giddens（1990：64）即認為「全球化會將遠在地球另一端的事務或事件發生之當地作更多的聯結」。而 Roland Robertson（1992a：8）則提出「全球化概念將強調世界之壓縮與世界一家之觀念」。Robertson（1992a：281-283；1992b：177-178）進一步指出全球化之發生乃是透過全球國際化（global internationalization）、全球社會化（global socialization）、全球個人化（global individualization）以及全球人性化（global humanization）等四個過程之同時（simultaneously）交互（interactive）而形成的。因此，此四

個過程藉著一種「普遍的特殊性」（particularization of the universal）與「特殊的普遍性」（universalization of the particular）的交互作用，最後淘煉出全球化與地方化之鑲嵌與交織。這些理論充分地說明了任何研究全球化的學者，皆必須重視「地方化」（localization）與「全球化」（globalization）之互動關係。這個學理應用在臺灣之客家政策研究中，意指客家研究必須考慮全球地方化（國外相關少數族群研究在我國之適用性）以及地方全球化（我國客家政策是否有其特殊性，堪為國際之主流價值）。換句話說，客家文化作為臺灣在全球化下反映多元文化之特色時，客家文化必須有其認定標準（客家語言），有其客觀生存條件（客家之參政活動）及持續發展之機制（客家政策）。

這種全球化與地方化的配合對地方文化產生的影響重大。德國社會學家 Urich Beck（1999：63）因此提出「全球地方化」（glocalization）的概念。Beck 認為如果就文化研究的觀點，「全球化」並非片面意味著全面進入單面向的全球化。相反地，「全球化」將使得各國中央政府都更重視「地方」。因此，「全球地方化」（glocalization）概念的提出，一方面代表了跨國企業必須讓商品行銷注入在地市場的文化；另一方面，在地文化也因為賦予產品多樣性和特殊性，得以進入全球生產和消費網絡。因此，全球化將不僅僅是歐美等強勢地方文化橫掃全球的「同質化」過程；全球化也同時提供各地地方文化「全球化」的機會而產生「異質化」的現象。而這個過程可說是普遍主義與特殊主義的結合，亦是全球化之重要特色；而此兩者之所以可以兼容並蓄，主要的邏輯是「全球化」所強調的並非是排他性（exclusive）的主義，而是包容性（inclusive）之人本、文化、社會及經濟等多元主義之產物。

或許因為客家文化中對於傳統價值的過度重視與肯定，臺灣在過去有關客家文化之討論，或客家公共政策的制訂，往往常以溯源方式來思考問題。[10] 此種研究導向，常將客家文化以一種「歷史觀」而非「政策觀」的方式來處理之。

但是，在全球地方化的影響下，事實上提供了一個研究客家族群與客家文化的新方向。那麼，臺灣客家族群應如何因應現有的獨特特色和社會情勢，加以運用發揮形成政策和新思維，進而發展符合全球地方化的文化產業？過去分布臺灣各地之客家人在許多地方並無人數上的優勢，因此必須接受其他族裔的標準或其文化。然而全球地方化帶來不同的視野，在此新視野下，各地客家人的特色是什麼？認同是什麼？這些特色或認同是否有可資利用之政治或文化資產？如何共同開發此資產？以上問題的答案，皆成為客家運動之重要內涵。現在全球化的經濟型態是強調知識經濟，需要有更強的知識背景作基礎，但在此「知識無國界」或「商業無國界」的同時，族群與文化之認同感或特色卻快速地流失，這正是全球化下人類文化之危機。而客家文化中極為重視之「溯源」與「宗族」觀念，正是在全球化下，上述人類文化在喪失族群特色之危機中，可供研究的重要領域。過去客家人被迫要學習各地的優勢語言及主流文化，形成多語與多文化的特質；而現在全球地方化強調文化多元、尊重不同族群文化等特性，正是客家人長期以來堅持自身文化的「硬頸」特質，所能發揮之領域。

　　然而相對於「全球」概念來說，「地方」可說是另一種相對立的概念。「地方」通常被理解為一個空間和地理的概念，具有一定區域和邊界的存在，作為區分內外，歸屬與否的依據。但是，對於客家族群的研究而言，上述的定義是不完整的，因為上述定義並未說明包括價值、認同、血緣和語言等面向。因此，另一個概念──「共同體」（community）或許更能符合我們在研究客家政策時之需求。Benedict Anderson（2000：10）特別認為共同體的重要形成要素，在於集體認同的認知（cognitive）面向。Anderson 特別突出認同的原因在於：

10 如客家文化或研究方面，長期著重於源流史研究、風俗研究、歌謠採集等等面向；而客家運動和政策方面，往往容易提出「復興客家優良傳統」、「復興中原古風」等口號。

在全球化的時代裡，意圖客觀界定共同體的內外區分「邊界」將日趨困難。[11] 在此相關議題上，江宜樺（1998：8-11）認為所謂的「認同」事實上具有三種 意涵：

1. 「同一、等同」（oneness、sameness）：某種事物與另一時地之 另一事物為相同之現象。

2. 「確認、歸屬」（identification、belongingness）：確認是指經由 辨識自身特徵與他人的不同，建立個體性；歸屬是指經由辨識自 身與他者之共同特徵，建立群體性。

3. 「贊同、同意」（approval、agreement）：代表認同具有主觀意志 與意志選擇的色彩。

因此，綜上所說可知，「認同」與「區別」事實上是同時進行的：一個人 決定自己所認同的社會脈絡時，同時在進行的是發現自己與其他脈絡的差異。 而且，認同的過程中，主觀的選擇也具有重要的影響；因為在諸多相關於認同 的論述中，社群主義（communitarianism）以強調群體文化歸屬及共同目標為 立論目標，有助於分析客家族群的文化認同問題。因此，社群主義強調個體不 可能任意拋棄形塑其自我認同的社群背景，另一方面，也主張承載共同歷史文 化資源的個體，應該共同合作，防止共同體渙散崩潰（江宜樺，1998：71）。 在諸多社群主義者之中，Charles Taylor 的觀點特別強調語言對於維繫社群的 重要性。Taylor 在魁北克族群認同問題之研究上，提出「文化自主權」五段論

---

11 如同在當代意欲明確界定客家族群的有形範圍，事實上困難重重。而在政治學上， 有關認同如何產生的理論，大致上可分為「原生論」（primordialism）、「結構論」 （structuralism）、以及「建構論」（constructuralism）三大類（施正鋒，1998）。

證，強調語言作為魁北克族群爭取全世界承認的關鍵因素：[12]

1. 形成我們認同的條件，對於我們要成為完整的人類主體乃是不可或缺的；

2. 對現代人而言，認同的一個重要層面（在某些情況下乃最重要層面）是他們的語言文化，也就是他們的語言社群；

3. 語言社群作為認同的關鍵層面是否確保，對於我們能否成為完整的人類主體至關緊要；

4. 對於使我們成為完整的人類主體的條件，我們有權利要求他人尊重；

5. 因此，我們有權利要求他人尊重我們語言社群存在的條件。

　　對於 Taylor 而言，社群的共同語言創造了共同的文化，凝聚成員的向心力，而形成語言的社群（linguistic community）。換言之，語言成為族群意識是否形成的重要因素。黃宣範（1994：10）認為在多語的社會裡，弱勢語族之所以能夠將語言持續傳承下去，就是由於潛意識族群意識作用的結果，這種族群意識通常不會含有意識形態的成分，也通常不會感到強勢語言的威脅。依此脈絡，在多語的社會裡，語言的傳承往往成為族群意識形成的重要關鍵。而因全球化效應導致各族群文化、血緣等客觀分際日趨模糊，使得族群劃分的客觀標準難以建立。因此，語言傳承與族群意識兩者交互作用的結果，從而產生在多語社會中的「語言社群」式認同。所以，施正鋒以主觀認同、血統、以及語

---

12 Charles Taylor（1993）, Reconciling the Solitudes: Essays on Canadian Federalism and Nationalism, pp. 53-54. Montreal & Kingston: McGill-Green's University Press. 轉引自江宜樺（1998：83）。

言三個面向,重新思考客家認同的結構(如圖3),並且仔細分析每一種可能。施正鋒(2004:42)認為邏輯上而言,客家認同至少可以從主觀的認同(是否承認自己是客家人)、以及客觀的特徵(會不會說客家話)二個面向來確認。一個人如果願意承認自己是客家人、而且又會說客家話,他的客家身分/認同當然毋庸置疑;相對地,如果一個人既然自認不是客家人、而且又不會說客家話,我們就不用太在意他是否為客家人。如果我們放寬標準,只要他願意承認自己有客家血緣,即使已經不會說客家話,應該也可以接受為廣義的客家人,也就是把已經被同化的福佬客、或是選舉時才承認是客家人的政治人物包括在內。

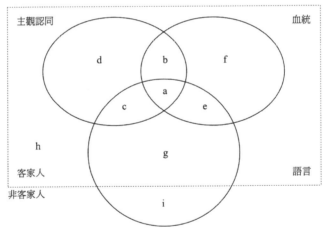

圖3:客家認同的界定圖
資料來源:施正鋒(2004:43)

a:自認為客家人,承認有客家血統、會講客家話的客家人

b:自認為客家人,承認有客家血統、不會講客家話的客家人

c:自認為客家人,否定有客家血統、會講客家話的客家人

　　d：自認為客家人，否定有客家血統、不會講客家話的客家人

　　e：自認不是客家人，承認有客家血統、會講客家話的客家人

　　f：自認不是客家人，承認有客家血統、不會講客家話的客家人

　　g：自認不是客家人，否定有客家血統、會講客家話的客家人

　　h：自認不是客家人，否定有客家血統、不會講客家話的客家人

　　i：自認不是客家人，否定有客家血統、卻會講客家話的非客家人

　　以上的論點不但適用於目前臺灣的客家族群處境而言，同時亦有助於我們將客家運動的理念釐清（見圖4）。自客家運動興起開始，臺灣客家族群所遭遇困境就在於：界定客家族群的客觀標準模糊。在現今全球化下資訊與文化快速穿越國界之際，跨國移民與族群通婚常見的臺灣社會，僅用居住聚落或血緣等客觀因素已無法清晰界定客家族群。而欲以客家認同或客家文化等界定所謂的「客家族群」又過於空泛和主觀。因此，在多語的環境，客家運動者對內須面對客家族群的文化內聚力逐漸消失；對外須面對客家文化逐漸沒落消亡的困境。因此，客家語的重新提倡和傳承，並以之為形塑和區分客家族群的新思維，便在「全球地方化」下之「多元文化」的社會運動中，應運而生。語言的傳承變成重新形塑客家認同與區分客家族群的重要手段，從而客家族群走向「語言社群」式的自我認同。因此，隨著客家語的逐漸趨於弱勢（相對於閩南語和北京話），客家語的傳承和要求語言平等，也成為客家族群或決策者推動客家政策的重要訴求。而這個發展，也反映了將族群意識與語言相結合的相關理論。因此，目前我國有關復興或保存客家文化之政策中，語言政策乃成為客家運動爭取客家文化認同和形成客家政策的重要著力點。「說客家話就是客家認同」的理念，便成為客家運動者的最重要政策理念與核心價值。

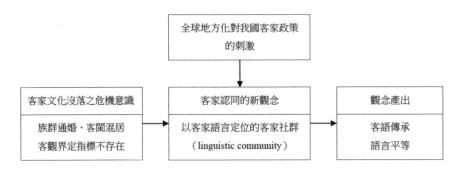

圖 4 1i：理念分析圖

資料來源：作者自製

四、客家族群的政治支持與客家議題之整合
2i：「利益」（interests）層次之分析

（一）客家政策發展的政策環境

1. 閩客情結

到目前為止，臺灣客家族群最大的憂慮，仍在於福佬人在臺灣的人數和文化優勢所衍生的客家族群相對弱勢的問題。事實上，臺灣客家人的集體認同，有相當大的成分，是面對福佬族群人口優勢的防衛性心理，也包括客家人長期在臺灣公共事務與政治參與的「邊緣化」現象。針對此現象，客家研究者李喬（2002）指出，從清朝迄今臺灣統治者一貫的閩客政治分化手段要負很大的責任，尤其是在兩個族群混居的地區，使得儘管時序推移至今，客家族群對福佬族群的疑慮仍難完全消弭。在民主化的過程中，黨外人士乃至於後來的民進黨，運用體制內外的鬥爭來挑戰國民黨的威權體制，要求臺灣人當家做主，以取代外省人政經結構的壟斷。因而，在臺灣追求民主化的過程中，閩客兩族群在政治命題上，成了命運共同體，並賦予了客家人與閩南人共同合作建構「臺

灣認同」政治論述的契機。這樣訴諸「族群正義」的訴求，形成的「本土化」論述固然不分福佬、客家、或原住民的族群差異，同時也啟動了客家族群在公共事務與政治參與之意願與契機。但在此同時，「臺灣人」的意涵有意無意中被狹隘地解釋為福佬人，[13] 也一直是臺灣族群政治的特殊現象之一，而這也成為約制客家政策發展的政策環境之一。

2. 民主化形成的民主制度

1987 年臺灣宣布解嚴，長達 38 年的戒嚴時期結束。解嚴前後，臺灣如雨後春筍般出現許多社會運動，[14] 而這些社會運動也進一步開啟了臺灣民主化運動之發展。因為，這些運動象徵國民黨政府威權統治的鬆動。原本建立在「一個中國」原則下的動員戡亂國家體制、大陸代表制的國會架構、戒嚴體制下的經濟管制與人民基本權利的限縮，也同樣面臨人民要求回歸憲法、解除戒嚴、全面改選國會與尊重人權的壓力。1986 年 9 月 28 日民進黨成立後，臺灣的政黨政治發展，正式進入政黨競爭的民主化過程。臺灣民主化伴隨著本土化的同時發生，主要是因為國民黨威權體制得以建立和鞏固，有相當大的一部分是立基於國民黨的「反攻大陸」、「一個中國」等大陸政策論述之上。而在民主化的過程中，對於國民黨威權壓迫體制的鬥爭，首先便必須解構其「一個中國」預設統一的中國意識論述。因此，本土化論述便成為臺灣民主轉型的重要動力之一。

2000 年 5 月 20 日民進黨籍的陳水扁就任第十屆中華民國總統後，民進黨更進一步由臺灣第一大反對黨，成為中華民國的執政黨，實現了中華民國首次

---

13 例如客家信仰「義民爺」於臺灣教科書的認識中，被稱為「孤魂野鬼」和「地方信仰」。又例如稱福佬話為「臺語」，而客語為「客家話」等等，皆象徵著「臺灣人」這一名詞，主要是意指「講福佬話」的福佬人而非講客家話之客家人。

14 包括消費者運動、環保運動、勞工運動、農民運動、婦女運動等等，根據張茂桂的統計，至少有 22 種社會運動。請參見張茂桂（1994：33-66）。

的政黨輪替，民主制度至此可算確立，也代表了政策論述形成、利益整合等決策過程，都必須在民主程序下完成，方具有合法性。在臺灣的選舉活動中，族群動員與族群政治經常扮演重要角色，因此，客家族群選票，也在臺灣近年之各種中央民代或總統選舉中，扮演一個「關鍵少數」的重要角色。而這也提供了客家運動者，積極參與選舉活動的動機。

（二）本土化脈絡下的客家運動政策論述分析

依據上面所說明的政策環境，我們可以得知，長期以來客家族群的焦慮，來自於兩大方面：其一是語言文化流失的危機；其二是解嚴後，政治權力再建構過程中，公平族群關係再建立的焦慮（徐正光，1994：395)。前者屬於動機和概念的發生，而且來自於過去「獨尊國語」和現今「臺灣福佬化」的現象；後者則明顯涉及政治制度和利益整合，而必須在民主的政治制度下解決。換言之，就一個多元族群的國家而言，臺灣在民主化的過程中，如何建構一個尊重少數族群的公平制度，一直是客家運動者關心的重要課題。所以，在 1987 年客家文化運動興起以來，客家運動者一直將客家運動的主軸訂在四個基礎上（徐正光，1991：8-9）：

1. 客家話大量流失及文化將滅絕困境的解決；
2. 重建歷史的詮釋權。還原被扭曲的客家人形象；
3. 建立民主公平的政經體制，爭取客家人的合理權益；
4. 重建合理的族群關係，以作爲新的社會秩序的基礎。

依照上面的四項論述，我們運用問題建構的理論來加以分析：問題建構與政策論述為一體之兩面，均以政策問題與解決方案的界定和陳述為交集，兩者之差異在於前者偏重在問題界定層面，後者偏重如何解決問題的層面。因此，

在理論上，問題建構與政策論述，的確有相重疊之處；但是，就管理的層面來說，政策論述包含了問題建構，並且有些情形下，論述本身可能賦予問題建構的新意涵，從而改寫了原先的問題建構。在此，我們用問題建構之學理應用到我國客家政策時，我們以四個層面來分析客家運動的論述：[15]

1. 澄清問題的本質（nature）：母語的嚴重流失，是客家運動者最大的憂慮，公共場域和都會區，客語失聲了四十年。客家風雲雜誌的發刊詞表示：「最近我們深刻警覺到我們從小講的客家話已日漸消失，幾年之後將被淘汰，客家文化也將隨之消失，客家人終將逐漸瓦解。我們今天若不覺醒，若不團結合作，努力奮鬥，我們將愧對客家祖先，也無法對後代子孫有所交代」。[16] 可見客家運動者把母語流失與文化認同的消逝，將導致客家族群的消滅視為重要的問題本質。

2. 指陳問題的原因（causation）：在諸多客家運動者的論述中，語言政策和廣電政策的不平等，是造成現今客家文化和語言流失的重大原因。「由於過去錯誤的獨尊華語政策、偏差的廣電政策，[17] 以及都市化的結果，客家話嚴重斷層，以致其語彙未能隨時代進步，

---

15 問題建構的四個層面分析，請參見林水波（1999：104-108）；丘昌泰（1996）；林水波、張世賢（1991）。

16 客家風雲創刊於 1987 年 10 月 25 日，是客家運動最重要的起點，擺脫了以往客家社團聯誼性的特色，以形成輿論和客家發聲為目標（客家風雲雜誌社，1987：1）。

17 1976 年廣電法第 20 條規定：「電台對國內廣播音語言應以國語為主，方言應逐年減少，其所占比率，應由新聞局視實際需要訂之。」又廣電法施行細則第 19 條規定：「電台對國內廣播應用國語播音之比率，調幅廣播電台不得少於百分之五十五，調頻廣播電台及電視台，不得少於百分之七十。使用方言播音應逐年減少，其所占比率，應由新聞局視實際需要訂之」。請參見黃宣範（1994：370）。

完全無法勝任現代生活語言的角色」。（范振乾，2002a：998）
而在王甫昌（2003：131）的研究中也指出進入都市的客家人口不
論是使用語言或教育上，大多學習使用其他優勢族群之語言。由
此可見，都市化的影響。

3. 認定標的人口：傳統對於客家運動的認知，大多集中於「還我母
   語」、「廢除不公平語言政策」等等，這些論述的標的人口，明
   顯僅訴諸於客家族群。但是，「臺灣客家公共事務協會」（簡稱
   臺灣客協）[18] 成立之後，明白昭示：「母語解放、文化重生、民
   主參與、奉獻本土」等四大宗旨（楊長鎮，1991：194）。鍾肇
   政（1991：11-18）更在臺灣客協成立大會提出「新的客家人」概
   念說明「更願意與其他族群，不論福佬、各省抑原住民各族攜手
   同心」。因此，「新的客家人」概念的提出，事實上將標的人口
   擴展到其他的族群，為保障族群平等，促進族群和諧，建立民主
   制度共同努力。

4. 推介解決方案（solution）：臺灣客協在陳水扁競選臺北市長其間，
   成立「新客家助選團」為陳水扁提出客家政策和助選。這是首次
   客家運動以選舉政見、公共政策交換，其後以公共資源強力協助
   推廣客家文化的開始。在1995年後，「新客家助選團」更提出「客
   家說帖」作為助選的條件，凡認同該說帖者，該團便義務助選，
   成為其後該團客家政策的主軸（新客家助選團，1995：12）。

   （1）經濟、社會、教育方面：反貪污。司法獨立、軍警國家化、

---

18 1991年成立的臺灣客家公共事務協會是客家運動的新里程碑，以實際行動和推動公
共政策作為客家運動的推展，迥異於傳統客家社團，積極參與公共事務，並以傳承客
家文化、恢復客家尊嚴、立根臺灣，追求民主為行動標準。

行政中立。弱勢族群權益，應特別立法保障。

（2）北高兩市成立客家事務委員會，處理客家事務。

（3）明訂北京話、閩南語、客家話和原住民語皆為官方語言，任意擇用，同步翻譯。

（4）廣電法應增訂弱勢族群母語保障條款，依族群比例各類電子媒體頻道。

（5）客家人聚居之各縣市應該至少核准一個客家廣播電台。

（6）依族群比例任用政務、主管人員。

（7）規定車站、車廂、航站等公共場所要有客語播音。

（8）北高兩市成立客家文化館、擇一客家縣分設立客家文化村。

（9）國立戲劇院校應設立客家戲劇系。

（10）編修臺灣客家族群史。

（11）立法規定國中、小學全面實施母語教學，各種母語師資之培訓、教材與客語辭典之編纂應由政府負責。

綜合來說，我們發現客家運動論述中，客語流失與客家人族群困境之最主要原因可以歸納為兩個因素：一是政治上，國民黨採取政治菁英分配社會資源之策略；二是經濟上，國民黨採取選擇與資產階級合作之路線。而客家人在上述路線影響下，在其務農之社會本質前提下，並不易分享臺灣經濟發展的成果。而此一問題的解決有賴於臺灣民主化之鞏固與客家人對公共事務之參與。

（三）客家運動的政策論述與議程設定關係

當政策發展過程進入政策論述階段時，便已經開始進入策略面的戰術應用，與其他政策論述者競爭進入議程以合法化自身論述的機會。政策論述必定發生於特定之公共場域，然而每一公共場域皆有其議程承載量的限制（Bosk and Hilgartner, 1988：59），此承載量的限制，可以避免公共場域或組織議程吸納過多議題，而負荷過重而崩潰。而不同場域與組織均存在一組篩選與過濾原則，充當守門員角色。基本上，政策論述與議程設定的互動，將產生四種結果：

狀況一：受到支持的政策論述，順利進入議程，將逐步邁向合法化，代表該政策論述符合社會主流論述，政策壟斷被打破。

狀況二：政策雖然受到支持，但是無法進入議程，大多因為議程設定的多數聯盟無法建立，無法通過政策篩選。

狀況三：政策論述遭到反對，亦被排除於議程之外。

狀況四：政策論述雖遭到反對，但是仍得以列入議程。通常肇因於國際強權干預、權力結構的優勢或偏倚性的政治動員，以達到「強渡關山」的目的。（林水波，1999：84）（見表1）

表1：政策論述與議程設定關係

政策論述＼設定結果	進入	在外
支持	1	2
反對	4	3

資料來源：林水波（1999：84）

由此我們得知，某一政策論述進入議程與否，尚與其他許多因素相關，包括民意、政府體制、選舉制度、選戰策略等等因素。所以，不同政策論述者間，

往往必須進行策略性互動[19]與政策主導權之競爭，以求進入議程。就表1而言，一般來說，大多數的政策，一開始多處於政策論述反對、議程之外的狀況三位置，經過結盟勝選、修正論述或強渡關山等方式，方得以進入皆大歡喜的狀況一，同時開始逐漸將政策制度化與合法化。而政策論述如何進入議程設定階段（狀況一），有兩個途徑：

1. 3 → 2 → 1 途徑，此途徑代表藉由民主選舉的多數決方式，提供機會進行政策辯論以形成共識，進而將政策論述落實為國家的具體政策。隨著臺灣民主化的發展，此一途徑成為客家運動者採取的主要途徑。

2. 3 → 4 → 1 途徑，此途徑代表藉由權力結構的優勢或偏倚性的政治動員，將不為大眾所支持的政策透過政治之運作，而進入議程設定。此一途徑多見於威權時代的決策過程，民主化後，此一決策過程將承受極大的民意壓力與反彈。

　　而藉由上述途徑分析，我們可以時時經由判斷客家運動目前所屬的「相對位置」，從而分析客家政策的未來發展與當時情況。以下我們就時間與主要政策論述者的活動來作分期，以分析政策論述與議程設定之關係：

1. 客家風雲雜誌社時期

　　這一階段主要的活動者為客家風雲雜誌社，該社之特色在跳脫以往客家社團多以聯誼和情感交流為主要範圍。該社創立於 1987 年，是第一個由客家人

---

19 策略包括形成政策壟斷、修正論述內涵與結盟等等。

20 「客家事務」概念是由范振乾先生所首倡。將「客家事務」、「公共議題」、與「政

組成之非傳統客家組織，同時有企圖和計畫推動客家事務[20]的團體。

客家運動的興起到形成政策，其最開端應為 1987 年底客家大遊行。這次遊行是由客家風雲雜誌社的幹部所主導。該次遊行的主要訴求為「還我母語」、「還我客家話」、「廢除廣電惡法」、「客家話要上電視」。儘管當時的政治環境並不允許民主決策的產生，但是，當時的國民黨政府還是在 1989 年製作「鄉親鄉情」節目，在週日冷僻時段於台視播放，時間為每週 30 分鐘。三家無線電視台亦在每日中午新聞時段前，增列 15 分鐘的客家新聞氣象作為回應。至於廣電法的方言限制，亦在日後刪除。但是，范振乾認為國民黨政府這樣敷衍的做法，仍然未將客家事務當作公共議題加以處理。（范振乾，2002b：12-17）同時也顯示，客家運動的政策論述，仍然處於狀況三的排除狀況，儘管政府有些「施捨性的安撫政策」，但是決策仍是透過國民黨威權體制來形成，因此，上述「施捨性的安撫政策」仍然處於狀況四的階段。此階段的客家政策是由國民黨強力主導的 3 → 4 → 1 途徑，同時國民黨只進行至狀況四的階段，僅由某些「施捨性的安撫政策」作為安撫客家鄉親與維持威權體制的手段，尚未進入狀況一的全面支持階段。

2. 臺灣客家公共事務協會時期

1991 年成立的臺灣客家公共事務協會積極走出長期以來客家社團淪為國民黨外圍團體的陰影。臺灣客協積極推動客家人參與臺灣民主運動，希望藉著政治參與提升客家人和客家話的地位。在此階段，臺灣客協提出諸多完整的政策論述，藉著參與民主選舉的方式，將論述落實為客家政策，是到目前為止最

府政策」三個概念連結起來。客家事務（Hakka Affairs）指的是臺灣客家族群關心的事務的總稱。它包括客家人的語言、音樂、戲曲、信仰等文化傳承問題，以及客家人的政治地位、社會權益等族群尊嚴問題。這兩大問題「文化傳承」與「族群尊嚴」問題不只是感情層面的問題，在客家人看來，它還涉及法、理制度層面的問題。（范振乾，1998：25-50）

為活躍的客家政治團體。在 1995 年後，「新客家助選團」更提出「客家說帖」作為助選的的條件，凡認同說帖者，該團便義務助選，成為其後臺灣客協客家政策的主軸。[21] 臺灣客協成立迄今，所經歷之重要選舉如下：

(1) 1994 年臺北市長選舉

臺灣客協在 1994 年臺北市長競選時，第一次藉由提出客家政策，站台助講的方式助選。陳水扁在當時激烈的族群動員選戰中為求勝選，乃在臺北市的選舉史上，首度採取積極爭取客家選票的策略。陳水扁陣營承諾臺灣客協的要求條件，從而獲得「臺灣客協」的全力支持。最後，陳水扁當選臺北市長，當選後努力實現其所承諾的客家政策。范振乾認為，從公共政策的角度來看，1988 年 12 月 28 日「還我母語」示威大遊行開始的客家文化社會運動主要訴求，直到解嚴後的臺北市長民選，才首次成為民選政府必須認真面對，加以處裡的公共問題。（范振乾，2002b：12-17）陳水扁的臺北執政階段，進入議程設定且完成的客家政策計有：[22] 成立財團法人臺北市客家文化基金會、提撥市產設置臺北市客家文化會館及客家藝文活動中心、舉辦客家文化節及臺北市客家街路文化節，稍後並同意在臺北市捷運月台及列車上併用客語廣播等等。

(2) 1998 年臺北市長選舉

1998 年的臺北市長選舉，族群動員式的競爭依然激烈。這次選舉的特色之一，便是競選雙方都競相提出客家政策。國民黨候選人馬英九也模仿陳水扁陣營提出客家政策白皮書，成立「客家競選總部」。馬英九為了爭取勝選，承

---

21 臺灣客協與該團之關係與「客家說帖」的內容，請參見上頁。

22 歷次選舉結果與客家事務機構建立之關係，請參見表 2 總整理。

23 這是「客家事務行政體系」概念在臺灣政治舞台上具有想像空間之濫觴。在這次市長競選活動裡，「客家事務」正式浮上政治檯面，「客家事務」也從此成為客家族群與各方政治人物或政治團體之間對話的代表性概念。（范振乾，2002b：12-17）

諾勝選後,將在臺北市政府設置一級單位,成立「客家事務委員會」。[23] 而儘管陳水扁這次競選連任失利,但是其客家政策皆為馬英九的市府團隊所延續,客家政策與活動成為例行政策。此階段值得注意的是地方級客家事務委員會的成立。

(3) 2000 年總統大選

2000 年總統大選期間,陳水扁、連戰、宋楚瑜與許信良四組總統候選人,都將族群議題中的「客家事務」作為競選的核心主軸之一(范振乾,2002c:404-413)。他們全都採用客家政策白皮書的形式,陳述各陣營對客家事務的政見承諾,這也是臺灣首次提出客家政策的總統選舉。連戰提出成立「行政院客家事務委員會」、制定「族群文化與語言保護法」、專案支持大學的客家文化研究、設立「世界客家博物館」以及拔擢一定比例客籍政務官等五大主張;宋楚瑜從客家人政治地位日漸低落和客語流失日益嚴重雙重危機,提出拔擢各籍菁英擔任公職、設立「客家事務委員會」、保存客語、保存客家文化、建設客家地區、保護客家農業及推動客家社團對外交流九大主張;陳水扁則提出重建認同基礎與活化客語以挽救客家危機,並提出義民大學、設立「客家事務委員會」、設置「客語頻道」、制訂「語言平等法」、舉辦「客家文化節」、設立「客家社區學院」與「客家幼稚園」、輔導獎助成立各類客家禮俗技藝研習班等七項政見。綜合各總統候選人所提出的客家政策可發現,中央層級的客家事務委員會成為各候選人重要政見之一,拔擢客籍菁英也成為主流意見。至於制定語言保護法則處於爭論階段。而這次選舉在客家政策上最大爭議,反而是出現在美濃水庫的興建與否。

2000 年陳水扁當選總統之後,民進黨的客家政策正式進入議程設定階段,

---

24 鍾肇政曾經在行政院客家委員會成立時,宣布客家運動至此結束,其後的客家運動由行政院客家委員會接手,由此可見客家運動者的欣喜。

最受人矚目者就是中央層級的行政院客家委員會成立[24]與客家電視台的開播。同時，在提振客家研究方面，目前已經分別在中央、交通和聯合大學設立客家研究中心，其中中央大學的客家研究學院，正發展出客家相關系所，將成為客家研究的重鎮。但是，「語言平等法」議題，則仍處於爭論和爭議的階段。

（4）2004年總統選舉

在民進黨執政四年期間，大多數的客家政策逐漸開始落實。2004年總統大選其間，鑑於一比一對決型選戰的激烈狀況，客家族群再度成為各陣營關注的焦點。國親聯盟提出推動「族群和解公投」與「族群平等法」之立法、強化客家事務專責組織之功能、制定相關法令作為客語保護措施、培訓、拔擢優秀客籍政務及文化人才、獎助大學院校及社區客家社團從事客家文化之研究、教學、推廣、舉辦客家文化系列活動及發展有客家特色的經濟產業、充實屏東客家文化園區設施，在桃竹苗地區設立「世界客家博物館」。陳水扁則提出將聯繫國際客家作為客委會在未來長程計畫中的的重要工作、進一步發揮客家電視台與客家廣播聯播網之功能、推動「國家語言發展法」、舉辦全國性「客家文化節」、統籌規劃客家網絡大學等政策。

從這一次總統選舉的客家政策，我們發現兩大陣營的客家政策，大多是立基在2000年總統選舉後民進黨已經落實於議程設定中的政策上，進一步的演化和加強，兩陣營客家政策甚至已經有趨同的現象。例如語言平等政策方面，都相繼提出「族群平等法」、「國家語言發展法」。在客家研究方面，雙方都是在現有的校園客家研究機構來繼續發展。唯一的歧異，是國親聯盟特別提出國家考試中以歧視性語言方式來打壓排斥客家族群，作為問題建構的一部分。但是在「指陳問題的原因」部分，這一次兩大陣營的政策白皮書中，都付之闕如。

表 2：歷次選舉結果與客家事務機構建立之關係

選舉進程	選舉結果	建立之重要客家事務機構
臺北市長選舉 （1994）	陳水扁當選	1. 成立財團法人臺北市客家文化基金會。 2. 設置臺北市客家文化會館及客家藝文活動中心。 3. 舉辦客家文化節及臺北市客家街路文化節。 4. 在臺北市的捷運月台及列車上併用客語廣播。
臺北市長選舉 （1998）	馬英九當選	臺北市將成立「臺北市政府客家事務委員會」。（成立於 2002 年 6 月 17 日）
總統大選 （2000）	陳水扁當選	1. 中央層級的客家事務單位：「行政院客家委員會」成立。 2. 客家電視台開播。 3. 中央、交通和聯合大學設立客家研究中心，其中中央大學的客家研究中心，正在發展客家相關系所。
總統大選 （2004）	陳水扁當選	尚待觀察

資料來源：作者製表

　　不論是臺灣客協或客家風雲雜誌，這些社團長期在臺灣的客家運動中扮演「啟蒙者」、「運動者」或「政策推動者」的角色。我們也確實發現，這些由知識分子所組成的客家社團，在客家運動與形塑國家客家政策上，的確扮演重要的角色。Peter Haas（1992）曾經提出認知社群（epistemic community）的觀念，並強調知識分子之認知與理念在決策過程中的角色及其對國家內部政治發展與外交政策之深遠影響。Hass（1992：1-35）認為認知社群以四個面向來影響政策的形成：

a. 分享規範性的概念，藉以確立政策的價值（value）。

b. 分享因果的觀念，以說明政策與結果間多種連結與關係。

c. 分享有效性（validity）的概念，作為評判政策的標準。

d. 分享使命感（enterprise）的觀念，作為促進福利與解決問題的動力。

因此，Haas（1992：1-7）認為國家行為深深受到決策者與認知社群之影響，藉由理念與國家利益重新定義之學習過程（learning process），來重新定義「利益」與政策制訂之方向。換言之，在整個決策過程中，基於決策者所面對的不確定性（uncertainty）導致的猶疑，使得認知社群得以藉由提供資訊和分享觀念的方式，從而影響決策者政策的產出。而這樣的過程，也確實發生在上述客家社團影響我國客家政策的過程中。

總和來說，在客家運動的利益整合部分，我們可以分三個部分來觀察：（見圖5）

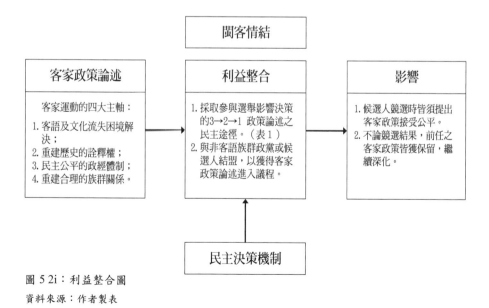

圖 5 2i：利益整合圖

資料來源：作者製表

1. 主要行為者與政策論述

在臺灣主要的客家運動中，由知識分子所組成的客家社團（臺灣客協與客家風雲雜誌），扮演了最重要的「啟蒙者」、「運動者」或「政策推動者」等角色。同時提出了客家運動的主要政策論述，分別是以下四項訴求：（1）客家話大量流失及文化將滅絕困境的解決；（2）重建歷史的詮釋權；（3）建立民主公平的政經體制，爭取客家人的合理權益；（4）重建合理的族群關係，以作為新的社會秩序的基礎。

2. 政策環境的約制與議程設定途徑

基於臺灣政治與社會發展的特殊環境，使得「閩客情結」和「民主體制」成為客家政策發展的重要約制因素。任何客家運動的訴求，皆必須順應上述的環境加以發展。因此，在議程設定的途徑選擇上，由於臺灣民主制度的約制，使得選舉成為政策是否具體落實的關鍵。客家運動者選擇致力於建立客家論述的多數聯盟，以表 1：3 → 2 → 1 的民主途徑來達到論述落實為政策的目的。而客家族群在歷次選舉中扮演著關鍵少數的地位，使客家族群成為各黨派「政策拉攏」的對象，也使得這些由知識分子組成之客家社團，得以採取與政黨結盟之方式，影響其客家政策的產出，進而透過勝選，將論述落實為國家政策。

3. 後續影響

自從新客家助選團提出 11 項客家政策之後，其後各黨派所提出的客家政策範圍，事實上皆不超出新客家助選團的範圍，顯示客家政策目前正處於瓶頸階段，有待突破。而臺灣客協所提出的「客家說帖」11 項方案，亦成為客家運動論述十餘年來的集合。經過客家運動者多年的努力後，使近年重要的公職選舉，候選人皆須提出客家政策接受公評。同時，不論競選結果如何，連任與否，前任之客家政策皆獲保留，繼續深化。

五、客家政策的產出與反饋
3i：「制度化」（institutionalization）層次的分析

　　基於每一政策皆是鑲嵌於一定的時空情境系絡之內。因此，隨著時空系絡的變遷，同一政策所產生的影響與後果，亦將不盡相同，故而產生政策變遷的動力。當政策進入競爭或合法化後執行階段，必然將對原公共場域和系統環境產生衝擊。此一衝擊亦將影響其他的系統成員和政策論述者，再度影響其論述內涵，從而重新啟動政策進程，引發政策變遷，形成動態循環的政策系統。事實上，對於客家政策而言，「語言保存」一直是客家運動者重要的訴求重點。根據 Charles Taylor 觀點，語言是重要的文化社群成形原因。但是，近來的客家政策，已經開始逐漸在「語言保存」的基礎上，進一步提升到「文化保存」與「文化扎根」的層次，值得探討。換言之，客家政策已經隨著政治情勢與政策環境的轉變，進入政策演化的階段。

　　我們先來探討和追蹤幾個進入議程的客家政策論述，具體落實於制度的例子。[25]

（一）母語教學方面

　　在 1987 年客家「還我母語」遊行後，1989 年民進黨在臺北縣、新竹縣、宜蘭縣、屏東縣及高雄縣獲得勝選。當選後，這些縣市長率先編輯母語讀本，並推行於中小學。儘管這項母語教學政策，並僅針對客家族群，但是，客語教學開始成為地方政治的政策選項之一。而在 2000 年陳水扁總統執政後，教育部在現有地方政策基礎上，宣布自民國 90 年度起，九年一貫課程中，國小學生必選「鄉土語言」作為課程，鄉土語言包括閩南語、客語與原住民語，從中

---

25 可參見表 4 的總整理。

擇一。2002 年教育部開始招考國中小客語教學支援人員，投入母語教學行列，母語教學自此由地方政策成為中央政策。（客家雜誌社，2004：2）

（二）語言平等政策方面

1993 年，立法院通過刪除廣電法第 20 條對本土語言的限制。此法條的刪除，鼓舞了大量的傳播製作者，各式方言地下電台如雨後春筍般成立。但是，此法條的刪除，原是對於多元化社會和資訊發達社會的回應，然而，在自由放任競爭的結果下，反而容易導致弱勢族群語言和文化的消滅，因此，客家運動者開始提出「語言平等法」的論述。但是，由於其他族群諸多疑慮的影響，至今語言平等法仍未獲通過，僅有 2000 年通過之《大眾運輸工具播音平等保障法》具有語言平等法的保障意涵。當然，這個法案也是在陳水扁臺北市執政時期，客語捷運廣播政策的基礎上建構而成。2003 年 12 月《有線廣播電視法》修正案在立法院三讀通過，新增第 37 條之一的規定：「針對客語及原住民語所播送之節目，得由中央主管機關指定有線電視系統以固定頻道免費播出」。（客家雜誌社，2004：1）雖然距離語言平等法仍有一段距離，但是卻象徵我國廣電法制向多元文化價值的進步。

（三）客語傳播方面

1993 年廣電法的「方言限制條款」刪除之後，地下電台運動一時蜂起，而客家運動者也在 1994 年成立了「TNT 寶島新聲地下電台」，但是該年年底寶島新聲電台卻未通過新聞局審核，並多次爆發新聞局查封衝突。1995 年，客家雜誌、臺灣客協、寶島客家電台等團體參與「黨政軍退出三台聯盟」，要求黨政軍特權全面退出、電波頻道全面開放、廣電法全面翻修、媒體結構全面改造。終於在 1996 年新聞局正式核准「寶島客家電台」之成立，1997 年正式設立基金會運作。

　　至於在電視傳播方面，早在1996年民間便已經出現一家以「客家語言文化」節目為主的「中原客家衛星電台」。但是，該台收視率不佳，而且諸多有線電視業者也並未將中原客家衛星電台列入其服務範圍。但是，自客語節目第一次出現在電視頻道——「鄉親鄉情」節目以來，客家節目仍然不脫「陪襯」和「安撫」的特色，中原客家衛星電台是首次重建客家傳播權的嘗試，卻在自由競爭的市場規則中，難以為繼。於是，公共化的客家電視台乃成為客家運動者的重要訴求，2003年客家電視台正式開播，使得客家傳播進入新紀元。

（四）客家研究方面

　　「客家研究」是一個經過客家運動者提倡所產生的新研究領域。由表3可以得知，客家研究書籍與論文的數量，在1988年「還我母語」大遊行，後有顯著提升。超過四分之三的客家研究書籍在1988年後出版。客家研究是對於客家文化與特質重建的意圖和努力（王甫昌，2003：141）。而設立客家研究機構或大學的構想，在候選人的政見中都有出現，2000年總統大選後，陳水扁客家政策中的「義民大學」政見至今仍未兌現，但是在2003年時，將中央大學的客家研究中心擴充為客家學院，其後分別成立交通大學和聯合大學的客家研究中心。這些學術中心與學院，除了發揚客家文化，培養未來母語教學的師資人力之外，將來更進一步可以扮演「客家智庫」與「政策中心」的角色。尤其在目前客家政策發展已經到了制度化逐漸完成，進入政策「再建構」的階段，亟需這些「客家智庫」扮演認知社群的角色，藉由提出新的觀念與新的定義，啟動政策再建構的發展。

表 3：客家研究書籍、文章、學位論文、數量統計表　　　　（括弧為直行百分比）

出版時間	書籍	學位論文	學術論文	通俗文章	書中章節	總計
1946-1960	33 （2.3）	0	0	7 （0.3）	3 （0.3）	43 （0.8）
1961-1970	16 （1.1）	8 （5.7）	6 （1.4）	288 （10.8）	27 （2.9）	345 （6.1）
1971-1980	98 （6.7）	17 （12.1）	2 （0.5）	552 （20.7）	139 （14.8）	808 （14.4）
1981-1987	206 （14.2）	22 （19.9）	30 （7.1）	615 （23.1）	120 （12.8）	999 （17.8）
1988-1998	1100 （75.7）	88 （62.4）	382 （91.0）	1199 （45.1）	650 （69.2）	3419 （60.9）
總計	1453	141	420	2661	939	5614

資料來源：王甫昌（2003：143）

（五）客家文化全球交流方面

　　行政院客委會在成立之後，對於「客家全球交流」的概念，已經舉辦2002 年與 2003 年兩屆全球客家文化會議，針對海內外客家人如何在全球化、在地化之間取得平衡，進而開創客家新世紀之議題研討。葉菊蘭主委也在2003 年全球客家文化會議開幕時表示：「期盼全球客家文化會議能逐步走向組織化與常設化，團結全球客家社會參與國際非政府組織，不僅成為延續客家文化的主力，更為全球文化多樣性貢獻力量。」[26] 同時，客委會也積極參與國際客家社團的年會與活動。[27]

---

26 請參見研討會相關網站。http://www.elitepco.com.tw/hakka2003/Big5/big5index.htm
27 請參見行政院客委會網站。http://www.hakka.gov.tw/

「增進海內外客家事務交流，促進族群和諧」是行政院客委會的施政重點之一。[28]「客家全球交流」的概念也是客家運動在政策制度化之後，方才逐漸開始發展的新概念。在歷史上，客家移民的全球化開始甚早，據點極多，互動頻繁，維持各地客家社團的聯繫。而這些社團在現代國際社會中，可以轉型為區域性或全球性的非政府組織，作為協助各地客家文化保存與發展的平台，同時分享各地客家人的在地化經驗，促進政府推動多元文化政策的立法與實踐，作為臺灣參與全球文化多樣性運動的貢獻。

綜上所說，客家運動發展至今，諸多政策已經開始逐漸落實在制度中，不論成為國家政策、法律條文或是政府建制，都已經開始發揮其作用。雖然仍有持續應加以努力的部分，但是，從 2000 年和 2004 年的總統大選各陣營的政策白皮書來看，事實上仍然未能超脫臺灣客協所提出的主張。然而，時間已經過將近十年，客家運動是否仍有其他面向值得努力和加強，進而提出新的政策？

事實上，除了制度和法律等高階政治（high politics）的保障，客家運動與客家社區的再造運動並沒有相同水準的進步，客家運動似乎只是都市知識分子對於客家文化之危機感的自我救贖行動，而客家的原鄉[29]——鄉村地區，卻依然無法感受到上層運動的迫切性（陳板，2000）。這樣的落差，或許可以稱作「客家運動的城鄉差距」。客家菁英進入都會後，環境與制度造成都會客家子弟母語的嚴重流失，因此，客家運動的重點乃放在搶救語言機制。陳板認為，都會客家的母語搶救運動卻一直沒有發展到城市以外，原因在於鄉村客家的問題在於整體農村社會的瓦解，語言在客家農村的困境不是來自於承襲上的技法純熟與否，而是來自於農村的客家文化傳承已經後繼無人了。

---

28 請參見行政院客委會網站。http://www.hakka.gov.tw/
29 客家農村，從某個角度來看，絕對稱得上是「客家原鄉」。這裡所談論的客家原鄉，指的是從農村移居城市的島內二次移民對家鄉的稱呼：和相對於從廣東與福建移居臺灣的兩岸一次移民對祖居地的稱呼，有政治課題上的差異性。（陳板，2002）

表 4：進入議程設定之客家運動論述

客家政策面向	進入議程設定政策
母語教學	1.1989 年臺北縣、新竹縣、宜蘭縣、屏東縣、高雄縣編輯母語讀本並推行於中小學。 2.2001 年九年一貫課程中國小學生必選「鄉土語言」作為課程，鄉土語言包括閩南語、客語與原住民語，從中擇一。 3.2002 年教育部開始招考國中小客語教學支援人員，投入母語教學行列，母語教學自此由地方政策成為中央政策。
語言平等政策	1.1993 年，立法院通過刪除廣電法第 20 條對本土語言的限制。 2.2000 年通過《大眾運輸工具播音平等保障法》。 3.2003 年 12 月《有線廣播電視法》修正案三讀通過新增第 37 條之一的規定：「針對客語及原住民語所播送之節目，得由中央主管機關指定有線電視系統以固定頻道免費播出」。
客語傳播	1.1989 年台視在週日冷僻時段開始播放「鄉親鄉情」節目。每日中午新聞時段前，增列十五分鐘的客家新聞氣象。 2.1996 年新聞局正式核准「寶島客家廣播電台」成立。 3.2003 年客家電視台正式開播。
客家研究	1.1999 年 12 月中央大學成立「客家研究中心」，2003 年成立客家學院，開始招生。 2.2003 年 3 月聯合大學成立全球客家研究中心。 3.2003 年 12 月交通大學國際客家研究中心揭碑，2004 年客家文化學院正式招生。
客家文化全球交流	1.2002 年 5 月葉主委親自率團前往日本參加東京崇正公會年會。 2.2002 年 12 月 14 日，2002 年全球客家文化會議舉辦。 3.2003 年 11 月 13 日，2003 年全球客家文化會議舉辦。 4.2004 年 4 月 26 日，葉主委出席東京崇正公會年會。

資料來源：作者製表

　　再者，「社區總體營造」所帶動社區運動，也帶給客家運動新的方向，得以彌補制度性保障所缺乏的「客家認同重建手段」，亦即「如何真正重建客家認同」的論述。1994 年，文建會提出「社區總體營造」運動後，使民間的力量開始獲得肯定，與公部門的關係也由對立走向合作，公部門開始強調政策的決定應有由下而上的管道。社區居民與組織經過多年的參與及實作，累積了更多的社區參與及共同決策經驗，使得社區組織扮演公部門決策時不可或缺的伙伴角色，也得以扮演社區營造的推手。客家社區也沒有例外，從自身的資源與特色出發，逐漸發展出具有客家文化特色，又有在地風貌的現代客家社區。2000 年 12 月，臺北市政府與臺北市客家文化基金會共同舉辦客家文化節，活動中邀請臺灣 10 個客家社區展出各自的「社區營造」經驗，透過臺灣各地的客家社區營造案例，希望能夠在議題性的客家運動（如搶救母語）之外，找到客家的族群與土地（社區）相連結的關鍵點（陳板，2002）。由此可見，客家運動者已經不再滿足於制度性的保障，而嘗試透過社區運動與公私部門協力的方式，進一步建立並重新定義客家社區「美好生活」的保障。

　　而社區運動在 921 地震後的社區重建過程中，扮演了重要角色。921 地震之後，客家地區受創嚴重，但是許多客家社區反而因共同的災難記憶，而凝聚為社區記憶，轉而重新找尋族群與土地的關係，在重建家園的過程中，將這些共識注入「新家園」的重建。這樣的過程與「社區營造」的概念不謀而合。例如石岡鄉的客家婦女自行成立「石岡媽媽劇團」參與社區工作，以演出記憶的方式參與希望工程的心靈重建工作，同時具有女性解放和社區經營的雙重意涵（蕭紫菡，2002）。其他包括美濃反水庫運動、觀音人愛鄉運動等等。[30] 這一部分的工作需要更多社區成員的參與，已經不僅僅是原本的客家運動者可以勝

---

30 事實上相關的客家社區運動發展和報告，請參見陳板，2002。

任和負荷的面向。例如交工樂團在美濃反水庫運動中扮演的音樂發聲角色,將傳統、流行、客家生活等面向結合所產生的巨大效果。作品「菊花夜行軍」中的「日久他鄉是故鄉」更借外籍新娘大量進入農村的議題作為創作題材。此一作品展現了全球移民、文化衝突、城鄉差距與客家傳統的多面向的衝突。[31] 綜上所說,上述實例也代表了現行客家政策所提供的解決途徑,並不足以勝任解決現在發生於客家社區的問題。隨著全球化趨勢與臺灣社會的發展,客家政策目前開始遭遇「客家政策無法解決客家問題」的弔詭!換言之,制度與條文並無法全然解決發生於客家社區的問題,除了社區參與運作機制日趨重要,也同時代表著客家鄉親對「新客家政策」的需求。

　　從 1994 年開始,文建會推動社區總體營造,事實上帶入一種政治決策由下而上的觀念,同時也是建立臺灣公民社會的機會。而對於客家政策過程的發展而言,這種由下而上客家社區運動的成形,是一種重要的「回饋」機制,也唯有社區運動的發展,才能進一步推動和發展客家運動,形成一個完整的政治過程。綜上所說,客家政策的產出與制度化,乃是前節所提及政策論述進入議程設定後的具體落實,而其制度化的發展,主要可由兩方面觀察:(見圖 6)

---

31 請參見交工樂區首頁。http://www.leband.net/index.htm

圖 6 3i：制度化發展圖
資料來源：作者製表

1. 具體政策產出部分

目前客家政策已經在母語教學、語言平等政策、客語傳播、客家研究及客家文化全球交流等方面進入制度化階段。[32] 臺灣客協長期以來要求客家文化的制度化保障，大部分已經由國家政策加以落實，甚至開始進行全球交流。

2. 後續挑戰

然而，客家文化僅僅靠制度化保障，是否就能維持不墜，持續傳承，答案顯然是否定的。在一連串制度性保障的落實之後，客家運動遭遇到來自三方面的挑戰，也可以視為是客家鄉親的新需求。而這種舊論述制度化後產生的新需求，也將成為客家決策系統的新輸入項，完成系統的「反饋」（feedback）。三方面的挑戰分別是：客家運動城鄉的差距、社區總體營造運動與「客家政策無法解決客家問題」的弔詭。

---

32 詳細內容請參見表 4。

六、結論

　　總和來說，客家運動由第一階段的街頭運動、社會運動，進入第二階段的民主競爭，到後來第三階段社區運動的出現，這些轉變和變遷使我們必須回到有關「全球化」之原始概念來討論。社區運動至少在三個方面回應了全球化對於臺灣社會的穿透。

（一）臺灣政治民主化與本土化的發展，本就有其來自於國際、國內政治與民間社會層面的各種影響，而同理可證，牽涉到諸多領域的客家政策發展至今，客家鄉親的諸多需求已非政府與國家所能完全回應，亟需自發性組織社群（如社區組織）的參與。

（二）全球化效應改變了國與國之間、國家與人民之間的關係。新的經濟帶來產業和生活方式的轉型，臺灣人民不分族群皆必須學習如何回應和適應，從而產生新的生活方式。而這樣的學習過程已非傳統學校教育得以完全因應，需要更多社會參與方得完成。

（三）全球化使臺灣人民的「地方感」逐漸模糊，人際關係的社群基礎疏離，導致人的認同危機。所以人必須重新回到地方，回到社區，在全球化效應的影響下，重建新的「在地」價值和認同。

　　因此，社區運動的意義，事實上也回應了「全球地方化」的潮流。同時，全球化也提供了客家運動的新視野。客家運動長期以來的目的，在於解決客家文化即將滅絕的困境。不論是母語復興、客家傳播或是客家建制，儘管上述的政策已經較早年的客家聯誼性社團，如世界客屬總會和中原崇正會所提出的「復興客家文化」或「重振中原古風」等論述較為落實，同時也已經隨著全球化的效應開始構思全球客家非政府組織（NGOs）的連結、國際勞工、跨國婚姻等與當代客家生活相關議題（張鎮坤，2003：77）。值得注意的是「社區運動」與上述政策論述的差異在於，「社區運動」已經將全球化現象視為政策環

境而不得不然的結果。客家運動者或當代客家事務官員必須正視此一現象，全球化效應已經不僅僅只是一種思維、認知或創意發想，而應該具體認知到全球化穿越主權的現象已經成為政策環境一部分，約制並影響政策的產生。

　　所以，面對當代全球化的影響，我國的客家政策應該更加具體而細微，除了客家網路資源或網路資料庫的建制、客家傳播的精緻或語言平等法的制訂等基礎政策外，我們還需要民間社會「草根力量」的加入。因此，如何建構一個完善而健全的「公民社會」（civil society），事實上是在基礎建設之後應積極投入的面向。而在建構良善「公民社會」的階段，一些看似與客家不相關的議題，因著全球化效應也將對於客家運動產生影響，如客家社區的外籍新娘，外籍看護工等問題的解決。而這些問題的發生與解決已經超脫客家運動的範圍，但卻也是真實發生於客家莊問題，也將成為客家社區文化的一部分。因此，不單單是客家研究需要跨領域的整合，面對全球化的效應，客家運動與客家政策跨領域之互動與合作，也是極為重要；畢竟，客家政策之真正落實，不但有賴於決策面之正確方向，更需要注意政策執行時，不同政府、民間與企業間資源之有效整合，才能將客家政策既落地又生根。

參考文獻

Benedict Anderson 著，吳叡人譯，2000，《想像的共同體》。臺北：時報文化。

David Easton 著，王浦劬等譯，1992，《政治生活的系統分析》。臺北：桂冠圖書。

Ulrich Bech 著，孫治本譯，1999，《全球化的危機》。臺北：商務出版社。

王甫昌，2003，《當代臺灣社會的族群想像》。臺北：群學出版社。

丘昌泰，1996，《公共政策：當代政策科學理論之研究》。臺北：巨流出版社。

江宜樺，1998，《自由主義、民族主義與國家認同》。臺北：揚智出版社。

宋學文，1999，〈從「兩國論」之發展探討我國大陸政策之決策過程：3i 模型的決策分析〉。頁 41-79，收錄於《政治科學論叢》，展望跨世紀兩岸關係研討會專刊。

林水波，1999，《公共政策新論》。臺北：智勝出版社。

林水波、張世賢，1991，《公共政策》。臺北：五南出版社。

客家風雲雜誌社，1987，〈發刊詞〉。《客家風雲》1：1。

客家雜誌社，2004，〈社論：2000 年客家雜誌的任務〉。《客家雜誌》163：2。

施正鋒，1998，《族群與民族主義：集體認同的政治分析》。臺北：前衛。

_____，2004，〈臺灣客家族群政治與政策〉。臺北：新新臺灣文化教育基金會。

范振乾，1998，〈客家事務為什麼尚未能成為政府的政策議題？〉。頁 25-50，收錄於臺北市政府民政局編，《客家發展研討會議論文集》。臺北：臺北市政府民政局。

_____，2002a，〈尊嚴、希望與和諧：客家雜誌發行一百期之回顧與前瞻〉。頁 998，收錄於范振乾編，《存在才有希望：臺灣族群生態客家篇》。臺北：前衛出版社。

_____，2002b，〈客家事務行政體系之建構〉。頁 12-17，收錄於行政院客家委員會編，《客家公共政策研討會論文集》。臺北：行政院客委會。

_____，2002c，〈兩千年總統大選候選人客家政策述評〉。頁 404-413，收錄於范振乾編，《存在才有希望》。臺北：前衛出版社。

徐正光，1991，《徘徊在族群與現實之間》。臺北：正中書局。

_____，1994，〈臺灣的族群關係：以客家人為主體的探討〉。頁 381-399，收錄於徐正光、彭欽清等編，《客家文化研討會論文集》。臺北：行政院文建會。

張茂桂，1994，〈民間社會、資源動員與新興社會運動：臺灣社會運動研究的理論志向〉。《香港社會科學學報》4：33-66。

_____，1997，〈談「身分認同政治」的幾個問題〉。頁 91-116，收錄於游盈隆編，《民主鞏固或崩潰》。臺北：月旦出版社。

張鎮坤，2003，〈從 1988 客家運動到 2003 全球客家文化會議〉。《客家雜誌》162：75-77。

陳板主編，2000，《客家社區‧迷你博覽會》。臺北：臺北市政府民政局、臺北市客家文化基金會。

黃宣範，1994，《語言、社會與族群意識：臺灣語言社會學的研究》。臺北：文鶴出版社。

楊長鎮，1991，〈客家運動與客家人文化身分意識之甦醒〉。頁 184-197，收錄於徐正光編，《徘徊在族群與現實之間》。臺北：正中書局。

新客家助選團，1995，〈客家說帖〉。《客家雜誌》12：12。

鍾肇政，1991，〈新小客家人〉。頁 16-18，收錄於臺灣客家公共事務協會編，《新个客家人》。臺北：臺原出版社。

Giddens, Anthony, 1990, *The Consequences of Modernity*. Cambridge: Polity.

Goldstein, Judith and Keohane, Robert, 1993, "Ideas and Foreign Policy: An Analytical Framework", in Judith Goldstein and Robert Keohane (eds.), *Ideas and Foreign Policy: Beliefs, Institutions, and Political Change*. Ithaca, N.Y.: Cornell University Press.

IIaas, Peter M., 1992, "Introduction: Epistemic Communities and International Policy Coordination", *International Organization* 46:1-35.

Hilgartner, Stephen and Charles L. Bosk, 1988, "The Rise and Fall of Social Problems: A Public Arenas Models", *American journal of Sociology* 94(1):53-78.

Pierre, Jon and B. Guy Peters, 2000, *Governance, Politics and the State*. London: MacMillan.

Robertson, Roland, 1992a, "Globalization, Modernization, and Postmodernization: The Ambiguous Position of Religion", in R. Robertson and W.R. Garrett (eds.), *Religion and Global Order* . New York: Paragon House.

_____, 1992b, *Globalization: Social Theoy and Global Culture*. London: Sage.

Scholte, Jan Arts, 1997, "The Globalization of World Politics", in Steve Smith and John Baylis (eds.), *The Globalization of Politics*. New York: Oxford University Press.

Stone, Deborah, 1997, *Policy Paradox: The Art of Political Decision Making*. New York: W.W. Norton and Company.

2003 年全球客家文化會議網站
http://www.elitepco.com.tw/hakka2003/Big5/big5index.htm

交工樂團首頁
http://www.leband.net/index.htm

行政院客委會網站
http://www.hakka.gov.tw/

李　喬，2002，〈臺灣客家的情結與公共政策〉，收於行政院客委會編，《客家公共政策研討會論文集》。臺北：行政院客委會。
http://web.hakka.gov.tw/hakka-public/conference/index.html

陳　板，2002，〈落地生根新故鄉：臺灣客家社區運動〉，收於行政院客委會編，《全球客家文化會議論文集》。臺北：行政院客委會。
http://www.ihakka.net/1.htm

蕭紫菡，2002，〈重建區女人光影〉，《經典雜誌》45。
http://taipei.tzuchi.org.tw/rhythms/magazine/content/45/1/contentl.htm

聯合國開發總署網站
http://hdr.undp.org/reports/global/2002/en/

聯合國千禧宣言
http://www.un.org/millennium/declaration/ares552e.htm

「義民史觀」之建構：析論臺灣1895年（乙未）抗日戰爭中之義民軍統領丘逢甲與吳湯興 [*]

大俠・道卡斯（薛雲峰）

一、前言

　　1895 年（乙未）抗日戰役爆發，日軍登陸之後一路勢如破竹，一直來到桃竹苗的客家庄才首嘗嚴重的挫折，此時因「紳民憤恨」而倉促成立的「臺灣民主國」（連橫 1985），早已隨著「總統」唐景崧潛返清帝國而名存實亡，但臺灣本島的抗日運動這時才正要如火如荼地展開，其中，又以桃竹苗客家庄的戰事最為可歌可泣。

　　如今事隔一百多年，如果不刻意強調，一般人恐怕都不清楚當時臺灣民主國三巨頭，即總統唐景崧、副總統丘逢甲以及獨撐大局的南澳鎮總兵劉永福都是客家人（羅香林 1969）；在桃竹苗力拒日軍南下的桃園胡阿錦以及竹苗三秀才吳湯興、徐驤、姜紹祖等人也都是客家人，當然，這些客家人的抗日動機及行徑都可受公評，未必都萬人景仰，但無論如何，他們都是客家人。

　　不過，吾人仍不禁要問：是什麼樣的動機使這些客家人命都不要地誓與日軍周旋？又是什麼緣故使得大多數有關「乙未抗日」或「臺灣民主國」的論述

---

[*] 本文原刊登於《國家發展研究》，2008，8 卷 1 期，頁 43-90。因收錄於本專書，略做增刪，謹此說明。作者大俠・道卡斯（薛雲峰）現任文史工作者。

都甚少提及「客家」？

　　「客家」，是乙未年臺灣人抗日的主要力量，但過去在大中國史觀的論述下，客家人的抗日行動多常被描述成一種「民族自救運動」，「是中國抗戰的原史」（王曉波 1988：1-5），但這種說法未免陳義過高且幾與事實不符，一般史學著作也鮮少提及「客家」二字；另外，近年來在強調「臺灣主體性」的史觀論述下，「客家」也有意無意被邊緣化，例如提到臺北城陷後的乙未抗日時，常見的寫法如：「接下來的，則是以臺灣子弟兵為主體的中南部各地抗日游擊戰」（李筱峰 1999：100）、或如「主體勢力是以各村落、街鎮之仕紳為首……吳湯興與邱逢甲同是苗栗附近銅鑼灣出身的仕紳」（黃昭堂 1993：200）、或「由本地人子弟所結成的義民軍，就是抗日游擊隊」（史明 1980：257）。

　　論述者都相當程度的吝於指稱這些抗日人士是「客家人」或與「客家」有關；「客家」於是被「臺灣」、「本地」等名詞稀釋概括掉，或被地名如苗栗、新竹等模糊取代掉。

　　事實上，在諸多學術界前輩的研究中，已指出參與乙未抗日戰爭的民間戰士，大多都是仕紳、富豪的上層階級（黃昭堂 1993），抗日的主要動機即在於「保衛桑梓」（蕭新煌 2001）；換言之，抗日是行動，扶清是口號，但為了「抵禦現狀的可能劇烈變動」才是抗日者的動機與目的。

　　這種現象從客家人在臺灣首創義民組織即可見一斑。清帝國統治臺灣 212年，惟早自康熙 60 年（1721）發生朱一貴事件之時，南部六堆的客家人為了自保，即號召鄉民自組義民武裝團體（丁光玲 1994），由於這類可臨時動員的地方自衛性武力，能迅速平定擾亂地方安靖的各種動亂，因此臺灣其它地區隨後都爭相仿效。當然義民團體中的成員可能良莠不齊、也不一定都會行「義」事，但就乙未抗日戰爭前的社會背景及武裝動員能力來看，「義民」才是抗日的主角。

因此本文擬以「義民史觀」重新解讀乙未抗日戰爭，並舉抗日秀才吳湯興及臺灣民主國三巨頭之一的丘逢甲事蹟為例。

至於本文所稱的「義民史觀」，意指從長時段的社會背景中，發展出客家人為「抵禦現狀可能的劇烈變動」乃首創義民組織，而後成為清領期間的臺灣主要社會特徵之一。本文的用意可說是用「草根史」（grassroots history）的途徑嘗試還原當時的社會真相（黃煜文 2002）。事實上，以「義民史觀」的角度，應更能正確理解乙未年及其之後發生在臺灣各地的抗日運動風潮，且不管是不是發生在客家庄。

二、文獻回顧：關於 1895 年（乙未）抗日戰爭之相關論述

「歷史教育是形塑民族認同與國家認同的重要手段，任何一個國家在形塑其民族認同與國家認同同時，歷史教育與歷史教科書所扮演的角色是無可取代的」（彭明輝 2001：207）。亦即，當敘事者帶著既定的立場或觀點去陳述一個歷史事件時，事實上就是在建構一種意識形態，或說，一種「史觀」。

它至少用來表達敘事者對該事件的觀點，或是進一步的傳播這個觀點，使之成為一種「常識」或「共識」，甚至試圖建立共同的信仰或價值體系。如同史學家艾瑞克・霍布斯邦（Eric J. Hobsbawm）所說，「歷史作為一種民族主義者、種族主義者或基本教義派會加以運用的原料，如同罌粟是海洛因的原料一樣，對於各種意識形態來說，過去（past）是一種基本元素，或說，是最必要的基本元素」（黃煜文 2002：24）。

那麼，臺灣乙未抗日戰爭向來如何被看待呢？

（一）兩種史觀

就乙未年抗日事件而言，漢文化圈內史家們的論述大抵不脫「一個主軸、兩大意識形態」，或者說，兩種「史觀」：一是「大中國史觀」，另一是以「臺

灣主體性」為基調的觀點,簡稱「臺灣史觀」(陳芳明 1992)。一個主軸指的是:
這兩者論述的共同基準點都是從「臺灣民主國」與「大中國」(清帝國)的連
帶開始談起,尤其是清日交涉馬關條約的過程以及抗日領導者丘逢甲、劉永福
等人的身分及文告。

不同的是,「大中國史觀」者的基本態度,是認為乙未事件無非就是中國
人反對日本帝國主義入侵的「民族自救運動」,認為抗日者的動機及目的,
最終是要回到大一統的中國脈絡裡(王曉波 1988),所以就會有「湯興集健
兒⋯⋯望北而誓曰:『是吾等効命之秋也,眾皆起』」之類的想像(連橫,
1985:1034)。

持「臺灣史觀」者則認為,乙未抗日運動「因為,臺灣民主國實質上仍是
中國的一部分」(許極燉 1996),所以不會得到國際承認等具體成果,領導
者在實際運作上也含有投機成分,只是它意外觸發了不少的後果,例如它是形
成「臺灣人意識」的起點(黃昭堂 1993);或說,它在國際慣例上確定臺灣
領土已「法理上」的脫離中國(戴天昭 2002)。

持「大中國史觀」的例子比比皆是,例如,「一部臺胞抗日史,不但是
中國民族自救運動的原點⋯⋯也是中國抗戰史不可分割的一部分」(王曉波
1998:10);再如,「追溯臺灣抗日運動的發生,從中日甲午戰爭,馬關議
和失利割讓臺灣,到『臺灣民主國』的成立與臺灣人民的反制,其發展的基
調,是中華民族橫遭敵國外患的欺凌,與民族禦侮的延續」(林國章 2004:
142);此外,國民黨政府遷臺之後所主導編纂的各地方志,全部都是這種論調,
吳湯興甚至還被送進忠烈祠(《苗栗縣志人物志》 1974)。

持「臺灣史觀」的論述近年來有增多的趨勢,但至少在這個事件中,由於
它也繞著「大中國」的「主軸」上轉,所以也容易對當時參與該事件的人或事
或物,產生抽象式的聯想或描述,難免失真,例如「『臺灣民主國』的成立,

與其說是臺灣抗日運動的開端，不如說是中日馬關議和交涉的延長」（吳密察 1994：33）。兩種史觀至今各執一詞，纏鬥不休。

（二）史學分析

前述兩種史觀爭論不休的癥結，應是都忽略了如法國年鑑學派所亟欲避免的盲點，就是歷史學與社會學的不可分割性，對歷史結構的分析「必須透過歷史時間、歷史空間以及歷史的整體性來掌握」（高承恕 1992：95-124）。

或如年鑑學派健將布勞岱爾（Fernand Braudel）的觀點：「日常生活的習俗與細節雖然沒有大理論可言，但它反映了大多數人在長時期內反覆進行的行為，這種細微但重要的動態變化過程，是建構某個時代社會經濟史的絕佳材料，但卻因其細微反而被歷史學者忽視」（賴建誠 2004：50）。

所以在歷史的研究方法上，布勞岱爾主張應該從最底層的日常生活環境、使用的物品來追蹤人類生活史的變動，而不是像過去一樣，從上層往下建構觀點。就眾所皆知，布勞岱爾對史學分析的一大創見，就是他把歷史時間分為短時段（事件史）、中時段（變動趨勢）和長時段三個分析單位；同時他也把歷史空間分為核心、半邊陲與邊陲地區，由此構成了布勞岱爾的「整體歷史」觀。

所謂短時段，也稱作事件史，在布勞岱爾的史觀裡，這類事件處於最邊緣的地位，如政治、人物、戰爭、革命等，但卻是傳統史學的核心；布勞岱爾不把人和事作為歷史的中心議題，而是以大環境、結構變遷作為歷史的主角，強調非人身的、集體性的歷史面向，這就是一般人對布勞岱爾「事件性史觀」的印象。

所謂中時段，也叫「變動趨勢」，可以用 10-50 年的「變動趨勢」來當作歷史的單位時間，這個單位時間主要應用在對社會經濟史的週期和結構分析上，例如景氣循環或物價起伏等，也可把它擴大應用在農民情勢、領主情勢或革命情勢等非經濟面的分析上。

所謂長時段,也叫長時段史觀,是以世紀或幾世紀作為歷史單位時間,意指歷史上長期不變和變化極緩的現象,如地理氣候、生態環境、社會組織等等。布勞岱爾認為只有長時段史觀才構成歷史的深層結構,因此,歷史學家只有借助研究長時段的歷史現象,才能從根本上把握歷史的總體(高承恕 1992;賴建誠 2004)。

至於歷史空間方面,布勞岱爾提出了「經濟世界」的觀點,這個觀點基本上打破了過去以政治或文化為藩籬的界定方式,而以一個經濟交換體系作為分析的單位。它的一個特點是,它容許不同文化與信仰的商人,在這個經濟圈內相互交流;這個圈子的活動雖然也受政權變遷的影響,但他們的主要關懷是經濟活動上的利潤,對政治的認同感較低。此外,布勞岱爾認為經濟世界有三項特徵:(1)可以劃出一個確定的地理疆界,就像需要有海岸線來界定海域一樣;(2)每個經濟世界都有一個核心點,是那個世界裡最富饒的重心與主宰;(3)每個經濟世界曾各自構成一個層級階序性的結構(賴建誠 2004)。

換言之,「唯有從長時期的角度來看,我們才能察覺核心與半邊陲、邊陲間的關係、而這歷史空間上的關係也正是形成了一種『結構的限制』(structural limits),它決定性地影響了該地區的物質生活、思想、制度乃至於整個歷史實體的存在」(高承恕 1992:107)。

1895 年發生在臺灣的乙未抗日戰役,戰事的核心地區在臺灣,若用布勞岱爾的史學分析架構來看,可說是短時段的「事件史」;在此之前發生的清、日「甲午戰爭」或臺灣在諸列強交涉過程中的定位,雖可視為中時段的變動趨勢,但按布勞岱爾的說法,這個變動趨勢為基礎的歷史觀察並不具洞識力,也不足以解釋為何有大量的臺灣客家人投入抗日殊死戰中。

本文因此基於對臺灣長時段的社會背景觀察提出「義民史觀」,以闡釋乙未年的臺灣人尤其是客家人為何甘於冒死抗日的原因。事實上,義民及其組織

是清領臺灣二百多年間的普遍社會現象，伊能嘉矩稱之為「自治獨立之一種屯田兵組織也」（伊能嘉矩 1985，上卷頁 273），亦即，義民是一種兼具軍事與經濟體的單位。本文據此長時段的社會背景以分析臺灣乙未抗日戰爭，應更能解釋乙未抗日戰士們的立場與做法。

三、丘逢甲與臺灣民主國

1894 年清帝國與日本因朝鮮發生東學黨之亂，兩國都以鎮亂為由向朝鮮半島出兵；當年 8 月，清、日終於爆發軍事衝突，史稱「甲午戰爭」。但兩個月不到，日本即殲滅清帝國駐平壤的陸軍及北洋艦隊進而搶攻遼東半島；清帝國於是尋求歐美列強斡旋議和；至此，整件事都不干臺灣人的事。

翌年，1895 年歲次乙未，3 月間，李鴻章在慈禧太后密授得以割讓臺灣作為與日議和的前提下，兩國代表於 4 月 17 日在日本下關簽定和約，將「臺灣全島及所有附屬各島嶼」割讓日本（戴天昭 2002）。

一直被矇在鼓裡的臺灣仕紳在和約未議定之前，即因傳言四起而群情騷動，有人紛紛透過管道想到中國避難（喜安幸夫 1989），有人則向署臺灣巡撫唐景崧抗議「臺民何辜，致遭歧視」（吳密察 1994：6）。

當時，「三月（筆者按：指清曆）棄臺信益急，臺人惶懼」（思痛子 1997：48）。丘逢甲對朝廷有意棄臺的反應更是激烈，於是他「首建自主議」並在新竹登壇誓眾並貼出告示，公開呼籲「議立民主國，開議院，製國旗」；而朝廷的動作後來也果如其料，「四月（指清曆）和議成，卒棄臺灣；朝命率兵民內渡」（思痛子 1997：48）。

此處特別要值得一提的是，依思痛子寫於丙申年的《臺海思慟錄》（1896）所載，丘逢甲公開演講並貼出告示倡議建立民主國的時機，當在馬關條約未議和之前；也就是說，丘逢甲並非如一般通說所認定的那麼對清廷「死忠」，可

以說，丘逢甲早就心存「謀反」或「獨立」之意。

（一）丘逢甲三階段抗日獨臺

丘逢甲在清日馬關條約簽訂前，即不時在公開演說時向群眾力陳：

> 吾臺孤懸海外，去朝廷遠，不啻甌脫，朝廷之愛吾臺，曷若吾臺人
> 之自愛。官兵又不盡足恃，脫一旦變生不測，朝廷遑復能顧吾乎？
> 惟吾臺人自爲戰，家自爲守耳。否則，禍至吾日，祖宗廬墓之地，
> 擲諸無何有之鄉，吾儕何以爲家耶。　　　　　　（江琜 1994：375）

丘逢甲在光緒 15 年（1889）中進士之後，寧可回臺灣當個鄉紳教書匠也不願意留在中國當官，原因除了他認為當個「窮京官」未必較得利之外（楊護源 1997：23），由前述中，也可以看出他就是把臺灣當家，因為祖先就埋在這裡；如果家園受到威脅，他也告訴大家：千萬不要對朝廷寄望過深，就算是不惜武力一戰，還是得靠自己保護家園；這無異也就再一次凸顯了臺灣客家庄典型的「義民精神」：天高皇帝遠，要保鄉衛梓就得自己來。

此外，丘逢甲在〈舟次登萊間書感〉一詩中寫道：

> 魯連恥帝秦，田橫羞臣漢。海上懷古人，登舟發浩歎。
> 　　　　　　　　　　　　　　　　　　　（丘逢甲遺作 1998：67）

以及在〈蟲豸詩〉中所寫的：

> 食君食亦徵，不惜爲君起。衣被偏蒼生，誰憐積勞死。
> 　　　　　　　　　　　　　　　　　　　（丘逢甲遺作 1998：54）

　　其實，丘逢甲的 50 首〈蟲豸詩〉幾乎篇篇都在諷罵清廷的吏治；所以，
此處至少初步說明了他的抗日行動中，扶清應是口號，但為了避免劇烈的現狀
改變損及臺灣人的利益（或說其個人利益也無妨），才是他的動機與目的。

　　於是，丘逢甲的做法大致採取了三個步驟：第一步是以其個人影響力發動
輿論壓力，並透過唐景崧半要脅的要求清廷廢約再戰，以正視臺灣人的權益，
若可行，臺灣人也願意奉清廷為正朔；第二步是希望列強出面干預，臺灣人若
能自主，臺民也不惜以島上資源回饋保臺的列強；第三步就是兩者都行不通時，
那就獨立以「議立民主國」。

　　丘逢甲的第一步，如馬關條約簽定的翌日（4 月 18 日，清曆 3 月 24 日），
他說（引自楊護源 1997：46-47）：

> 割地議和，全臺震駭。自聞警以來，臺民慨輸餉械，固亦無負列聖
> 深仁厚澤，二百餘年之養人心、正士氣，正為我皇上今日之用，何
> 忍一朝棄之？全臺非澎湖之比，何至不能一戰？臣等桑梓之地，義
> 與存亡，願與撫臣誓死守禦。若戰而不勝，待臣等死後，再言割地。
> 皇上亦可上祖，下對百姓也。如日酋來收臺灣，臺民惟有開仗。工
> 部主事統領全臺義勇丘逢甲謹率全臺紳民上陳。

　　丘逢甲的第二步，在俄德法三國干涉還遼，但清廷仍堅持棄臺時之後（4
月 28 日，清曆 4 月 4 日），他逼唐景崧向清廷表態（清光緒朝中日交涉史料
選輯 1997：233）：

> 茲據紳民血書呈稱：萬民誓不從日，割亦死、拒亦死，寧先死於亂
> 民手、不願死於日人手。現聞各國阻緩換約，皇太后、皇上及眾廷

臣倘不乘此時將「割地」一條刪除，則是安心棄我臺民；臺民已矣，朝廷失人心，何以治天下？查「公法會通」第二百八十六章有云：「割地須商居民能順從與否」；又云：「民必順從，方得視爲易主」等語。務求廢約，請諸國公議，派兵輪相助；並求皇上一言，以慰眾志而遏亂萌。迫切萬分，哀號待命。乞代奏。

丘逢甲的第三步，就是在當年 5 月 15 日（清曆 4 月 21 日），丘逢甲與諸仕紳商議之後挾唐景崧之名發出的〈臺民佈告書〉（引自吳密察 1994：23-24）：

竊我臺灣隸大清版圖二百餘年；近改行省，風會大開，儼然雄峙東南矣。乃上年日本肇釁，遂至失和。朝廷保兵恤民，遣使行成；日本要索臺灣，竟有割臺之款？事出意外。聞信之日，紳民憤恨，哭聲震天。雖經唐撫帥電奏迭爭，並請代臺紳民兩次電奏懇求改約，內外臣工俱抱不平，爭者甚眾；無如勢難挽回。紳民複乞援于英國，英泥局外之例，置之不理；又求唐撫帥電奏，懇由總理各國事務衙門商請俄、法、德三大國並阻割臺，均無成議。嗚呼！慘矣。查全臺前後山二千餘裏、生靈千萬，打牲防番，家有火器；敢戰之士一呼百萬，又有防軍四萬人，豈甘俯首事仇！今已無天可籲、無人肯援，臺民惟有自主，推擁賢者權攝臺政。事平之後，當再請命中朝作何辦理。

倘日本具有天良，不忍相強，臺民亦願顧全和局，與以利益；而臺灣土地政令，非他人所能干預。設以干戈從事，臺民惟集萬眾禦之；願人人戰死而失臺，決不拱手而讓臺。所望奇材異能，奮袂東渡；

佐創世界，共立勳名。至於餉銀、軍械，目前盡可支持，將來不能
不借資內地。不日即在上海、廣州及南洋一帶埠頭開設公司，訂立
章程，廣籌集款。臺民不幸至此，義憤之倫，諒必慨為伙助；泄敷
天之恨，救孤島之危！並再佈告海外各國：如肯認臺灣自主、公同
衛助，所有臺灣金礦、煤礦以及可墾田、可建屋之地，一概租與開
闢，均沾利益。考公法：讓地為紳士不允，其約遂廢；海邦有案可援。
如各國仗義公斷，能以臺灣歸還中國，臺民亦願以臺灣所有利益報
之。臺民皆籍閩、粵，凡閩、粵人在外洋者，均望垂念鄉誼，富者
挾貲渡臺，臺能庇之，絕不欺凌；貧者歇業渡臺，既可謀生，兼可
泄忿。此非臺民無理倔強，實因未戰而割全省，為中外千古未有之
奇變。臺民欲盡棄田裏，則內渡後，無家可歸；欲隱忍偷生，實無
顏以對天下！因此搥胸泣血，萬眾一心，誓同死守。倘中國豪傑及
海外各國能哀憐之，慨然相助；此則全臺百萬生靈所痛哭待命者也。
特此佈告中外知之。

　　這三個步驟是依發生日期的先後鋪陳，可見丘逢甲早已謀定而後動，他的
用意便是設法保持臺灣的現狀，要不也得讓衝擊減到最低。因此在確定清廷無
意廢約之後，由丘逢甲及其主導的全臺義勇軍可說早已做了最壞的打算，一方
面仍設法尋求列強外援的可能，若否，則不惜走向獨，即「臺民惟有自主，推
擁賢者權攝臺政」。

　　另一方面他也「義正嚴辭」的扶清，讓當時臺灣最高行政長官唐景崧不得
不留在臺灣做「人質」，以取得日後守土備戰的正當性。接著 5 月 23 日，丘
逢甲等人便挾唐景崧發表「臺灣民主國自主宣言」，並電告各國要求承認（吳
密察 1994：30-31；許極燉 1996：178）：

照得日本欺凌中國，要求割讓我國土臺灣，臺民曾派代表入京請願，
未獲挽留……吾臺民，誓不服倭，與其事敵，寧願戰死。爰經會議
決定，臺灣全島自立，改建民主之國，官吏皆由民選，一切政務從
公處置。但為禦敵及推行政事，必須有一元首，俾便統率，以維秩
序而保安寧，巡撫兼署臺灣防務唐景崧凤為人民所敬仰，故由會議
公推為民主國總統。公印業已刻成，將於初二日（五月二十五日）
巳時由全臺紳民公呈，凡我同胞無論士農工商，務須於是日拂曉齊
集籌防局，隆重行禮。幸勿遲誤。

全臺人民公告

　　兩天之後的 5 月 25 日，丘逢甲等人更進一步把唐景崧推上「總統」之位，
於是這個以抗拒日本占領臺灣的「臺灣民主國」，可說就在丘逢甲「早有預謀」
的情況下誕生了。

（二）丘逢甲的抗日立場

　　從丘逢甲的詩文中，或許更能一窺他的想法和抗日立場。在他年少時據說
曾一日作成百首〈臺灣竹枝詞〉（丘逢甲遺作 1998；陳漢光 2000），其中三首：

之一：唐山流寓話巢痕，潮惠漳泉齒最繁，二百年來蕃衍後，寄生
小草已深根。

　　詩意很清楚，依丘逢甲的看法，臺灣的漢族移民雖來自中國的潮惠漳泉，
但來到臺灣二百年之後，就算當年只是寄生的小草，如今也已深根臺灣了，他
鄉早已是故鄉，臺灣才是他的家。

之二：自設屏蕃番海濱，荒陬從此沐皇仁，將軍不死降王去，無復
田橫五百人。

這首詩怪罪清康熙皇帝把臺灣甌脫小島納入版圖，也埋怨施琅的不識大
體，宛如田橫與劉邦爭雄時，因韓信大將軍背信攻齊（田橫根據地），終導致
田橫飲恨。丘逢甲此詩頗有責備施琅多事之意，要不然臺灣早已自立為一國。

之三：師泉拜後陣雲屯，夜半潮高鹿耳門，如此江山偏捨去，年年
芳草怨王孫。

師泉，指施琅曾在莆田平海天后拜完媽祖後率千軍萬馬攻打臺灣，把臺灣
這塊美麗寶島平白送給清國，惹得這塊土地上的生靈怨恨到如今。同前詩一
樣，「東寧才子」丘逢甲若不是對東寧獨立建國別有好感，就是對清國統治特
別反感。

僅就這三首詩而言，持「大中國史觀」者，若硬要送個「抗日保臺民族英
雄」或「愛國詩人」之類的頭銜給丘逢甲（安然 2005），怕是張冠李戴；或
者，若要說他「懦弱」或「不戰而逃」，怕更是深深誤會他了。君不見，他的
《嶺雲海日樓詩鈔》（丘逢甲 1994）收錄了 1600 多首詩，其中至少就有 1000
首是西渡中國之後的懷臺之作，句句悲涼無奈（《丘逢甲遺作》1998）。例如：

《有書時事者為贅其卷端》之一：人間成敗論英雄，野史荒唐恐未
公。古柳斜陽圍坐聽，一時談笑付盲翁。之二：此局全輸莫認真，
東南風急海揚塵。世間儻有蚑髯客，未必扶餘別屬人。

《離臺詩》之一：春愁難遣強看山，往事驚心淚欲潸。四百萬人同

一哭，去年今日割臺灣。之二：虎韜豹略且收藏，休說承明執戟郎，至竟虯髯成底事，宮中一炬類咸陽。之三：捲土重來未可知，江山亦要偉人持。成名豎子知多少，海上誰來建義旗？

由此可見，西渡後的丘逢甲仍心心念念的想著臺灣，想著義旗，也一直想著要「捲土重來未可知」。

此外，若仔細讀丘逢甲的詩作，也不難發現他在詩作中經常引虯髯客、尉佗（南越武帝）、鄭延平和田橫等人的典故，這些人的共通點就是：不願給「中國」管。例如（《丘逢甲遺作》 1998）：

平生願作虯髯客，人道才如李藥師，獨對丹青灑雄淚，不曾真受美人知。

誰能赤手斬長鯨，不愧英雄傳裡名。撐起東南天半壁，人間還有鄭延平。

魯連恥帝秦，田橫羞臣漢，海上懷古人，登舟發浩歎。

終築朝漢臺，未預誅秦會。呂雉不能臣，偉哉南武帝。

在在都說明，他的「故國」在臺灣，歷史上的漢人也沒有非要同屬一國的道理。

四、義民軍統領吳湯興

1895 年乙未抗日期間，由臺灣民主國官方正式封為義民軍統領者有兩人，一是臺灣民主國副總統丘逢甲（黃昭堂 1993），他亦身兼「義勇統領」（思痛子 1896／1997）；另一是丘逢甲的客家同鄉吳湯興，曾獲唐景崧頒授「統

領臺灣義民各軍關防」（陳漢光 2000：62-63）。這兩人可說是乙未抗日戰爭的兩大重要靈魂，儘管後世對兩人的評價不一，但他們都是客家庄傳統的「義民首」。因之，了解這兩個人的背景及抗日動機，應更能貼近臺灣乙未抗日戰爭的史實。

（一）1895（乙未）年之前的吳湯興

依 1995 年苗栗縣銅鑼鄉吳氏祖堂管理委員會編纂的《相岐公派下族譜》記載，銅鑼吳家的來臺祖相岐公是廣東梅縣渡海來臺的第十四世，他在「清朝乾隆年間獲官准渡海來臺灣，慎選本樟樹庄，現今苗栗銅鑼樟樹村 71 號，地理為乙山兼卯，蟹形勝地安家落戶，官拜軍功正六品」。

吳相岐生有二子吳魁璉與吳魁琮，魁璉生有四子，其中以吳琳芳因開墾樟樹林及石圍牆而聞名地方；生員吳湯興則系出魁琮一脈，為吳氏來臺第十九世孫，吳家歷代都有人獲取國子監生、國學生、貢生、監生或生員之類的功名（羅運治 1996）。

另據《重修苗栗縣志》人物志（2006）所載，「吳琳芳，監生，祖籍廣東嘉應州，生於清乾隆 51 年（1786），歿於清咸豐元年（1851），享年 66 歲。乾隆年間，其祖住居彰化大社庄（今臺中縣社口），為地方富豪。後因粵閩反目，孤掌難鳴，無法繼居其地，拋棄家產田業，遷居銅鑼灣。清嘉慶 12 年（1807）因大庄原住民借地銀債無可償還，乃將其社有地打鹿場——即今銅鑼樟樹村一帶之地，付于琳芳開墾，遂移住于樟樹林，而成為樟樹林開關之墾主，地方有力紳耆」（陳運棟 2006：172）。

兩相對照之下，可見銅鑼樟樹村的開發有兩種不同的說法，吳氏家譜指的是吳相岐在乾隆年間已獲官方批准開墾，但歷次修纂的苗栗縣志都指稱是吳琳芳主導，扞格之處或許有待詳查考證；但兩者較為一致的說法，即吳氏一家自吳琳芳的祖輩即遷居銅鑼灣，當不難推斷吳氏家族至少自嘉慶年間以後，已是

當地深具影響力的墾主、仕紳。

　　至於有關吳氏十九世吳湯興的背景介紹，依陳漢光（2000）記述，稱「吳湯興字紹文，苗栗銅鑼灣人（係籍梅縣蕉嶺高惠鄉），父湯四（號悅來），避太平軍亂來臺入贅吳氏，生四子湯興為長，未久悅來返原籍；其母努力經商，供湯興讀書費用。湯興性頗聰慧，有卓見，孜孜於學，弱冠小試，即進秀才。娶妻黃氏，因生活欠佳，乃設教鄉中，鄉人信仰甚篤」（陳漢光 2000：132-133）。

　　陳漢光的說法再配合吳氏族譜的敘述，就成為目前一般了解吳湯興出生背景的通說。也就是說，吳湯興的父親名字叫湯四，自中國避難來臺後入贅銅鑼吳家，和吳昌明的二女兒吳秋妹生有四個兒子，長至幼分別是湯新興、湯新蘭、湯新河及湯新漢；湯四（悅來）在新興年幼時即返回原籍，也因昌明的長子吳仕能無嗣，湯新興因此過繼給吳仕能，族名吳興官，後為因應科舉改名為吳湯興，所以吳湯興的名字具有母父雙姓（羅運治 1996）。

　　至於前清官方對於吳湯興的記載，在目前既存的檔案中，至少有兩篇明確的記錄（淡新檔案 1986，編號 TH 13208_051_00_00_1~3），一是光緒 14 年 5 月 1 日，由五品銜臺灣府埔裡社通判署新竹縣正堂方祖蔭，所呈送的「造送帶丈紳士續送履歷暨未送履歷之紳耆總理以及複丈員紳司事各名冊稿」（附錄一）；另一是光緒 15 年 10 月 6 日也是由方祖蔭呈送的「臺北府新竹縣辦理清賦升科出力紳同總理各銜名擬求保獎清冊」（附錄二）。

　　在前一個檔案中，吳湯興的身分是「生員」，由於他幫官方丈量土地有功獲官方褒揚；後一個檔案中，吳湯興幫官方清理賦稅有功，由方祖蔭稟告朝廷欲將吳湯興由「六品頂戴附生」請賞到「五品頂戴」。至於諸生，如生員、貢生、廩生或附生，即民間俗稱的「秀才」。

　　綜上所述，吳湯興是一位在地方上擁有相當名望與財富的仕紳，但在日軍

占臺之際，他竟情願拋家棄產的冒死與日本占領軍週旋，而不是像臺北福佬商人辜顯榮或苗栗苑裡商人王加芳一般（重修苗栗縣志 2006：259），競與日軍妥協並引日軍入城。兩相對照之下，吳湯興選擇以武力捍衛鄉梓的動機與做法，確實值得探究。

（二）日軍接收臺灣

吳湯興參與抗日戰役，發生在 1895 年日本政府欲接收臺灣之際，當其時，一群由臺灣仕紳主導前清官員發起的「臺灣民主國」運動，正如火如荼地展開。吳湯興的事蹟與命運因此也與「臺灣民主國」緊緊扣在一起。

臺灣民主國於 1895 年 5 月 25 日成立，與丘逢甲同為苗栗客家人的吳湯興聞訊後立刻響應，吳湯興並在丘逢甲引薦下獲唐景崧授予「統領臺灣義民各軍關防」，之後便回鄉募集義勇並布署在新竹一帶準備對日作戰。

四天後日軍在臺灣東北部的澳底登陸，從此開啟 1895 乙未年抗日戰爭的序幕。這場以「臺灣民主國」為開端的對日戰役，史家一般分為三個時期，第一時期約從日軍登陸到 6 月 9 日攻陷淡水，為期約 10 天；第二時期約 6 月 19 日日軍南進到 8 月底攻陷彰化，為期約 74 天；第三期約自 9 月 16 日日軍設南進軍司令部直至 10 月 19 日劉永福出走，為期約 33 天；其後仍有零星戰鬥一直持續到 1902 年（黃昭堂 1993；陳漢光 2000）。

關於第一期戰役，依《臺海思慟錄》（1997）記載，日軍登陸後向三貂嶺挺進，途中遇駐軍曾喜照所統領的土勇二營，但曾營不戰即潰，唐景崧於是電令屬下吳國華率廣勇守三貂嶺，吳率軍至小楚坑（小粗坑）時，突遇日軍派到當地探路繪圖的前哨部隊，兩軍交戰結果，吳部隊擊斃一名日軍。不料，稍後趕來支援的營官包幹臣卻欲搶奪該日軍屍體呈給唐景崧邀功，吳國華聞言大怒立刻撤隊下山，棄三貂嶺不守。

6 月 1 日，唐景崧再命吳國華等人兵分三路欲奪回三貂嶺，但吳國華反將

部隊退至基隆，日軍因此進占至九份。第二天，唐命內務大臣俞明震前往瑞芳督戰，結果俞受傷退回基隆。6月3日，日軍再迫基隆，我軍退至獅球嶺，結果臺勇與剛來臺的廣東兵居然起內訌，「廣勇、土勇積不相能，睚眦尋釁」（思痛子1896／1997：53），以致當天傍晚獅球嶺即被日軍所占，基隆同知方祖蔭回臺北要求唐景崧前往八堵坐鎮指揮，但被唐拒絕，改派黃德義派護衛營前往八堵，但黃德義去了八堵又坐火車回臺北，向唐景崧說：「大雨不能駐營」（思痛子1997：54）。

6月5日，唐景崧電調林朝棟、丘逢甲及楊汝翼支援，但未獲回應，翌日，唐景崧趁亂逃往淡水連夜搭船赴廈門，此時臺北城開始大亂，潰兵四散，臺北城的官營駐軍開始搜括公庫，搶奪錢財，殘兵四處竄跑，打劫老百姓，甚至放火把唐景崧的官邸燒掉。同一天，日本首任臺灣總督樺山資紀從基隆上岸，臺北城的富商們公推辜顯榮到基隆迎接日本人進城，鎮壓城內動亂（連橫1985；陳漢光2000）。

6月7日，日本軍隊在不費一兵一卒的情況下進占臺北城；6月9日，日軍以海陸並進方式攻陷臺北地區剩下的惟一軍事基地——淡水，至此，在日本人的眼中看來，「臺灣民主國」事實上等於已經瓦解崩潰；而樺山資紀也於14日進駐臺北，17日宣布始政（黃昭堂1993；矢內原忠雄2002）。

乙未抗日戰役的第二期，大約自樺山始政後兩天大規模發動日軍南進，日軍分兵兩路，一路向宜蘭挺進，四天之後，日軍在當地漢奸李望洋（舉人）、陳以德（秀才）等人迎接下即進占宜蘭。

但另一路往南挺進的兩支日軍，一支循山道大科崁進，但嚴重受挫於由客家義民胡阿錦（嘉猷）、黃盛娘等人領導的客家抗日義軍；另一路循官道過桃仔園至大湖口的日軍，則嚴重受阻於由丘逢甲部屬吳湯興、丘國霖、徐驤、姜紹祖等人組成的客家義民軍，日軍的南進部隊自此遭遇到最嚴重的挫敗。

　　話說丘逢甲獲悉唐景崧逃離臺北城之際，曾痛斥「吾臺其去矣！誤我臺民，一至此極！景崧之肉其足食乎！」（徐珂 1997：33），於是丘逢甲返回南坎庄的駐地，繼續領導義民軍作戰，直到 7 月 25 日見事不可為才依父母之命內渡。[1] 當時，陣前的作戰主力即是從苗栗出援新竹的吳湯興。

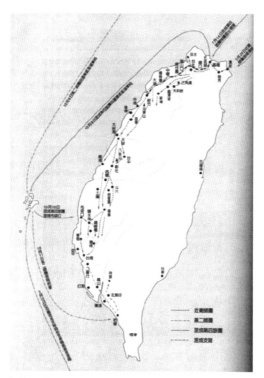

圖 1：日軍進占臺灣路線圖
引自許佩賢譯（1995）。《攻臺戰紀》，頁 66-67。

---

1 關於丘逢甲內渡之說，向來眾說紛紜。一般以連橫在《臺灣通史》丘逢甲列傳中所述，認為「景崧未戰而走，文武多逃。逢甲亦挾款以去」為多；但近年經中國學者戚其章考證，認為丘逢甲事實上還率領吳湯興等人抗戰，直至 7 月下旬因事不可為才黯然離臺，見戚其章撰，〈丘逢甲離臺內渡考〉，取自網站：http://www.uc321.net/bbs/viewthread.php?tid=3187&extra=page%3D4，查閱日期：2008/8/20。

（三）浴血抗日的吳湯興

吳湯興在民主國成立之初即獲唐景崧授予「統領臺灣義民各軍關防」，臺北陷於日軍之手後，吳湯興立即回鄉「大會鄉人盟誓，益作大言勵鄉氓」，以招募義軍（洪棄生 1993：6），吳湯興貼出告示後（附錄三），短短數天之內便募得數百名義勇，「鄉氓亦粵籍，咸不願屬倭，聽其言無不悅，則各搜器械，具餱糧備應用，湯興乃作義勇衣、樹義旗，置親兵，列營號」（洪棄生 1993：283）。

話說吳湯興成軍之後的頭一件事，便是北上駐守在新竹大湖口，他先與林朝棟的部下傅德星先行截殺自臺北城竄逃南下的殘兵潰勇，6 月 13 日首次與日本的前哨偵察部隊在大湖口接戰。[2]

這次戰役，徐驤從東路前進，吳湯興與姜紹祖從西路往北推進，恰好與日軍相遇，日本人仗恃火力充足，開槍亂打，彈如雨下，卻鮮少命中，吳的部隊則擅長狙擊，彈無虛發，日軍因此敗退至中壢。

第二天，日軍整軍再與吳湯興等人作戰，兩軍自此相持數日；6 月 18 日，日軍重組「新竹枝隊」配備野砲及機關砲，翌日從臺北南下部署進攻；21 日，吳湯興自大湖口出發，兩軍正面交戰於楊梅壢崩坡庄，丘逢甲的部屬丘國霖、徐驤及陳起亮各率一營從旁夾擊，日軍一時受阻，但接著日軍以砲兵掩護步兵前進，義軍各營終因餉械不繼退至大湖口；日軍再進迫，義軍據磚牆內力守，終因牆毀無可掩蔽，邊戰邊走的向西南退至新竹城。[3]

---

2 有關吳湯興與日軍初接戰的詳情始末，可參閱吳德功的《讓臺記》（1992）、洪棄生的《瀛海偕亡記》（1993）以及陳漢生的《臺灣抗日史》（2000），但三書對於雙方接戰的時間地點有些微出入；以此戰為列，洪本記為 5 月辛卯，即西曆 6 月 13 日，地點在大湖口官道上；陳本為 6 月 14 日，地點在今湖口與新埔交界之羊喜窩；吳本之地點則為楊梅壢，而其自註的日期即原本有誤，如「（清曆）5 月 22 日（西曆 6 月 13 日）」，見《讓臺記》，頁 130）。經查，當日應為 6 月 14 日。本文此處採陳本與洪本的綜合性描述。

　　吳湯興到了新竹市之後，曾以軍令要求城內的富紳預繳一年租稅輸軍，結果原本就袖手旁觀的竹塹城富紳們，此時群情譁然，吳湯興看到這種情況，再衡量日軍已逼進，乃率義軍各營退出城外；6 月 22 日晚間，日軍進占新竹城，知縣王國瑞連夜潛逃；23 日，日軍反向北上朝新埔枋寮進攻，結果行至荳埔溪橋（在今之竹北市）時遭埋伏的義軍襲擊，義軍打死日軍官兵各一名，擄獲兩匹馬。

　　日軍不甘受創，6 月 25 日整軍再大舉進攻枋寮庄，吳湯興與丘國霖獲悉後，立即出兵率數百名義勇自城外的客雅山進攻新竹西門，首尾不能兼顧的日軍只好又後撤回新竹城應戰，並以四門野砲將義軍拒於西門外，一部分義軍則自十八尖山向西門支援，不過雙方都無進展，僅持數小時之後即各自收隊。

　　吳湯興等人的部隊此時再因餉糧不繼撤回苗栗駐地。此時日軍則深感臺北和新竹之間仍有諸多義軍出沒阻路，於是把重兵放在掃蕩臺北新竹之間的義軍行伍，暫停了南征計劃。

　　不過，胡嘉猷、蘇力以及江國輝等人，另分別在安平鎮（今桃園平鎮）、三角湧（今臺北三峽）以及大科崁（今桃園大溪）等地帶領義軍抗日，也讓日軍們疲於奔命、損失慘重，戰事一直持續到 7 月中旬；這段期間也正好讓新竹以南的義軍有了喘氣的機會。

　　回到苗栗的吳湯興認為新竹不守應與發不出軍餉有關，因此向臺灣知府黎景嵩求助，黎景嵩則令苗栗知縣李烇先徵一年份的田賦給吳湯興充當軍餉，但「苗栗民皆願納，而苗栗知縣李烇不顧，亦急徵是年賦，遂相齟齬」（洪棄生 1993：286）。

　　黎景嵩不知如何是好，因此請苗栗當地的仕紳協調，但爭執卻越演越烈，

---

3 以上戰情可參閱吳德功，《讓臺記》，頁 130-131；洪棄生，《瀛海偕亡記》，頁 284-285；及陳漢光，《臺灣抗日史》，頁 76-78。

兩人甚至都還向劉永福互控對方的不是。李烇指責吳湯興冒功請餉，認為前軍勝仗都是徐驤打下來的，所以要求劉永福收回吳的義軍統領關防，改由黃南球接任；吳湯興也備文指責李烇不適任，要求撤換苗栗知縣，劉永福則表示會派幕僚親信吳彭年「到地查明核辦」（吳德功 1992：137）。

當時吳湯興統領的新苗軍駐防大致如下：

> 除衛中隊營一營隨身差遣外，其餘徐驤一營扼紮北埔，會同傅德興、
> 姜紹祖防守枋寮沿山一帶，邱國霖一營扼守尖筆山沿山一帶，張兆
> 麟一營分守三環水流東，陳超亮一營駐防深井，黃景獄一營仍守苗
> 栗」。　　　　　　　　　　　　　　　　　　（引自陳漢光 2000：59）

與此同時，駐紮苗栗者尚有新楚軍的楊載雲，陳澄波以及傅德星所募的義軍；義軍們在整頓行伍之後，便相約第二次進攻新竹城。7月9日晚，苗栗義軍分三路進擊，吳湯興攻南門，陳澄波攻西門，傅德星攻東門，楊載雲在後方接應，徐驤及姜紹祖也各領隊伍跟進。吳湯興和傅德星分路合進欲至十八尖山，日軍從虎頭山出截，楊載雲則從側翼夾攻，日軍不敵敗退；義軍因此占據十八尖山與虎頭山砲攻新竹城。

日軍稍後由前田少佐率步兵及砲兵各二個中隊欲搶回山頭，結果日軍不斷上攻、又不斷被義軍攻下山，如此反覆數回，吳湯興終因日本援軍大增而收軍撤退。陳澄波的隊伍則在客雅溪畔遇襲，陳澄波帶隊轉入甘蔗園內，結果義軍不出，日軍也不敢進入蔗園，雙方就這樣僵持到各自引軍收隊。

徐驤此時也由牛埔庄趕到城東與日軍作戰，見日軍兵多砲強亦轉入竹林內；同樣的，日軍也不敢入，只能環竹林射擊，徐驤則兵分前後二路欺誘日軍，雙方如此周旋數小時沒有結果，最後也就各自收軍撤退。

　　比較不幸的是姜紹祖一軍，姜的行伍在東門城遭遇日軍，結果隊伍被衝散，姜紹祖看見十八尖山正打得火熱，迫不及待地從某民宅屋頂放槍，結果引來日軍圍剿，姜紹祖因而被俘。不數日，紹祖獲家人保出，但他也再招勇迎戰，最終仍「死於亂鎗之中」。[4]

　　吳湯興等人這次雖然沒能收復新竹城，但苗栗的客家義軍們卻士氣大盛，所以一直到 7 月底為止，吳湯興也數次率隊再攻新竹城，日軍數次欲南攻也分別受阻於新竹香山及苗栗尖筆山的義軍。大約與此同時，劉永福也已指派吳彭年為統領、李惟義為副統，由李惟義先率 700 名七星旗軍前往苗栗支援，並與楊載雲、陳澄波、傅德星的義軍營合為新楚軍。

　　不過到了 8 月 6 日，戰事逐漸吃緊，日本山根少將率一路繞道從東面的新埔經樹杞林推進到水尾庄，途中雖有傅德星及陳澄波率隊迎戰，最後仍不支潰守。翌日，日軍再以兩個支隊分別進攻枕頭山及鵝卵面，以作為進占尖筆山的準備；8 日，右翼搶占枕頭山的日軍由徐驤迎戰，左翼搶占鵝卵面的日軍由吳湯興應戰，但兩路義軍均戰況不利，邊走邊戰。吳湯興當晚退至尖筆山，日軍亦不敢追。

　　不過第二天 8 月 9 日，山根少將指揮三個聯隊及三艘軍艦，分別攻擊尖筆山和頭份街，由李惟義及楊載雲出戰迎敵，不幸的是，楊載雲中彈身亡，李惟義也不支敗走，日軍占領尖筆山及頭份街。

　　8 月 10 日，吳彭年親至苗栗督戰，但所帶之兵僅約 300 人，於是急令徐驤招土勇，但還沒成軍，日軍已大軍壓境；8 月 12 日，北白川宮能久親王親率兩個旅團圍攻苗栗，13 日兵分三路，左路由川村少將自中港出發，右路由山根少將從頭份街出發，中路由能久中將親攻苗栗，吳彭年則率徐驤、吳湯興

---

4 關於姜紹祖之死，亦眾說紛云，本文此處採吳德功的描述。吳德功，《讓臺記》，頁 132。

在後壠（今苗栗後龍）與日軍力戰。

此戰中，吳彭年帶領的管帶袁錦清及幫帶林鴻貴因當場戰死，吳彭年因此決定撤守並與徐驤退至牛罵街（臺中清水），吳湯興也偕父母眷屬退至彰化，知縣李烇則逃到梧棲港趁機內渡；第二日，日軍占領苗栗。

8月21日，日軍進占大甲，24日再分兩隊前進，其中一隊經牛罵頭到大肚溪；由吳湯興、徐驤、李邦華及沈仲安等義軍接戰，義軍們且戰且走也迭創日軍，但最後還是敗走彰化。

此時的彰化除了原有的駐勇之外，還湧入羅樹勳統領的新楚軍、吳彭年統領的七星軍以及吳湯興、徐驤的新苗軍，不過吳湯興的部隊卻因沒有領到軍餉而鬧事，「敗兵索餉，環府門而譁」，黎景嵩只好請吳彭年兼領新苗軍，在吳彭年「張軍幄，曉將校以大義」之後，軍心才稍安定，然後請吳湯興、徐驤、李士炳、沈福山及湯仁貴各率一營駐守八卦山一帶（連橫 1985：977）。

8月26日，能久中將親率鮫島少將、山根少將等一行十餘人偵察八卦山，恰被義軍發現，義軍自八卦山發砲攻擊，導致日軍將領多人受傷，民間傳說能久及山根均於此受重創，不日而入鬼籍。

日軍因為意外損兵折將，第二天深夜乃集結全師團的力量圍剿八卦山。8月28日凌晨開始，日軍三面圍攻八卦山，李士炳、沈福山及湯仁貴據八卦山抵禦，黑旗將王德標率七星軍支援，日軍受創甚多。但李士炳、沈福山及湯仁貴未久便戰死，王德標亦負傷。

此時，吳彭年在山下的市仔尾督戰，不願部屬欲保護他離去，仍堅持上山作戰，可惜彈如雨下，吳彭年身中數槍墜馬而死。清晨的彰化城至此已亂成一團，居民四處亂竄。但吳湯興仍「手一槍，草履，麾義民出禦」，但「所帶卅人為行人所擠，不得進」（洪棄生 1993：291），吳湯興於是想繞過東門城上山應敵，卻意外在城門附近中砲身亡。

當日上午8時許，日軍即占領彰化城，見到有著軍裝看似敗戰而回或中途相遇者，都予擊殺；上午10時許，日軍更在辜顯榮帶領下入據鹿港；這已是辜顯榮第二次引日軍入城了。直到中午之後，日軍才「封刀止殺」，當時彰化城三面皆被日軍所圍，義軍們如徐驤、王德標等人都從西門退出彰化，知府黎景嵩趁亂遁逃（陳漢光2000；吳德功1992）。

此時，吳湯興的妻子黃賢妹聽說丈夫已戰死，悲憤之下投水自而死（吳德功，1992），惟依苗栗縣志（1974）記載，黃賢妹其實投水未死，但被救起之後，她仍「不食以殉，年僅二十七歲」（頁52）。

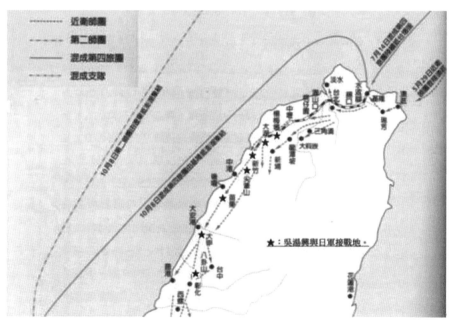

圖2：吳湯興與日軍接戰地點
取材自許佩賢譯（1995）。《攻臺戰紀》，頁66-67。

以「臺灣民主國」為主軸的乙未年抗日戰役自此進入第三期，不過劉永福困於軍費無著且諸多戰將相繼陣亡，日軍又以海陸兩軍步步進逼，在連下大莆林、嘉義等地之後，劉永福一度曾想請託英領事向日本請和，但遭到拒絕。最後在 10 月 19 日晚間，劉永福偕子及宿將舊部搭乘德商輪船內渡廈門（攻臺戰紀 1995：407-408）；「臺灣民主國」從此走入歷史。

（四）吳湯興的抗日動機

以吳湯興具名留下的文獻並不多，大抵只有兩篇，首先是他在獲得唐景崧授予義軍統領大印之後，所貼出的招募義軍告示，如下（附錄三）：

統領臺灣義民等營吳，爲出示曉諭事：

照得本統愚昧無知，謬蒙前撫憲唐委統全臺義民，事繁責重，蚊負堪慮，惟當此臺北已陷于倭夷，土地人民皆遭其荼毒，聞倭奴據後，則田園要稅、房屋要稅、人身要稅，甚至雞犬牛豬無不要稅，且披髮左鬘齒雕題，異服異言，何能干居宇下？本統領惻然不隱，志切救民，故不憚夙夜勤勞，倡率義民義士，以圖匡復，以濟時艱。爾等踐土食毛，盡屬天朝赤子，須知義之所在，誓不向夷，尚祈各庄各戶，立率精壯子弟，須修槍砲戈矛，速來聽點，約期剿辦弁倭奴。本統領開誠布公，甘苦共與，繼不敢妄自尊。但軍令宣嚴，方能殺敵致果，並望眾志戳力同心，一團和氣，不可互相殘殺，不可挾嫌尋仇，並不可觀望不前，各安各業。如有倚強欺弱，妄殺無辜或肆行擄掠、糾黨劫財，定軍法嚴辦，決不姑寬。合行曉諭，爲此示，仰各庄義民等一體遵照毋違，特示。　　　（引自陳漢生 2000：63）

　　這篇告示有許多值得注意的地方，首先，他說明自己具有「官方授權」的身分而且官銜還不小，用意除了抬高他個人的權威性外，另一方面也訴說日軍占臺的嚴重性，同時為了提高募軍的效率以及闡述成軍的必要性，他就必須說明整個事件與大家有著非常密切的切身性。

　　所以他說，日本人來了以後，「田園要稅、房屋要稅、人身要稅，甚至雞犬牛豬無不要稅」。言下之意是說，清帝國的稅賦已經夠重了，日本人來了以後會更嚴重，連雞犬牛豬都要打課稅。至於他所說的，「爾等踐土食毛，盡屬天朝赤子」，恐怕就是一般「大中國主義者」者最喜歡引用的句子，用以讚賞或批評抗日義民都是心向中國。

　　但如果接下去看他說的「須知義之所在，誓不向夷」，就頗耐人尋味，因為他強調的是「義」，而不是「忠」；另一方面，如果要得到清朝官員襄助軍餉或免去事後叛亂罪的究責，說說這類的場面話也是可以理解的。例如臺灣民主國人士也都說過或寫過類似的話，尤其是丘逢甲，篇篇血淚的也要把清帝國拉攏在一起。吾人若從他擔任「義民首」的角度來看，就不難理解他是用盡各種方法來抵禦現狀的劇烈改變，保鄉衛梓而已。

　　吳湯興另留下一篇向黎景嵩請餉的稟文，如下：

統領臺灣義民各軍五品銜生員吳：竊生員所招之義民先鋒辦勇二千名，編為五營，除衛中隊營一營隨身差遣外，其餘徐驤一營扼紮北埔，會同傅德興、姜紹祖防守枋寮沿山一帶，邱國霖一營扼守尖筆山沿山一帶，張兆麟一營分守三環水流東，陳超亮一營駐防深井，黃景嶽一營仍守苗栗，俱係扼要隘口，至憲臺撥來之新楚勁勇等營，均由楊統領分撥南隘頭份各處，其陳澄波一營，係固守中港，此外別無成營之勇，可以調遣。雖義民尚有數萬，然草野農夫，散即為

民，聚則爲兵，只可應敵，未能調防。現查大湖口、關子河、後壠、
通宵、香山各處尚多咽喉重地，無營駐守，未免空虛，應請憲臺再
撥精勇二三營，星夜撥隊前來，以資守禦，當此軍情吃緊，瞬息千
變，務請俯准派撥，庶免疏虞。又陳澄波一營所守中港一帶，更爲
扼要三隘。該營早旣成軍，其按月應領之薪餉，係由臺灣縣分局答
應籌撥，並請諭飭該局速籌解用，源源接濟，仍飭多備一營餉糧，
俾陳澄波添募數百名，厚其兵力，壯其聲威。禦侮折衝，庶無將寡
兵微之虞。該處委係通衢要道，非仗雄兵鎮守，難期有備無虞，除
飭陳澄波認眞防守，聽候調撥外；理合具文稟請，伏乞憲臺察核，
恩准施行。　　　　　　　　　　　　　（引自陳漢生 2000：94-95）

　　吳湯興在這篇稟文裡，除了報告上級他的軍隊部署狀況之外，更清清楚楚
的說明了義民軍二、三百年來一貫的特性，首先他說：「義民尚有數萬，然草
野農夫，散即爲民，聚則爲兵，只可應敵，未能調防」，這是說明義民的主要
成員是草野農夫，他們具有可民可兵的特性。

　　但爲什麼「只可應敵，未能調防」呢？這是因爲大家只對保衛自己的家園
有興趣，除非被追著跑或需要殲敵，否則跑到別的地方去保護人家的家園，義
軍們的興趣不大。畢竟，他們不是募兵，頂多算是臨時傭兵，而且如果沒有酬
勞，他們是不幹的；例如前文所述，當吳湯興的部隊退到彰化之時，因爲關不
了餉，義軍們也就老實不客氣的「環府門而譁」。

　　其次，如果軍酬沒有問題，吳湯興就有把握陳澄波在軍情吃緊的情況下，
也能順利添募到數百名義軍，以「厚其兵力，壯其聲威。禦侮折衝，庶無將寡
兵微之虞」。

　　再者，他也認爲義軍們個個都驍勇善戰，不輸官營兵將，所以他說：「該

處委係通衢要道，非仗雄兵鎮守，難期有備無虞」；就是在他心目中，義軍等於雄兵。

　　所以乙未年抗日的失敗，實在不必苛責說：「臺灣民主國失敗的最大癥結，在於內部獨立建國的主觀意識太弱」（李筱峰 1999：101）。因為面對強大的日本正規軍，臺灣義民軍敗戰之際除了投降之外，大抵只有兩個選擇：一是繼續打到死，一是留住性命、他日捲土重來。只是，吳湯興選擇了前者，丘逢甲選擇了後者；但兩人都是了不起的「義民首」。

五、義民史觀之提出

　　臺灣自清朝統治初期一直到吳湯興抗日時的兩、三百年之間，民變頻繁，俗話說：「三年一小反，五年一大亂」。但據學者統計，清廷領臺 212 年期間（1683-1895），全臺有案可查的民變至少有 107 起，械鬥至少 125 次（許達然 1999），大規模的械鬥有 38 次（黃秀政 1995），由此看來，清領臺灣的兩、三百年來，居住在臺灣這塊土地上的人，可說是隨時隨地都在準備搏命打架。

　　為了不被打死或被消滅，全臺各地幾乎都有非常態性的自衛性武力，即義民組織，這個組織創始於南部的六堆客家庄，而後遍及全臺（伊能嘉矩 1985：272、499-503）。至於義民的性質及功能，各臺灣方志中及文獻中有不少記載，如《安平縣雜記》（佚名 1993）：「大抵自林爽文至咸豐三年林弓、李石之變，閩、粵紳富之仗義急公者，均以義民旗著名」，「凡嘉、彰著名紳富，均為義民首，領義民隨大軍以勦賊」（頁 103）。

　　也就是說，「義民」，是臺灣在清領時期普遍的社會現象，無論客家或福佬地區都設有這類民間組織。它的特徵在於：「有能糾集鄉壯殺賊來歸，即為義民，將旌其功，以示鼓勵」（藍鼎元 1993：8）。這段記述的意義也就是本文強調的：只要社會現況發生劇烈變動，如械鬥、民變或會黨叛變，生活在臺

灣地區的民眾,大多都會組成這類抵禦性的義民組織。這種保鄉衛土的精神,可稱為「義民精神」,以這個角度看待臺灣史,即本文所謂的「義民史觀」。

（一）義民緣由

　　「義民」一詞最早見於《尚書·多方》,書云:「惟天不畀純,乃惟以爾多方之義民,不克永于多享」,注云:「天所以不與桀,以其乃惟用汝多方之義民為臣,而不能長久多享國故」,所以,這裡指稱的「義民」,是其它諸候國的臣民,並非忠於當時周成王的中央政府;若以《論語·為政》:「見義不為,無勇也」,而孔安國注:「義者所宜為也,而不能為,是無勇也」的說法,「義」指合宜、合理、應當要做的行為之意,孔子這句話譯成白話文就是:「遇到應該要做的事而不做,就是無勇」。

　　所以,對周朝中央政府以外的多方(各國)諸侯來說,他們也只是做他們認為本來應該要做的事,儘管其結果是「不克永于多享」,但他們仍是「義民」;類似的例子不勝枚舉,例如明末遺臣張煌言在聯合鄭成功反清時曾「募義民築塘捍之」,[5] 惟當時中央政府已歸清廷所有;當然,歷代上也不乏從官方立場以「義民」來褒揚百姓或民間組織的例子,這些人有捐糧的、有打仗的也有胡鬧的,例如「于謙撫河南、山西,修其政。……且定納穀千五百石者,敕為義民」、[6]「世宗令義民出穀二十石者,給冠帶,多者授官正七品,至五百石者,有司為立坊」、[7] 或如「時有劉文煥者,廣濟人。與兄文輝運糧愆期,當死。兄以長坐,文煥詣吏請代,叩頭流血。所司上其狀,命宥之,則兄已死矣。太

---

5 李瑤,〈浙中閣部諸臣列傳〉,《南疆繹史》卷二十二,臺灣文獻叢刊第一二二種。

6 〈食貨三漕運〉,《新校本明史》卷七十九志第五十五。中研院漢籍全文資料庫,網址:http://www.sinica.edu.tw/~tdbproj/handy1/。

7 〈食貨二賦役/賦役/振米之法〉,《新校本明史》卷七十八志第五十四。中研院漢籍全文資料庫,網址:http://www.sinica.edu.tw/~tdbproj/handy1/。

祖特書『義民』二字褒之」。[8] 打仗部分則如宋金之戰時，「河東、河北山砦
義民，引領舉踵，日望官兵之至。以幾以時而言之，中興之兆可見」；[9] 至於
胡鬧的，就像「（光緒）二十六年，義和拳事起，載漪等信其術，言於太后，
謂為義民」。[10]

　　「義民」一詞雖由漢民族帶入臺灣，但它在臺灣有其獨特的意義與發展。
臺灣首次出現義民當在清康熙 60 年（1721）的朱一貴事件，主要是因應民變
事件產生的民間自發性組織；關於該事件始末的記載大抵有：

　　1.《平臺紀略》（藍鼎元 1997）：

　　　方朱一貴作亂時，有下淡水客莊民人侯觀德、李直三等建大清義民
　　　旗，奉皇帝萬歲牌，聯絡鄉壯拒賊。　　　　　　　　　　（頁 20）

　　2.《續修臺灣府志》（余文儀 1993）：

　　　康熙六十年，總督滿保，准：朱一貴等倡亂臺灣，占踞郡縣、侵犯
　　　南路，義民李直三、侯觀德、涂文、邱永月、黃思禮、劉魁才、
　　　林英泰、鍾國、林文彥、賴君奏等密謀起義，誓不從賊；於四月
　　　二十二日，先遣艾鳳禮、涂華等赴府請兵。五月初一日，府治失陷。
　　　各義民隨於五月初十日糾集十三大莊、六十四小莊，合粵之鎮平、

8　〈孝義〉，《新校本明史》卷二百九十六列傳第一百八十四。中研院漢籍全文資料庫，
　　網址：http://www.sinica.edu.tw/~tdbproj/handy1/，查閱日期 2008/11/28。
9　〈宗澤〉，《新校本宋史》卷三百六十列傳第一百一十九。中研院漢籍全文資料庫，
　　網址：http://www.sinica.edu.tw/~tdbproj/handy1/，查閱日期 2008/11/28。
10　〈列傳一 后妃／文宗后妃／孝欽顯皇后〉，《新校本清史稿》卷二百十四。中
　　研院漢籍全文資料庫，網址：http://www.sinica.edu.tw/~tdbproj/handy1/，查閱日期
　　2008/11/28。

平遠、程鄉、大埔、閩之永定、武平、上杭（筆者按：閩之此三縣均爲客家庄）各縣之人，共一萬二千餘名，於萬丹莊暨立「大清」旗號，連營固守，又以八社倉廒貯粟一十六萬餘石，遣劉懷道等又帶領鄉社番民固守倉廒。各義民糾眾拒河，嚴守一月餘，不容賊一人南渡淡水。
（頁 450）

3.《平臺紀事本末》（佚名 1997）亦記有：

朱一貴之難，粵人李三直等糾義民拒賊，號爲懷忠里，建忠義亭表其功。
（頁 20）

4.《鳳山縣采訪冊》（盧德嘉 1993）：

制府滿保將爲首起義諸民，現拔李直三、侯觀德、邱永月、劉庚輔、陳展裕、鍾沐華、鍾沐純爲千總，賞銀九百五十兩、米三百石、綵段一百疋，旌其里曰「懷忠里」，諭建亭曰「忠義亭」，優恩蠲免差徭（立碑縣門，永爲定例），奉旨從優議敘，給臺地守土義民箚付一百一十五張，引兵殺賊義民箚付三十六張，擒賊義民箚付二十三張。
（頁 269）

其實，陪同朱一貴作亂的也有客家人杜君英率數萬名客家人反清（藍鼎元，1997），可見當時造反的是什麼人都有，但協助平亂的下淡水莊六堆客家庄首創的義民組織卻意義非凡，「義民」從此成了全臺各地爭相仿傚的保鄉衛梓組織。

自朱杜反清之後，清領臺灣期間，各地若發生民變擾民事件，除了客家人高舉義民旗之外，福佬人也不遑多讓，原住民更屢有建功，例如：

1. 雍正 10 年（1732）的吳福生事件（盧德嘉 1993）：

侯心富等，籍貫亦廣東。雍正十年，南路奸匪吳福生等乘機糾眾作亂，心富等糾同港東、西二里義民萬餘人，分駐防守八社廠，上淡水則鍾南魁、陳治豪、陳石揚、鍾泰英等統眾二千餘人守之，萬丹街、放索社、茄藤社則林宣拔、何紹季、張日純、曾啓越等統眾四千餘人守之，下淡水龍肚崓則李炳鳳、涂廷琛、李紹珀等統眾二千餘人守之。冷水阬、搭樓社則林有仁、鄭元雯等統眾八百餘人守之。又分劉伯成、鍾瓊祥、林石德等千餘人防禦篤嘉、武洛、羅漢門等處。　　　　　　　　　　　　　　　　　（頁 270）

在這段記述中，明白點出當時參戰的義民軍有來自下淡水的客家人、上淡水的平埔族民和附近的福佬人。大家有志一同地抵禦吳福生，無非就是為了保鄉衛家，防止生活現況因民變而遭致劇烈變動。

2. 乾隆 51 年（1786）的林爽文事件：

廈門同知劉嘉會稟報：「查訊鹿仔港回棹商船，鹿仔港亦有泉州、興化、廣東客民各用布書寫『義民』字樣，共相守護」。

　　　　　　　　　　　　（欽定平定臺灣紀略 1997，上卷頁 115）

《平臺紀事本末》（佚名 1997）中也有：「粵人謝尚紀、鍾瑞等自嘉志閣（筆者按：苗栗平埔族）招集義民數千人攻之，殺賊目黃阿寧、林日光，餘

賊遁去」（頁 13）；「泉人林湊、黃邦……等三十餘人為首，率眾數千人，聲言數萬。又招粵民助之。推署守備陳邦光、千總帥挺為主，赴彰化討賊」（頁 15）；「將軍福康安分遣社丁往諭屋鰲十八社生番，令其堵截賊眾入山道路」（頁 60）；「將軍福康安重賞瑯嶠各社番眾，令其堵緝內山隘口」（頁 65）等記載。

　　也就是說，林爽文於彰化起事之後禍及南北，當時參與這場戰事的義民包括閩、粵及各番社，尤其嘉義、彰化一帶的漳、泉籍仕紳，更有不少人擔任「義民首」以募勇，可以說，當時除了林爽文自己的部隊之外，全臺更是掀起一場全民抗暴運動。

　　接下來規模較大的民變，如陳周全、蔡牽以及戴潮事件等，[11] 在在都可以看到閩、粵以及原住民組成義民軍抗敵的事蹟，也如《臺灣生熟番紀事》所說：「朱一貴、林爽文、蔡牽、朱濆等侵犯臺疆，所為勦滅驅逐者皆借土勇、社番之力」。（黃逢昶 1992：1）

　　綜上所述，「義民」其實就是清領時期，安定臺灣社會的一股主要力量，它雖然不是常態性的組織，但隨時都可經由官府的召募或地方仕紳的號召而隨時成軍，如《安平縣雜記》（佚名 1993）所載：

> 義民每月餉費不過六八銀三元，由官籌給，並畀火槍、戰器、棚帳等物……亦有地方紳富自己招募義勇從大軍以殺賊，不費公帑……其蹈義而死者，則奏立旌義祠，歲春秋致祭焉……大抵自林爽文至咸豐三年林弓、李石之變，閩粵紳富之仗義急公者，均以義民旗著名。　　　　　　　　　　　　　　　　　　　　　（頁 103-104）

---

11 這些事件可參閱伊能嘉矩，《臺灣文化志（上卷）》，頁 473-490。

當然，由於它的主要成員除了佃農之外也有不少遊民（劉妮玲，1983），所以它本身也存有讓社會治安不穩定的因子；因此，臺灣史上的一個弔詭便在於：「民變」大多來自這塊土地上的人民，且客家人、福佬人及原住民都有；但民變也大多由這塊土地上的「義民」來協助平定，這些協助平亂的義民也是客家人、福佬人及原住民都有。

站在良民以及官方的立場，當然是民變越少越好，義民越多越好，如《彰化縣志》（周璽 1993）錄有：

> 臺地五方雜處，游手之徒，本非良善。負販食力之輩，一旦地方有變，無他營生，其相率而爲賊者此民，其向義而從軍者亦此民。故欲散賊黨以殺其勢者，惟招募義民，最爲上策。我軍多一義民，即賊人少一夥黨．其互爲消長者必然之勢也。　　（頁 261-262）

由此也可見，人民依存的經濟狀況良窳與臺灣的政治安定與否，有著長期而密切的關連。

綜言之，「義民」是貫穿清領臺灣時期的普遍的社會特徵，從康熙到光緒年間都一直存在著，尤其是客家庄，客家人不但會在抵禦外侮時化身為「義民」，更把「義民」當作宗教信仰在崇拜且延續至今（羅烈師 2006）。

以此觀之，吾人若把 1895 乙未年客家人的抗日運動，視作清領時期的最後一次義民大動員，理應是更貼近事實真相，也更能解釋吳湯興、徐驤以及姜紹祖等仕紳為何甘於冒死抗日。事實上，由北臺灣一路轉戰到南臺灣的徐驤，最後也是到南部六堆號召義民軍，也獲得南部客家人的奧援（丁光玲 1994）。

六、結論

　　本文從臺灣民主國的創國始末及吳湯興的事蹟談起，試圖擺脫「繞著中國轉」的傳統史觀，並嘗試以布勞岱爾的史學分析方法，重建一個認識近代臺灣的在地觀點——義民史觀，亦即以貫穿清領臺灣期間普遍成為社會常態的「義民」組織及其意義，來解讀臺灣史上發生的事件，應更貼近事件真相。

　　義民組識及其精神，是臺灣自清初一直持續到日領為止的普遍社會現象，就布勞岱爾的研究架構來看，也只有以這個「長時段」的現象為基礎，才足以深度的探討同一塊土地上所發生的各種「短時段事件」，如臺灣民主國的成立過程以及吳湯興等人奮不顧身的抗日行為。

　　從這個觀點出發，甚至還可進一步分析乙未年及之後的抗日事件，不管該事件是否發生在客家庄。例如，與吳湯興同時期但不屬於臺灣民主國直接指揮的義民軍，如胡阿錦、江國輝及蘇力等人的抗日；以及劉永福內渡之後，林大北、簡大獅、陳秋菊、陳戇番、簡義等人的持續對抗（陳漢光 2000），一直到 1902 年的鳳山林少貓不幸被日軍誘殺為止，不管他們是不是客家人，本文認為以「義民」觀點解釋他們為何甘於冒死抗日，應是較為客觀妥適的角度。

　　就這個意義來說，與其說當時的臺灣人把日本人視作是「帝國主義入侵中華民族」，還不如說是義民們把日本領臺當作如蔡牽、朱濆之流的「海寇民變」；只是，這個「民變」出乎眾人意料之外的難以對付。

　　綜言之，當時參與乙未抗日戰役的義民們，一般都不會否認自身是「文化上的漢人」，但也未必忠誠地想當「政治上的中國人」。長期生活在臺灣這塊土地上的客家人、福佬人或原住民，所關心的無非是鄉梓鄉情，所以對於任何可能讓現狀產生劇烈變動的外力入侵，基於「義民」慣性，大家的反應若是很「義」憤填膺，也就理所當然了。

參考文獻

丁光玲，1994，《清代臺灣義民研究》。臺北：文史哲出版社。

王曉波，1988，《臺灣史與臺灣人》。臺北：東大圖書出版社。

＿＿＿＿，1997，《臺灣抗日五十年》。臺北：正中書局。

＿＿＿＿，1999，《乙未抗日史料彙編》。臺北：海峽學術出版社。

史　明，1980，《臺灣人四百年史》。臺北：蓬島文化公司。

周憲文譯，2002，《日本帝國主下之臺灣》。臺北：海峽學術出版社。（矢內
　　原忠雄，1929）

臺灣銀行經濟研究室主編，1991，《總督府檔案中譯本》。南投：臺灣省文獻
　　委員會。

＿＿＿＿，1993，《清光緒朝中日交涉史料選輯》。南投：臺灣省文獻委員會。

＿＿＿＿，1996，《中日戰輯選錄》。南投：臺灣省文獻委員會。

安　然，2005，《臺灣民眾抗日史》。臺北：海峽學術出版社。

臺灣省文獻委員會，1991，《重修臺灣省通志》。南投：臺灣省文獻委員會。

日本文教基金會編譯，2001，《臺灣不可欺記》。臺北：文英堂出版社。（伊
　　藤金次郎，1948）

李筱峰，1999，《臺灣史 100 件大事》。臺北：玉山社。

杜正勝，1999，《新史學之路》。臺北：三民書局。

沈茂蔭主編，1984，《苗栗縣志》。臺北：臺灣大通書局。

吳密察，1994，《臺灣近代史研究》。臺北：稻鄉出版社。

＿＿＿＿，2004，《淡新檔案第一編行政》。臺北：國立臺灣大學圖書館。

＿＿＿＿，2006，《淡新檔案第二編民事》。臺北：國立臺灣大學圖書館。

吳德功，1992，《吳德公先生全集》。南投：臺灣省文獻委員會。

林國章，2004，《民族主義與臺灣抗日運動》。臺北：海峽學術出版。

周婉窈，1998，《臺灣歷史圖說》。臺北：聯經出版社。

周　璽，1993，《彰化縣志》。南投：臺灣省文獻委員會。

思痛子，1997，《臺海思慟錄》。南投：臺灣省文獻委員會。

洪棄生，1993，《洪棄生先生全集》。南投：臺灣省文獻委員會。

施家順，1995，《臺灣民主國的自主與潰散》。高雄：復文圖書出版社。

徐　珂，1997，《清稗類鈔選錄》。臺北：臺灣大通書局。

高承恕，1992，〈布勞岱與韋伯〉。頁 95-124，收錄於蕭新煌、瞿海源主編，《社會學理論與方法》。臺北：中央研究院民族學研究所。

連　橫，1985，《臺灣通史》。臺北：黎明文化事業公司。

許達然，1996，〈清朝臺灣民變探討〉。頁 41-211，收錄於臺灣歷史學會編，《史學與國民意識論文集》。臺北：稻鄉出版社。

許極燉，1996，《臺灣近代發展史》。臺北：前衛出版社。

許佩賢譯，1995，《攻臺戰紀》。臺北：遠流出版社。（日本參謀本部編纂，1904-1907）

陳芳明，1992，《探索臺灣史觀》。臺北：自立晚報社。

陳運棟主編，2006，《重修苗栗縣志（人物志）》。苗栗：苗栗縣政府。

陳漢光，2000，《臺灣抗日史》。臺北：海峽學術出版社。

彭明輝，1999，《臺灣史學的中國纏結》。臺北：麥田出版社。

喜安幸夫，1989，《臺灣抗日祕史》。臺北：武陵出版社。

廖為智譯，1993，《臺灣民主國之研究》。臺北：現代學術研究基金會。（黃昭堂，1970）

黃秀政，1993，《臺灣史研究》。臺北：臺灣學生書局。

黃鼎松主編，1998，《銅鑼鄉志》。苗栗：銅鑼鄉公所。

張炎憲、陳美蓉編，1993，《臺灣史與臺灣史料》。臺北：自立晚報出版。

楊護源，1997，《丘逢甲傳》。南投：臺灣省文獻委員會。

劉妮玲，1983，《清代臺灣民變研究》。臺北：國立臺灣師範大學歷史研究所。

李明峻譯，2002，《臺灣國際政治史》。臺北：前衛出版社。（戴天昭，1971）。

蕭新煌主編，2001，《臺灣客家族群史政治篇》。南投：臺灣省文獻委員會。

羅運治，1996，〈吳湯興事蹟考證〉。《淡江學報》35：45-69。。

盧建榮，1999，《入侵臺灣》。臺北：麥田出版社。

賴建誠，2004，《布勞代爾的史學分析》。臺北：桂冠圖書公司。

余文儀，1993，《續修臺灣府志》。南投：臺灣省文獻委員會。

羅香林，1969，《劉永福歷史草》。臺北：正中書局。

———，1992，《客家研究導論》。臺北：南天書局。

羅烈師，2006，《臺灣客家之形成：以竹塹地區為核心的觀察》。未出版博士
　　論文，國立清華大學人類學研究所博士論文。

黃煜文譯，2002，《來自底層的歷史》，《論歷史》（*On History*）。臺北：
　　麥田出版社。（Eric J. Hobsbawn 著）

趙干城、鮑世奮譯，1991，《史學導論》（*The Pursuit of History*）。臺北：五
　　南圖書公司。（John Tosh 著）

劉世安譯，2001，《歷史研究導論》（*A companion of the Study of History*）。臺北：
　　麥田出版社。（Michael Stanford 著）

客家桐花祭的族群意象與消費認同：
以勝興國際桐花村的發展為例 *

李威霆、林錫霞

一、前言：客在虛無飄渺間

　　根據客委會（2008）調查，臺灣客家族群約占全國人口比例 25.6%。相較於原住民，此一規模龐大的「少數族群」除面臨母語流失的危機外，更關鍵的問題是整體族群意象的模糊化，即客家族群在面對其他族群時，其自我區別的效果並不明確。這毋寧是臺灣族群發展中極為特殊的現象。一個根本的問題是：客家人為何必須有別於其他族群？此種差異的要求是文化或政治的需求？就官方立場而言，臺灣五大族群之存在似為不證自明之事。然有鑑於客家族群隱形化以及客家文化私領域化 [1] 問題日益嚴重，客委會自 2001 年成立後即以「牽成客家、繁榮客庄」和「促進客家文化的現代化」為施政目標。2002 年

* 本文原刊登於《客家研究》，2012，5 卷 1 期，頁 1-50。論文研究資料來源為胡愈寧教授客委會補助研究計畫，因收錄於本專書，略做增刪，謹此說明。作者李威霆現任國立聯合大學文化創意與數位行銷學系副教授兼系主任；林錫霞現為國立聯合大學客家研究學院講師兼苗栗客家詩人。

1 「客家文化的私領域化」主要是用來描述「客家人因其族群文化欠缺公共領域性而怯於對自我文化身分的表達和參與；客家文化的傳承和發展乃逐漸成為客家人在私領域中的個人事務」。此一概念首見於客籌會與客委會的官方說帖（行政院客家事務委員會籌備處 2001）。

起配合一系列電視廣告推出的客家桐花祭,更刻意塑造客家以山林為家的浪漫意象,藉以將桐花標記為新的客家精神象徵。第一屆桐花祭選在苗栗公館鄉北河村一處桐花林下的伯公廟前舉行,當時透過祭山儀式所欲展現的是客家「崇山敬土、熱愛自然、謙卑自足」的生命特質。但第二屆起,在客家政策行銷及桐花 CIS(corporate identity system)的操作下,桐花祭開始被賦予振興地方經濟的使命。就觀光效果而言,桃竹苗地區許多傳統客家聚落(如公館、三義、北埔、關西、龍潭⋯⋯)確實因為桐花祭而帶來不少經濟收益。但這是否能為客家聚落注入新的族群想像與認同動力,頗有疑問。

客委會的桐花祭操作,主要脫胎自文建會的「社區總體營造」(1993)和「文化產業化、產業文化化」(1994)政策,同時結合 CIS 手段形成的一套文化節慶行銷模式。其目標在於「深耕文化、振興產業、帶動觀光、活化客庄」,採取的是「中央籌劃、企業加盟、地方執行、社區營造」模式(李永得:2006)。換言之,2003 年後圍繞著桐花祭的客家認同,並非原生的認同,而是接近 Castells(1997:8)所謂的「計畫性認同」(project identity),甚至是許多學者(Baudrillard 1970;Bourdieu 1979;Bouchet 1995;Firatand Venkatesh 1995;Rüdiger 1998)所稱的「消費認同」:即透過消費而生的認同(identity through consumption)。對客委會而言,這種結合商業行銷的策略,似乎是客家文化現代化過程中得以凝聚認同的最佳手段。2005 年起開始推動的「臺灣客家特色商品輔導計畫」,首度以桐花和花布作為建構客家意象的 CIS,並輔導具生產潛力的業者進行商品包裝、設計及行銷。在族群 CIS 規劃下,2005年誕生了「客家桐花祭」,2006 年又推出「客家美食嘉年華」和「客家博覽會」,2010 年舉辦「桐花文學獎」活動。為爭取龐大商機,各縣市政府亦積極配合炒熱桐花(如桃園客家桐花祭、土城桐花節、北埔油桐花季)。其中,苗栗是桐花標記密度最高的地區。[2] 數年間,桐花印記猶如鋪天蓋地般滲透到

觀光休閒與人文藝術領域。

　　但桐花識別系統是否有助傳統客庄現代化、使客家族群找到新的認同與凝聚？抑或只是作為客家意象「商業標記化」[3]（commercial tokenization）的工具？托生在商業框架下的當代客家族群的想像根基是否穩固？一旦桐花退燒或觀光人潮不再，客家是否會隨桐花凋零而面臨新的文化認同危機？以桐花為圖騰所欲展現的傳統創新意涵，是否會墮入另一種陳腐庸俗的想像？更根本的問題是：以消費為基礎的「識別／認同系統」是否可能作為一種有效的族群建構手段？

二、文獻檢討：問題與反省

　　當前有關族群傳播的討論中，族群文化意象無疑是最具爭議的議題之一。但學界對於以「意象」作為族群文化認知工具的論述與限制，仍未有深入的反省。以下將針對族群文化意象建構與桐花祭文獻進行批判性的閱讀與提問。

（一）族群「意象」的認知與媒體建構

　　西方學界對於意象（image）的探討可上溯自 Kant 的圖式論。在 Kant 看來，圖式（shema）既是意象化的概念，也是想像力自我建構的一般程序（allgemeine Verfahren der Einbildungskraf einem Begriff sein Bild zu verschaffen）。但圖

---

2 包括三義的「勝興國際桐花村」、銅鑼的「桐花樂活主題公園」、三義的「西湖渡假村」、大湖「桐花湖」，都是熱門賞桐景點，近年來更陸續闢劃近 10 條桐花步道。相關的桐花商品如雨後春筍般出現。雖然尚未有精確的桐花商品統計估算，但產值應相當可觀。

3 本文使用的「標記化」（tokenization）一詞，在計算機理論中原指標定範圍或界限（demarcating）的過程，亦即針對輸入的字符串進行段落劃分，使之能被解讀為有意義的資料。由於「標記」（token）同時具有指示和辨識範圍的作用，因此一個標記的過程本身就可被視為一個解析性的子任務。準此，「桐花 CIS」等同於「可辨識的客家商業範圍」。

式還涉及感性能力，因為這是原初的智性在概念建構過程中的先驗想像力（transzendentale Einbildungskraft）的反映。[4] 此一觀點對於後來的記憶影像（memory image）影響頗深。美國心理學家 Bentley（1899：14）很早就提出「意象是真實的複製」原則，主張意象是記憶的影像重現。Boulding（1956：10）則以系統理論觀點，進一步強調意象與外界訊息的動態關聯。若依此二說，則一個族群意象的建構，首先來自於人們對該族群的想像、記憶與動態評價。誠如王甫昌（2003）所言，族群團體其實是被人們的族群想像所界定出來的，換言之，族群是一種「人群分類的想像」。但在後來的辯論中，Hester（1967）強調意象是有類別屬性的，想像力必須根據其隱喻屬性才可能被圖式化並得以傳布。法國詮釋學大師 Ricoeur（1986：217）繼之提出「隱喻理論」（théorie de la métaphore），主張知覺之所以會發展為意象，除了想像力之外，更重要的是它涉及言語的隱喻使用（l'usage métaphorique du langage）。對 Ricoeur 而言，意象乃是經由語義創造（innovation sémantique）所呈現出來的心理劇場（théâtre mental）。[5] 據此，族群意象並非憑空想像，而是伴隨著各種隱喻和論述被建構出來、並植入集體記憶的一組修辭印象。對本文而言，問題在於：「桐花」是否可能作為一種有效的族群隱喻？

　　社會科學界對於意象問題的關懷重點在於：當一群人擁有共同的記憶與想像時，如何產生認同感（identity），從而造就一個「想像的共同體」（imagined

---

4 在《純粹理性批判》的先驗演繹中，Kant 區分理智綜合（intellektuelle Synthesis）與圖象綜合（figürliche Synthesis），並推論想像力的先驗綜合（圖象綜合）如同知性的先驗綜合（理智綜合）一般，都必須服膺於範疇的規範（Kant 1974：138-139）。例如其中包含了三個關於時間的特性，即恆存（Beharrlichkeit）、順序（Folge）和共時性（Zugleichsein）。參見 Kant, Imanuel（1974）. Kritik der reinen Vergnunft. B§24; A138-139; B177-178. Frankfurt amMain: Suhrkamp. Herausgegeben von Wilhelm Weischedel.

5 P. Ricoeur 甚至將意象產生的過程稱為心理煉金術（alchemie mentale）。

community）？Halbwachs（1968：28）認為集體記憶並非與生俱來，而是一種自我想像與認知，透過集體互涉（interférence collective）的社會建構結果。Anderson（1991：6）則指出在各種被建構的想像共同體中，最典型的就是民族（nation）。[6] 作為結合觀念與情感的建構，民族是透過想像而被凝聚、被限定的共同體。這種想像的共同體之有別於實體共同體，在於其成員既不相識也未曾相逢，卻能在毫無日常互動與接觸基礎的情況下，彼此擁有情感交融的印象。Anderson 之所以將民族視為想像的建構的另一個重要原因是：「基於民族情感，壓迫者與被壓迫者竟可無視於各種剝削和不平等而分享主權的想像」（Anderson 1991：7）。這種想像不同於個人臆測，是建立在精細的政治論述與集體記憶上的社會建構。民族或族群之所以可被想像，正因其是一種「根據時曆節奏穿越同質、空洞的時間的社會學有機體」（sociological organism moving calendrically through homogeneous, empty time）（Anderson 1991：26）。不過在探討「想像共同體」的起源時，Anderson 認為一個共同體的想像之所以可能，關鍵在於傳播媒體的力量。[7] 事實上，國內許多傳播學者（廖經庭 2007；彭文正 2009）也發現大眾傳媒是形塑客家意象的主要力量。一則因為媒體的「守門人」機制會對客家議題進行篩選，從而影響閱聽人對於客家意象的認知；再則因為客家意象的形塑，常源自媒體不自覺的刻板印象（stereotype）及先入效應（priming effect）。本文支持媒體建構的觀點，並認

---

6 Anderson 所談的「nation」概念，國內一般多譯為「國族」。這個中譯基本上並沒有錯，因為近代的民族的形成確實與國家脫離不了關係。但誠如吳叡人（2010：21）所言，nation 這個詞最初是作為一種理念、政治想像（political vision）或意識形態而出現的；其指涉是一種理想化的「人民全體」或「公民全體」的概念，故譯為「人民」更接近原意。本文基於相同考慮，此處從吳譯。

7 正是在印刷術的基礎上，歐洲才得以在 16 世紀後逐漸進入 Benjamin 所謂的「印刷複製的時代」並發展出 Anderson 所謂的「印刷資本主義」（print-capitalism）。

為主流媒體對於客家意象的想像與建構具有關鍵的作用，因此嘗試以主流平面媒體（報紙）的內容分析作為思考客庄發展的切入點。

（二）從蠻氓到桐花：客家意象翻轉與消費認同

客家人文意象的建構與各種客家詞彙的語意效果密不可分。例如客家麻糬和醃製品隱含著「自給自足、勤儉成性」的意義（林忠正 1996：22）；客家的無領布扣衫和藍衫令人聯想到「平實無華、吃苦耐勞」的意象，客家婦女的藍衫近年來更成為客家婦女的重要標誌（戴寶村 2006：10）。客家古厝的白牆黑瓦，則具有「保守性」與「防禦性」意涵，但也隱含「排他」與不開放的意象（戴寶村 2006：15）；至於客家伙房、菸樓、東門城樓和惜字亭等建築，既是對客家原鄉的思念，也是一種空間文化的傳承（林忠正 1996：30）。但由於「意象」涉及抽象精神層面，在經驗研究上較不易獲得實證資料的支撐，國內社會科學界在這方面的研究成果仍極為有限。目前較重要的發現，例如江運貴（1998：66）指出在清初移民社會中客家意象是非常負面的：光緒年間出版的《中國地輿誌》將客家指為「非粵種、亦非漢種」；1920 年上海商務書局出版的《世界地理》將客家稱為「野蠻的部落，退化的人民」；1930 年廣東官方的《建設周報》形容客家「語言啁啾，不甚開化」。連橫的《臺灣通志》中將客家人描述為「不義之民」。其他方誌記述亦多負面，[8] 且此種蠻氓土著的意象同樣烙印在香港客家人身上（Constable 1996：99）。相對於早期的蠻氓印象，戰後臺灣社會對於客家族群的意象逐漸轉為「勤儉、硬頸」，且該意象延續至今。如王雯君（2005）針對臺三線桃竹苗地區的研究發現客家意象首

---

8 例如《東莞縣誌》稱客家人為「獠」；廣東《新會縣誌》稱客家人為「犵」（楊長鎮 2008：64）。其他負面指涉還包括「無根的流浪者」、「煽動群眾的山居貧農」、「客匪」、「野蠻的土人」或「貉」（江運貴 1998：66）。

推「勤勞節儉」，其次為「客家美食」、「刻苦耐勞」、「節樸實在」、「熱情好客」、「保守」等。此種意象應與客家地區的環境物資缺乏有關。林彥亨（2003）針對客家廣播中的文化再現研究則發現「唱山歌」、「打採茶」、「客家諺語」、「米食文化」、「風俗禁忌」、「地方產業」、「口傳的移墾經驗」在客家廣播節目中占有相當高的比重，這些傳統活動無疑也將形塑特定的客家意象。林信丞（2008）則以紮根理論研究 20 年來的客家雜誌發展，歸類出「勤勞節儉」、「義民論述」、「傳統精神」、「客家婦女美德」、「客家文化產業發展」等五類正向特質。

　　但若進一步追問這些意象從何而來，就會發現這是極端複雜的問題：傳統「勤儉、硬頸」的族群表徵固然有助於客家認同，但也預設了族群人格、文化或體質上的特徵，形成一種根深柢固刻板印象（鍾肇政 1991：26-27）。如丘昌泰（2006）的研究指出，客家人在「勤儉、硬頸」意象的同時，也常在口語傳播與各式記載中被描述為「吝嗇、小氣」。持此刻板印象者以閩南人最多（占44.2%），其次是外省人（37.4%）。張維安與王雯君（2004）則針對年輕網友的意見進行調查，發現在網路傳播中，年輕一代仍存有「娶妻當娶客家女，嫁夫莫嫁客家郎」的觀念。可見一般人對客家族群的性別文化存在刻板印象。在晚近的傳播研究中，孫榮光（2009）針對談話性電視節目的研究發現，客家與其他族群間仍存在不平衡權力關係，以致負面的刻板印象不斷在主流媒體中被複製。[9] 宋菁玲（2009）針對電視新聞處理型態的研究則發現，客家新聞中普

---

9 「以電視綜藝節目為例，客家族群不是受到忽略，就是在綜藝節目中被刻板化的丑角反覆呈現。現今的媒體不但沒有朝這個方向發展，反倒變成了塑造和強化刻板印象的最大社會機制」。在談話性節目中，例如《國光幫幫忙》是用辯論的方式讓客家人「平反」，而《康熙來了》則用誇張的短劇呈現，其他節目則由客家藝人七嘴八舌地貢獻每個人「小氣、節儉」的事蹟。這「已成了客家族群最揮之不去的負面形象」。參見孫榮光（2009）。

遍存在過音問題，可能影響新聞傳播效果並妨礙客家族群的主體性意象。總結
這些研究，無論是正面或負面的印記，對本文而言，問題在於：這些族群集體
意象本身是否具有脈絡的內在一致性？如果說客家從「蠻氓」到「硬頸」是一
次成功的刻板印象翻轉，那麼 2005 年後開始植入的「桐花」意象，是否是另
一個顛覆客家傳統印象的嘗試？更基本的問題是：桐花究竟與客家有何淵源？

在僅有的幾篇探討桐花與客家意象形塑關聯的論文中，朱婉寧（2003）指
出，「桐花這個符號被置入的意義可以使『客家』這個符號更加完滿，客家與
桐花因為同在山中而被串起，但桐花也給了客家這個符號『自然』、『崇敬自
然』、『美麗』、『浪漫』等更豐富的意象」。王俐容（2005）則指出，這
類祭典中「包括桐花的慶典、桐花食品、桐花音樂、桐花舞蹈、桐花工藝和桐
花旅遊等，這些都是希望經由文化節的活動建構或傳送自我文化特色的詮釋方
式，尋求一個自我認同的實在（reality of self-identity），更有意藉此洗刷或脫
離過去其他優勢族群賦予他們的刻板印象」。彭文正（2007）則從客家報導中
出現頻繁的名詞觀之，發現「桐花」出現次數排名第二，僅次於「客家話」，
並據此認為「桐花」是一個成功的客家意象行銷案例。李威霆與羅原廷（2009）
以符號學方法分析客家桐花祭電視廣告，發現這些廣告企圖傳達的意象，基本
上屬於現代人文情境與客家原鄉風格的時尚建構，但卻是日本櫻花祭的擬仿。
林錫霞（2010）則針對勝興「國際桐花村」的客家建構提出批判，認為桐花經
濟未必能承載現代客家意象。

在前述文獻的基礎上，本文除賡續探索「桐花」作為凝聚客家族群力量標
記的可能性之外，亦將針對「消費性認同」提出質疑。這主要是考慮到：隨著
廣告對於消費的影響力日益增強，族群文化廣告的需求日益增加，如今主宰消
費的因素已經從「好不好」變成「喜不喜歡」（星野克美 1988：16），亦即
消費形式已經從購買商品轉變為購買認同。在消費社會中，重要的並非消費品

本身而是其符號的消費功能。誠如 Baudrillard（1970：79）指出：消費的雙重性就在於它既是一種溝通的象徵化過程，又是一種社會區分與差異化過程。消費因此轉變成某種認同系統，以提供一個群體在整合過程中所需的符號配方（ordonnance des signes）（Baudrillard 1970：109-110）。據此觀點，羅原廷（2010：116）認為客家桐花祭廣告的主要效果在於「修正與重建『都市人』與『客家文化』之間的連結關係」，且此種修正「隱然指向客家精神與生活的重塑與轉換。例如藉由描述桐花樹的生長特性來比喻客家人默默的綻放；以現代簡約的設計風格重塑客家人勤儉的視聽覺感官」。李威霆（2011）針對桐花祭廣告的閱聽研究更進一步指出：

> 近年來媒體上不斷出現客家「好客」的熱鬧意象與「桐花」的恬靜意象，主要都「圍繞在『城／鄉』、『客／家』的區辨上。就符號學上的效果而言，應以桐花祭的意象翻轉效果最成功……桐花的純白除了象徵客家人對於山林文化的崇敬，更隱然指向如日本櫻花季一般的異國情趣。許多受訪者都肯定桐花飄落的自然場景所帶來的生活美感，及其刻意營造出的舒適怡然的氣氛，……使客家桐花祭自始即帶有『五月雪』般的異國風情，並坐落在假想性的消費社會空間中。」

針對消費性認同的問題，Bourdieu（1979）認為透過消費而產生的認同必然蘊含著社會階級的問題，[10] 此說未必適用於解釋桐花的客家認同，但此種消費形態確實已成為一種「社會表徵」（représentationsociale）。在後來的論辯

---

10 對 Bourdieu 而言，消費認同基本上是不同階級用來區別自身與他者的方式；各種文化消費模式既在階級內、也在階級間構成區別（distinction）。

中，Bouchet（1995）指出，文化差異就原本是不同族群間用來建構並修正自我認同的工具，問題是後現代社會中的存在根源與認同，乃是建立在一種修補匠式（bricoloage）的消費行動中，因此消費者可能隨之出現東拼西湊的認同。尤其在多元文化社會中，族群性（ethnicity）本身就是一種騷動不安的認同，因此市場勢必會認真看待族群的認同建構（identity-making）所可能帶來的巨大利益。Firat and Venkatesh（1995）亦支持此種觀點，並認為後現代社會中的消費早已被各種商業力量「再魅化」（reenchantment），因此「消費的認同」還可能進一步轉化為「認同的生產」。

在消費認同的思維下，CIS 因具備高度辨識作用，不但是複雜訊息的承攜者，更被視為增強心理支持、影響產品成敗的關鍵。許多 CIS 的研究證實在複雜的視覺刺激中，大眾普遍傾向於記憶簡單的識別標誌（張家維 2008）。但這些研究都是針對企業進行的識別研究。至於在族群文化領域，CIS 是否有助於強化，恐怕需要更嚴格的方法論證。然而在客家聚落的社造過程中，桐花作為客家 CIS、作為客庄意象形塑樞紐，似乎已成為毋庸置疑的前提。吳樹南（2006：99-100）由地方文化產業經營觀點比較桐花祭與蓮花節，即發現桐花祭活動具有將桐花「文化化、符號化、意象化、視覺化」的效果。而客委會在歷年桐花祭中使用固定的桐花識別標誌，則有穩定與延續性效果。最後「當『看見桐花、遇見客家』成為文宣詞彙，桐花便成為客家文化、地方產業與族群性格、生活習慣與發展歷史的另一個代名詞」。在政府和媒體協力構作下，桐花圖騰儼然成為客家族群文化符碼的控制匯流排（control BUS）。透過 CIS 的操作，桐花符碼在原本平平無奇的山林元素中注入嚴肅的族群意義，彷彿購買桐花商品就等於支持客家。在勝興的發展經驗中，桐花某種程度上已被操作成族群認同的標記。

（三）桐花祭的歷史意涵與商業使命

　　客委會以桐花祭作為行銷手段，基本上是將節慶活動作為一種「事件行銷」：透過活動行銷地方的人、文、地、產、景，「使地方特有的各種資源轉換為大眾關心的話題，並吸引媒體報導與消費大眾的參與」（吳樹南2006）。問題是：桐花與客家文化原本並無關聯，何以成為客家象徵？油桐雖是日據時期臺灣林業的一環，但對客家先民而言，桐花並無特殊意義，油桐樹材（泡桐）和油桐籽才是攸關生計的對象。[11] 而 4、5 月間的花季對於客庄農耕節奏而言也不具意義，一般人很難藉由「看見桐花」來「遇見客家」。更何況早在客委會舉辦第一屆客家桐花祭之前，土城、汐止等非客家聚落就曾辦過桐花節和賞桐活動。就此而言，以桐花作為客家象徵，似乎缺乏客家庶民史觀的正當性。事實上，客委會在舉辦桐花祭的前幾年確實引來不少質疑，但官方從未正式回應此一質問。然而在媒體全力炒作下，桐花與客家的關聯卻被刻劃得日益真切。2004 年起，全臺各地配合社造推出大量桐花商品，正式啟動了「桐花經濟」，由政府輔導地方商家進行產銷規畫，包括產品認證、識別標章、新式產銷管道之建立（網購、宅配……）。據統計，2004-2005 年的桐花祭創造約 30-35 億產值，2006 年產值大幅提高到 50 億，2007 年首度突破 100 億（莊錦華 2011：28-29），到了 2010 年對 GDP 貢獻更高達 131.891 億，[12] 其中有 60% 以上的產值集中在苗栗（55.419 億）和桃園（24.343 億）。苗栗的

---

11 油桐樹從播種到成樹約僅需三年。「三年桐」在日據時期被用來作木屐、火柴等商品，油桐花籽更被農人採收，作潤滑用油或炸油作成防水材料。日據時代，油桐中的泡桐是上好的家具材料，曾經創下一平方公尺 12,000 元臺幣的販售價格。但到了日據後期，因為樹種感染病蟲害等傳染病，泡桐市場急速萎縮，油桐樹及油桐籽價格低落，利不及費，桐花產業因而沒落。

12 關於 2010 年桐花祭的「所得效益」有許多不同的說法。若干媒體轉述的 231.227 億元是指「總營業額」，其中商家總營業淨利金額應為 119.721 億元；此處所謂的對GDP 貢獻（131.891 億元）計算方式為「營業淨利＋間接稅 - 政府補助金」。

遊客人數推估值更高達 294 萬,其次為桃園的 136 萬和新竹的 119 萬(客委會 2010:119-121)。如此龐大的經濟效益,不但使桐花理所當然地成為客家標記,更使 64.66% 的周邊商家肯定客家桐花品牌效果。

考證客委會以桐花作為客家 CIS,最早可溯自 2002 年;當時客委會主委葉菊蘭提出的「大家愛客家」政策中包括了「客家社區營造策略」計畫,首度列入「客家桐花祭」,以期達到活化客庄、再現客家的新客家運動目標。[13] 歸納客委會選擇桐花作為客家的象徵,主要基於以下三大理由:(1)桐花分布地區大致與客庄聚落分布範圍吻合(朱婉寧 2003)。(2)桐樹及油桐子在日據時期曾是客家主要經濟命脈。(3)長期以來客家意象離不開勤儉、硬頸、激狂等陽剛的刻板印象;相對的,桐花潔白、柔美、燦爛繽紛的意象,頗能與客家農閒的人文意象相結合,且具有形象轉化功能,發揮生態、生產、生活的三生對應關係。基於這些考慮,客委會企圖藉桐花符號重新形塑客家「浪漫又踏實、美麗而執著」的意象,希望營造出如同日本櫻花祭般的觀光熱潮,讓客家與流行接軌。透過遊客端調查發現「桐花」在某種程度上確實已成為新的客家認同標記。如蓋洛普公司 2010 年的桐花祭評估顯示,超過 9 成的客籍受訪者認為「參加客家桐花祭活動讓我以身為客家人為榮」、「客家桐花祭活動可以增加客家人的族群信心」、「客家桐花祭活動可以增加客家人對客家族群認同感」、「客家桐花祭活動可以提升客家文化精緻程度」、「客家桐花祭活動可以有效展現客家文化創新」(客委會 2010)。

但本文認為前述的桐花祭效果評估,並未針對「客家認同」進行足夠深入的社會基礎探究。事實上,這類調查的題目頂多只能測量民眾對於桐花祭

---

13 據筆者考證,最早提出以桐花象徵客家的構想,應出自楊長鎮、莊錦華等人的構想。但由當代客家社會運動的醞釀與發展過程觀之,楊氏早期所關注的「客家人文化意識之甦醒」似乎並非建立在桐花認同的基礎上。參見楊長鎮(1991)。

的「滿意度」，其重點在於當下的效果。但「認同」不只是一種情感凝結狀態（identity），更牽涉到自我探索與自我釐清過程（identification）。從傳播心理學角度來看，高認同的傳播可被假定為是促使人們改變自我界定的前奏（Liebkind 1984：67）。而桐花之所以能翻轉傳統客家意象，主要靠的也是媒體建構。過去客家給人小氣吝嗇的負面意象，隨著油桐山林的馨綠繁盛，呈現自然健康的氣象。2004 年起客委會委外製播的一系列桐花祭廣告所展現的在地化情境，正足以說明此種符碼置換手法（李威霆、羅原廷 2009）。客家變成花徑旋繞的浪漫山客，一個由桐花所標記的新的想像共同體儼然成形；強大的符號穿透力，使得桐花相關商品很快為客家植入了共同的想像空間與認同標記。於是賞桐遊客配帶的桐花商品（花布頭巾、桐花背包、桐花頸鍊……）成了山林現場中獨特的客家識別符號。但以符號學的角度而言，客家從「勤儉、硬頸」的傳統刻板印象過度到「自然、柔美」的現代桐花意象，其間的符號轉化不見得沒有內在衝突。例如桐花 CIS 所欲凸顯的崇尚自然的人文內涵，很可能會弱化客家傳統中陽剛的硬頸精神。但文化符碼的一致性顯然不如經濟誘因來得重要。對現代科技官僚而言，文化投資的需求源於消費，消費逐漸被視為推展地方文化最重要的力量。[14]

　　基於此種文化消費思維（近年來被冠以「文創」之名），政府自 1990 年代起一面輔導地方進行文化盤點、產業再造，另方面則透過媒體行銷地方特色以刺激消費。由於各部會投入的金額相當可觀，因此許多地方上原本默默參與社區營造的志工團體和文史工作者紛紛自我轉型，以爭取政府補助款為首要目

---

14 許多經濟學者認為消費可被界定為「沒有投資的最終需求」（final demand without investment），這甚至包括政府對於最終財貨與服務的追求。參見 Leightner（2000：385）。

標。[15] 而客委會的社造模式，無非是藉由企業參與、地方執行來開發休閒體驗商品。[16] 其特殊之處，在於產銷過程幾乎全由各地社區協會一手包辦（透過參與商品設計、製作、行銷，推動社區商業化），同時將這種商業過程標榜為社區理想的實現，並宣揚其正當性。但巨大的經濟利益必然吸引外來資本家投入競爭，外部資金的挹注，某種程度上確實有助於地方經濟成長，但也可能使客家文化行銷蛻變為資本遊戲。某種意義上來說，「勝興國際桐花村」的成功正是經濟利益競逐下的產物。其發展軌跡，某種程度上印證了前述 Baudrillard 與 Bouchet 等人所言的消費認同理論。氾濫的桐花村商品，以及透過消費意識形態形塑的客家認同，令人在「想像的涉入」（imaginative engagement）中成為消費者（Bocock1993：105），也因此使得商品消費由原本的滿足個人需求，轉變為對族群集體關係的幻想（客家認同）。如同 Baudrillard（1968：277）所言：

> 被我們所消費的永遠不是對象物，而是關係本身——它既被指涉卻又不在場，既被包括又被排除……。人與人間透過物品來自我完成和自我消費，物品成為人與人間的中介者，而且很快的，又成為它的替代記號，它的不在場證明。[17]

---

15 在「社區總體營造」和「文化產業化」的政策利多下，地方政府亦開始規劃文化觀光路線、炒熱節慶活動、拓展社區文創商品直銷管道。筆者認為，文建會無意間開啟社造的「潘朵拉之盒」，卻在地方上激起無限漣漪。嗣後，商業利益逐漸滲入地方社造，成為社造成敗的關鍵。

16 國內常見的休閒旅遊商品，可包括古蹟巡禮、生態探訪、地方美食、觀光果園、手工紀念品、生活體驗 DIY 課程等。由於這些商品帶有社區意識且兼具地方文化特色，頗獲國內觀光市場青睞。

17 此處中譯是筆者根據 Baudrillard 第一版（1968）的 Le système des objets（Paris：Gallimard）自行翻譯；在不同脈絡下，筆者分別以對象物和物品翻譯 objet 一詞。

就 Baudrillard 的觀點而言，桐花 CIS 既作為族群情感凝聚的標記，同時又是各種商品的中介。弔詭的是：雖然近 10 年來桐花意象無所不在，也被認可為客家族群的象徵。但「桐花」本身在精神層次的意涵卻不明確，因此「桐花＝客家」的論述亦未能針對「客家＝？」提出新的詮釋。儘管客委會（2010）的調查發現有 75% 以上的非客家人同意「客家桐花祭活動加深了客家人與桐花之間的聯結」，但並未有進一步的研究顯示民眾因為桐花而改變對客家的想像與認知。問題是：為何桐花 CIS 出現後，客家族群意象依舊是隱晦的？以「桐花」置換「客家」的直接效果，似乎只是導致客家的「不在場」（甚至令客家族群意象變得更難捉摸）。[18] 而其不在場，或許正揭示了族群認同對於消費功能的讓位。

三、研究方法

（一）研究方法與架構

針對勝興商圈客家文化意象的建構過程，本研究主要透過媒體報導進行內容分析（content analysis），同時搭配深度訪談（in-depth interview），穿梭在各種資料與論述間進行比對與驗證，[19] 以期掌握客家文化意象如何在媒體上被有計畫地呈現。在此特別說明：本研究所使用的內容分析法是兼重質與量的研究取向，其目的在於賦予質性內容以量化的呈現方式，找出媒體報導內容的結

---

18 筆者在 2010 年針對勝興遊客進行的一份問卷調查中，曾要求受訪者回答桐花象徵何種客家精神意象，結果發現認知方向極為分散，且有 19% 民眾未回答、44% 民眾回答「不確定」，合計超過六成民眾無法進行實質辨認。筆者認為此一現象值得後續追蹤研究。

19 本文原為勝興社區發展追蹤研究計畫成果，其中田野調查與訪談部分歷時逾三年半（自 2007 年 9 月至 2010 年 6 月），針對勝興街區全體住戶進行近百次訪談。

構性權重，近而釐清基本觀念並找出發展脈絡。具體來說，本文採用之內容分析，主要是針對媒體中所呈現的「勝興」內容的相關詞彙關聯、出現頻率及新聞屬性進行統計，以了解媒體如何建構勝興的客家意象，同時也將分析勝興在不同歷史時期的媒體呈現與發展興衰。

不過，儘管內容分析法能藉由量化工具的輔助提供參考，但新聞報導所能呈現的事件可能極為片面。為彌補內容分析的缺陷，本研究將搭配當地居民的深度訪談，以雙軌行進的方式，分析行動者（包括當地業者、媒體記者、政府官員）為何以及如何建構當地的客家意象。

深度訪談的目的在於挖掘受訪者的深層信息，這是一種互動性很強的面對面現場交流，且極富探究性。就此而言，深度訪談可視為一種社會互動和對話。[20] 畢恆達（1996：36）指出，「它不是將在訪談之前就已經存在的客觀事實挖掘出來，而是不斷在互動過程中創造新的意義」。爰此，本研究的訪談對象，包括當地居民、社區組織與商家代表。但在實際接觸後發現，勝興街區的居民幾乎都是開店的商家（僅2戶為純住家），故同時兼具「居民、社區組織成員、商家」三重身分，因此在研究設計中排除了樣本分組問題。本文主要依據強度抽樣原則，選擇5位當地最具影響力的意見領袖，並加上4位外部關係人，（包括地方新聞總編、地方版記者、中央與地方政府一級主管），俾便與媒體報導內容進行比對。受訪者背景如表1：

---

20 根據 John Austin（1962）的言說理論（speech act theory），訪談作為言辭行動至少具有三層含義：（1）訪談是一個真實發生的社會事件，是雙方交談的一種方式；（2）訪談作為一種言說，本身是一個有機整體，其各部分之間具有一定的意義聯繫；（3）訪談中雙方的話語不僅是「言詞行為」（locutionary act），更帶有「在言行為」（illocutionary act）和「由言行為」（perlocutionary act）的效果。本研究的深度訪談，事實上是長期在勝興當地進行參與式觀察中的接觸訪談。

表 1：勝興當地受訪者資料 [21]

受訪者	性別	族群	年齡	身分
李棋陞	男	客家	45	「細妹按靚」老闆、社區理事長
陳文山	男	客家	43	「月台茶棧」老闆、社區總幹事
劉科良	男	客家	53	「勝興客棧」老闆
蔡永瑜	女	客家	41	「麗紐餐廳」老闆
陳文政	男	外省	48	「鐵路餐廳」老闆
何來美	男	客家	59	《聯合報》駐苗栗特派員
H491	女	客家	--	某大報資深駐地記者
莊錦華	女	客家	53	行政院客家委員會副主委
徐文達	男	客家	50	三義鄉公所祕書

（二）資料蒐集與初步篩選結果

　　本文的媒體分析，主要以報紙新聞為分析對象。盱衡當前臺灣報業生態，大致以「自由」、「蘋果」、「中時」、「聯合」四大報系的發行量與閱報率最高，理論上應擇此 4 報作為文本分析之母體。但由於本研究的目的僅在於了解勝興火車站在臺鐵舊山線停駛之後的 10 年間的客家文化意象建構歷程，不宜根據目前的發行量作為取捨標準。尤其蘋果報系因成立時間較晚，報導勝興的資料並不完備，考量到歷時性分析的一致性與完整性，因此不納入分析範圍。自由報系因資料庫並未對外開放，暫時無法納入分析。故本研究主要集中在聯合與中時兩大報系。

---

21 本文挑選的受訪者意見極具代表性。其中，李棋陞與陳文山長期參與勝興地方事務，是當地最具影響力的意見領袖。訪談過程中，除一位不便透露身分的記者（匿名代號 H491），其餘受訪者均同意於引述意見時註明其真實身分。

　　確定分析母體後，本研究首先選定「勝興」、「客家」及與客家關聯度極高的「桐花」作為主要關鍵字，分別在「知識贏家」（中時報系電子資料庫）以及「聯合知識庫」（聯合報系電子資料庫）中蒐尋。蒐尋時間為 1998 年 9 月 23 日（臺鐵舊山線停駛日）至 2008 年 9 月 23 日。結果，中時報系尋獲 817 則新聞，聯合報系尋獲 931 則新聞。接著以人工審閱方式排除關鍵字蒐尋的字串與字義誤謬。[22] 經篩選後，中時剩下 366 則，聯合剩下 683 則。此時再分別以「客家」及「桐花」為關鍵字蒐尋。結果，中時尋得 140 則客家新聞、65 則桐花新聞。再經交叉比對將重覆的新聞刪除後，得到客家或桐花新聞共 140 則。聯合也以同樣方式篩選，最後得到 68 則新聞。總計兩大報系共有 208 則新聞。最後再進行二度人工檢閱，刪除不符研究題旨的新聞，最終研究樣本數為 176 則新聞。[23]

（三）研究工具與方法

　　本研究之研究工具依資料屬性不同，分別採用內容分析法及紮根理論進行類目編碼，將媒體報導內容輸入質性研究軟體 WINMAX98。由於該軟體具有樹狀結構編碼功能，因此脈絡分析不僅可作為類屬判準的工具，也能提供數量統計。之所以採取內容分析法與紮根理論進行編目，是因為這些方法有助於內容資料的分類與編碼：就內容分析而言，類目編碼是以求取科學的量化標準為目的。惟紮根理論的編碼重點在於抽取最根本的概念元素。通常類目發展的

---

22 剔除對象有三類：（1）人名謬誤（如葉勝興）；（2）商號謬誤（如鼎盛興號）；（3）字串誤謬（如兄弟象大「勝興」農牛）；（4）與研究主題無關之謬誤（如：選舉、好人好事表揚等）。

23 二度刪除的標準如下：（1）報導內文的「勝興＋客家」或「勝興＋桐花」的關係非屬同一範疇；（2）報導內文雖提到「勝興」、「客家」或「桐花」，但新聞場景卻不在當地（例如勝興客棧臺中分店的報導）；（3）非屬新聞性質但內含關鍵字的統計表格或資料庫。據此，總計刪除 32 則新聞。

形式有二種：一是依據理論或過去研究結果發展而成，二是由研究者自行發展（Berelson 1962）。在本研究中，主要由研究者自行創建類目以避免不必要的干擾。主要類目包括「行動者」、「建構手法」、「使用元素」、「他人感覺」及「扮演角色」等五大部分。其中「行動者」指主導、主辦、或積極參與活動者；「建構手法」指行動者以勝興為空間所從事與客家相關的各種活動與做法；「使用元素」指行動者在建構勝興客家意象過程中所使用的各種有形與無形材料或觀念、「他人感覺」則指行動者以外的各類他者對客家意象建構的感受；「扮演角色」指的是勝興作為客家意象建構空間，在每次行動中所扮演的角色。

　　再就分析單位的建置而言，本研究採用的分析單位是記錄單位及脈絡單位。編目方式則採紮根理論建立，其重點不在於統計出現的次數，而在於概念或理論的建構基礎。根據紮根理論，「編碼」可以分為三個層級：一級編碼屬於開放性登錄，即逐字審閱資料內容並賦予各種可辨識的概念；二級編碼屬於關聯式登錄，重點在於找出概念類屬之間的各種聯繫；三級編碼為核心式登錄，即根據二級編碼中的概念類屬，選擇一個核心類屬。紀錄單位主要是針對各分析類目項下的單位進行排序，並根據意旨找出適合的記錄名稱。至於脈絡單位，則在檢覈記錄單位的所在脈絡，以作為發配記錄單位應納入進入各該類別的參考。本文所建置的脈絡單位為新聞屬性，總計歸納出 8 項新聞屬性，包括「作家遊記」、「木雕節」、「客家」、「旅遊介紹」、「桐花」、「鐵道」、「其他活動」、「讀者觀點」。

四、研究發現

（一）勝興客家議題在媒體中的呈現

　　本研究的母體以中時與聯合兩大報系為主。但實際篩檢後的 176 則報導，散見於《中國時報》、《中時晚報》、《工商時報》、《聯合報》、《民生報》、

《聯合晚報》、《經濟日報》及《Upaper》等八份報紙。透過表 2 可知,不同報別對於勝興的重視程度與相關論述確實存在著差異。其中以《中國時報》70 則最多,其次是《聯合報》67 則、《民生報》13 則、《工商時報》10 則、《經濟日報》8 則、《聯合晚報》6 則;《中時晚報》及《Upaper》各 1 則。再以報導時間分布來看,以 2002 年 23 則最多,其次是 2005 年 22 則、2006 年 20 則。相關數據參見表 2:

表 2:國內各大報對於勝興地區報導數量統計表(1994-2009)

	1994	1997	1998	1999	2000	2001	2002	2003	2004	2005	2006	2007	2008	2009	小計	總計
中時			0	3	2	3	6	11	8	11	9	9	6	2	70	81
中晚			0	0	1	0	0	0	0	0	0	0	0	--	1	
工商			0	0	1	2	3	0	1	1	0	1	1	--	10	
小計			0	3	4	5	9	11	9	12	9	10	7	2		
聯合	1	2	2	5	4	6	9	2	8	8	7	5	5	3	67	95
民生			0	0	0	2	3	3	0	1	4	0	0	--	13	
聯晚			0	0	1	4	0	0	0	0	0	1	0	--	6	
經濟			0	0	0	0	2	2	2	1	0	0	0	1	8	
U 報			0	0	0	0	0	0	0	0	0	0	1	--	1	
小計	1	2	2	5	5	12	14	7	10	10	11	6	6	4		
合計	1	2	2	5	8	9	17	23	18	19	22	20	16	13	6	176

　　比較版面與年分分布可發現許多有意義的訊息。特別是有關全國版與地方版的區別,更可見出新聞受重視的程度。依吳滄海(1987)、陳世敏(1996)等人研究,凡是發生在臺北市以外的新聞,通常都被視為「地方新聞」。但此定義不盡然符合實務運作。本文主要依兩大報社內部的組織分工,將地方中

心負責編輯的版面定義為地方版、地方中心以外部門編輯的版面定義為「全國版」。[24] 依此定義，在本文所蒐集到的樣本中，存在「地方版／全國版」分別的報社僅有中時、聯合及民生三報（其餘各報僅有全國版）。其中《聯合報》共計有 18 個地方版、《民生報》有 4 個地方版、《中國時報》有 13 個地方版。為便於理解，在進行內容分析時，本文依見報地區大小將之整併為苗栗、竹苗、桃竹苗、北部桃竹苗宜花、生活新訊、省市、中臺灣、地方綜合、北臺灣、北部萬象等 10 個類目，其中「竹苗」與「桃竹苗」指桃竹苗生活圈內卻在苗栗縣以外的範圍，而北部桃竹苗宜花、北臺灣、北部萬象、生活新訊、省市及地方綜合因則數不多，全部納歸在「其他」類目項下。如此一來，只剩下「苗栗」、「桃竹苗」及「其他」等 3 個類目。

　　根據此一分類架構，勝興新聞有 102 則集中在地方版，其中又以苗栗版最多，共 54 則（31%），其次為桃竹苗版 44 則（25%）。若就全國與地方新聞來比較，地方版有 102 則（占 58%）、全國版有 74 則（42%），可知勝興客家的報導多出現在苗栗和桃竹苗等地方版；此一發現頗符合客家族群空間分布。若以地區版面對照各年新聞數量，結果如表 3 所示：

---

24 實際上，兩大報的編輯架構中還有一個處理臺北市政新聞的「市政中心」部門。市政版的性質接近於地方版，但因臺北市為首都，一般並不編入地方版，但也不能稱為全國版。該版新聞並不在本文蒐集之樣本範圍內，故不列入討論。本文在建立版面類目時，僅區分地方版與全國版。

表 3：國內各報報導勝興新聞之版面與年分分布（1994-2009）

		1994	1997	1998	1999	2000	2001	2002	2003	2004	2005	2006	2007	2008	2009	小計	%
地方版	苗栗				4	2	6	3	4	3	9	8	10	5		54	31%
	桃竹苗					3	2	7	4	5	10	8	1	2	2	44	25%
	其他				1	2				1						4	2%
	小計	0	0	0	5	7	8	10	8	9	19	16	11	7	2	102	
全國版	要聞						1	1								2	1%
	XZC	1	2	1	3	2	2	6	6	5		2	2	2		34	19%
	萬象生活					1		5	1	3	1	2	3	3	2	21	12%
	流行消費			1		2	3		3		1				2	12	7%
	專刊							1		1	1			1		4	2%
	副刊									1						1	1%
	小計	1	2	2	3	5	6	13	10	10	3	4	5	6	4	74	
	總計	1	2	2	8	12	14	23	18	19	22	20	16	13	6	176	176

　　此處還牽涉到版面的定義問題：一般計算版面大小是以整篇新聞的字數作為統計單位，但本文並不採取此種標準。因文本是以｛〔勝興 and 客家｝or〔勝興 and 桐花〕｝為蒐尋條件，找到的不一定是關於勝興客家或勝興桐花的主題，有時僅是夾藏在相關報導中的一小段話中。為了解媒體實際使用多少版面在建構勝興，本文利用文書處理軟體將每則新聞轉為方塊文字，再以 WinMax

98 依字數作為分級標準進行編碼。最後則是依據兩大報地方新聞中心要求駐地記者的供稿慣例，將報導分為五級：第一級 ≧ 800 字、第二級 500-799 字、第三級 300-499 字、第四級 100-299 字、第五級 ≦ 99 字。至於版面大小，可依報社編輯慣例分為五級：第一級為專題報導，第二級為重要新聞，第三級為普通新聞，第四級為小新聞，第五級為簡訊。字數與版面的分級反映了媒體對該議題重視的程度，字數越多或版面級數越高，代表越受媒體重視且傳播效益越大。

　　此外，報社以何種方式建構勝興的意象，也是重要的關鍵。為有效掌握勝興在媒體上的呈現形態，本研究先以開放式譯碼的方式建立譯碼清單，再經第二層的歸納分類，最後得出「美食」、「桐花」、「客家聚落」及「其他」等 4 項。[25] 至於次要譯碼清單之建立，「美食」是依店家名稱作為編碼原則，但同一新聞中可能會提到多個店家，因此編碼單位是以次數為原則。[26] 至於其他三個類別，「桐花」類下建置「桐花祭活動」及「賞桐點介紹」兩個次要譯碼清單；「客家聚落」類則以「街區客家味」以及打造勝興成為「國際桐花村」為次要譯碼清單。「其他」類因為則數不多，故未建置次要譯碼清單。最後的編碼清單如表 4：

---

25 「美食」包括餐廳介紹、餐廳老闆的人物介紹、街區美食的各類綜合性報導；「桐花」包括桐花季相關活動介紹、勝興國際桐花村的相關報導；「客家聚落」包括對於勝興街區的客家味、客家意象的各類綜合性報導。「其他」則指無法歸入以上三類者。

26 此處指較大範圍的次數：同一則新聞中，即使重覆提到某一店家的名字，在統計上仍僅算 1 次。唯同一則新聞中若介紹 2 個店家，則兩個店家各算 1 次。如此，就可能產生次數大於則數的情況。

表 4：各級新聞內容之主層級與次層級編碼統計表

字數分級	主要譯碼清單	次要譯碼清單	分項計次	小計（則）	總計（則）
一級 800 字以上	美食	勝興客棧	4	5	5
		鐵路餐廳	1		
二級 500-799 字	美食	勝興客棧	11	17	30
		月台茶棧	3		
		隔壁鄰舍	3		
		勝興擂茶	1		
		山中傳奇	1		
		細妹按靚	1		
		鐵路餐廳	1		
		其他	1		
	桐花	桐花祭	6	6	
	客家聚落	街區客家味	1	7	
		打造桐花村	6		
三級 300-499 字	美食	勝興客棧	12	17	27
		隔壁鄰舍	1		
		月台茶棧	1		
		鐵路餐廳	1		
		山中傳奇	2		
		村居	1		
		全街	1		
	桐花	桐花祭	3	3	
	客家聚落	街區客家味	4	6	
		打造桐花村	2		
其他			1	1	

表4：各級新聞內容之主層級與次層級編碼統計表（續）

字數分級	主要譯碼清單	次要譯碼清單	分項計次	小計（則）	總計（則）
四級 100-299字	美食	勝興客棧	16	21	45
		十六份茶舖	1		
		山中傳奇	2		
		老吳的店	1		
		細妹按靚	1		
		隔壁鄰舍	5		
		鐵路餐廳	6		
		全街	3		
	桐花	桐花祭	10	10	
	客家聚落	街區客家味	9	12	
		打造桐花村	3		
	其他（含影劇）		2	2	
五級 99字以下	美食	全街	7	31	69
		勝興客棧	13		
		月台茶棧	1		
		山中傳奇	1		
		隔壁鄰舍	1		
		鐵路餐廳	1		
		認證餐廳	11		
	桐花	桐花祭	8	29	
		賞桐點	21		
	客家聚落		7	7	
	其他		2	2	
總計				176	176

　　由上表可知：在176則報導中，第一級字數的報導僅5則，其中主譯碼清單只有美食一項，次譯碼清單僅出現2家餐廳；二級字數的新聞共30則，主譯碼清單有美食、桐花及客家聚落等3項，其中美食類報導有17則，桐花新聞6則、街區客家味7則；三級字數的新聞共27則；四級字數的新聞45則；

五級字數新聞 69 則。值得注意的是，就勝興的新聞數量分配而言，各級新聞都是以「美食」報導次數最多（占 52%）；其次是桐花 48 則（27%），客家聚落只有 32 則（18%）。重新整理後，發現新聞級數與主要譯碼清單之關係大致如表 5 所示：

表 5：新聞級數與主要譯碼清單之次數分配

	美食	桐花	客家聚落	其他	總計
一級	5	0	0	0	5
二級	17	6	7	0	30
三級	17	3	6	1	27
四級	21	10	12	2	45
五級	31	29	7	2	69
總計 (%)	91(52%)	48(27%)	32(18%)	5(3%)	176

透過該表可發現，無論有意或無意，勝興在媒體上主要是透過客家美食意象被呈現的。相對的，桐花新聞和客家聚落在長篇幅報導中的數字變化頗令人玩味。按理，桐花祭作為重要節慶，被報導的次數和字數應該都很多。但事實上它在三級以上的大篇幅版面中，地位甚至不如客家聚落（桐花祭僅有 9 篇報導，客家聚落有 13 則）。之所以會發生這種情況，除版面大小的定義有關，更重要的原因是因為桐花祭屬於全國性新聞，但勝興僅為全國桐花祭活動一隅，記者較不易以此為報導核心；在 48 則桐花新聞中，絕大部分為四級或五級新聞（兩者合計共 39 則，占桐花類新聞 81.3%）。但透過內容分析發現，同一則報導中的勝興當地新聞很少超過 100 字以上，但駐地記者供稿時每則新聞至少須提供 300 字。這意味著勝興的新聞經常是被併置於「各地桐花祭新聞」一隅。[27] 相對於此，打造勝興成為國際桐花村的訴求因具有獨立新聞報導價值，

故易產生大篇幅報導（二級新聞）。就次要譯碼清單而言，可發現美食類項次數分配極不平均；無論在哪一級，「勝興客棧」被提到的次數都是最高的。[28]以字數來看，三級以上大篇幅報導的桐花新聞中，以桐花祭活動居冠（9則），其次分別是二級（6則）和三級（3則）新聞，但專門針對勝興作為賞桐點的介紹付之闕如，足見媒體對於桐花類的新聞，只著眼於桐花祭活動，對於勝興作為賞桐點的報導，多為順帶一提而無深入描述。至於客家聚落類的報導，則以國際桐花村的建設最多（8則），街區客家味的居次（5則），數量都不多。

　　探討版面分布變化時還必須考慮到時間序列的問題。本文的時間序列並不採一般的編年法，而採事件分期法。這主要是考慮到記者報導及選材易受「事件」影響。透過深度訪談發現，勝興當地的社區組織幹部普遍認為，影響勝興地區的三個關鍵事件分別是：（1）「勝興客棧」成立；（2）客委會在當地舉辦「桐花祭」；以及（3）「勝興國際桐花村產業發展協會」接管勝興火車站。以上三個事件分別發生在 1996 年、[29]2004 年 4 月 5 日及 2006 年 7 月 1 日。惟事件見報應為當日晚報與次日早報，因此本文將 1997 年 8 月 31 日晚報至 2004 年 4 月 6 日早報內容視為第一期的資料；2004 年 4 月 6 日晚報至 2006 年

---

27 筆者曾就此現象詢問聯合與中時兩大報系地方新聞主編與駐地記者，發現因報業大環境萎縮，地方版併版、減張的結果，使各報將苗栗版與新竹版合併為「竹苗版」。苗栗的地方新聞量亦隨之驟降。在此情況下，報社較不願刊登勝興當地新聞，駐地記者在供稿壓力下也不將採訪重心擺在勝興，因此提到勝興時通常只是「附帶一提」。

28 「勝興客棧」不但是勝興客家美食的表徵，更是當地公民運動的重心。1998 年臺鐵以舊山線老舊危險決定停駛，當地居民發覺已難爭取復駛，轉而提出保留古蹟並朝鐵道觀光方向發展。該提案遭臺鐵否決，理由是管理維護成本沉重，此時勝興客棧大力推動勝興成為鐵道旅遊的景點。在停駛之初，勝興客棧極力反彈，並湧入大批主張保存鐵道文化的鐵道迷。在歷經與臺鐵的多次激烈對話後，最後建立起將勝興發展成為鐵道觀光休閒勝地的共識。在媒體大幅報導下，勝興一夕成名。包括「勝興客棧」與後來的「鐵路餐廳」最早都是標榜舊山線鐵道文化的著名景點。

29 「勝興客棧」開幕的詳細日期已難考證（餐廳老闆和附近居民均無法確定）。

7月2日早報內容視為第二期資料；其後至今則為第三期。[30] 這三個事件點，恰好也是媒體報導軸心翻轉（美食→桐花→客家聚落）的轉折點。為使相關數據呈現更易被理解，茲依上述「事件分期」原則，將表4資料轉換為表6。

表6：各級新聞內容之主層級與次層級編碼統計表（以時期分）

版面大小			1期	2期	3期	小計	總計
一級 800字以上	美食	勝興客棧	4			5	5
		鐵路餐廳	1				
二級 799-500字	美食	勝興客棧	10	1		17	30
		隔壁鄰舍	3				
		勝興擂茶	1				
		月台茶棧	1	2			
		細妹按靚		1			
		鐵路餐廳	1				
		山中傳奇		1			
		其他	1				
	桐花	桐花祭		3	3	6	
	客家聚落	街區客家味		1		7	
		桐花建設		2	4		

---

30 以上分期，基本上是與勝興當地「桐花村協會」、「舊山線協會」主要幹部，以及地方文史工作者交換想法後所獲得的地方誌觀點。勝興的地方解說員未來亦將依此架構介紹勝興歷史。

表6：各級新聞內容之主層級與次層級編碼統計表（以時期分）（續）

版面大小			1期	2期	3期	小計	總計
三級 499-300 字	美食	勝興客棧	10	1	1	17	27
		隔壁鄰舍		1			
		鐵路餐廳	1				
		山中傳奇		2			
		月台茶棧		1			
		村居			1		
		全街	1				
	桐花	桐花祭		2	1	3	
	客家聚落	街區客家味		2		6	
		桐花建設		2	2		
	其他（戲）			1		1	
四級 299-100 字	美食	勝興客棧	15	1		21	45
		十六份茶舖	1				
		山中傳奇	1	1			
		老吳的店	1				
		細妹按靚	1				
		隔壁鄰舍	5				
		鐵路餐廳	5		1		
		全街	1	2			
	桐花	桐花祭	1	6	3	10	
	客家聚落	街區客家味	7	1	1	12	
		建設		3			
	其他（影劇）			2		2	

表 6：各級新聞內容之主層級與次層級編碼統計表（以時期分）（續）

版面大小			1期	2期	3期	小計	總計
五級 1-99字	美食	全街	5	2		31	69
		勝興客棧	8	4	1		
		月台茶棧	1				
		山中傳奇			1		
		隔壁鄰舍	1				
		鐵路餐廳	1				
		認證餐廳	5	4	2		
	桐花	桐花祭		2	6	29	
		賞桐點	5	10	6		
	客家聚落		2	2	3	7	
	其他			2		2	
總計							176

　　表 6 其實可由多種不同觀點解讀：一是版面分析，二是歷史分析。以下將以交互書寫的方式陳述。先就一級新聞版面來說：勝興被媒體當作焦點專題的報導全部集中在第一期，且偏重美食類報導。比對次要譯碼清單可發現勝興客棧占了絕大部分。二級新聞版面有 30 則，亦集中在第一期，且主要仍為美食新聞（14 則）。到了第二期，版面分配的情況轉為美食、桐花與客家聚落三分天下的情況。進入第三期時，以客家聚落為主的議題成為新的書寫重心（4則），桐花祭仍維持 3 則，美食已降為 0。比對次要譯碼清單發現這 4 則客家聚落報導全都是關於打造勝興成為國際桐花村的新聞。至於三級新聞，第一期只有美食新聞（總計 11 則），第二期的客家美食和客家聚落各有 4 則。

　　有趣的是，客家美食從第一期的 11 則降至 4 則，但客家聚落卻由 0 則提升至 4 則，兩者消長的意涵顯然不同。到了第三期，勝興的報導數量全面下降。由此可見：媒體大篇幅報導勝興客家的次數是隨時間發展而遞減的，且遞減幅

度相當大（第一期 30 則、第二期 20 則、第三期 12 則）。除了相同議題的曝光度遞減，報導取材的方向也隨之更迭。總結來說，勝興發展第一期完全是以客家美食為報導素材（30 則），第二期則以美食和客家聚落並重（各 7 則）。到了第三期，客家聚落異軍突起成為新的報導中心（6 則），美食從 7 則降至 2 則，桐花則降至 4 則。至於四級新聞（45 則）和五級新聞（69 則）雖然數量頗多，但內容主要集中在桐花本身而非客家聚落，且因 300 字以下的字數通常並非獨立存在的文字方塊，而只是用來併新聞（或填版面）的活動訊息。這些「新聞」實際上對於客家意象的建構無足輕重。

　　在解讀數據時還必須注意到相對比重的問題。例如，雖然勝興的報導在第五級新聞形式占了 39%，但相對在報紙的其他版面上仍有 61% 的新聞是以塊狀面積的形式存在。同樣的，美食和桐花分別有 42% 及 60% 是以五級新聞格式呈現，這表示仍有 58% 及 40% 的塊狀報導在支撐勝興的論述。這也意味著：雖然許多新聞只是使用「簡訊」或一筆帶過的形式在報導勝興客家，但記者在背後可能花費更多力氣去形塑勝興客家。如前述，勝興的新聞雖然常被併置於「各地桐花祭新聞」中的一隅，但也正因如此而更可見出「勝興客家」在記者或書寫者的腦海中，早已存有既定的「文字區塊」的預期形式（即以最精簡的字數將勝興的新聞合併在其他合適的地方新聞脈絡中）。當他們在撰寫其他主題新聞的同時，經常會不吝於以「順帶一提」的方式，將勝興客家夾藏在各種報導裡面。

（二）勝興客家文化意象的萌芽與轉向

　　在勝興發展的第一期，媒體報導勝興客家的新聞共有 81 則，其中以客家美食為主題的新聞有 35 則（占 43%），是最熱門的題材。令人好奇的是，這些關於勝興美食的報導，幾乎都是以「勝興客棧」為焦點，因此勝興客棧自身的特色，某種意義上也就成為當地的客家象徵。事實上，勝興客棧不但是當地

第一家客家餐廳，經營餐廳的劉氏家族更與當地有極深的淵源。某種程度上，可以說劉家的興衰就是勝興歷史的縮影。以下是勝興客棧第二代老闆劉科良的回憶：

> 我是老勝興啦……我祖父在日據時代就在勝興經營運送店就是現代人稱的貨運公司，當時勝興只有我爺爺取得營業執照，所以我們家什麼都運，像包裹、信件、貨料等等。不過等我爸爸接手後，因為郵政已漸漸發達，所以只剩下大宗物資，最後則主要以木材為主。當時我家最多有4、50個工人，我媽每天都要準備點心、飯菜給這些工人吃，所以廚藝就變得很厲害。到了86年，我家生意慢慢變差，加上新山線已動工，所以就結束營業。我媽閒不住的人啦，當時就把我們兄弟找回來商量，希望開一家客家菜館……剛開始很慘澹，但是很快就有媒體來報導我們，一下子勝興客棧就爆紅起來……。
>
> （訪談日期：2010/03/22）

除了勝興客棧之外，「鐵路餐廳」是勝興街區餐廳群中另一個特殊鮮明的店家。這主要是因其標舉鐵道文化，迥異於其他餐廳以客家小吃為號召的路線。同時鐵路餐廳也率先引進古早童玩，將勝興街區的懷舊風渲染開來。就此而言，鐵路餐廳儼然就是勝興鐵道文化的代言者。在送走臺鐵最後一班火車、舊山線鐵道聲名大噪且懷舊文化氛圍正濃的當口，以鐵道文化為賣點的鐵路餐廳，本應受到媒體的高度關矚目。但實際上，鐵路餐廳在第一期被報導的次數及版面均十分有限；不但敵不過勝興客棧，甚至只得到與其他次要競爭者約略相當的版面（各9則）。以下是鐵路餐廳老闆陳文政由餐飲的微觀變化，談到勝興街區由鐵道轉向客家味的轉變：

「鐵路餐廳」是我和另外 7 個朋友一起合開的餐廳……當時有人提議開一家鐵路餐廳，把被臺鐵丟掉的鐵道文化用餐廳的形式重建起來，我們覺得這個提議很棒，就開始籌備。我們當時營業方針定得很清楚──就是用鐵路文化作定調的……而且我們一來就以宣提鐵道文化以及舊山線附近的天然景色及自然資源為目標。剛開始的時候，我們辦了很多文化生態導覽，當時的客人也大多是衝著鐵道和生態而來觀光，但是這種情形過了 2003 年地方辦了客家桐花祭之後就不一樣了。我們很明顯地感受到來這裡消費的客人，都指定要吃客家菜，反倒是我們針對鐵道及臺灣懷舊文化所設計的菜單，如蒸汽雞、鐵路便當及各式臺菜的點單率不高，於是我們從那一年開始，就把菜單大幅翻修為以客家菜為主……調過之後，我們的生意也跟著變好了。　　　　　　　　　　　　　（訪談日期：2010/03/22）

　　除了「客家美食」之外，在此時期的新聞類目中，排名第二的是「木雕節」新聞（共 8 則）。其篇數雖然不如客家美食，但由於木雕節活動的特殊性，經整理後發現，其中有 6 則集中在 2002 年，且都是以客家民服走秀以及客家國宴為報導內容。但客家民服走秀是以勝興火車站的月台作為走秀的舞台，同時勝興周邊幾家餐館如勝興客棧、鐵路餐廳、隔壁鄰舍等也成為「木雕節」活動中品嘗客家國宴的指定餐廳。這使得原本只有鐵道文化想像的勝興街區開始注入客家氛圍。分析 2002 年的這些報導，對勝興街區客家意象的發展的重要性在於：勝興街區的客家味透過這場活動擴散開來，街區的客家味從此不再讓勝興客棧專美於前。「十六份茶舖」和「細妹按靚餐廳」的相繼出現，就是極佳的註腳。根據李棋陞（茶舖經營者、前桐花村協會理事長）的說法，十六份茶舖原本是主打客家擂茶的茶舖，成立時剛好處在「勝興客棧」與「鐵路餐廳」

各自代表的「客家」與「鐵道」的文化拉鋸緊張中。而他們選擇加入「客家」陣營，主要是因為鐵道對他們而言，存在著文化上的距離。李棋陞後來自行開設「細妹按靚」餐廳，標榜的就是「客家文化」的質感。在訪談中他提到當初以宏揚客家文化為職志的經過：

> 我選擇客家的原因，當然最主要是因為我是客家人。但更重要的是，在我決定進場的時候，我發現鐵道已經被鐵路餐廳玩得差不多了，而客家雖然有「勝興客棧」在領軍，但客家的「文化」這一塊卻沒有人做，於是我自己區隔出一塊「客家文化」這塊市場，所以我把店名取為「細妹按靚」，讓人非用客家話才念得出來，此外，我也把客家童謠寫在紙上、印在木板上，甚至刻在建築上，我就是要宏揚客家文化。
>
> （訪談日期：2010/03/29）

另一位原「十六份茶舖」的共同經營者蔡永瑜（現為「麗紐餐廳」老闆）回憶當年茶舖的「客家轉向」時，也提到當年鐵道迷對於客家文化的驚艷：

> 十六份茶舖變成客家茶館其實很自然的事……當時租來的那間房子，是非常道地的客家建築，雖然剛剛租來的時候，簡直快要倒了，跟廢墟差不多，但是經過稍加整裝過後，就有一種古古的客家味，很多遊客就喜歡那個味道，一直問，還拍了很多照片……。
>
> （訪談日期：2010/03/22）

在此，有一個很重要的問題：勝興在成為「國際桐花村」之前知名度並不高，後來雖因舊山線停駛而被注意，但當時勝興很少與「客家」關聯在一起。

惟透過表 7 可知：第一期的四級新聞（大多屬地方版）中，有關勝興的「街區客家味」報導已出現 7 則，可見勝興並非在被選定為桐花村之後才成為客家地標，而是在開始有桐花祭之前就已先被媒體炒作出「客家味」。經查考文獻發現，有關勝興桐花新聞的報導第一次出現在 1994 年 5 月，這是《聯合報》休閒旅遊版標題為〈苗栗山中小徑落英繽紛 勝興火車站這時節最美〉的新聞。其中提到：

> 五月間的苗栗，油桐花讓青山白了頭，山中的小徑被落花飄零的小
> 白花完全淹沒，一群熱愛單車旅遊的年輕朋友就在這個滿覆春雪的
> 季節裡，向臺灣鐵路的最高站「勝興火車站」挑戰。
>
> （楊蕙菁 1994/05/10）

本則新聞的重要意義在於其年代（1994）較 1998 年的舊山線火車停駛早了 4 年，更比客委會的全國桐花祭早了 6 年。這則新聞的出現，顯示勝興火車站附近的桐花，早在被炒作成為客家標記之前就已頗負盛名。雖然這篇新聞未將桐花與客家連結起來，但卻提供一個自然景觀的背景脈絡，解釋何以勝興後來能成為桐花祭的主祭場並發展成國際桐花村。據報導人 H491（資深駐地記者）表示：

> 最初街區的客家餐廳不多，也就那幾家。後來勝興慢慢做起來了，
> 但是後面進來的一些店家根本也不是客家人。所以你說要把勝興視
> 為「客家地標」，其實是很心虛的。像我們長年在勝興跑新聞，對
> 每一戶商家都很熟啊，當時真的很少人有什麼客家意識。不過勝興
> 的桐花真是得天獨厚，所以我們原本只是想介紹這個地方作為旅遊
> 景點。
>
> （訪談日期：2009/08/11）

　　既然如此，那麼當初媒體為何會操作勝興的客家味？以下是《聯合報》苗栗特派員何來美的解釋：

> 勝興有很豐富的人文歷史，也有很多辛酸的故事。客家人以山為本，你看臺13線上幾乎都是客家庄，所以說臺鐵山線和客家人有很深的關聯。這裡的客家人，很可能是當初劉銘傳從唐山招募來臺灣蓋鐵路的……勝興早期對外交通不便，很多客家人都從事苦力工作，經過龍騰斷橋時還得懂得怎麼閃避火車……總之，勝興有很多故事，但這些故事多半不為人知。我自己是客家人，所以很想把這些客家故事呈現出來。同時我也認為勝興是苗栗最有發展潛力的地方，不但鄰近三義木雕村，而且軍刀山那邊還有全國最茂盛的桐花林……舊山線風景很美，我記得詩人余光中以前就常坐火車到這裡來賞桐。
>
> （訪談日期：2009/12/14）

　　駐地記者和特派員在媒體操作中扮演非常關鍵的角色。駐地記者是第一線的新聞產製者，而特派員更是實際決定地方新聞內容、字數與版面的關鍵人物。通常各報派駐苗栗的駐地記者和特派員都是熟悉地方事務的客家人，因此在處理苗栗地方新聞的過程中，會考慮到許多細膩的新聞賣點，尤其擅於掌握地方人物故事的敘事策略。又由於鐵道和桐花都是與「山」有關的元素，因此鐵道景點的地方新聞中必然蘊藏許多客家人的故事。在勝興客家的媒體意象建構中，這或許是一個關鍵性的因素：因為地方版新聞採取故事性的修辭顯然更具情感渲染力，能拉近與讀者的距離。以下這則「勝興客棧」的新聞，就是典型的「故事性」報導，藉由豐富的客家生活元素呈現客家女性溫婉親切的意象：

有別於城市裡刻意造作的鄉土風情，到勝興客棧歇息，就像走進劉
家廚房裡。取的食材，盡是爺爺爸爸採來的山菜、河蜆與自家放養
的土雞；標準原味的客家醃菜、梅子酒，還有菜包、（米麻）糯等
點心，完全出自婆媳合作的手工結晶；灶裡灶外掌廚讓座的，是劉
家婆婆與妯娌，小孫子和狗兒則忙著人前人後穿梭。食客一進屋裡，
不費言語，就能感受到客族親情的濃郁。點菜呢，也不必費心，就
像客家媽媽準備的宴席，蔥油風味的白斬雞、燉得軟爛入味的客家
封肉、現炒的上蜆仔、香辣夠味的客家茄子，和劉婆婆講明預算，
有菜有肉豐富隨意。遇上都市食客，婆婆一定叮嚀大家多吃點綠葉
子，炒個野人參、昭和菜、山蕨筍什麼的……。

（劉忠 1998/11/27）

　　在客委會介入勝興推動「國際桐花村」之後，勝興開始卸下山城小鎮的感
性面紗，邁入輝煌的第二期。此時期的報導無論在質或量上都發生變化。總計
第二期提到勝興客家的新聞總計有 57 則，其中桐花祭新聞 17 則（占 29%），
其次是客家美食 11 則、國際桐花村 6 則，其他客家類新聞 4 則、賞桐景點和
其他節慶介紹各 3 則，賞螢之旅、鐵道文化節各 2 則，街區客家味、作家談桐
花、鐵道文化之旅、其他類的綜合美食及綜合旅遊各 1 則。綜合以上訊息，可
知勝興發展的第二期，媒體對於勝興客家報導的焦點雖然仍有客家美食，但實
際上重心已經轉向桐花祭及其周邊相關新聞報導。此後，桐花取代了美食，成
為媒體建構勝興客家的首要元素。

　　但即使報導軸線出現「美食→桐花」的轉換，桐花祭仍為勝興店家帶來可
觀的收益，因此深獲當地店家支持。2006 年 2 月 22 日成立的「苗栗縣勝興車
站國際桐花協會」正是一個由鐵道文化跨向客家的見證。在深度訪談中，劉老

闆（勝興客棧第二代掌櫃）回憶昔日桐花祭的盛況：

> 桐花祭說實在的對我們的生意實在幫助很大，這幾年要不是桐花
> 祭，小小一個勝興這種地方實在支撐不起這麼多店家，桐花祭對我
> 們勝興而言，是大旺季，生意比過年還好，短短一個月收到的盈餘，
> 大概是平常的五到六倍，也就是說，做一個月桐花祭，就抵過一個
> 半年，說真的如果不是桐花祭，勝興一定沒有今日面貌……。
>
> （訪談日期：2010/03/22）

另一個較具代表性的見證來自「麗紐餐廳」老闆蔡永瑜（前「十六份茶舖」共同經營者、社區活躍人士）：

> 桐花祭真的很厲害。你知道嗎？我們曾經全天客滿，甚至到深夜
> 十二點了外面還大排長龍，這樣的情況，幾乎每年一到桐花祭就會
> 上演一次，像我們整整一個月桐花祭的收入，就抵得上平常一個半
> 年甚至更多，我的二個小孩就是這樣養大的……。
>
> （訪談日期：2010/03/22）

綜觀第二期媒體內容的另一項特殊之處，在於媒體對桐花新聞的偏愛已不限於桐花祭活動，而轉向桐花自身。每年油桐花季期間總會吸引媒體關注。分析桐花新聞之所以受到媒體的喜愛，除了桐花的新聞衍生性強（包括花訊、賞桐路線、賞桐之旅、桐花商品等），更在於「桐花祭」本身就是政策行銷的一環。以下兩則《中國時報》2006 年的新聞片段，反映了當時官方和媒體聯手行銷的桐花祭的熱潮：

苗栗縣三義鄉的油桐樹已長出新芽，再過幾天就會出現花苞，四月
上旬將可看到樹上陸續展露白色小花，到下旬即進入盛開期，農會
為把這個讓人「心花怒放」的訊息告訴大家……提醒民眾不要忘了
在桐花祭到三義共享溫馨的「桐花情」。　　（許惠就 2006/03/17）

李永得說……許多以桐花印象開發的產品已打開國際市場，可望為
業界創造更高附加價值，昨天在會場使用的客家花布更是委託知名
設計師研發製作，準備進入量產，將來在各百貨公司櫃檯都買得到，
推廣客家文化特色到各角落。　　　　　　　（陳慶居 2006/03/20）

透過這兩則報導可發現，勝興的桐花祭熱潮是以「全境擴散」的方式呈現
的，這使得桐花祭的場域瀰漫勝興街區，街坊不得不全面動員配合這場活動，
這和美食活動局限一隅的情況頗不相同。當時的客委會副主委莊錦華曾表示：
「打造『勝興國際桐花村』是全國各界的期望，但必須地方支持與配合，尤其
是車站周邊商家要有同心協力經營的共識，才能吸引遊客。」而苗栗縣副縣長
林久翔則表示：

勝興國際桐花村計畫實現後，車站周邊不但能營造出客家山城的味
道，還可透過發掘及展演地方人文特色，協助勝興地區超越一般觀
光景點的局限，成為「新客家文化」展現的窗口與體驗基地。

　　　　　　　　　　　　　　　　　　　　　　（許惠就 2007/06/29）

透過這些新聞片段可看出各級政府官員對勝興街區商家的期待。同時，
「國際桐花村」新聞也在這時期大量出現。透過版面分析發現，以打造勝興成
為國際桐花村的客家聚落書寫，其實比桐花祭新聞所占的版面和數量更多。可

見桐花祭新聞雖以較多的篇數成為勝興發展第二期的主要材料，但從版面結構來看，客委會以城鄉風貌整建勝興成為國際桐花村的行動也不遑多讓。兩者可並列為此時期的勝興「客家意象」的核心元素。

　　此處最關鍵的問題是：主流媒體為何願意配合政府政策、炒熱桐花村與桐花祭新聞？本文認為，政府部門的資源投入應可提供部分解釋。特別是在客委會打響「桐花祭」知名度後，各級政府每年編列的廣宣預算亦逐年升高。而增加預算投入的結果，也確實令桐花祭的收益屢創新高，從而產生正向遞回效應。以 2009 年的客家桐花祭為例，客委會總活動預算高達 5,000 萬，其中光是「平面媒體刊登」的宣傳費用就編列了 1900 萬（資料來源：客委會「2009年平面媒體刊登」勞務採購案）。[31] 該項預算對於平面媒體的廣告收益是十分重要的。此外，置入性行銷（即「業配」）則是另一個（或許是更重要的）影響因素：這很可能是驅使各報記者「口徑一致」的動力。以下是報導人 H491的說法：

> 金融海嘯之前，我們還沒有所謂的業配壓力，地方版也沒有置入性行銷的問題。那時候，苗栗的駐地記者必須親自跑新聞，不可能有廣編稿或公關稿，這些問題在當時並不存在。後來，大概在 2008 年9 月到 2009 年 12 月之間，臺灣的報業全面蕭條，業配壓力突然升高。當時苗栗縣政府光是買我們報社的公關活動費就非常驚人[32]……我

---

31 在查考文獻後，筆者並未找到 2007 年之前的政府預算投入數據，但 2007 年後的資料顯示客委會和苗栗縣政府每年均編列大量預算投入桐花祭的宣傳（地方政府另有公關費用配合宣傳）。

32 基於保密原則，此處略過詳細數據。但兩大報在這方面的「收益」差距並不大（至少都在 7 位數以上）。又，雖然根據報導人 H 的說法，置入性行銷雖是金融海嘯後才浮上檯面的問題，但這類「隱藏性公關費用」其實早就悄悄在運作了。

們報社在苗栗的業績僅次於彰化啦……。至於置入性行銷占地方新
聞的比例，有時會超過 50% 哦！這些一般人不會知道的……。

（訪談日期：2009/08/11）

　　由這段訪談可知，政府政策的走向最後會落實在經費編列與執行上，從
而影響媒體的在地經營。在網路新聞崛起、傳統報業式微的趨勢下，傳媒與
政府的「合作關係」日益重要。由此不難理解：在相近的競爭壓力與「雨露
均霑」原則下，各報地方版記者，對於勝興的報導形式將逐漸朝「同形化」
（isomorphism）方向發展。

　　然而，單是媒體對於桐花賣點的炒作，並不足以充分解釋勝興後來被挑選
成為客家地標的原因。本文在訪問「桐花村文化協會」理事長李棋陞、苗栗縣
觀光局長徐文達、前客委會副主委莊錦華、《聯合報》特派員何來美等人之後，
發現勝興之所以變成「國際桐花村」，除了媒體對於「桐花祭」的宣傳之外，
還與三個重要因素有關：一是當地「桐花村協會」的積極爭取；二是鄉公所的
支持；三是客委會的配合。其中，客委會的配合因素尤其重要。何來美以媒體
從業者的角度認為：

勝興變成代表性的客家聚落，當然與它被建設為國際桐花村有
關……那時候民進黨執政，客委會剛成立，需要做出一些政績，在
很偶然的情況下就用了桐花來代表客家，其實用桐花來代表客家，
是葉菊蘭、楊長鎮、李喬那些人弄出來的。第一次是在公館北河那
邊，後來才在勝興這裡辦。勝興的桐花更美、更多，自然條件很好，
那客委會那邊也很配合，像莊副主委就很喜歡勝興啊，他常去那裡，
和當地店家都變成好朋友了。加上社區協會的大力爭取，最後才有
桐花村的出現。

（訪談日期：2009/12/14）

此外，觀光局長徐文達（時任三義鄉公所祕書）回憶勝興成為「國際桐花村」成立的經過時表示，鄉公所當時很希望透過「木雕節」與「桐花祭」的聯合行銷，將可為三義地區建構帶狀旅遊線，開拓國際觀光客源：

> 我當時參與國際桐花村的設立……湯鄉長對三義的國際化工程非常重視。當時三義鄉的木雕已經在國際享有名聲，鐵道文化又具有世界遺址的潛力，勝興的桐花景觀也頗有規模。所以他（鄉長）認為，如果能在勝興再設一個國際桐花村，一定有機會讓三義變成國際知名的客家聚落，透過客家的議題帶進更多國際觀光客，如此將更能活絡整個三義的發展。　　　　　　　　　（訪談日期：2010/04/07）

政府資源的投入對地方發展至為關鍵。就鄉公所立場而言，透過「國際桐花村」擴大觀光產業群聚的策略甚為清楚，但客委會對於「桐花＋客庄」的想像究竟是什麼？在與前客委會副主委莊錦華的訪談中，莊副主委針對筆者詢問「勝興國際桐花村的成立對客家有何意義」提出如下的說明：

> 我們很確定當時選擇桐花是正確的，它真的很美、就像日本的櫻花一樣，光是作為形象識別的符號，一看就知道它在市場的接受度一定很高……後來我們把桐花的符號印在各種客家傳統產品上，例如豆腐乳、客家米食、陶器及布料上面，把一個個原本快要變成夕陽產業的傳統產業，全都拉拔上來，現在你只要去看當時桐花商品受歡迎的程度，就可以了解客家經濟到底有沒有改善，客家給人的印象有沒有轉變，我甚至可以說，桐花現在都已經變成客家的國花，讓客家人覺得臉上有光。　　　　　　　　（訪談日期：2010/04/19）

　　可見在客委會官員的思維中，桐花 CIS 確實是以日本櫻花為藍本，企圖將桐花包裝成「客家的國花」。其所憑恃者，正是商業行銷手法。也因此，「勝興國際桐花村」的成立，從一開始就滲透著濃厚的消費文化氣息。

　　到了第三期，街區業者開始搶救鐵道後，新聞數量明顯減少了，這可能與報業大環境的萎縮有關，因為此時各大報地方版紛紛減版或併版。分析此時的勝興在媒體上的呈現，仍以桐花祭居多（14 則），其次才是國際桐花村（5 則）、客家美食及賞桐點介紹（各 4 則）和街區客家味及賞螢之旅（3 則）。這些數據顯示，該時期的桐花類新聞仍是支撐勝興客家建構的主軸。不過，正如第二期所出現的情況，桐花新聞數量雖多，但在版面上已經變小，只有國際桐花村的新聞才能占到較大的版面，特別是以相關工程的施建和完工願景為主。也因此使此時期的新聞內容，普遍呈現「建設有成」的喜慶氣氛。以下摘自《中國時報》的新聞具有相當代表性：

> 客委會規劃將三義勝興車站打造成「勝興國際桐花村」，客委會主委李永得廿八日前往視察，對第 1 期工程執行情形和成果表示滿意，同時承諾盡力協助推動第 2 期工程，期望勝興車站能成為展現客家文化和風華的「桃花源」。
>
> 李永得由副主委莊錦華、苗栗縣副縣長林久翔和相關單位官員陪同，昨天上午抵達勝興車站前廣場，看到周圍環境、挑柴古道經過整理後呈現嶄新面貌，勝興老街商家的立面也煥然一新，散發客家街道氣氛，他露出滿意笑容說，這個成果會讓遊客留下深刻印象。
>
> （許惠就 2007/06/29）

　　分析勝興街區業者的客家行動力在第三期呈現疲軟的狀態，有可能是因為客家美食已進入產品周期的成熟期，也有可能是街區業者的創意陷入疲乏。但無論如何，2006 年勝興街區發生火車站荒置的問題，迫使得街區業者投入鐵道認養行動，而使客家行動力不得不暫時隱藏。以下這則報導可供參考：

> 現行文化資產保存法規範了古蹟由所有人、使用人或管理人管理維護，必要時得委任機關或登記有案的團體、個人管理維護，但在勝興火車站卻出現「三個和尚沒水喝」的管理窘境。……去年間，臺鐵曾商請三義鄉公所認養，否則將招商代管，這項做法遭地方反對，最後在地方要求下，三義鄉公所不得不倉促簽下認養契約，實際上由舊山線文化產業協會認養。　　　　　　　　（林錫霞 2007/05/18）

　　新聞中所指的「舊山線文化產業協會」是勝興街區內最主要的行動團體。他們自認養勝興火車站一年來耗損嚴重，不堪長期墊付而醞釀發動激烈抗爭。此一事件曾引起各方關注。因為勝興車站在短短 16 公里內，即囊括臺灣鐵道史上的八最，[33] 故停駛以來一直是臺灣鐵道文化的櫥窗，照理說實在不應出現荒廢棄置情況。從報導可知，勝興車站當時的困境不僅因「桐花村協會」不堪長期墊付認養費用，[34] 更在於對地方古蹟保存制度的不滿。就行政權責而言，

---

33 據洪粹然表示「舊山線在臺灣鐵道文化歷程中，囊括「八最」，除了折返線最奇，還包括十六份坡道為全臺最大的彎道、一號隧道為全臺最陡的鐵道（坡度千分之廿六）、二號隧道為臺鐵海拔最高的隧道、六號隧道為臺鐵最長的隧道、大安溪鐵橋為臺灣最長的花梁鋼橋、龍騰斷橋為臺鐵最高的橋及勝興站為臺鐵西部最高的車站」。資料來源：《聯合報》，2001/08/21。

34 鐵道認養問題是在街區業者的共識下，敦請三義鄉公所出面向臺鐵領回火車站代管權，同時承諾將組織「苗栗縣勝興車站國際客家桐花村文化協會」（以下簡稱「桐花村協會」）負責維護工作。但桐花村協會於 2006 年 7 月取得代管權後，才發現維

車站維護的經費確實有爭議。據李棋陞、陳文山等人表示，[35] 當時該協會曾向文化局、臺鐵以及三義鄉公所陳情。鄉公所認為依受益者付費原則，該費用應由街區業者分攤；而文化局自認為古蹟監督單位，臺鐵為車站所有權人，才是維護管理單位。桐花村協會於是將目標指向臺鐵，但臺鐵原本即因不堪虧損才停駛，故不願增列維護預算。在地方團體強烈要求維護古蹟的壓力下，鐵路局一度提出以鐵皮封站的強硬立場。桐花村協會眼見各方互踢皮球，於是將目標轉向鄉公所，建議鄉公所以交通管制名義收取過路費協助支付這筆龐大開銷，豈料鄉公所表示該經費須經鄉代會通過始可動支。問題陷入僵局，勝興居民遂有集體臥軌之議。這在平靜的勝興，可謂史無前例的大事。當地街區業者在氣憤之餘，還趁著「苗栗縣勝興車站國際客家桐花村文化協會」理監事改選機會，將桐花村協會的會名更改為「苗栗舊山線文化產業發展協會」。

　　不過，本文透過深度訪談發現，當時許多街區業者之所以全力保護車站古蹟，除了情感和理念因素之外，更重要的原因或許是基於利益的考量。「細妹按靚」老闆李棋陞坦言：

> 桐花祭對勝興的發展確實非常重要，整個街區從開始到現在所拿過最大一筆補助也是從客委會來的。但是，桐花祭畢竟只在五月有，對業者而言其他還有 11 個月要活，而鐵道的遊客雖然不比桐花祭多，但是天天都是來客、讓我們天天都有生意可做，在我看來，客

護古蹟以及周邊環境並不容易。光是水電、各種零星修繕以及僱工整修環境，平均每月花費逾 10 萬元。這筆費用起初由會費以及理監事輪流墊付，但墊款很快就成為沉重的負擔，於是協會開始檢討古蹟認養費用之歸屬。

35 以下描述，主要根據「桐花村協會」理事長李棋陞、總幹事陳文山等人的說法（訪談日期：2010/03/29）。

　　家和鐵道，就是菜刀和開山刀，兩把都很重要，該是桐花祭的時間，

　　就做客家，但平常我覺得仍應回歸鐵道，照顧從鐵道那一邊來的客

　　人。　　　　　　　　　　　　　　　　　　　　　　（訪談日期：2010/03/29）

　　不過，從認養火車站到爆發「臥軌事件」前將近一年期間，主流媒體對「桐
花村協會」的護站訴求著墨不多，[36] 這多少說明了勝興鐵道文化的發展實際上
並不如想像中的順利，至少並不符合官方期待。若非街區業者出面認養，勝興
火車站很可能將遭臺鐵以鐵皮圍封。在協調過程中，苗栗縣政府雖認為三義鄉
公所應出面解決，但卻拿不出具體辦法，[37] 而客委會在視察了解後，也只能透
過媒體呼籲尋求解決方案。[38] 至於勝興車站的養護責任歸屬，在媒體上似乎變
成一場羅生門。此時，當地居民的自發性行動顯得格外重要。在護站事件中，
由廢棄車站改建的「鐵路餐廳」儼然成為當地居民的精神中心。奇怪的是，作
為勝興街區內的指標性店家，「鐵路餐廳」始終搏不到新聞版面。這似乎證明
了以鐵道作為營業特色在勝興很難有生存空間，同時也凸顯了商業框架下的鐵
道文化不敵客家文化、甚至最後被桐花祭收編的怪謬現象。以下這則新聞可供
參考：

---

36 在兩大報的經營策略中，許多地方新聞通常僅具有一日性操作價值（小事件發生當
　　天見報後隔日即不再報導），各報記者為了互搶「獨家」不見得會互相聯絡。

37 苗栗縣文化局副局長曾雪花在協調會上曾表示：「三義鄉公所已經向文化資產保存
　　課表明已無繼續認養勝興火車站意願⋯⋯而目前意願極高的舊山線產業文化協會相
　　當值得推薦，不過前提仍在三義鄉公所得先和臺鐵解除舊的認養契約才行，她建議
　　三義鄉公所儘早出面解決，「否則古蹟維護不周，責任仍在公所，不會跑到別人身
　　上。」資料來源：《聯合報》，2007/05/30。

38 可參考如下報導：「李永得等人到勝興車站時卻發現，被客委會打造得美美的勝興
　　火車站，卻因沒人認養，將遭鐵路局以鐵皮圍封，李永得說，⋯⋯客委會投入千萬
　　元打造桐花村，就是以勝興車站為主體，但認養權責應設法解決」。資料來源：《聯
　　合報》，2007/06/29。

亟推動舊山線鐵路復駛的三義舊山線協會，為炒熱桐花祭，四日在
勝興車站舉辦「桐花五月天·火車快飛」活動，提供一列手工打造
縮小為 1：8.4 的小火車給遊客搭乘，……客委會副主委莊錦華昨天
上午特別來搭乘小火車，她看到打造精緻又能行駛的迷你老火車，
頻頻稱讚三義舊山線推動舊山線火車復駛的用心，也開心地為小火
車鳴笛啟動，並鼓勵大家繼續為爭取舊山線復駛努力。

　　　　　　　　　　　　　　　　　　　　（許惠就 2008/05/05）

　　將鐵道文化納入桐花祭活動內容，是勝興自有桐花祭以來的創舉。但這和
多年以來街區業小心區隔「桐花祭」和「鐵道文化季」的主張卻是背道而馳的。
這樣的做法也和客委會自 2005 年以來積極「將勝興打造成客家文化生活示範
園區的」主張產生衝突。但以勝興 10 年來的實際發展狀況而言，「鐵道」和「客
家」似乎已經產生唇亡齒寒的共生關係。

（三）消費體驗的認同：經濟與文化的拉鋸

　　勝興街區餐飲與消費風格的轉變過程（鐵道⇆客家），某種程度上確實
印證了體驗經濟理論：[39] 體驗經濟的特點在於其將傳統商品或服務的價值從
功能取向轉變為提供感官、情感、思考、行動、關聯等價值取向（Schmitt
1999）。勝興當地業者之所以接受桐花 CIS，並將各式商品與桐花符號連結，
主要著眼點就在於透過商品與客家語義網絡產生不同程度的意義連結，從而衍
生出更多消費想像。在體驗消費中，重要的是消費者的感受，只要能被消費，
各種脫離現實的美學體驗皆可成為商品（Pine & Gilmore 1998）。以本文研究

---

39 行銷大師 Schmitt（1999）在其《體驗經濟時代》中指出，「體驗」是一種創造難忘
　經驗的活動，並認為真正的體驗是當過程結束後，體驗的記憶還恆久存在。

的勝興為例，明明是鐵道文化的空間，但消費內容卻完全是客家的，這毋寧是相當奇特的現象；它一方面停格在 50 年代的記憶空間，展現臺灣早期的山線鐵道文化；另方面卻由於新的消費需求與多元文化認同而展現出新的客庄風貌。2007 年後，勝興的人文景觀出現巨大的變化：這一方面表現在「國際桐花村」二期工程所展現的現代主義風格造景（鮮豔的色彩、金屬材質、空間幾何圖形……）與街區傳統客家意象的強烈對比；另方面，則是同年（2007）街區上首度出現的洋溢美式風格的「麗紐餐廳」。

相對於勝興的鐵道與客家文化，「麗紐餐廳」的文化異質性，或許是勝興轉向「多元客庄」路線發展的最佳例證。餐廳經營者蔡永瑜早年曾在臺北經營 PUB 並學會調酒，嫁到勝興之後，曾與李棋陞和其他幾位朋友合資經營「十六份茶舖」。拆夥後獨資開了這家餐廳，但卻刻意採取美式餐廳風格以吸引顧客。這在勝興是很突兀的元素，但由於蔡永瑜在當地擁有綿密的社會網絡，因此「麗紐餐廳」並未遭到排斥。由於麗紐餐廳是勝興地區唯一提供調酒與西式餐飲服務的餐廳，都會遊客對此頗能接受，因此生意不差。這或許是傳統街區再造過程中，因都會消費習性而產生的一種互動趨勢。在訪談中，蔡永瑜回憶從「十六份茶舖」到「麗紐餐廳」的心路歷程：

> 那一段在十六份茶舖的日子仍讓我十分懷念。……雖然現在回想起來，真的非常矛盾，而我也很清楚，來勝興的客人就是要看鐵道，但我真的從來都沒想過要去研發或者販售和鐵道相關的產品。……對我個人來說，接手餐廳之後，不過就是全盤接收了前面兩個老闆的想法，頂多就是再憑著調酒的經驗，把客家的各種飲料，像酸柑茶、仙草等經過稍微的調整後再搬上檯面。
>
> （訪談日期：2010/03/29）

　　對於勝興發展過程中的「鐵道 v.s. 客家」文化競爭，以及西方文化符碼逐漸滲入後的文化混雜（hybrid culture）現象，「鐵路餐廳」老闆陳文政也以自身的「外來者／外省籍」背景為例，提出觀察心得：

> 對於這裡的文化競爭，我其實沒有太大的感覺，文化本來就是會互相對話，沒有人規定，愛上鐵道文化的人不能再愛客家文化，過去我們接觸到鐵道文化，所以覺得鐵道文化很美，來到勝興，認識到客家文化之後，也覺得它很不錯，我們只是照著大環境來調整自己的腳步，在桐花還沒進到勝興以前，我們確實感覺勝興就是鐵道的，但桐花祭來了以後，我們才開始認真去認識客家文化，愛上客家文化，我在三義營業也十幾年了，客家話很溜了，這樣也算得上是客家人了吧！哈哈！　　　　　　　　　　　（訪談日期：2010/03/29）

　　事實上，整個勝興街區一直都存在著此種文化符碼上的衝突。在客委會和地方社區組織的努力下，勝興被有計畫地打造為客家新地標。但透過媒體內容分析與相關行動者深度訪談發現，勝興的客家元素基本上是外部嵌入的。雖然桐花村的規劃是官民共同參與的結果，但強烈的現代主義風格從一開始就與當地的人文景觀格格不入，至少與街區的舊屋古厝顯然並不相稱，同時也和多數店家所販賣的「客家古早味」意象頗有扞格：走訪勝興，可發現街區店家均以販售傳統客家商品為主，而「桐花」則與周邊的新式景觀自成一格。曾探訪勝興的赫爾辛基大學社會科學院院長 Pekka Sulkunen 就表示：「從局外人的眼光來看，我實在很難感受到桐花與客家這兩組風格之間的關聯」。[40] 鐵道和客家

---

[40] Pekka Sulkunen 為芬蘭社會學者、歐洲社會學會（ESA）執行委員。2009 年來臺進行學術交流期間，曾特別至勝興體驗客家文化（參訪日期：2009/03/28）。

這兩種性質迥異的符號系統交錯蔓生，結果是令勝興的人文風貌出現混雜的風格。在此意義上，可以說勝興的客家意象是一種消費鑲嵌的結果。整個國際桐花村的建構，除了顯示出當代「客家」意涵的不確定性之外，更表明桐花作為族群識別的 CIS，雖具有商業識別效果（identifier），但未必有助於族群的認同（identity）。對照本文所述，勝興街區在不同時期、不同脈絡所呈現出來的文化跨界現象，如「鐵路餐廳」的客家轉向、「細妹按靚」的鐵道關懷、二期工程的現代意象、「麗紐餐廳」的美式風格……從在地認同的變化脈絡看來，桐花似乎更像是一個為填補鐵道消費空間的空洞而被挪用的符號。除了桐花祭所帶來巨大商業利益外，桐花本身的作用或許就是賦予勝興街區一個統整的「商圈」意象。巧合的是，這個過程始於客委會成立的前一年，也就是客家族群形象開始轉向現代性的關鍵時刻。勝興一方面因填補鐵道消費空間而誕生，另方面則伴隨當時方興未艾的懷舊風潮而興起。

2003 年桐花祭的成功及其後客委會的介入，使勝興的客家文化意象快速發展，甚至成為客庄再造的傳奇。此時的街區陸續加入了許多客家美食小吃店，而桐花祭期間爆量湧入的遊客，也讓鐵路餐廳不得不修改菜單增加客家料理。[41] 遊客在不經意中發現客家，並在鐵道懷舊氛圍的渲染下開始體驗客家，而當地業者則因遊客反應熱絡而更專注於客家風味的包裝。經歷 2004 至 2005 的桐花洗禮，除了讓業者更有意願開發桐花產品，也令客委會開始建構客家生活示範社區。2006 年 12 月客委會審查通過「國際桐花村」專案，並打破以往只針對軟體補助的慣例，在 2006 年先編列預算 1600 萬元、2007 年續補助

---

41 事實上，在此之前數月（2002 年底），鐵路餐廳的柑仔店即因負責股東無暇照顧而宣告收攤。由於柑仔店標舉的是 60 年代臺灣的懷舊氛圍，且對早期勝興觀光發展貢獻卓著，因此雖然它退場的時間早在社區自辦桐花祭之前，但也多少暗示著鐵道熱潮的消退以及客家商圈的崛起。

2000 萬元，進行街區意象硬體改造工程。期間也邀請社區民眾（桐花村協會）提供意見並參與規劃。就此而言，勝興國際桐花村可以說是「中央籌劃、企業加盟、地方執行、社區營造」的佳例。隨著兩期造景工程完工以及 2008 總統大選，原本以鐵道為主軸的觀光街區，儼然已被客家全面覆蓋。

　　此時爆發的勝興車站養護問題顯然是一個重要的轉捩點。勝興車站因無人管理影響觀光，反令業者同感生存壓力而踴躍投入鐵道復振運動。從桐花村協會處理勝興火車站養護的過程中可發現，這群原本販賣客家商品的業者，是因為感受到官方推委卸責的態度才轉而加入鐵道復興工作，甚至將「桐花村協會」更名為「苗栗舊山線文化產業發展協會」。協會改組是勝興地方發展的另一重大轉折。改組翌年正逢勝興火車站 100 周年紀念。隨著全街的投入，勝興的鐵道氣氛又逐漸復甦，包括車票、火車模型、蓋紀念截章等，形成更完整的鐵道文化消費網絡。不過這項業務主要由舊山線協會負責，收入亦充為鐵道維護、水電及周邊清潔費用。鐵道文化與桐花文化重新凝聚在這個特殊的消費空間之中，並挾著強烈的在地認同，形成勝興街區的新共識，並塑造出罕見的雙軌文化符碼系統。此種雙軌符碼能否激盪出新的體驗經濟形態，仍有待時間驗證。但隨著舊山線復駛，遊客人數暴增之際，消費型態也隨之產生新的變化。筆者在臺鐵復駛之前的試營運期間，與月台茶棧負責人陳文山（舊山線協會前總幹事）的訪談中，後者對勝興的發展前景感到高度憂慮：

> 我想應該是臺鐵搶了我們的生意，在以前體驗鐵道是全部免費的，但是復駛之後，體驗鐵道便必須付費，我倒不是反對體驗鐵道應該完全免費，但是從這兩天復駛情況看來，火車營運單位卯足全力掏光消費者口袋裡的錢，卻已經是必然的趨勢，不這樣的話，舊山線的鐵道是「B」不出去的，但這種情況對我們這些排在舊山線旅遊

線上後端的業者來說，並不公平，甚至有與民爭利的嫌疑。我們現在都很擔心，將來舊山線要是真的「B」出去了，整個舊山線將陷入財團與我們這些小本經營的業者爭利的局面，慘的是，BOT 是政府政策，到時政府當然會站在財團立場，誰會顧到周邊業者的死活？　　　　　　　　　　　　　　　　　　　　（訪談日期：2010/03/22）

同樣的，勝興街區的重要意見領袖李棋陞（前舊山線協會理事長）也在訪談中，對於臺鐵復駛後的結果提出悲觀的預測：

我其實不贊成火車復駛。從 6 月 5 日試營運以來，火車開進的每周一、三、五，我們街上的業者並未感受到生意變好，原因當然就是火車是把遊客載進來了，但是火車停留的時間太短，導致遊客根本沒辦法走遠，也沒辦法停下來好好消費，不過……勝興的知名度被打開來了，尤其這一個月，經過媒體強力報導，勝興的知名度大增，連帶使得平常的遊客量比往年同期要增加了一到二成。不過我仍然擔心，要是火車正式營運後，得標廠商開出火車的時間就不會只有一、三、五了，要是將來天天開車班，我不免擔心會對街區內的業者造成衝擊，因此是不是真的有必要 BOT，我希望政府多加考慮。　　　　　　　　　　　　　　　　　　　　（訪談日期：2010/03/22）

這些店家的憂慮確有先見之明。從後來的發展來看，舊山線正式復駛，雖然為當地帶來了更多的遊客，但當地的觀光消費卻急遽減少，連帶也使得街區明顯籠罩在沒落消沉的氣氛中。

五、結論：地方文化發展的願景與迷思

　　透過媒體內容分析與深度訪談，本文試圖以勝興地區的發展為例，為客家文化的在地建構提供一個媒體與歷史向度的解釋架構。基本上，勝興當地大多數業者原先並未對客家有任何想像，而是在鐵道消費空間打開後才陸續開店爭取商機。這個過程與臺灣各觀光景點的發展軌跡幾乎如出一轍（輕人文重商業、先行銷後認同）。而勝興獨特的消費空間，就在「客家／桐花／現代意象」與「鐵道／火車／懷舊意象」這兩組符號系統間夾縫求生。隨著桐花祭的成功，「投資客家」成了業者的共識。但在封站危機爆發後，整個社區又在搶救鐵道文化的急迫性下進行二次動員。就此而言，勝興的客家認同其實是在商業利益、媒體宣傳與政府介入的眾多利基之上所建構起來的消費利益網絡。從Weber 的觀點來看，客家只是作為指引性的文化理念，實際起作用的是物質利益；如其所言，「是『物質與理念的』利益而非理念本身，直接支配了人的行動。理念創發了各種關於世界的意象，但這些意象經常發揮車道管制的作用，使行動的各種利益動因得以在其間奔馳」（Weber 1990：252）。[42] 對勝興業者而言，桐花圖騰最終的「在地認同」既非客家也非鐵道，而是指向文化消費的邏輯。桐花 CIS 最主要的功能在於建立一個消費共同體，在此意義上，若說勝興是成功的客庄發展範例，很可能是因為媒體已經預先鋪陳了一個「桐花消費＝客家認同」的消費認同脈絡。但對消費者而言，選擇到勝興只是希望找到文化體驗的精緻感（即便是異質文本的拼貼體驗）。

　　從敘事策略的角度出發，可發現媒體對於客家美食以及客家桐花祭所採取

---

42 這是 Weber 論世界諸宗教的倫理學中非常有名的一段話，在臺灣有多種譯文，差異頗大。筆者無法逐一考證原始德文版本出入，此處是根據 1990 年德國 Mohr 版《宗教論文集》（Gesammelte Aufsätze zur Religionssoziologie）第一卷的相關段落自行重譯。

的書寫策略多以消費為中心（以「多好吃」或「如何吃」為主軸）。此種報導形式其實是臺灣消費新聞的範型。從勝興街區發展歷程中可發現各方行動者明顯都深受這種商業邏輯的影響。例如記者對於客家菜的詳細分類與區別，甚至提到飲食背後的文化典故與人文意象，其實都是針對商品背後的消費認同的書寫。這也是勝興客家被商品化的最佳證明。但勝興也正由於客家美食在媒體上曝光，才得以重新被看見、被發現。就此而言，或許可以說媒體對於勝興的客家文化意象的想像其實是建立在觀光消費上的想像。而伴隨客家美食與桐花祭所醞釀的「客家味」，正是這種消費想像的具體展現。在勝興發展的第一期，此種「客家意象」主要是以傳統客家美食作為主要元素。到了第二期，認同與建構的元素轉換成桐花，其意象明顯有別於傳統客庄意象。第三期以後，勝興的媒體曝光驟減，且報導焦點轉向國際桐花村；相對的，鐵道新聞則被刻意忽略冷落。對勝興而言，這既是危機亦是轉機。

對客委會而言，「國際桐花村」的設立或許是使客家邁向現代化的重要指標。從客家意象的創新而言，傳統客家意象是以生活習俗、飲食和信仰為導向，而現代客家意象則是以符號性和工具性為導向的異質性集體建構，且僅能依賴消費以維持其內在的統整性。但此種消費性認同的操作，特別是由政府介入主導地方發展所形成的「計畫性認同」是相當脆弱的。一旦政策轉向，客委會的資源不再投入，勝興的客家建構與客家認同很可能在瞬間崩解。對於勝興居民而言，這種焦慮並非杞人憂天。尤其在臺鐵復駛之後，勝興街區的生意不如往昔，更令當地區民對於政策變化所帶來的非預期效果感到徬徨。處此境況，吾人對於以商業機制行銷桐花、凝聚客家認同的政策，實應保持警惕、審慎以對。因為在「消費性認同」的邏輯中，大前提是消費而非認同。但這是否意味著：當消費縮減時，認同也可能隨之弱化？此一問題有待進一步驗證。

總結來說，以桐花作為客家文化意象的標記工具，並以此作為理解客家族

群的支持系統，將涉及一個極度複雜又不易理解的訊息體系。本文主要的旨趣在於澄清：桐花標記主要是由政府推動、媒體配合塑造的「行銷策略」。就經濟面而言，桐花祭確實已帶來相當可觀的收益；而桐花也成功被打造為「客家認同」的符號。但本文透過深入訪談和田野研究資料，認為此一認同符號對於客家族群而言仍缺乏人文意義上的關聯，恐怕不足以作為凝聚客家認同的基礎。至少就勝興國際桐花村的商家而言，其客家認同首先是建立在生計利益的基礎上。至於政府介入地方文化營造的結果，很可能使地方節慶活動與經營形態受到某種程度的控制，例如透過地方社造經費的補助而發揮實質影響。再加上媒體鋪天蓋地的桐花書寫，極易令原本就脆弱的族群認同與自我辨識特徵陷入「產業化」的扭曲，以致完全被鑲嵌到市場邏輯中。一個嚴肅的問題是：除了桐花之外，勝興和苗栗該如何面對每年近 300 萬的賞桐遊客，為他們提供一個更精緻的客家意象？就此而言，以觀光消費為核心的客家政策雖有助繁榮客庄，但其所塑造的認同近乎「經濟性認同」，這對於提升客家文化內涵是否同樣有助益，恐怕仍待商榷。本文認為，在「牽成客庄、繁榮地方」的願景下，客委會的政策思維與主流媒體的報導角度，隱然還帶有「文化搭臺、經濟唱戲」的思維，相對忽視商業化對於文化核心價值的負面影響與威脅。此種舊思維即使在中國都已顯得過時。[43] 未來的族群與文化產業政策重點，應在於思考如何避免因經濟發展而帶來的「創造性破壞」（殷寶寧 2009：116）。文化與經濟之間的緊張關係，始終是臺灣觀光產業發展過程的兩股拉扯力量。相關的論辯尚無定論，但可以肯定的是，在可預見的未來，媒體仍將是影響客家「消費性認同」的關鍵因素。

---

43 中共六中全會的精神之一，就在於由原本「文化搭臺」的心態，逐漸調整為「如何為文搭臺」的思考。參考資料：新華社（2011）。

參考文獻

人民日報，2011，〈我國文化產業發展綜述：從「文化搭臺」到「為文化搭臺」〉人民日報，10月7日。網址：http://big5.xinhuanet.com/gate/big5/news.xinhuanet.com/politics/2011-10/07/c_122123884.htm

王甫昌，2003，《當代臺灣社會的族群想像》。臺北：群學出版社。

王雯君，2005，〈客家邊界：客家意象的詮釋與重建〉。《東吳社會學報》18：117-156。

江運貴，1998，《客家與臺灣》。臺北：常民文化。

丘昌泰，2006，《中壢市的族群關係：以客家人為主體》。2006年行政院客委會補助客家學術研究案成果報告。

朱婉寧，2003，〈以文化消費觀點看本地觀光業中的認同運作：以2003年客家桐花祭為例〉，「2003全國社會學研究生論文發表會」。臺北：國立政治大學。

宋菁玲，2009，《客家電視新聞處理型態與影響之研究》。國立中央大學客家研究碩士在職專班碩士論文。

李永得，2006，〈這一季的賞桐，您準備好了嗎？〉。臺北：行政院客家委員會。網址：http://www.hakka.gov.tw/ct.asp?xItem=23678&CtNode=695&mp=102&ps

李威霆，2011，《客家文化節慶廣告中的現代族群意象建構》。2011年行政院客委會補助客家學術研究案成果報告。

李威霆、羅原廷，2009，〈解讀桐花祭廣告的在地化情境與符號運作〉。頁107-122，收錄於《語言、符號、敘事與故事論文集》。臺中：國立臺中技術學院。

吳叡人，2010，〈認同的重量〉。頁5-28，收錄於《想像的共同體：民族主義的起源與散佈》。臺北：時報。

吳樹南，2006，《地方文化產業永續發展之研究：以白河蓮花產業為例》。國立政治大學政治學研究所碩士論文。

吳滄海，1987，《臺灣的地方新聞》。臺北：瑞泰。

林彥亨，2003，《客家意象之型塑：臺灣客家廣播的文化再現》。國立清華大學人類學研究所碩士論文。

林錫霞，2010，《客家文化意象的想像與建構：以勝興國際桐花村為例》。國立聯合大學經濟與社會研究所碩士論文。

客委會，2008，《全國客家人口基礎資料調查》。行政院客家委員會委託研究計畫成果報告。

＿＿＿＿＿，2010，《客家桐花祭總體效益與影響評估（上）》。行政院客家委員會委託研究計畫成果報告。

客委會籌備處，2001，〈推動設立行政院客家事務委員會說帖〉。行政院客家事務委員會籌備處。網址：http://docs.google.com/Doc?id= df5kvpwq_7978xb57ct。

星野克美著、黃恆正譯，1988，《符號社會的消費：商品圖騰化都市劇場化消費符號化》。臺北：遠流出版社。

孫榮光，2009，《電視綜藝性談話節目的客家再現：以康熙來了、國光幫幫忙、大小愛吃為例》。2009年行政院客委會補助客家學術研究案成果報告。

陳世敏，1996，〈瞭解我們的社區〉。頁 i-vii，收錄於蘇蘅編，《臺灣地方新聞》。臺北：國立政治大學新聞系。

張家維，2008，《企業識別體系中標誌的種類與複雜度對記憶度之影響》。國立臺灣科技大學設計研究所碩士論文。

張維安、王雯君，2004，〈客家意象：解構「嫁夫莫嫁客家郎」。傳統與現代的客家〉，「2004兩岸學術研討會」論文。桃園：國立中央大學。

畢恆達，1996，〈詮釋學與質性研究〉。頁27-46，收錄於胡幼慧編，《質性研究：理論、方法及本土女性研究實例》。臺北：巨流出版社。

殷寶寧，2009，〈文化搭台，經濟唱戲？中國文物保護法令與政策變遷歷程分析〉。《臺灣國際研究季刊》5（3）：95-119。

莊錦華，2011，《桐花藍海：一朵桐花創造百億財富的傳奇》。臺北：二魚文化。

廖經庭，2007，〈BBS站的客家族群認同建構：以PTT「Hakka Dream」版為例〉。《資訊社會研究》13：257-293。

彭文正，2007，〈臺灣主要報紙客家意象多樣化之研究〉，「臺灣客家運動20年學術研討會」論文。臺北：國立臺灣大學。

＿＿＿＿＿，2009，《客家傳播理論與實證》。臺北：五南書局。

彭映淳，2006，《客家文化產業與體驗行銷：以東勢庄生活體驗為例》。國立中央大學客家政治經濟研究所碩士論文。

楊長鎮，2008，《從反抗到重建：國族重構下的臺灣族群運動》。臺北：國家展望文教基金會。

鍾肇政，1991，〈硬頸子弟，邁步向前〉。頁 26-28，收錄於臺灣客家公共事務協會編，《新的客家人》。臺北：臺原出版社。

羅原廷，2010，《客家廣告中的俗民生活再現與操作：以客家文化節慶廣告為例》。國立聯合大學客家語言與傳播研究所碩士論文。

Anderson, Benedict, 1991, *Imagined Communities: Reflections on the Origin and Spread of Nationalism*. New York: Verso.

Ashworth, Peter & Chung Man C. (eds.), 2006, *Phenomenology and PsychologicaL Science. Historical and Philosophical Perspectives. Heidelberg: Springer.*

Austin, John L., 1962, *How to Do Things with Words*. Cambridge, Mass.: Harvard University Press.

詔安客的自我描繪與建構：
詔安客家文化生態博物館的萌生與實踐 [*]

黃衍明

一、何謂詔安客家

所謂「詔安客」係指定居或祖籍為福建省漳州府詔安縣客語地區的客家人。

詔安縣位於福建省漳州府南端，與廣東省交界之處。詔安縣為福建臨海縣分，但全縣仍有半數以上區域為丘陵與山地地形。詔安縣最北部秀篆鎮、官陂鎮、霞葛鎮三鎮位於山地丘陵區，為三個純客家鎮（全數使用客語為主）；其次紅星鄉、太平鎮為半客半閩地區（客語、閩南語兼用）（圖1）。除了客語地區之外，詔安縣其餘地區為使用閩南語地區。詔安縣之客語區向西臨廣東省饒平縣上饒、饒洋、新豐、建饒等地，向北、向東可接平和縣大溪鎮、雲霄縣下河鎮等客語地區。

* 本文原刊登於《博物館學季刊》，2012，26卷4期，頁167-181。因收錄於本專書，略做增刪，謹此說明。作者黃衍明現任國立雲林科技大學建築與室內設計系副教授兼客家研究中心主任。

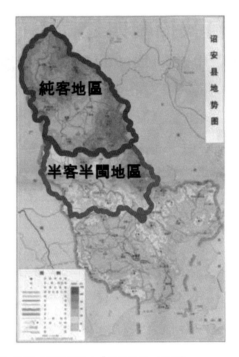

圖 1：詔安縣客家分布示意圖（底圖來源：「詔安風韻」2006）

　　詔安在置縣之前稱為「南詔」。宋朝紹定年間，南詔地區屬於漳浦縣第二、三、四都。明朝嘉靖九年（1530 年）置詔安縣，轄原漳浦縣之二、三、四都範圍。至清朝宣統年間，全縣劃分為 15 個自治區，其中原二都下轄太平區、霞葛區、官陂區、秀篆區。前述客家分布地區大致上屬於當時之二都（詔安縣志 1999），因此所謂「詔安二都」地區便被認為等同於詔安縣的客語地區。詔安縣境內所使用之客語腔調與臺灣一般所熟知的四縣客語、海陸客語並不相同，詔安客語與鄰近的雲霄、平和、南靖、饒平有相同的語言現象，具備合列一個「方言片」的條件，可合稱「閩南客家片」（陳秀琪 2002）。

　　詔安縣客家人多居住在山地與丘陵地形，土地貧瘠不利耕作，因此早期之生活十分困苦。清康熙、乾隆年間，大量詔安縣的民眾渡海至臺灣進行墾殖，

其中包含為數不少的詔安客。三百年多年後，在臺灣的「詔安客」經過幾代的繁衍後，已經使臺灣成為原鄉以外最多詔安客家人居住的地方。一些田野調查的資料顯示（池永歆 1996；吳中杰 1999a、1999b、2004；羅肇錦 2005；李坤錦 1998；2006；顏尚文 2003；林佩樺 2010 等），臺灣各縣市幾乎都有詔安客分布，但以雲林縣西螺鎮、二崙鄉、崙背鄉三鄉鎮南邊的詔安客最為密集，詔安客語的保留也最完整，使詔安客語成為臺灣漳州客語的代表（陳秀琪 2002），更是臺灣保存較佳的閩系客語。

在臺灣地區，雲林縣的詔安客分布是最為密集也是詔安客語保留最為完整的地區。根據過去多年文史工作者與研究單位的田野調查經驗顯示，西螺鎮、二崙鄉、崙背鄉是詔安客最多的三鄉鎮，集中於西螺鎮西南、二崙鄉、崙背鄉東半部，[1] 此範圍包含 57 處聚落（表 1、圖 2）。目前這些聚落中，詔安客語使用情況尚可的聚落（說聽無礙居民比例較高者）多半集中在二崙南邊三和村、來惠村、復興村境內的各聚落，以及崙背的東南邊的崙前村、羅厝村、港尾村內之聚落等（圖 3）；而對詔安客身分較為認同的聚落大略與詔安客語使用情形尚可之聚落分布吻合，但略多幾處（圖 4）。

---

1 根據李坤錦、楊永雄等人的田野調查經驗，以及韋煙灶（2010）、黃衍明（2008；2010）、蘇明修（2009）等研究成果。

表 1：雲林縣的詔安客家聚落一覽表

鄉鎮名	村里名	聚落名
崙背鄉	港尾村	港尾、水汴頭
	羅厝村	羅厝、羅厝寮、福興、新嘉
	崙前村	崙前、崗背、面前厝
	水尾村	下街仔、頂街仔、水尾
	枋南村	崩溝寮、新庄
	西榮村	鹽園、崙背
	阿勸村	鹽園
	東明村	崙背、新起寮
	南陽村	崙背
二崙鄉	來惠村	打牛湳、張厝、惠來厝、新店、新結庄、頂庄仔、廍子、塘仔面
	復興村	八角亭、龍結、田寮、隆興（湳底寮）
	三和村	三塊厝、深坑、十八張犁
	湳仔村	湳仔
	崙東村	二崙
	崙西村	二崙、下庄仔
	大義村	大義崙
	油車村	油車
	大同村	大同
	田尾村	田尾、犁份庄
	楊賢村	楊賢、竹圍仔
	定安村	頂茄塘
	永定村	永定厝、尖厝崙、大北園（大菜園）
西螺鎮	廣興里	廣興
	頂湳里	頂湳、經崙（埔姜崙）
	下湳里	文和（魚寮）、下湳
	七座里	七座
	九隆里	九隆（九塊厝）
	吳厝里	吳厝、太和寮（太哥寮）
	福田里	頂茄塘、下茄塘

資料來源：依據《雲林縣詔安客家聚落空間結構之研究》（黃衍明 2010）修改。

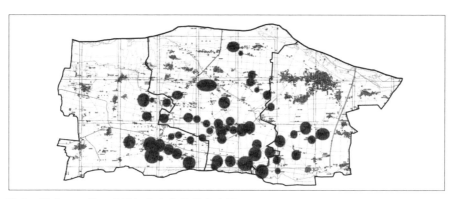

圖 2：崙背、二崙、西螺詔安客家聚落分布圖

圖片來源：依據《雲林縣詔安客家聚落舊地名源由考》（蘇明修、黃衍明 2009）修改。

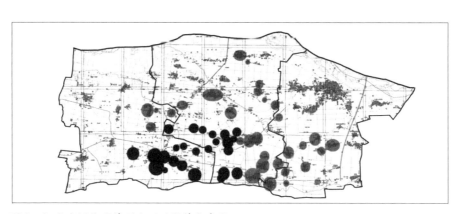

圖 3：詔安客語使用情形尚可的聚落分布圖

圖片來源：本研究繪製。

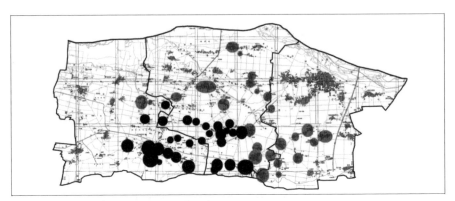

圖 4：對詔安客家身分較認同的聚落分布圖
圖片來源：本研究繪製。

二、詔安客的三種認同危機

　　雖然詔安客在臺灣分布甚廣，在雲林縣的分布也甚為集中，但從圖 3 中可以看出使用詔安客語情形尚可的聚落已經不多，使用詔安客語的人數據估計已不及萬人（黃衍明 2007）。詔安客語的使用人口在臺灣客語「四、海、大、平、安」五大客語腔調之中敬陪末座，可說是在臺灣瀕臨消失的客語腔調。因此一般臺灣民眾接觸詔安客家人與詔安客語的機會都十分有限，因此詔安客也是最不為一般人所瞭解的客家族群。也因為臺灣詔安客語的流失嚴重，雖然臺灣的詔安客家人分布甚廣、繁衍人數眾多，但多數不會使用詔安客語的詔安客家人卻未意識本身具備詔安客背景。從圖 3、圖 4 二者之比對可以發現，詔安客語使用情形與詔安客家身分的認同二者有極緊密的關係。當詔安客語流失時，詔安客家認同也面臨極大的挑戰，此為詔安客的內部認同危機之一。

　　集居崙背、二崙、西螺地區的詔安客地區的周邊，有祖籍漳州之福佬人居住在其東側的斗六、林內一帶，而祖籍泉州的福佬人則在其西側的麥寮、臺西

一帶。雲林詔安客自古以來即被周邊福佬族群包圍，除了大小紛爭不斷，更重要的是受到福佬族群的歧視，長久以來便被冠上「拗客」的稱呼。詔安客語與文化也受到相對較強勢的福佬話與文化之蠶食。因此當地的詔安客都發展出雙語能力：即使會使用流利的客語，也都同時使用福佬話，對外可以福佬話溝通，也可避免在福佬人面前顯露出客家人的身分而受到歧視。但與周邊福佬人接觸較早、較頻繁的村落便完全改用福佬話。由於客語使用情形與身分認同具有空間分布的差異性，因此產生同姓族親因分居於不同聚落而產生客家認同的差異。較極端的例子是二崙北邊的張廖氏[2]也隨著周邊福佬人一同嘲諷二崙南邊的張廖氏為「拗客」，即使自知系出張廖同宗，但仍極力與詔安客劃清界限。這種詔安客家族親內部的誤解與客家身分認同差異，是詔安客內部認同危機之二。

　　因為雲林縣詔安客所保留的「客事」[3]──詔安腔客語，為臺灣僅存的閩系客語。這種客語腔調與一般臺灣所認知的「哈客話」[4]──四縣腔、海陸腔等粵系客語甚為不同。詔安客語與一般的粵系客語差異甚大，彼此溝通困難。使用四縣腔、海陸腔的客家人多數認為詔安客語好像不「純」，是被摻雜福佬話的客語，甚至認為詔安客的「客事」不是「哈客話」。從其他文化成分來看，詔安客也沒有北部客家常見的擂茶、桐花、義民爺，也不見南部六堆客的粄條、菸樓和油紙傘。語言與文化表徵上的差異使得臺灣的多數客家族群也不甚認同

---

2 張廖又稱「雙廖」、「活廖死張」、「生廖死張」。此一廖氏族親源自詔安縣官陂鎮，因始祖雲霄縣張再輝（後世尊稱張元子公）到詔安官陂被廖三九郎收留，並將獨生女許配給張氏。張氏感念廖家之恩，故叮囑其後代「在世為廖，死後歸張」，故有「張骨廖皮、一嗣雙祧」。若單純以血緣判斷，張廖氏皆為詔安客。

3 詔安腔客語稱「客語」為「客事」，「說客語」則說成「講客事」。

4 四縣腔、海陸腔二種臺灣使用最普遍的客語稱「客」為「哈客」，稱「客語」為「哈客話」。

詔安客為道地的客家人。這意味著詔安客必須盡更多的努力、經過更長期的運動才能爭取到臺灣一般客家族群的認同，成為臺灣多元客家文化的一員，此為詔安客的外部認同危機。

三、詔安客認同的覺醒

　　1987 年臺灣政府當局開放民眾至大陸地區探親，一些臺灣的詔安客家人返回漳州詔安原鄉，重新建立與祖籍客鄉之連結，也讓逐漸褪色的詔安客家人的背景重新顯影。自 1988 年底以客家人為主體的「還我母語運動」以來，詔安客家人也隨著臺灣其他客家族群一同以客語作為建立族群認同的旗幟。自1998 年崙背鄉港尾社區啟動詔安客家地區的第一處社區總體營造以來，以「詔安客」作為社區營造的重要議題，此後「詔安客」一詞便有機會出現在地方與全國性的社區營造、文化活動的場合當中，也開始進入大眾的印象之中。

　　雲林的詔安客從參與「2002 年福佬客文化節」開始，歷經 2003、2004 年的福佬客活動，詔安客一直與雲林縣境內以及相鄰的嘉義縣、彰化縣的福佬客共同舉辦活動。直到 2005 年才正式以詔安客為主題舉辦「94 年度文化節詔安客文化活動」，自此之後詔安客家文化活動的內容逐年增加、規模逐漸擴充。連續幾屆的詔安客家文化節活動大多包含客家美食交流、詔安客家話競賽、開嘴獅表演、七欠（嵌）[5]武術演出、崇遠堂祭祖、關帝爺遊詔安客庄、水汴頭隘丁寮燈火節等活動。2009 年行政院客家委員會（以下簡稱「客委會」）黃

---

5 七欠（嵌）為張廖氏為抵禦外侮，將所居住的 25 聚落分成的七個單位。當地港尾地區主張以二崙新店媽祖香爐上的刻字為依據，應稱為「七欠」。但張廖家廟崇遠堂方面認為七嵌應源自於張廖氏族的「七條祖訓」，「嵌」字有銘記在心之意，故堅持使用「七嵌」。本文尊重二者之稱呼，因此二者並用。簡瑛欣曾就宜蘭地區詔安客的祭祀圈進行研究，稱「示簽」（音 khiam）為輪祀單位。詳簡瑛欣，2003，《宜蘭廟群 KHIAM（示簽）祭祀圈之研究》，國立政治大學民族研究所碩士論文。

玉振主委親臨詔安客文化節活動系列之一的「關帝爺遊詔安客庄」活動時，當場宣布將詔安客文化節納入客委會統籌的「客庄十二大節慶」系列活動之一，因此 2010、2011 年的詔安客文化節的規模更加擴大、活動內容更加多樣。透過歷年的活動，將開嘴師、七欠（嵌）武術、客語布袋戲等項目不斷向詔安客家族群內部與外部族群推銷，成為詔安客家文化的代表，成功提煉成詔安客文化的象徵符號（施諭靜 2004）。

　　透過歷年以「詔安客文化」為主題所舉辦的大小活動，加上各種文化象徵符號的不斷放送，對當地居民進行擾動，許多「隱性」詔安客的客家認同陸續被喚醒。從客委會三次「全國客家人口基礎資料調查研究」可看出，西螺、二崙、崙背三鄉鎮以「廣義認定」[6]為客家人口的數量整體上是有增加的趨勢（表2、圖5）。在客委會「99 年至 100 年全國客家人口基礎資料調查研究」之結果顯示，崙背鄉符合《客家基本法》所認定的客家人[7]的比例有 38.78%，其客家人口比例已經超過《客家基本法》第六條所規定的客家文化重點發展區的1/3 人口比例的門檻，因此在 100 年 3 月正式將崙背鄉公告為「客家重點發展區」。這對長久爭取客家認同的詔安客而言，已經是莫大的鼓舞了。

---

6 客委會歷次進行全國客家人口基礎資料調查時，均有多種認定客家人口的方法，包含自我認定（含自我單一認定、自我多重認定）、血緣認定（前二代直系血親）、廣義認定（具有自我認定和血緣認定其中一種）、語言認定等。以廣義認定所涵蓋的範圍較廣、人口數較多。

7 《客家基本法》所定義之客家人為「指具有客家血緣或客家淵源，且自我認同為客家人者」。

表2：客委會歷年客家人口普查報告中依廣義認定排序之客家人口數與比例

鄉鎮別	年度	樣本數	母體人口總數（千人）	廣義認定		
				比例（%）	人口數（千人）	抽樣誤差（%）
崙背鄉	93 年度	101	29	35.0	10	9.3
	97 年度	136	28.1	33.4	9.4	7.91
	99 年度	401	27.4	47.58	13.0	4.85
二崙鄉	93 年度	108	32	24.3	8	8.1
	97 年度	130	30.5	28.8	8.8	7.77
	99 年度	190	29.7	31.28	9.3	6.57
西螺鎮	93 年度	102	50	16.7	8	7.2
	97 年度	131	49.3	13.7	6.7	5.88
	99 年度	101	48.5	18.61	9.0	7.58

資料出處：客委會 93 年、97 年、99 年全國客家人口基礎資料調查研究成果報告與本計畫彙整。

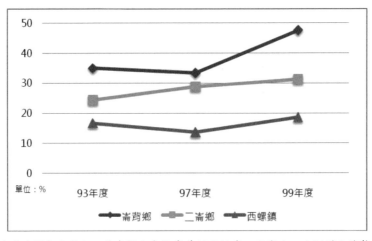

圖5：客委會歷年客家人口普查報告中依廣義認定排序之客家人口比例變化趨勢

資料出處：客委會 93 年、97 年、99 年全國客家人口基礎資料調查研究成果報告、本計畫彙整。

　　雖然各項客家活動的舉辦可以提升客家認同感，但其中也出現不少矛盾，特別是與全臺客家一同串連的活動特別凸顯了詔安客在全臺客家族群之中的特殊性。例如「客家桐花祭」活動，雲林縣古坑鄉正好是臺灣西部地區桐花生長的最南端，也是全臺桐花祭系列活動的起跑點。但在古坑舉辦的桐花祭主要介紹的內容卻是雲林的詔安客，而非古坑當地的福佬客或是二次移民，甚至許多桐花祭的系列活動場地是位於沒有桐花的崙背與二崙。這種唐突的安排也誘使若干詔安客主張要在西螺、二崙、崙背的平地種植桐花。這種「我們也該有」的想法透露出若干詔安客爭取外部客家認同的意圖——讓詔安客成為臺灣客家一員的心結。此外，客委會幾經徵詢各方意見之後，依《客家基本法》在 2010 年 9 月公布農曆正月 20 日「天穿日」為「全國客家日」，並自 2011 年開始在全國各縣市同步舉辦「全國客家日」活動。因此原本沒有「天穿日」節日傳統的詔安客也因為與全國同步慶祝「全國客家日」而同時接受了「天穿日」。

　　不僅是串連全國客家活動時出現若干矛盾以外，即使是詔安客本身辦理的活動與共同塑造的詔安客文化符號也受到質疑。例如許瑛玳便質疑詔安客認定為詔安客美食的「醃瓜」不僅是詔安客常製作的加工食品，當地的福佬人也會製作；而布袋戲並不能因為以詔安客語發音便將布袋戲視為詔安客家文化；隘丁寮燈火原只是港尾村水汴頭聚落的活動，將其普遍化為詔安客家文化也過於牽強（許瑛玳 2011）。相同的問題也出現在開嘴獅。開嘴獅原來僅限於港尾村當地武野館金星師所傳授的一種獅種，是否具有詔安客家文化的代表性也引起質疑。面對這些來自於內部與外部的質疑，詔安客本身對客家文化的保存與推展顯然還需要更多經營與自省。

四、詔安客家文化生態博物館

2001 年客委會成立之後，中央政府便有負責客家事務的專責機構。各地客家族群紛紛以建立客家博物館為訴求爭取中央資源，也因此許多縣市都紛紛設立客家主題館舍。而隨著這股潮流，詔安客家人爭取建立一所專屬的詔安客家文物館便成為詔安客爭取外部認同與凝聚內部認同的重要手段與象徵。經過地方的爭取，2004 年客委會補助「雲林縣詔安客家文物館」（以下簡稱「詔安客文物館」）的規劃經費，開始啟動詔安館的規劃作業。當時負責執行該計畫的崙背鄉公所對詔安館的規劃方向與中央的意見並不同調，因此詔安館的規劃方向便一直在中央與地方政府的意見之間拉鋸，因此後續的硬體工程經費便暫緩核撥。經過地方多年的努力，2007 年客委會在「客家文化生活環境營造計畫」之下再次補助經費重啟規劃案《雲林好客──詔安客家文化園區先期基礎調查》，雲林縣政府並將執行的層級由鄉公所提升到縣政府文化局（後改為文化處），以期擺脫前期執行的包袱，並期待獲得較為理想的執行品質。

由第二次規劃的計畫名稱便可知，執行單位認為規劃之對象雖然是位於崙背的詔安客家文化園區（以下簡稱「詔安客園區」），但此案應自基礎調查做起，規劃之視角應涵蓋西螺、二崙、崙背三鄉鎮，將三鄉鎮之詔安客家文化均納為文化園區之規劃內涵。因此本案進行第二次規劃之時，便已初具「生態博物館」（eco-museum）的觀念。[8] 本案結案時提出二項執行成果：一是詔安客園區的實質規劃方案，為總樓地板面積 7,820 平方公尺（約 2,365 坪）、總造價（含工程與設備）逾 2.5 億元、分三期執行的龐大計畫；二是提出「詔安客

---

8 詔安客家文化園區採取「生態博物館」的觀念並非第二次規劃時才引入。早在第一次進行詔安客家文化館規劃時，當時擔任評審委員的李允斐教授便已經有此建議。

家文化生態博物館」（以下簡稱「詔安客生態博物館」）的初步構想（黃衍明，
2007）。

　　為了讓人可以略過陌生的「生態博物館」名詞，以簡單概念直接切入詔安
客生態博物館的實踐工作中，規劃方案提出「南北雙環」、「三個核心」、「新
舊融合」、「軟硬兼施」等四個主軸（圖6）：

（一）南北雙環

　　以「南北雙環」串連詔安客50餘處聚落：

1. 南環：七欠（嵌）文化體驗動線

　　串連西螺、二崙、崙背南邊張廖氏族所分布的25處聚落，藉以體驗張
　　廖氏族之詔安客家文化。

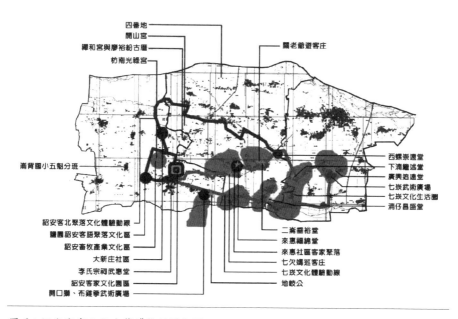

圖6：詔安客家文化生態博物館構想圖
資料來源：黃衍明，2007。本研究修正。

2. 北環：詔安客北聚落文化體驗動線

串連崙背之李姓、北邊鍾姓，以及二崙北邊李姓所分布的各聚落，藉以體驗李、鍾氏族之詔安客家文化。

（二）三個核心

在西螺、二崙、崙背各建立一處詔安客家文化核心，作為推動詔安客家文化保存與發展的工作焦點：

1. 東側核心：「南北雙環」東端相會於西螺鎮福田里之崇遠堂，為詔安客家張廖姓氏族之家廟，具有凝聚張廖氏族向心力之作用，視為詔安客家文化之「傳統中心」。

2. 西側核心：「南北雙環」西端交會於崙背鄉之詔安客家園區位置，是未來推動詔安客家事務的主要中心，稱為詔安客家文化之「創新中心」。

3. 中央核心：[9] 二崙鄉來惠聚落位於詔安客家地區之中心地帶，聚落空間結構、傳統民宅建築之保存十分完整，詔安客語亦能通行，可作為保存詔安客家生活主要據點稱為詔安客家文化之「生活中心」。

（三）新舊融合

「傳統中心」、「生活中心」、「創新中心」使詔安客生態博物館呈現過去、現在、未來三種時間深度，具有「新舊融合」的概念。除此之外，各子計畫內容都採取「新舊融合」概念，可使發展向度得以呈現時間的深度。

（四）軟硬兼施

包含39項硬體與軟體的具體推動構想（子計畫），可以區分為七大方向：

1. 空間：既有詔安客家文化空間之改善或保存。

---

9 原計畫報告僅提出東西兩核心，後來再補充來惠聚落作為詔安客家生活核心。

2. 武術：七欠（嵌）武術傳統之宣揚與傳續。

3. 文化：詔安客家宗族、信仰文化之紀錄、保存與推廣。

4. 資源：深入進行詔安客家地區之資源調查。

5. 教學：詔安客語與鄉土文化之教育與推廣。

6. 產業：詔安客家之文化產業化以及產業文化化。

7. 學術：詔安客家學術研究之推廣與交流。

《雲林好客—詔安客家文化園區先期基礎調查》提出具備四大主軸的「詔安客生態博物館」，不僅是希望詔安客家文化可以在「詔安客家園區」之中進行實體博物館式的保存、展示、解說，更希望詔安客家文化可以在各詔安客家聚落中進行「現地的」、「活生生的」保存、展示與解說，讓詔安客家文化落實在真實的環境中、貼近真實的文化土壤，並為「詔安客家園區」注入源源不絕的能源（黃衍明 2007）。

「詔安客生態博物館」後續也根據永續發展的原理發展出文化、社群、經濟三個面向的評量指標（indicators），[10] 以評估推動之成效：

1. 文化指標：

（1）詔安客語使用人數：能講詔安客語的人數可以越來越多。

（2）相關文化活動：詔安客家文化相關活動的頻率可以提高。

（3）出版品：詔安客相關出版品可以增加。

（4）文化資產：詔安客家相關有形與無形文化資產登錄數量可以增加。

2. 社群指標

（1）認同感：本身是詔安客，而且認同詔安客身分的人可以越來越多。

---

10 首次提出於 2009 年 11 月雲林縣議會舉辦之詔安客家高峰會演講：「詔安客家文化生態博物館的理念與實踐」。

（2）知名度：本身不是詔安客，但知道詔安客的人可以越來越多。

（3）人口數：居住在雲林縣的詔安客人口數可以越來越多。

（ⅰ）返鄉的詔安客人口數

（ⅱ）出生率

（4）NGO 組織：詔安客家相關非政府組織（含語言、歷史、文化、產業等）可以增加。

（5）社區活動：詔安客社區的活動能量可以提升。

3. 經濟指標

（1）家庭所得：雲林縣詔安客鄉鎮的家庭所得可以增加。

（2）文創產值：詔安客家相關文化創意商品的產值可以增加。

（3）遊客人數：雲林縣詔安客家地區的外來遊客人數可以增加。

（4）旅遊服務：雲林縣詔安客家地區的旅遊服務設施可以增加。

2006-2007 年執行《雲林好客——詔安客家文化園區先期基礎調查》計畫時，正逢社會大眾大力討伐政府因過度投資所造成公共空間閒置。雖然「詔安客園區」經過地方主要社團二次工作會議討論得到共識，並且通過縣府舉辦的三次審查會議，但終究因規模與經費均過於龐大，客委會擔心後續經營管理之可行性，直到詔安客園區重新調整、縮小規模之後，才在 2009 年正式補助詔安客園區細部設計費用。

在擱置「詔安客園區」計畫 2 年期間，「詔安客生態博物館」的構想反而得到中央與地方政府的青睞，而原本依附在「詔安客園區」身上建構客家認同的期待也順勢轉移到「詔安客生態博物館」之上。

「詔安客生態博物館」有以下特徵：

1. 「詔安客生態博物館」原先只是「詔安客園區」的副產品，但卻成為後續推動雲林縣詔安客家地區硬體與軟體營造的綱要構想。

2. 因原先僅是一規劃計畫的副產品，在沒有經過專案計畫來執行通盤的規劃之下，「詔安客生態博物館」僅是綱要性的構想，內容並不完整，也沒有具體的執行方法與執行期程。

3. 在《雲林好客──詔安客家文化園區先期基礎調查》的結案報告中，原先是提議由「詔安客園區」的經營單位[11]來承擔推動「詔安客生態博物館」的任務。但「詔安客園區」尚未啟用之際，「詔安客生態博物館」是在沒有主要權責單位的情形下推動的。自 2007 年來參與過相關計畫的執行單位包含縣政府文化處文化資產科、民政處客家事務科、城鄉發展處、計畫處研究發展科、崙背鄉公所、二崙鄉公所等單位。因此「詔安客生態博物館」的推動是在沒有整合的情形下分頭並行。

4. 此地的詔安客家鄉親並不十分清楚「生態博物館」的意義，也不清楚「詔安客生態博物館」的具體內涵。詔安客鄉親一方面對「詔安客園區」籌劃甚久才正式動工有很大的困惑之外，[12]另一方面則將關注與寄託轉而投注在各鄉鎮、社區各自所提的個別計畫之上。

5. 歷經 4 年多以來的執行經驗，目前所執行的方案與原先構想（圖 6）已經有所出入。無論政府（包含鄉鎮公所、縣政府、中央客委會），或是相關社區、社團或個人，對「詔安客生態博物館」都沒有全盤、具體的構想。因此實踐中的「詔安客生態博物館」是由各政府部門與社區、社團所提之計畫逐步拼湊而成的版本。

---

11 在原先的規劃中提出三種「詔安客園區」經營模式：公部門進駐、非營利組織經營、學術單位經營。但截至目前為止，縣府尚未正式決議是否採取上列所提模式，或是採用其他的經營模式。

12 「詔安客園區」已於 2011 年 12 月 5 日舉行動工典禮。距離 2010 年 11 月 29 日宣布補助雲林縣政府 6,300 萬元工程費，已經超過 1 年時間。

五、詔安客的自我描寫與認同建構

因「詔安客生態博物館」沒有細部內容、沒有具體執行方法與期程、沒有權責單位，因此其執行方式近乎是「由下而上」的，由當地的社區、社團提出計畫需求，向縣府或中央各部門申請經費分頭進行。若將 2006 年至 2011 年之間與雲林縣詔安客家相關的計畫羅列出（詳見附錄一），便可察覺這 6 年來所執行的計畫雖然涵蓋了當初「詔安客生態博物館」所提的 7 大軟體與硬體計畫方向，但各計畫僅在「詔安客」主題上有交集，除此之外並沒有具體的關聯性。因此這些微小但具體的實踐行動計畫宛如是各執行單位對各自所認識的詔安客家人、詔安客文化、詔安客家聚落等議題進行表述，從各自的角度來描繪出「詔安客」、拼湊出「詔安客生態博物館」一幅模糊、不完整的圖像。在「詔安客園區」尚未完工啟用之前，「詔安客生態博物館」概念的實踐已經暫時取代了「詔安客園區」，成為凝聚雲林地區詔安客身分認同的「多工、分散式行動方案」（multi-task and ubiquitous action plan）。也因為「詔安客生態博物館」是分散的、去中心的行動，詔安客家認同的建構也更能擴及雲林各村里、各角落詔安客鄉親。

雖然各分散計畫的內容仍然存在拼湊符號的表徵主義，例如在沒有武館的聚落設置習武廣場、在沒有開嘴獅、布袋戲班的聚落彩繪開嘴獅和布袋戲偶圖像，但這些矛盾大多已經屬於詔安客本身的內部認同問題，已經不再出現種植桐花、在平地練唱山歌等牽涉臺灣客家族群外部認同的問題。

在博物館學的理論上，詔安客園區這種實體博物館應該是個「虛構的」、「異質的」、「疏離的」文化場景，然而對引頸期盼建立客家館舍的詔安客族群而言，它反而是「具體的」、「真實的」、「有向心力」的客家認同象徵；反之，「詔安客生態博物館」這個在博物館學理上是「真實的」、「實踐的」、「認同的」文化場景反而成為詔安客族群難以理解的抽象構圖。由「詔安館」

到「詔安客園區」，再由「詔安客園區」至「詔安生態博物館」的轉折過程存在著太多複雜與矛盾的情結。若要以詔安生態博物館作為建構詔安客家內部認同與外部認同的手段與象徵，便需要更長期的地方擾動與鋪陳。從「詔安客生態博物館」構想的提出至今已逾 4 年，「詔安客生態博物館」成為許多場合會引用，但又說不清楚的想像。「詔安客生態博物館」這個「遙遠的願景」讓許多社區小型營造計畫成為「具體的提案」。藉由逐步執行這些微小但具體的計畫，逐步拼湊出「詔安客生態博物館」這個遙遠又模糊的夢想。

在沒有確切內容、沒有操作經驗、缺乏主要操盤手的情形下，「詔安客生態博物館」的實踐成為各自表述、逐步探索的過程，是具體的去中心化生態博物館。雖然在實踐過程中可能出現離題與混亂的場面，但未來詔安客鄉親本身若能建立永續性的社區營造協作平台，秉持社區營造的精神推動詔安客文化與「詔安客生態博物館」的發展，在持續的對話、討論、爭論的過程中，不斷地詮釋「詔安客文化」，「詔安客的形象」將會在解構與再結構的過程中逐漸描繪成形。「詔安客生態博物館」的藍圖成為詔安客的集體拼貼創作。這種集體摸索、闡述的過程便成為詔安客集體描繪詔安客家、實踐詔安客家認同的過程。

附錄 1：雲林地區詔安客家相關計畫一覽表

年分	計畫名稱	執行單位	執行情形	計畫分類
2006	雲林好客——詔安客家文化園區先期基礎調查案	雲林縣政府文化處	已結案	資源
2007	雲林縣詔安來惠社區客家聚落保存基礎資料調查研究	雲林縣政府文化處	已結案	資源
2007	雲林縣崙背鄉鹽園社區客家生活環境改善計畫	雲林縣崙背鄉公所	已結案	空間
2007	雲林縣張廖家廟——崇遠堂修復先期調查研究計畫	雲林縣政府文化處	已結案	資源空間
2007	雲林縣二崙國小詔安客語教學空間營造計畫	雲林縣政府文化處	已結案	空間
2008	雲林縣政府 97 年度「區域型文化資產環境保存及活化計畫」——西螺七崁：西螺、二崙、崙背地區武術發展與衍變專書與西螺七崁紀錄片	雲林縣政府文化處	已結案	文化資源教學
2008	歡迎大家來做客 - 開設本校客家文化通識課程	國立雲林科技大學客家研究中心	已結案	教學
2008	雲林客家走透透 - 雲林客家地圖普查	國立雲林科技大學客家研究中心	已結案	文化資源
2009	雲林好客——詔安客家文化園區委託規劃設計	雲林縣政府文化處	執行中	空間
2009	雲林縣張廖家廟——崇遠堂緊急搶修工程	雲林縣政府文化處	已結案	空間
2009	雲林縣張廖家廟——崇遠堂全區修復工程委託規劃設計	雲林縣政府文化處	已結案	空間
2009	搶救惠來厝（回頭屋）詔安客庄民居建築環境改善計畫	雲林縣政府文化處	已結案	空間
2009	雲林縣二崙國小詔安客語教學空間第二期營造工程計畫	雲林縣政府文化處	已結案	空間
2009	雲林好客——「詔安客家文化園區」之軟體展示與營運計畫	雲林縣政府文化處	執行中	空間

年分	計畫名稱	執行單位	執行情形	計畫分類
2009	七欠武術流派分布普查與流變研究	國立雲林科技大學客家研究中心	已結案	武術學術
2009	雲林縣詔安客家聚落舊地名源由考	國立雲林科技大學客家研究中心	已結案	文化
2009	雲林縣詔安客家地區合院民居軒亭形式之研究	國立雲林科技大學客家研究中心	已結案	學術
2010	西螺七欠──「詔安客家展演平臺建置」工程	雲林縣政府文化處	執行中	空間資源
2010	雲林縣二崙鄉詔安客文化生態博物館南環動線四欠聚落基礎調查與規劃	雲林縣政府文化處	執行中	資源空間
2010	雲林好客──「詔安客家文化園區」新建工程	雲林縣政府文化處	執行中	空間
2010	雲林縣詔安客語使用暨人口調查計畫	雲林縣政府民政處	執行中	資源
2010	客人講客事──詔安客家研究座談	國立雲林科技大學客家研究中心	已結案	學術
2010	七欠武術套路數位記錄	國立雲林科技大學客家研究中心	已結案	武術學術
2010	雲林縣詔安客家聚落空間結構之研究	國立雲林科技大學客家研究中心	已結案	文化學術
2010	雲林縣詔安客家潛力產業之調查研究	國立雲林科技大學客家研究中心	已結案	產業資源
2010	雲林縣詔安客家歷史性建築調查之研究──以西螺鎮住居空間為例	國立雲林科技大學客家研究中心	已結案	學術資源
2011	惠來厝（回頭屋）詔安客家生活環境營造改善工程暨詔安客家文化生態博物館北環廊子、塘子面等聚落基礎調查與先期規劃	雲林縣政府文化處	執行中	資源空間
2011	雲林縣歷史建築張廖家廟──崇遠堂第二期緊急搶修工程	雲林縣政府文化處	執行中	空間

年分	計畫名稱	執行單位	執行情形	計畫分類
2011	崙背鄉新庄社區生活空間改善工程	雲林縣崙背鄉公所	執行中	空間
2011	雲林縣崙背鄉港尾客庄生活環境營造計畫	雲林縣崙背鄉公所	執行中	資源空間
2011	雲林縣崙背鄉新庄詔安客家生活環境營造工程	雲林縣崙背鄉公所	執行中	空間
2011	雲林縣七崁客家鐵馬道規劃案	雲林縣政府城鄉處	執行中	空間
2011	世代對話──詔安客家研究經驗分享與傳承	國立雲林科技大學客家研究中心	執行中	學術教學
2011	七欠武術數位化輔助教學之研發	國立雲林科技大學客家研究中心	執行中	武術學術
2011	雲林縣詔安客家聚落文化生活圈研究	國立雲林科技大學客家研究中心	執行中	學術文化
2011	雲林縣詔安客家文化衍生商品之發展策略研究	國立雲林科技大學客家研究中心	執行中	產業學術
2011	雲林縣詔安客家傳統建築泥土構件之防水機制調查研究	國立雲林科技大學客家研究中心	執行中	學術

參考文獻

池永歆，1996，《嘉義沿山聚落的「存在空間」：以內埔仔「十三庄頭、十四緣」區域構成為例》。國立臺灣師範大學地理學系碩士論文。

吳中杰，1999a，〈臺灣漳州客的分布與文化特色〉。《客家文化研究通訊》2：74-93。桃園：國立中央大學客家研究中心。

_____，1999b，《臺灣福佬客分布及其語言研究》。國立臺灣師範大學華語文教學研究所碩士論文。

_____，2004，〈臺灣福佬客與客家人之分布研究〉，2004 臺灣福佬客座談會參考資料，頁 10-45。臺北：行政院客家委員會。

李坤錦，1998，〈詔安客家人在臺灣的開墾與分布〉。《客家文化研究通訊》創刊號：85-90。桃園：中央大學客家文化研究中心籌備處。

_____，2006，〈臺灣詔安客家概論國語稿〉，哈客網路學院。臺北：行政院客家委員會。

李嫦薇，1996，《從多元文化看臺灣詔安客的族群認同：以雲林縣崙背鄉詔安客為例》。南華大學教育社會學研究所碩士論文。

林佩樺，2010，〈太麻里地區客家源流初探〉，第十屆客家研究研究生學術論文研討會。中壢：國立中央大學客家研究中心。

施諭靜，2004，《此客非彼客？從詔安客家的認同行動談起》。國立雲林科技大學文化資產維護研究所碩士論文。

韋煙灶，2010，〈雲林縣崙背地區族群與語言分布的空間關係之探討〉，臺灣語言文化分布與族群遷徙工作坊。臺中：國立臺中教育大學。

陳秀琪，2002，〈崙背詔安客家話的音韻特點〉。客家文化學術研討會論文集。中壢：國立中央大學。

許瑛玳，2011，〈雲林詔安之文化意涵探討〉。第七屆「嘉義研究」學術研討會論文集。

黃衍明，2006，〈雲林縣詔安客家民居及其福佬化問題〉。雲林：第六屆雲林研究學術研討會論文集。

_____，2007，《雲林好客——詔安客家文化園區先期基礎調查案》。雲林：雲林縣政府。

_____，2008，《雲林客家走透透－雲林客家地圖普查》。97 年行政院客家
　　委員會補助大專校院發展客家學術機構計畫。雲林：國立雲林科技大學客
　　家研究中心。

_____，2010，《雲林縣詔安客家聚落空間結構之研究》。99 年行政院客家
　　委員會補助大專校院發展客家學術機構計畫。雲林：國立雲林科技大學客
　　家研究中心。

蘇明修、黃衍明，2009，《雲林縣詔安客家聚落舊地名源由考》。98 年行政
　　院客家委員會補助大專校院發展客家學術機構計畫。雲林：國立雲林科技
　　大學客家研究中心。

顏尚文，2003，《嘉義縣客家族群調查》。嘉義：嘉義縣文化局。

羅肇錦，2005，《臺灣客語概論》，古國順編。臺北：五南書局。

當代臺灣客家流行音樂的族群再現與文化認同 *

王俐容、楊蕙嘉

一、前言

在逐漸蓬勃發展的當代客家文化，包括新形式的表演藝術、戲曲、音樂中，流行音樂在客家文化政策與客家電視台的支持下，成為一種受到矚目的大眾文化現象，而漸受到臺灣社會的注意。客家流行音樂積極結合當代音樂形式（如搖滾、嘻哈、爵士等）與現代社會變遷議題（如：都市化、工業化），來描繪當代客家經驗，因此，經由客家流行音樂，音樂創作者得以傳達與展示自己的文化經驗與認同形式；閱聽者則可從中分享客家經驗，進一步強化其客家認同；客家族群與非客家族群得以展示與分享當代客家經驗，並重塑與建構客家認同與想像。

本文希望從當代〈主要以 1990 年代末期到今日〉客家流行音樂的文本出發，探索客家流行音樂如何再現客家的族群意象與生活經驗；不同的創作者如何在臺灣複雜的音樂背景之下，從各種不同形式的音樂風格與素材中，轉折、

* 本文原刊登於《國家與社會》，2010，8 期，頁 157-199。因收錄於本專書，略做增刪，謹此說明。作者王俐容現任國立中央大學客家語文暨社會科學學系特聘教授；楊蕙嘉現任桃園市中壢區元生國民小學教師。

連結、置換出混雜的客家樣貌；以及從音樂的文本之中思索族群音樂的邊界與
自我定義，進而詮釋族群音樂中複雜的文化認同問題。此外，本文結合當代臺
灣客家流行音樂的文本分析（包括：歌詞、旋律、封面包裝等等）與相關客家
流行音樂創作者的深度訪談（包括創作者、節目製作人、音樂製作人，說明於
附錄一），進行相關問題的探索。

二、族群、音樂與認同

　　當代族群研究中所關注的各種文化面向，多半側重於文學、電影、建築或
是食物；相反的，深入於日常生活也廣為流傳的文化形式──音樂，在族群文
化研究的領域卻較少受到重視（Baily and Collyer 2006）。White（1985）指出，
自 1980 年代開始，族群文學的研究即蓬勃發展，主要原因來自於學者認為移
民或是少數族群的文化創作可以充分顯示出他們對於自身的移動經驗、歷史記
憶、與主流社會的關係；接下來，許多學者也開始從電影、舞蹈與音樂、甚至
於食物等不同的文化現象及藝術形式來探索移民與族群的文化傳承、意義建構
與認同發展等等。

　　在這些不同文化現象中，族群音樂具有特殊的地位與複雜性。相較於族群
文學，族群音樂同時具備了語言文字、旋律唱腔、以及公眾表演等三重元素
（Martiniello and Lafleur 2008：1191），除了可以將歌詞當作「文學」或是語
言來分析之外，聲音更是族群音樂較文學複雜的地方。有時候不需要歌詞，聲
音本身即具有呼喚記憶、捕捉情感、讓人落淚的力量。

　　族群音樂本身的另一個重要性在於普及性，許多學者指出，音樂幾乎是人
類生活中不可缺乏的文化形式，而每個族群都有自己的音樂形式、表達方式、
與特殊的喜好，如 Jaap Kunst 所言：

族群音樂顯示了每一種族群，或是每一種人口團體，都有自己的表達
音樂形式的風格，這些特殊的風格都強化了族群的差異性與特殊性，
因此，對於族群音樂的探索有助於對於族群研究的了解（1950：7）。

　　族群音樂與認同之間也有強烈的連結，許多學者指出，音樂可以提供個人
一種對於社會或是特殊團體強烈的歸屬感。例如 Stokes（1994：5）強調音樂
的社會角色，認為音樂提供人們去確認自己的認同與土地，也明確理解到區分
他們不同歸屬的文化界線。換句話說，人們不只使用音樂來確認自己所屬社會
脈絡之下的位置，也使用音樂來作為相關土地與人群的知識背景。

　　因此，音樂不只是對於族群或是社會團體有真實認同上的意義，對於土地
情感的連結、共同記憶的凝聚、個人的過去等等，如同 Alan Lomax 指出：

　　音樂的基本影響在於提供安全感，音樂中象徵化了人們生長的土
　　地、早期童年的滿足、宗教經驗、社群的歡愉、戀情、工作等等各
　　種經驗與情感。　　　　　　　　　　　　　（Lomax 1959：929）

　　在歷史上許多政權與意識形態也以音樂來作為重要認同工具，例如納粹德
國或是蘇維埃政府，都將音樂當作重要推廣國家認同與宰制性意識形態的工
具，強調特殊的國族特色與國家的再現（Everitt 2001：65）。

　　除了從族群音樂的角度來看客家音樂，另一種觀點來看客家音樂的角度則
是從移民背景的脈絡下來理解。移民背景的有趣之處在於移民者在物理性的部
分，是遠離原來的故鄉與文化，但還是希望在新的居住點發展原鄉的文化與藝
術，而產生某種「移位、錯置」（displacement）的結果；這種移位與錯置不
僅是空間上的，也往往是時間上的：某種文化在移民者的原鄉目前已經不再存

在了,卻在另一個地方被保留下來(Baily and Collyer 2006)。對於移民者而言,對於原鄉文化作品的複製、重演,都是對於自己的鄉愁帶來某種安慰與紓緩的作用;但更重要的是,移民者的文化創作不止在於單純的複製與重演,對於客居社會的生活與想像也會被融入其中(Cohen 1997:26)。

從以上相關文獻看出,族群(或是移民)、認同與音樂之間有強烈的連結,透過客家音樂,我們得以深入探索客家族群經驗、情感、認同、鄉愁等複雜的問題。

三、臺灣客家族群的文化與再現

根據現有的文獻記載,閩粵客向臺灣的遷移,最早始於明代中後期。明末清初,民族英雄鄭成功在把荷蘭殖民者趕出臺灣之後,又把這裡作為反清復明的根據地,故而大量招募中國大陸人民入臺,開荒墾殖,其中不乏客家人也因此進入臺灣(江運貴 1996;陳運棟 1991)。

不過,最早來臺灣的客家人,雖是跟隨鄭成功的部隊入臺灣,但人數並不多,明鄭覆亡後,大都被清廷遣回原籍,對臺灣的開拓並沒有產生什麼影響(陳運棟 1991),接著又是清初的禁止移民渡臺政策,主要的理由是防止臺灣再度成為反清復明之地,對客家人禁絕更嚴,致使後來的客家人一度斷絕,僅有少數來者,大多是以偷渡的路徑居多(黃永達 2004)。

後來在清廷平定臺灣之後二、三年間(即康熙 25、26 年)那時海禁初開,閩、粵人民因受生活環境所迫,大量東移謀生。只是閩南人因占地利、人和的關係,自較居優勢;而粵東客家人一則來臺較遲、二則受各種政令限制的關係,自較占下風。那時候,客家人渡海來臺灣,想在府治(今臺南市)附近拓殖,而府治附近已為閩南人占有,無餘土可闢,乃於東門外墾闢菜園,以維生計(陳運棟 1989)。

　　渡臺後的客家人秉持著不妥協、不屈服的拓墾精神，到臺灣各地尋找一片得以落腳開墾之地。客家人不受地理阻礙，進取獨立、辛勤工作、無畏無懼、冒險患難、剛毅不屈，更加提煉出獨特的民族氣質（江運貴 1996）。基本上，初期來臺的客家移民，大多無產業、無家室，移墾臺灣後，不時接受挑戰，在內憂外患的壓力下，當農夫、教師、商人、伐木工人、樟腦工人，他們比福佬人更願意和原住民融合通婚，創造新族群，此即是今日學者專家推論客家族群來臺後跨族通婚的情形普遍，亦無法簡化地以血緣來論客家族群人口的因素之一。

　　是故，客家族群在臺灣的分布，從清代起即移居於嘉南、高屏一帶，此地因屬福佬人所有，客家人便遷往北部的桃竹苗臺地發展，呈現「由南到北」發展過程。之後在日治時期，在西部及北部地區，因為天災人禍連連，生活空間和產物不足維生，又輾轉遷移到臺灣東部，也就是現在的宜蘭、花蓮、臺東。可是東部地闊卻貧瘠，交通不便不利經濟之發展，輾轉又到都會求生存。所以，客家人歷經遷移，輾轉分布至臺灣各地，莫怪有人比喻客家人像是東方的吉普賽人（羅肇錦 1991）或是「東方的猶太人」（高木桂藏 1991）。

　　客家文化到底是什麼？一般人提起客家的文化多會聯想到山歌、採茶戲、客家八音及飲食美食等展演活動，再者，許多客家研究雖然沒有直接而明確提出客家族群的再現這個詞語，但經由客家音樂、建築、民俗、文學或歷史來說明「什麼是客家？」或是「什麼是客家精神？」之類的問題，多少都與「客家族群的再現」有高度相關，例如早在 1991 年出版的《徘徊於族群現實之間》（徐正光編）、1993 年的《臺灣客家人新論》（臺灣客家公共事務協會編），1998 年的《新的客家人》（臺灣客家公共事務協會編）的論文中，都有許多這類的研究。

　　臺灣關於客家族群再現的研究，也從各種角度出發剖析，而呈現出多元

豐富的面貌，例如從文學或書寫裡看客家再現（張典婉 2001）；從族群建構與論述看客家再現（蕭新煌 2002）；從族群互動看客家再現（莊英章 2001；陳佳誼 2000）；從大眾媒體，例如廣播或是電視媒體來看客家再現（林彥亨 2003）；或是從日常俚語來看客家再現（張維安 2004），以及客家文化藝術節慶則提供客家人新的族群展示的機會（王俐容 2006）。這些文化事務幫助客家或是非客家族群更進一步理解客家多元的樣貌。隨著社會的變遷，客家族群的再現逐漸開始轉變而有更多的面貌，客家族群也急於擺脫過去的形象，而有重新自我詮釋的機會。

因此，當代客家文化的族群再現逐漸進入一個越來越複雜與多義性的階段，如同 Salazar 所指出，文化不是一個固定的分析對象，而是在不斷競逐的歷史場境中，經過不斷協商的複雜現實的許多溝通過程；它所代表的不是一個物件甚至不是一群人，而是許多不同論述的交匯點。所以，任何文化代表對自身文化或經驗所聲稱的真理都是片面偏頗和不完備的；它所展示的只是一個就許多聚合的故事製作中創作一個文本的嘗試（Salazar 1991：98）。

每個「客家人」在心中都會有一幅屬於自己的客家圖象，只是，個人的記憶可以說就是在社會集體框架之中的社會記憶，同中有異，只是大異或者是小異的區別，客家文化就像各方競逐論述的場域，也就是一種權力關係，如同 Coser（2002）所談的「社會記憶」：集體記憶有很多，但是哪一個集體的記憶會變成社會記憶則是經過社會權力的鬥爭而來。因此，或許我們該這麼提問：此時此刻的「客家文化」究竟是如何透過這些行動者來記憶與傳承它的形貌。透過這些客家流行歌曲的創作，客家族群的文化與認同是如何被傳承及延續，這也是本文所欲探討的目的。

四、當代臺灣客家流行音樂的發展

　　當代臺灣客家流行音樂可追溯到：吳盛智「我是客家人」、塗敏恆的「客家本色」、林子淵「細妹仔恁靚」等歌曲曾經在 1980 年左右紅極一時，可惜的是三人皆英年早逝，但卻開啟了近代客家流行音樂發展的序幕。

> 最早用客家新的流行音樂來做的時候是吳盛智，他還有在老三台
> （台視、中視與華視）唱過，當時桃竹苗雖有幾家唱片公司經營過
> 客家歌曲，但吳盛智的歌曲有別於傳統，是唱創作歌曲，較深刻印
> 象的是吳盛智的「我是客家人」，但是那首歌之後就沒有了。後來
> 是涂敏恆，他寫了幾首比較有名的是「客家本色」，不過他也寫過
> 一些國語歌曲「送你一把泥土」之類的，他也用客家語言作了一些
> 歌，但因為他寫了很多國語歌，所以他在音樂界有名氣，之後就停
> 留在那個狀態。（湯榮昇）

　　從受訪者的訪談也可以發現，早期的客家流行音樂對目前客家流行音樂的創作者或是相關音樂製作人有極具的影響力，像謝宇威在「一儕‧花樹下」這張專輯裡即運用到吳盛智的一首歌「勇往直前跑」，顯示他一方面延續了上一代的客家流行音樂品味，另一方面又融合現代的曲風，展現出客家流行音樂的轉變，同時呈現早期客家流行音樂的重要性。接下來在臺灣社會較廣為人知的客家音樂即為 1990 年代寶島康樂隊的作品：

> 「新寶島康樂隊」的陳昇和黃連煜，他們在開始新寶島康樂隊推第
> 一張專輯，黃連煜在裡面唱幾首客家歌，那因為陳昇的關係，把他
> 帶紅，那是一個特殊的狀況……因為新寶島康樂隊帶動的關係，所

以之後就越來越多了。（湯榮昇）

接下來投入客家音樂創作者包括了謝宇威、陳永淘等人：

> 謝宇威也是很早，「我是謝宇威」的專輯很早很早就創作，不過那
> 是小眾的小眾，沒有像走流行音樂，後來靠金曲獎的關係讓林生祥
> 出來，但是他得那麼多次獎，可是很多人不見得會當流行音樂來聽，
> 這是客家流行音樂的現況。它不會像張惠妹可以賣 100 萬張、江蕙
> 可以賣很多張，它是小眾，現在賣得最好的是陳永淘「頭擺的事
> 情」，賣了 5 萬張，算是很暢銷。金曲獎裡得過獎的歌手都沒辦法
> 賣到這樣的規模。（湯榮昇）

從客家流行音樂的探索，可以說是瞭解客家文化的最佳方式之一，畢竟音
樂感人的力量是無遠弗屆的，在沒有文字記載前，人類的歷史是藉由歌謠來傳
遞；即使有文字以後，歌謠傳遞歷史文化的功能更沒有消退。因為它可以穿越
時空，帶領人們進入全新的異想世界；它可以感傷，也可以開懷；它可以緩慢，
吸引著更多客家年輕一輩的投入：

> 音樂是文化先鋒部隊。在傳播這麼發達的時代，音樂是最快的素材，
> 看電影時有音樂，開車也會有。有人會說流行歌曲是消費垃圾，聽
> 了就丟，但我覺得言之有物的話，它可以傳播善念、理想、分享好
> 的感覺，流行歌曲是非常好的素材、非常快速。就宗教學的角度來
> 看，聽覺和觸覺是非常細膩的感覺，音樂是一個可以觸動心靈的東
> 西，音樂是個強而有力的藝術，因此透過客家流行音樂是可以得到
> 年輕人的認同。（謝宇威）

　　1996 年前後顏志文、陳永淘與林生祥等人不約而同的都開始出客家流行音樂的專輯；2000 年之後劉劭希、謝宇威、湯運煥等人也陸陸續續出版客家流行音樂專輯；2004 年新聞局主辦的母語原創大賽更使得許多新一代的客家子弟投入客家流行音樂的行列。但從客家創作者的訪談中可以透露出客家流行音樂雖然不斷地在蓬勃發展，但面對強勢國語、閩南主流文化，客家流行音樂一直還是處於小眾，無法吸引企業的投資，仍需要政府的協助。

> 從市場的機制，看起來好像在客家圈裡流通率還不錯，在歌謠班的流通率還不錯，可是在看現在客家流行創作歌手的歌詞，就好像無以為繼的感覺，因為現在的流行，近十幾二十年的，一個市場普遍還是華歌強勢，國語歌、閩南語歌賣得比客家歌還要好……。
>
> （廖美鈴）

> 客家這個議題就算你怎麼通俗、流行，它還是少數文化的一種，只有政府會補助，一般的金主不會投資這一塊，你要把它當文化來看，希望政府來支持，沒有人會投資，如果你要做商業，你就不要做客家，就做其他的語言，我最近的結論是這樣。　　（黃連煜）

> 我覺得市場小是一個問題，第二個是大環境，現在的音樂的市場景氣並不好，不能算景氣不好，應該是說整個唱片工業在轉型，CD 這種東西是賣不掉的，現在說賣一千、二千張已經算很暢銷了，十年前在觀子音樂坑隨便一下就賣光，現在花很多錢在宣傳，還賣不掉，那是一個潮流。所以客委會補助變得很重要。　　（陳冠宇）

　　除了市場機制的問題外，臺灣客家流行音樂的定位還是不大穩定的，對於一般傳統、較為年長的客家前輩而言，始終認為客家流行音樂應該要為客家山

歌；客家學者專家則覺得採茶、耕山、唱山歌才能代表客家文化；而後生人又
認為客家流行音樂很「聳」，不一定喜歡客家流行音樂，劉劭希即有一首歌曲
「亂唱歌」來描述客家流行音樂的現況。

結果我唱出來 卻有人嚇一跳

分人聽到卻罵這是麼該屁蛋洨

不是三大調 不是改編小調

一堆乒乒乓乓吵吵鬧鬧亂七八糟

上港人聽到直直笑

說你對客家話發音全不曉

不知可憐東勢大埔腔

我的鄉音卻變作不對了

係麼該人佇該位唱山歌

系麼該人佇該位唱新歌

也有後生人屁股翹翹

說阿伯你真無聊 唱的我聽攏無

可是英文日文日文歌 他一樣聽不懂

老外唱的就屌 阿客家比較聳

也有學者專家 說客家樂

定要古色古香 才有客家味道

要採茶、耕山、唱山歌

才是正統客家歌

一樣做音樂 還要分語言

國語可以 R&B 客家就要耕田

　我也生在農家 生活卻已改變

　唱歌卻一定要 回到一百前年

　But Music it make me high

　幹麼一定要分那個東西中外

　　客家流行音樂在面對強勢文化上有它的困境，但畢竟客家流行音樂是客家文化的一部分，有影響力可將客家流行音樂凸顯出其獨特性並加強認同感，其多采多姿的面向，讓文化影響力更為深入。藉由音樂的創作與實踐，可以建立起自己客家族群的身分認同，以及提供新的詮釋來賦予客家文化的意義。

五、臺灣客家流行音樂的族群再現

　　臺灣當代客家流行音樂呈現出怎麼樣的族群再現？以下分為客家族群的特質與鄉愁經驗來分析：

（一）客家族群特質的再現

　　1. 保守

　　湯運煥〈愛要說出來〉

　　一直唔敢想，一直唔敢講

　　請你分涯勇氣，分涯一隻機會

　　講出對你的感覺

　　愛要講出來，愛要講出來

　　唔管前方路有幾長，And everything will be alright

湯運煥〈愛是什麼〉

有一天你的小孩問你

要如何愛別人

不要說你不知道

從你自己先做起

不要放棄這機會，愛人順便愛自己

不要放棄這機會，愛自己順便愛別人

陳永淘〈打孔翹〉

喝酒說笑 他是天南地北天花亂墜

喝酒說笑 我是風花雪月

喝酒說笑 你是沒膽的小狗

喝酒說笑 大家笑得像母鴨一樣東倒西歪

這個愛代表……客家族群保守的心態，

我覺得應該要表達出來。（東東）

　　在湯運煥第一、二張專輯呈現出客家族群保守的一面，客家人因為客居山區，長期靠山吃飯，對外交通不甚方便，資源貧乏又無商業行為，於是民風比較保守，形成了客家保守的文化。

　　聽老一輩的說，新埔以前是很繁華的，後來楊梅、龍潭、竹北都發展起來，新埔還是維持原貌，相對來說客家人真的很保守，因為我不是典型的客家人，所以我很難告訴你說客家人怎麼樣的人，是就我的觀察。　　　　　　　　　　　　　　　　　　（黃翠芳）

> 客家人是闢山而居，他有移民的性格，客家人也比較保守。
>
> （黃連煜）

　　然而客家人一向以歌唱為傲，客家山歌一直是客家音樂的代表圖騰，透過歌唱將自己的情感表達出來，因此訪談中則發現這方面的矛盾；另外也從陳永淘〈打孔翹〉這首曲子，發現到客家人其實並不保守規矩，客家人其實是很幽默的。

> 但又很奇怪，以前唱山歌的時後，為什麼又可以說出愛意，很矛盾，
> 山歌是直接談情說愛，但在你的周遭生活，卻又不一樣。有時候很
> 多事情的表達機會只有一次，可能你以後不會再遇到這個人，你要
> 講就跟他講，我想客家人對感情的表達能很直接的表達出來，客家
> 會不一樣，客家會更陽光。　　　　　　　　　　　　（湯運煥）

　　因此客家人也許在本性上並不是保守的，但為了武裝自己，必須隱藏自己的本性，也就是說長期下來這些刻板印象被客家人本身內化成為行為與自我認知的一部分，因此會以支配群體的角度來看待自己並且由此得到自己的認同（王雯君 2005）。

2. 熱情好客

黃翠芳[1]〈朋友〉

---

[1] 2005 年用歌聲對客家族群傳達福音的一張專輯，另外為了唱一首媽媽聽得懂的客家歌，運用較難的海陸腔來寫歌、唱歌，是一張客家女兒的心願。

朋友，麼介安到朋友

食酒飲茶打嘴鼓

咁係安到朋友

店顏志文[2]〈阿樹歌介雜貨〉

阿樹歌介雜貨店　　從細人到大人

阿樹歌介雜貨店　　對頭擺到這今

離我屋下沒幾遠　　就係阿樹哥介雜貨店

每日經過店門口　　叔婆阿伯親切打招呼

上頭下頭來介親戚好朋友　　停下來坐聊

　　客家人多聚居於丘陵山坡地，種茶維生之外，還性好飲茶，因而創造了獨特的茶文化。受訪者認為如果有客人進家門，客家人會用茶來招待客人，端上熱呼呼的茶遞給客人，呈現客家人好客熱情的一面。

---

2 顏志文是第一位由主流唱片公司「友善的狗」發行第一張完整客家專輯的歌手。從小對音樂的記憶是父母愛聽的日本歌以及鄉下婚宴場合以樂團助唱的華語、閩南語歌曲、採茶大戲。畢業於師大美術系，但在大學時師從國內首位由美國伯克利音樂學院（Berklee College of Music）畢業歸國的爵士音樂家翟黑山先生學習爵士吉他演奏和現代和聲、編曲等。回國後，投入主流唱片的生產行列中，從事作曲、編曲、製作的工作。並為電影配樂「黃色故事」（1988）與「好男好女」（1995）等。「好男好女」電影的主人翁為客家人，同時身為客家子弟的顏志文在面對如斯的發現時，頓時被潛藏著對家鄉及母語文化的情感占據了他的思緒，於是，他除了以客家意象注入配樂的創作中之外，也經由重新認識傳統客家音樂的尋根路徑，寫出了該片原聲帶中的主打歌曲「山歌」，由客家籍導演侯孝賢親自演唱，這是顏志文客家歌曲初試啼聲之作，傳統與現代原創性皆有之。「好男好女」的音樂獲得好評、以及「山歌」的原創受到肯定，使得顏志文對客家的原鄉情懷逐漸加溫，這股能量也意外推動了他此後長達十年的客家音樂創作之旅。

客家人很愛喝茶，你會覺得說那已經是一種生活，那也是一個文化，
所以我覺得你很難界定文化到底是什麼，你邀請人家來喝茶的舉動
當中，你就展現出來客家人的文化了，像我哥常常會請人喝茶，我
發現他會藉由喝茶來以茶會友。　　　　　　　　　（黃翠芳）

　而客家人的好客表現並非只有在喝茶的部分，對於親密的至親朋友則是招
待豐盛的美食。

當然有些也很熱情，其實客家人是很好客，……，你說客家人很好
客，客人到家裡一定準備很豐盛、很大盤，……，我常去不是客家
人的朋友家，我會很受不了那種一小盤一小盤的感覺，雖然很窮，
但是面子一定要做到，客家人就很好客，………。　　（黃連煜）

　而客家人的好客也是由於客家先民飽嘗流離之苦，在長期流浪的生活之
中，深深體會到相待的重要，在困境之中，如果有人相待，真乃滴水之恩，應
湧泉相報，因此形成一種好客待人的特質。

（二）客家鄉愁的經驗
　1. 過去生活的緬懷
　顏志文〈屋背個大圳〉
　　捱個老屋背 有一條大圳溝
　　具對頭擺流到今 源遠流長流不停
　　記得還小個時節
　　捱個阿婆時常帶捱來到圳溝脣

樹頭下講古唱山歌

唱到日頭落山正轉屋

屋背個大圳溝 流過一年又一年

屋背個大圳溝 流過幾多春夏秋冬

屋背個大圳溝 佢長流在捱個心中

多年不見個大圳溝

有時半夜三更佢會流過夢中 流過夢中

邱幸儀、邱俐綾〈月光光〉

忒阿婆屋卡有千百條故事個龍眼樹下共下吊楨幹

田坵底背鏡鮮個圳子

捱等共下覓蛤子

為了麼介愛離開

頭擺單純個世界

想念童年

陳永淘〈發夢〉

做夢 做夢 我回到故鄉老家

遠遠的 看見田埂上伯公騎著腳踏車

車頭吊著一尾大鯉魚

做夢 做夢 我回到故鄉的大樹下

我回到故鄉的大河

看到鮕魚和鱸魚遊到老橋下

大人和小孩在河邊高興的 玩水啦

　　顏志文第一張專輯，封面上的設計以早期家鄉客庄生活經驗作為封面，簡單沒有複雜的畫面，顏志文指出，客家音樂創作者開始寫歌時，大多會從客家人的精神此一角度出發，包括童年生活故事也常是客家歌的題材，引起許多共鳴。

> 我覺得將客家風貌放進專輯裡是很重要的，不是只是客家的歌謠而已，從內涵就是歌詞描寫的意象，甚至音樂所傳達出來跟所謂客家的聯想，我希望我都有做到。（顏志文）

　　邱幸儀、邱俐綾第一張專輯以低調的顏色來當作封面包裝，襯托像煙火一樣鮮豔的顏色，有一種在夜晚中聆聽她們的專輯會讓心靈像煙火一樣綻放出美麗的悸動，再來標題下有一段文字述說著「The train station is the door to your hometown, Would you remember the way home when hear the whistle of train´s calling.」，除了結合「戀戀舊山線」這部戲劇也聯結出想念家鄉的心情。

　　顏志文「屋背個大圳溝」、劉劭希「當久以前」以及陳永淘「發夢」這三首曲子都運用類似的手法來呈現鄉愁，使用較為憂鬱的嗓音。曲子後段不停的唱著「屋背個大圳溝」以及「當久以前」，旋律上並未有確切的結束，「發夢」則是結束在不穩定的中音，而劉劭希則是加入了薩克斯風，將歌曲之感情攀升至深刻而憂鬱的境界，營造出懷舊、自憐、糾結的情緒，接合了臺灣傳統社會的種種意象。

2. 農耕生活的客家經驗

　　「春水」這首歌不論是歌詞或是演唱方法都採用山歌的形式，再現出以前客家族群在山上一邊種田一邊大聲歌唱的情景，對比臺灣現在很多廢耕的荒地，山歌已不再繚繞，最後一句歌者停留在不穩定的屬音（E大調屬音為ㄒㄧ）

似也在感嘆這昔日的景色已不復見。「白鶴」整首曲子敘述道路所帶來的文明，也帶來困惑；帶來熱鬧，也帶來孤寂；帶來發展，卻趕走農村、大自然。一開頭吉他運用「ㄉㄚ」「ㄖㄨㄝ」「ㄈㄚ」小三和弦，整首曲子在吉他的配樂，揮發著不安定及不確定的感受，但在「嗯」的旋律上又改採大調和諧的音程，人聲在這不穩定中反覆來回，彷彿如同曲子的主角「白鶴」安靜悲傷的看著迷惘的我們。

1991 年離開臺北，移至臺北縣三芝鄉。1996 年，因為高齡的祖父生病臥床，阿淘作了一首逗趣的客家歌「頭擺的事情」，回憶童年和祖父共處的時光，逗祖父開心，從此開啟阿淘一發不可收拾的創作。

> 祖父當時年近 90 歲，身體已經衰老，從小祖父都會很開懷的唱山歌，當他會唱的，不管你聽不聽，他都唱給你，非常無私的老人家，從小聽他唱，為什麼我們不能回饋給他音樂，你還記得嗎？記得小時候的歡樂很多是老人家帶來的，帶我們去河邊游泳、去認識大自然、去看到小時候環境的清澈，就開始寫故事、發生的事情，一寫寫了非常長，完整唱完要 20 分鐘，寫小時候很重要的記憶。
>
> （陳永淘）

自客家人移民來到臺灣，依時間的不同，登陸靠岸地點的不同，分布的地方也不盡相同，從北到南，各處散布著客家莊，北部大都指桃、竹、苗三縣；而中部地區受到閩籍移民的壓力，較多同化為福佬客，多數落腳在新社、東勢地區或是南投縣國姓、水裏、信義等地區；南部地區的六堆聚集許多客家人。當客家人受限於地理、歷史、社會等方面因素的影響，不得不做出一次一次的遷移時，雖然離開了長期賴以維生的原鄉土地，但在這幾首歌詞上以及顏志文

的專輯封面可發現，有田埂、圳溝、夜來沒事大小孩就在月光下同坐在禾埕講故事或是唱童謠，不斷地再現出以農業維生的客家庄，表現出客家人在深層文化內將鄉愁與農村生活的連結：

> 生活步調、習慣，你慢慢已經從小養成，種田農家，早上就算沒有農忙得時候，也要去田裡巡一巡，老人家都這樣，中午睡過午覺，吃完飯再去種田，三、四點女人們就要提著點心給男人，你就過這種日子，晚上就在廣場聊天喝茶、唱唱山歌，很典型的農村生活。
>
> （黃連煜）

而另外客家聚落特有景色「圳溝」也不斷地出現在歌手的歌曲內，客家建築大門通常不面向大道或通道，而是面向碑塘或圳溝，通常小孩會在炙熱的午後褪去衣物，在圳溝裡打起水仗消暑；婦女則排列在大圳旁利用乾淨的清水洗滌衣物，順道聊聊是非八卦，增進彼此間的感情（邱俐綾訪談）；更別提負責家計的男人，早晚關注著圳水的流向與流量，深怕一不注意，整年的收成就此泡湯，如謝宇威的經驗：

> 對客家莊的印象就是有「河壩」、「溪流」、「稻田」、「池塘」，
> 北客家的特色。　　　　　　　　　　　　　　　　　　　（謝宇威）

因此研究發現過去感不僅依附在歷史源流與遷徙過程，文化風俗習慣以及客家建築也都遺留著傳統的精神，而在歌手的歌曲中，不斷地懷念童年。何以撿拾童年的陳舊記憶，對客家歌手而言是重要的？

檳榔樹、大禾埕、工作的婦人家，孩子們嬉戲老人家拜拜的伯公下、
就是⋯⋯很純樸的鄉下。其實這些都是我的客家童年印象。很奇怪，
年歲漸長，那些很傳統的客家童年記憶卻越來越深刻，那些畫面現
在對我來說是很珍貴很動人的圖像。　　　　　　　　　　　（邱俐綾）

客家人是流動的，也可以說它很活，不過客家人是好不容易在臺灣
有點根，又失掉一些根，有人說寧賣祖宗田，莫忘祖宗言，我在鄉
下住那麼久，有點關聯是，田地賣掉也是文化崩解的開始，一個地
方的文化是從土地長出來，有農田、農作物、產業，才有文化的根
基，沒有自己的土地、特色的產業，文化都是虛的。　　　　（陳永淘）

在陳永淘及林生祥的歌曲中，努力將其對環境保育、族群文化、社區營造
的關懷冶於一爐，由情感出發對於土地的愛護，建構出新的美濃或是新的新埔、
峨嵋，人與土地的和諧關係，同時也企圖在運動音樂之產製與傳播上開創新局，
一方面將其作為一種訊息傳布策略，另一方面也試圖強化音樂的主體性。

但是，也非所有客家創作者都有相同的經驗，劉劭希就指出：

我這輩子我沒採過茶，我為什麼要唱採茶歌，我不是說唱採茶歌不
好也不是說採茶歌不好聽，可是作一個音樂家，你要誠實，你沒有
感受所寫的，那叫「做作」。我十六歲就來臺北了，大半輩子就在
城市裡過，我為什麼不寫我看到的東西，我一輩子都在城市，一聽
到客家兩個字就要種田、採茶，我覺得是很虛假、虛偽的。你如果
是在鄉下長大的，你寫那個，我覺得很棒，那是誠實的創作人。並
不是反對採茶，創作應該是你的生活方式或是你見過、親身經歷過
過的。　　　　　　　　　　　　　　　　　　　　　　　（劉劭希）

因此，我們可以發現，族群文化的保留與傳承、農村生活、鄉愁、對土地的熱愛與珍惜，組成了客家經驗的基本曲調，但隨著工業化與都市化的發展，農村經驗可能成為永恆的鄉愁，再也回不去。

六、臺灣客家流行音樂與文化認同

客家流行音樂的創作對於族群認同的提升有重要的影響，包括提供自我定義對話的基地，以強化自我認同的可能，例如：

> 我本身是臺北出生的客家人，但是我不曾待在關西，所以沒有客家庄的經驗，所以我的客家是後來認養出來的，就好像那種東西是曾經脫節斷掉過，但是我後來自己找回來，我從很多的管道，我一開認識客家，是從客家音樂（童謠、流行歌曲）的部分，這期間很長，讓我有很大的共鳴。
> （李明釗）

> 我覺得我是最近這幾年寫客家歌，才慢慢開始對族群意識比較強烈。
> （曾雅君）

> 我十六歲來臺北，我已經忘記自己是客家人，雖然我從小在客家莊長大，我來臺北之後，現在仔細回想，在高中有很多同學姓范姜，那一定是客家人，可是我們在學校從來不會講客家話，也有很多同學是新竹苗栗的，肯定很多客家人，當時完全沒有人提這件事，一直到我在三十歲開始想要寫客家歌，才把客家人的身分撿回來。
> （劉劭希）

> 客家人的認同是一個嚴肅的課題，就我覺得在這個過程來講，的確是因為我們把它唱出來之後，因此有很多人願意認同自己是客家

人，這是一個附加的效益。尤其是第一張專輯發行的時候，很多學校的客家社都很高興，第一張專輯MV是找臺大客家社的同學拍的，那個時候客家社就覺得終於有一個歌手可以拿出來講了，否則別人會覺得客家有音樂嗎？尤其現在是更好，隨便談談就有很多客家歌手，而且客家歌這幾年評價都變高的，大家就願意談，就會帶動客家認同，就會有種與有榮焉的感覺，我覺得這是正面的。（顏志文）

寫客家歌，除了得到認同，它也是可以是文化的先鋒，因為它讓人家開始唱，容易在大環境的聽到客家的存在，這是最快的。我在做客家唱片過程中得到自我認同、客家文化認同，也讓我自己身為客家人存在的價值。　　　　　　　　　　　　　　　　　　　（湯運煥）

　　離散在各地的客家人透過客家流行音樂的凝聚過程，讓客家人有機會尋求自己的根源，建構與喚起客家人對於自身文化與自主意識的認同。所以透過音樂，重新界定了自我與他人的族群界線，其所處的音樂文化實作是一個「創製」（making）與「化成」（becoming）的動態過程，此音樂認同即是創作者「活躍──企圖改變的認同」（active-transformative identity）生產過程。

　　同時，客家認同的內涵又是複雜而困難的，特別是許多創作者指出當代客家認同在傳統與現在之間定位的矛盾性：

現在已經不太容易看出所謂的客家莊，你從這個角度看，除非他寫客家、菜包之類的，你能看得到什麼是客家，薑絲炒大腸，客家小炒，這可能是客家莊，可是你看到魔法網、也有原住民走過，這到底是哪裡，你先把南莊拿掉，冰廠、丈母娘、桂花釀、客家手工什麼的，你把客家的字拿掉，你就感覺不出是客家莊，跟任何一個都

市的邊緣村莊是一樣，客家特色在哪裡，現在穿得也沒什麼差異，
以前可能會很清楚，現在越來越模糊了。　　　　　　（陳永淘）

　　從陳永淘的訪談中，不難發現傳統客家莊以逐漸被現代的科技給一點一滴
的消逝。然而文化是現實的，是無孔不入的，不是自誇就會有的，文化是人
民思想的表現，表現在音樂、戲劇、文學、科技等層面，如果文化不能被更
多的人接受，自然成為弱勢。有許多的創作者也希望賦予客家音樂更為豐富
與現代性的面貌，例如好客樂團的封面設計由入圍葛萊美唱片設計師蕭青陽
所作，他將五位團員介紹給不認識好客樂團的人，並將每位團員所負責彈奏
的樂器仔細的畫出來，更特別的是他在設計上運用了一些客家的意象「客」、
「粄」、「茶」、「粄」，每位團員的穿著畫風偏年輕帶著嘻哈的味道，讓
大家可以很清楚的瞭解，他們的音樂是以延續傳統的前提之下注入新的元素，
藉此可以拉近前輩與後生的距離，並且吸引更多人瞭解參與客家活動進而發
揚創新客家文化。

　　而劉榮昌更將傳統與現代的矛盾與衝突呈現在他的封面之上：

我覺得專輯要有梗，那這張梗的型式是，某一種的音樂型式的，次
要的是歌詞，這梗是傳統和現代的再創新，從這個出發，從這邊推
演，就有這些創作，就會有樂器選用的問題，就會有包含封面的設
計。封面是放火把老樹給燒了，然後燒完之後，就是它是一個連帶
的想法，所以有一個脈絡，從傳統裡面找出現代的新玩法。

　　　　　　　　　　　　　　　　　　　　　　　　（劉榮昌）

封面是由江口健太郎所設計，正面有許多老樹被一大把的火給燒了，但在

背面的封面則是燒掉的樹卻長出新的樹葉，象徵著一種從傳統出發的精神，從臺灣客家的傳統音樂中汲取養分延伸開創，並且試圖找尋可以讓傳統與現代水乳交融的實踐方式。

但這些希望與現代接軌的作品卻不一定受到所有客家族群的肯定，例如有些創作者就抱怨：

> 客家電視收視率的觀眾群，以 50 歲以上的最多，那他們喜歡聽的音樂，就是比較是傳統的或早期流行的那一塊，最近開始是播創作歌手、林生祥、謝宇威、顏志文，收視率都不好，所以是說喜歡他們這些創作歌手的年齡層其實是年輕的，但年輕人不會主動轉到這個頻道，年輕人都是喜歡看其他那些台呀！韓劇啦、日劇啦、新聞台，他們不會主動轉到 17 台。　　　　　　　　　　　　（施懿倫）

雖然許多的創作者自我檢討，客家文化一向很難跳脫一般人傳統刻板印象，社會大眾認為客家文化不外乎是薑絲炒大腸、山歌小調、天公落水，這些或許讓很多中老年人感覺到懷念，但不見得獲得年輕一代的認同，例如劉劭希指出：

> 很多客家人都說要傳承客家文化，問題是到底要傳給年輕一代？還是老一輩呢？如果真的要傳給下一代，就必須檢視，客家語言所發展出來的文化內涵，是否符合年輕人的需要？如果不會客家話，對他的生活娛樂、工作或家庭幾乎沒有影響，那為何要學客家話呢？　　　　　　　　　　　　（劉劭希）

　　從目前客家流行音樂的推廣來看，年輕一代對於客家流行音樂沒有興趣，尤其是現代生活在都會中的客家年輕子弟，不但未曾經歷農村生活，加上強勢的英語、河洛語、華語、西洋流行文化等，時時圍繞在年輕人週遭，產生實質影響，甚至因為升學、就業、娛樂等因素，使得年輕人不願把學習客家文化列在首位，連帶使得客家文化在年輕人層級傳承不易。

　　因此，客家流行音樂面臨的問題變成：既被堅持傳統的年長一代批評，然後又不被年輕一代的接受：

> 客家流行音樂創作的部分，我覺得還滿難推廣的，因為我問過很多客家人，他們都不愛聽，就是比我年長的客家人他們都不愛聽，就他們都說是不搭不七的歌曲，他們說唱那什麼東西，可是我就覺得很好聽，可他們就不愛，後來我發現就是我年紀以下的人都還滿喜歡的，但是比我年長的都不喜歡。
>
> （施懿倫）

　　但相反的，越來越多的創作者發現，不一定只有客家族群才會喜歡的，音樂欣賞並不一定僅限於族群的邊界：

> 我很少做演出，但很幸運的是我遇到的聽眾都很棒，很多人聽不懂客家話，卻都能有感動，有一次我和幸儀受邀去雲林故事館開幕表演，當天晚上附近有好幾場耶誕晚會，來聽歌的聽眾不多，在場雖然沒有人聽的懂客家話，但大家卻認真的聽完了整場，或許他們在我們的歌裡聽到了些什麼，我不知道，那次令我印象深刻……不只是客家，我知道有一些非客家人也漸漸喜歡客家音樂，這很令人高興！
>
> （邱俐綾）

接下來的專輯我會弄得跟客家無關，我覺得客家只是一個存在的議
題，最後音樂還是講人的感情，講得是處於這個社會的狀態，這些
東西用英文、客家也許它的型態有所改變，我做得東西不是只是強
調客家，我講得是音樂的趣味、人的無奈、人的感情歡樂，這些東
西不需要把客家提在很前面來講，可能焦點就會模糊掉了，我反對
這樣的作法，音樂就應該是音樂，不應該有族群的分隔。（陳冠宇）

除了強調族群文化與認同的邊界不需要持續強調之外，客家認同與想像的
多元性也是越來越多創作者所強調的，劉劭希就是凸顯客家多元性明顯的例
子：

東勢這個地方是大埔腔，在客家話是少數，少數中的少數，東勢的
文化和其他客家庄不一樣，它是縱橫的起點，所以有大量的老兵留
下來，所以東勢的飲食習慣受到外省人的影響，發展出和其他客家
庄不太一樣的地方，所以有人說是客家的東勢文化而不是東勢的客
家文化，客家的東勢文化不一樣。像我小時候在東勢活了十六歲，
長大來到臺北才知道客家菜，沒有吃過，完全不一樣，我們家窮吃
不起好菜，「薑絲大腸」長大才知道是客家菜，我們那邊好吃的都
是外省兵留下來的，像「牛肉」，後來傳一傳也變成客家菜。像永
和豆漿的老闆都是客家人，跟山東老兵學，豆漿、油條、燒餅、饅
頭都是外省人的東西，發展出不同的東西，東勢的麵、牛肉，客家
人吃米不吃麵、做農也不吃牛，外省老兵留下來的習慣，慢慢和客
家人結合，變成一個特色。　　　　　　　　　　　　（劉劭希）

　　從劉劭希的經驗出發，東勢客家已經與外省文化有部分的混雜，他長大後反而對於「本質性」的客家有些陌生，客家文化已經逐漸形成「混雜文化」（hybrid culture）[3] 的現象。混雜通常可以分為兩種，一種強調生物性的混雜，經由不同種的混合，來創造出新的物種或是結構；另一種強調意圖或思想上的混雜，經由一種援助、翻譯或是轉換來達成混雜的結果。而客家經驗則在族群血緣與文化上的反映了這兩種形式的混雜。福佬客、客福佬、平埔客、賽夏客或是外省客，以及他們所具有的文化，都展現客家文化混雜的現實，也豐富了客家文化的樣貌。

　　更進一步來看，當代族群的觀點逐漸摒除單一、同質性的認同，而鼓勵混雜、雙重或是多重認同的可能性。例如 Stuart Hall 提出「新族群」（new ethnicity）的概念來分析後現代社會混雜的族群文化。他認為所謂的「舊族群」（old ethnicity），指的是立基於特殊政治與文化分析上的傳統種族論述，如黑人論述。在政治上，傳統黑人論述被創造並與種族主義、邊緣化等共同經驗緊密連結，且將這種經驗表現在不同的歷史、傳統與族群認同之中。在文化上，這種分析方式中，少數族群總是在文化論述中被公式化為「不可說與不可見的他者」（unspoken and invisible other）（Hall 1992：252）。在舊族群觀點中，族群這個語彙認知在建構主體與認同的過程中，因其歷史、語言、種族、及文化與相關論述之限制，而呈現靜置、固定不動的僵滯狀態（Hall 1992：257）。

---

3 混雜性（Hybridity）與混雜文化（hybrid culture）常在文化研究裡被討論。Homi K. Bhabha 從 Bakhtin 那裡引用 hybridity 而首度用在文化研究中，來作為一種挑戰與反抗文化霸權的能動力。之後，E. Said 與 S. Hall 也使用這個名詞。詳細討論請見 Robert J. C. Young, 1995. "Hybridity and Diaopora". Colonial Desire: Hybridity in Theory, Culture and Race. London and New York: Routledge, 1-28.

　　然而，新族群的時代卻接受不同文化之間相互的錯置、重新組織與重新定位，亟欲打破血統與種族決定的僵固限制。新族群的觀點接受並擁抱更為多元而歧異的詮釋，並指出族群不能在缺乏階級、性別、性傾向的面向中被獨立地再現（Ibid：255）。族群文化與認同總在不同的社會、歷史、政治、經濟脈絡下不斷混合、對話、重整與再建構，相較於舊族群所呈現出的靜置、固定不動的定義方式，新的族群經驗顯示出一個「不穩定、再連結、混雜、切割與再混合的過程」（Ibid：258），這種新的族群觀點更為開放、沒有排他性，更為符合當今不斷在國家、文化邊界流動的族群的實際經驗。

七、結語

　　從臺灣當代客家流行音樂的經驗顯示，客家流行音樂的確扮演著客家創作者對於自身的歷史記憶、文化傳承、土地鄉愁重要展示的過程，經由詞曲來傳達他們的族群經驗與文化認同，對於我們理解客家族群的文化傳承、意義建構與認同發展都有重要的幫助。

　　客家流行音樂與認同之間確有強烈的連結，許多創作者指出，他們經由客家流行音樂的創作與表演來去確認自己的認同與土地，也明確理解到區分他們不同歸屬的文化界線。換句話說，客家流行音樂的創作者不只使用音樂來確認自己所屬社會脈絡之下的位置，也使用音樂來作為相關土地與人群的知識背景。因此，音樂不只是對於族群或是社會團體有真實認同上的意義，還有著對於土地情感的連結、共同記憶的凝聚、個人的過去等等。

　　但客家流行音樂是否就是目前客家族群所認可「自己的音樂」（如 Kunst 所言），或是代表客家的風格與族群的特殊性，顯然還是有很大的問題。介於傳統與現代、介於不同世代之間對於客家音樂的定位與定義，幾乎還沒有共識出現。傳統長者認為山歌才是客家音樂，年輕世代則對於即使也加入嘻哈、搖

滾的客家流行音樂也還是不大有興趣，因此，臺灣客家流行音樂所面臨族群內部的挑戰仍會繼續的存在。

　　值得注意的是，客家流行音樂並不會也不需要因為內部具有不同的觀點而影響其文化與藝術的價值，相反的，當代對於族群的觀點逐漸走向一個「新族群」的概念，客家的族群想像與文化再現也逐漸走向多元、歧異、不斷與其他文化、音樂形式交融的結果。這樣的發展將使得未來客家流行音樂走向更多元與豐富的樣貌。

附錄

本文訪談之歌手（創作者）與文化仲介者

　　本研究對象分兩大部分，一部分以客家流行歌手兼創作者為訪談對象，另一部分為所謂的文化仲介者。

　　客家流行歌手兼創作者、樂團的部分，從時間背景來看，是選取 2000 年以後的歌手及樂團作為研究對象，另外再從最具代表性的金曲獎或臺灣母語原創音樂大賽入圍與獲獎名單中挑選，以確定其代表性。但多次獲獎的歌手林生祥原應在受訪名單之列，但因其唱片公司拒絕受訪，殊為可惜。本研究訪談歌手兼創作者名單如下表（有些受訪者的訪談並沒有使用於本文）。

表 1：受訪之歌手與創作者

	受訪者姓名	性別	年齡	訪談時間	獎項
1	謝宇威	男	40	2008/2/2 15:10-17:00	1. 第 15 屆最佳客語演唱人獎 2. 入圍第 15 屆最佳專輯製作人獎 3. 入圍第 18 屆最佳客語歌手獎
2	羅思容	女	？	2008/2/14 14:30-17:30	1. 入圍第 19 屆最具潛力新人獎 2. 94 年母語原創大賽亞軍 3. 95 年母語原創大賽亞軍
3	湯運煥（東東）	男	41	2008/2/28 15:00-16:10	1. 第 16 屆最佳客語演唱人獎
4	劉劭希	男	43	2008/3/1 14:30-16:00	1. 第 14 屆最佳客語演唱人獎 2. 第 14 屆最佳專輯製作人獎 3. 入圍第 15 屆最佳客語演唱人獎 4. 第 17 屆最佳客語演唱人獎
5	曾雅君	女	22	2008/3/2 9:30-10:20	1. 93 年母語原創大賽冠軍 2. 94 年母語原創大賽冠軍

	受訪者 姓名	性別	年齡	訪談時間	獎項
6	邱俐綾	女	29	2008/3/15 13:30-15:00	1. 入圍第 19 屆最佳客語專輯獎 2. 入圍第 19 屆最佳客語歌手獎 3. 93 年母語原創大賽亞軍 4. 94 年母語原創大賽季軍
7	黃連煜	男	48	2008/3/19 17:15-18:45	1. 第 19 屆最佳客語演唱人獎 2. 第 19 屆最佳客語專輯獎 3. 入圍第 19 屆最佳專輯製作人獎
8	陳永淘	男	52	2008/3/23 10:15-11:45	
9	陳冠宇 〈好客樂團〉	男	37	2008/3/29 15:05-16:20	1. 入圍第 16 屆最佳樂團獎 2. 第 17 屆最佳客語專輯獎
10	黃翠芳	女	？	2008/3/30 13:40-15:00	1. 入圍第 17 屆最佳客語專輯獎
11	劉榮昌	男	30	2008/4/3 17:00-19:00	1. 入圍第 19 屆最佳客語專輯獎 2. 入圍第 19 屆最佳客語歌手獎 3. 96 年母語原創大賽亞軍
12	顏志文 山狗大樂團	男	54	2008/4/6 15:50-16:10	1. 入圍第 14 屆最佳客語歌手獎

* 年齡一欄，由於女性歌手認為歲數是個秘密，故以「？」取代。

　　除了訪談客家流行音樂歌手之外，並針對文化仲介者對於客家流行音歌曲的見解來作深度訪談，Negus（1996：66）對於流行音樂「仲介」下了三個定義：

一、　仲介行動，例如唱片公司員工、DJ、記者、影像導演、版稅計算者、零售業門市人員，這些人都是一種「守門人」的角色。

二、　傳送媒介，亦即傳布流行音樂、文字及影像的媒介科技，包括了錄音的媒材、載具、廣電媒體、數位科技、樂器。

三、 社會關係，這個指涉的是在仲介組織或社群中運作的權力關係，以
及其如何衝擊著藝術作品的製作與接收過程。

因此本研究預計訪談的對象除了唱片公司的製作人、客家電視台或是廣播
電台的工作人員之外，還預計訪談行政客家委員會的官員，整理如表 2，以期
達到周延性與窮盡性（有些訪談者的素材並未使用於本文）。

表 2：本研究之文化仲介者

	受訪者單位	受訪者姓名	受訪者身分	訪談時間
1	行政院客家委員會	莊錦華	副主委	2008/5/1 9:30-10:30
2	行政院客家委員會	廖美鈴	文教處專門委員	2008/4/18 16:10-18:10
3	客家電視台	湯榮昇	副台長	2008/4/16 14:35-16:00
4	客家電視台	施懿倫	「十分客家」製作人	2008/4/16 16:50-17:45
5	客家電視台	張富	「鬧熱打撂臺」製作人	2008/4/23 14:30-15:30
6	吉聲有限影視公司	欒克勇	製作人	2008/3/25 16:50-18:20
7	爵士屋音樂工作室	蔡旭峰	製作人	2008/4/13 14:10-15:20
8	寶島電台	李明釧	主持人	2008/4/17 18:50-20:10

參考文獻

Coser, Lewis A. 著，畢然、郭金華譯，2002，〈導言〉。頁 1-63，收錄於《論集體記憶》。上海：上海人民。

王俐容，2006，〈多元文化的展示與族群關係：以文化藝術節為例〉。頁 83-105，收錄於《多元文化與族群關係》。臺北：揚智文化。

王雯君，2005，〈從網際網路看客家想像社群的建構〉。《資訊社會研究期刊》9：155-184。

江運貴，1996，〈客家婦女〉。頁 193-197，收錄於《客家與臺灣》。臺北：常民文化。

林彥亨，2003，《客家意象之型塑：臺灣客家廣播之文化再現》。國立清華大學人類學研究所碩士論文。

高木桂藏著，關屋牧譯，1991，《日本人筆下的客家》。關屋牧發行。

張維安，2004，〈客家意象：解構「嫁夫莫嫁客家郎」〉。發表於「傳統與現代的客家：兩岸學術研討會」，臺灣桃園中央大學，2004 年 11 月 18 日。

張典婉，2001，《臺灣文學中客家女性角色與社會發展》。世新大學社會發展研究所碩士論文。

莊英章，2001，〈客家族群歷史與社會變遷的區域性比較研究：族群互動、認同與文化實作〉。《客家文化通訊》4：17-22。

陳佳誼，2000，《大隘的前世今生：比較賽夏與客家的歷史記憶與遺忘》。國立清華大學社會所碩士論文。

陳運棟，1989，《臺灣的客家人》。臺北：臺原出版。

＿＿＿＿，1991，〈客家學研究導論〉。頁 15，收錄於《徘徊於族群和現實之間：客家社會與文化》。臺北：正中書局。

黃永達，2004，《臺灣客家讀本》。臺北：全威創意媒體。

蕭新煌，2002，〈臺灣民主轉型中的族群意識變化〉。《香港社會學學報》3：19-50。

羅肇錦，1991，〈客家的語言：臺灣客家話的本質和變異〉。頁 16-29，收錄於《徘徊於族群和現實之間》。臺北：正中書局。

Baily, John and Michael Collyer, 2006, "Introduction: Music and Migration". *Journal of Ethnic and Migration Studies*, 32(2): 167-182.

Cohen, R., 1997, *Global Diaspora*. London: UCL Press.

Everitt, A., 2001, "Culture and Citizenship". *Political Quarterly*, 72(1): 64-73.

Hall, Stuart, 1992, "New Ethnicities". in *Race, Culture and Difference*, pp.252-259, edited by Donald, J. and R Ali. London: The Open University.

Kunst, Jaap, 1950, *Ethno-Musicology*. Hangue: Martin Nijhoff.

Lomax, Alan, 1959, "Folk Song Style". *American Anthropologist*, 61(6): 927-954.

Martiniello, Marco and Jean-Michel Lafleur, 2008, "Ethnic Minorities Cultural and Artistic Practices as Forms of Political Expression: a Review of the Literature and a Theoretical Discussion on Music". *Journal of Ethnic and Migration Studies*, 34(8): 1191-1215.

Negus, Keith, 1996, *Popular Music in Theory: an Introduction*. Cambridge: Polity Press.

Salazar, Claudia, 1991, "The Third Women's Text: Between the Politics of Criticismand Cultural Politics". in *Women's Word: the Feminist Practice of Oral History*. edited by Sherna Berger Gluck and Daphne Patai. London: Routledge.

Stokes M., 1994, "Introduction: Ethnicity, Identity and Music". in *Ethnicity, Identity and Music: the Musical Construction of Place*. Edited by Stoke, M. Oxford: Berg Publisher, 1-27.

White, P, 1985, "On the Use of Creative Literature in Migration Study". *Area*, 17(4): 277-283.

Young, Robert J.C., 1995, "Hybridity and Diaopora". *Colonial Desire: Hybridity in Theory, Culture and Race*. London and New York: Routledge.

國家圖書館出版品預行編目 (CIP) 資料

客家、認同政治與社會運動 / 許維德主編 .
-- 初版 . -- 新竹市 : 交大出版社 , 民 107.01
    面 ;   公分 . -- (臺灣客家研究論文選輯 ; 5)
ISBN 978-986-97198-0-3(平裝)

1. 客家 2. 政治認同 3. 社會運動 4. 文集

536.21107   107020015

臺灣客家研究論文選輯 5

客家、認同政治與社會運動

主　　　編：許維德
叢書總主編：張維安
執 行 編 輯：陳韻婷、程惠芳
封 面 設 計：萬亞雰
內 頁 美 編：黃春香

出 版 者：國立交通大學出版社
發 行 人：陳信宏
社　　長：盧鴻興
執 行 長：陳永昇
執行主編：程惠芳
編務行政：陳建安、劉柏廷
製版印刷：中茂分色製版印刷事業股份有限公司
地　　址：新竹市大學路 1001 號
讀者服務：03-5736308、03-5131542　（週一至週五上午 8:30 至下午 5:00）
傳　　眞：03-5731764
網　　址：http://press.nctu.edu.tw
e - m a i l：press@nctu.edu.tw
出版日期：108 年 1 月初版一刷、109 年 7 月二刷
定　　價：350 元
I S B N：978-986-97198-0-3
G P N：1010800009

展售門市查詢：

交通大學出版社 http://press.nctu.edu.tw
三民書局（臺北市重慶南路一段 61 號））
網址：http://www.sanmin.com.tw　電話：02-23617511
或洽政府出版品集中展售門市：
國家書店（臺北市松江路 209 號 1 樓）
網址：http://www.govbooks.com.tw 電話：02-25180207
五南文化廣場臺中總店（臺中市中山路 6 號）
網址：http://www.wunanbooks.com.tw　電話：04-22260330